Textanalyse in den Wissenschaften

G. Brun
G. Hirsch Hadorn

Textanalyse in den Wissenschaften

Inhalte und Argumente analysieren und verstehen

v/d/f
vdf Hochschulverlag AG an der ETH Zürich

Georg Brun ist wissenschaftlicher Mitarbeiter am Institut für Philosophie der Universität Bern.
Gertrude Hirsch Hadorn ist Professorin am Departement Umweltwissenschaften, ETH Zürich.

Coverabbildung:

Honoré Daumier (Marseille 1808–1879 Valmondois)
Ein Gegenargument, um 1862
Inv. Nr. 1935.5

Bibliografische Information der Deutschen Nationalbibliothek
Die Deutsche Nationalbibliothek verzeichnet diese Publikation in der Deutschen Nationalbibliografie; detaillierte bibliografische Daten sind im Internet über http://dnb.d-nb.de abrufbar.

ISBN: 978-3-7281-3645-9

Internet: www.vdf.ethz.ch
E-Mail: verlag@vdf.ethz.ch

Inhaltsübersicht

Inhaltsverzeichnis

Verzeichnis der Boxen

Verzeichnis der Fallbeispiele

Einleitung

Wozu Textanalyse? Texte lesen und verstehen gehört zu den elementaren Kulturtechniken. Die Fähigkeit, Inhalt und Gedankengang von Texten zu erfassen, wiederzugeben und zu beurteilen, spielt in allen Wissenschaften eine zentrale Rolle und ist eine Kernkompetenz für verschiedenste Berufstätigkeiten. Ein großer Teil der wissenschaftlich relevanten Informationen liegt in Form schriftlicher oder mündlicher Texte vor. Dies gilt nicht nur für die Geisteswissenschaften, in denen Texte Untersuchungsgegenstand sind. Auch in den Naturwissenschaften, Sozialwissenschaften, Ingenieurwissenschaften und in der Medizin nehmen Wissenschaftlerinnen die Beobachtungen, Messungen, Hypothesen, Schlussfolgerungen und Interpretationen anderer Wissenschaftlerinnen zumeist in Form von Texten zur Kenntnis.

In vielen Situationen genügen intuitive Fähigkeiten zusammen mit passendem Sachwissen für ein angemessenes Textverständnis. Das ist beispielsweise der Fall, wenn Naturwissenschaftler Fachartikel aus ihrem Gebiet lesen. Solche Texte verwenden einen standardisierten Aufbau und eine im Fachgebiet bekannte Terminologie. Wer sich im entsprechenden Gebiet gut auskennt, kann deshalb punktuell lesen, gezielt zentrale Textstellen ansteuern und sich auf Abbildungen, Zusammenfassung und Diskussion der Ergebnisse konzentrieren. Auch in bestimmten Gebieten der Sozialwissenschaften, etwa in der empirischen Psychologie und in den Wirtschaftswissenschaften, gibt es eine standardisierte Textstruktur für Fachartikel, die allen professionellen Lesern des Fachgebiets bekannt ist. In all diesen Situationen sind textanalytische Methoden erst erforderlich, wenn die verwendeten Argumente nicht unmittelbar einleuchten, Begriffe unklar gebraucht werden oder eine Textpassage unverständlich erscheint.

Die Problemlage sieht sofort anders aus, wenn es gilt, etwas anderes als wissenschaftliche Fachartikel des eigenen Forschungsgebiets zu lesen – wenn zum Beispiel ein Thema behandelt wird, in dem man sich nicht besonders gut auskennt oder wenn ein Text nicht für ein Fachpublikum im engeren Sinne geschrieben ist. Dann sind systematische Kenntnisse textanalytischer Methoden gefragt. Sie können auch weiterhelfen, wenn in einem komplexen Text nicht klar ist, was gemeint ist, oder wenn eine Argumentation nicht auf den ersten Blick einleuchtet. Mit textanalytischen Methoden lässt sich herausarbeiten, was genau der Inhalt des Textes ist und wie für die im Text vertretenen Thesen argumentiert wird.

Wer textanalytische Methoden lernt, erwirbt damit aber auch allgemeine Kompetenzen des klaren Ausdrucks und des kritischen Denkens. Die Fähigkeit, Texte zu verstehen und zu beurteilen, ist eine gute Grundlage dafür, auch eine eigene Position schriftlich oder mündlich klar darstellen und mit Argumenten vertreten zu können. Aus didaktischer Sicht kombinieren sich deshalb die Methoden der Textanalyse auch sehr gut mit den Inhalten, die in *critical thinking* Kursen vermittelt werden.

Wem bietet dieses Buch was? Das Buch wendet sich an Studierende und weitere Interessierte aller Fachrichtungen. Es behandelt Arbeitsgrundsätze und konkrete Techniken der Textanalyse. Diese Methoden sind auf Texte verschiedenster Sorte anwendbar, beispielsweise auf Fachpublikationen, populärwissenschaftliche Texte und journalistische Artikel. Sie können eingesetzt werden, um den Inhalt eines Textes zu erschließen, diesen selbst klar zu formulieren und zu beurteilen. Darüber hinaus sind diese Methoden auch nützlich, wenn es darum geht, eigene Ergebnisse oder Positionen mündlich oder schriftlich zu vertreten. Auch dann kommt es darauf an, Inhalte klar zu formulieren und gut zu argumentieren. Das ist nicht nur im Studium zentral, sondern auch in der beruflichen Praxis und in allen Situationen, in denen es gilt, Positionen zu klären, selbst zu vertreten oder zu beurteilen.

Techniken der Textanalyse sind für die wissenschaftliche Arbeit mit Texten entwickelt worden und gehören zum methodischen Rüstzeug derjenigen Disziplinen, deren Forschungsmaterial Texte sind. Wir bieten eine Einführung, die den Standards genügen soll, die in der Philosophie und den Geisteswissenschaften entwickelt worden sind. Das Buch ist fachübergreifend konzipiert und setzt kein spezifisches Wissen textanalytischer Methoden voraus. Die didaktische Ausgestaltung soll gewährleisten, dass Naturwissenschaftler, Sozialforscherinnen und Ingenieurinnen sich Grundzüge geisteswissenschaftlicher Methoden so aneignen können, dass sie diese in der interdisziplinären Praxis und im öffentlichen Diskurs selbstständig einsetzen können.

Dass es textanalytische Methoden gibt, bedeutet nicht, dass sich das Analysieren von Texten auf das Anwenden einfacher Rezepte reduzieren lässt. Entscheidend ist vielmehr, dass man über ein geeignetes Instrumentarium an Vorgehensweisen verfügt, um Texte zu lesen, zu verstehen und zu beurteilen, und dass man seine Resultate mit der gewählten Vorgehensweise begründen kann. Dies zu vermitteln, ist das Ziel dieses Lehrbuchs.

Aufbau des Buches. Kapitel 2 bis 6 vermitteln Arbeitsgrundsätze, Techniken und Anleitungen für die verschiedenen Arbeitsphasen einer Textanalyse. Diese Arbeitsphasen umfassen das Vorbereiten der Textanalyse, das Lesen als aktives Arbeiten am Text, das Strukturieren des Textes mithilfe einer Gliederung sowie das Zusammenfassen der wesentlichen Inhalte und Argumentationen. Kapitel 7 und 8 behandeln das vertiefte Analysieren von Textpassagen im Hinblick auf zentrale Begriffe, Thesen und Argumente. Wie ermittelt man, was genau behauptet und wie argumentiert wird? Diese beiden Kapitel sind umfangreicher als die anderen, weil spezifische Techniken zur Problemdiagnose, Begriffsklärung und Argumentationsanalyse erforderlich sind, um begriffliche und argumentative Unklarheiten durchdringen und beurteilen zu können. Sie setzen wiederum elementare sprachwissenschaftliche, logische und argumentationstheoretische Kenntnisse voraus. Dieses Grundlagenwissen wird in knapper Form ebenfalls in Kap. 7 und 8 vermittelt. Wenn dieses Wissen für Sie neu ist, werden Sie etwas Zeit einsetzen müssen, um sich diese Grundlagen zu erarbeiten. Das Buch schließt mit einem Ausblick auf Formen der Weiterarbeit mit Texten, welche über eine Textanalyse im engeren Sinne hinausgehen. Kapitel 1, „Wegweiser durch das Buch", stellt Inhalt und Zusammenhang der einzelnen Kapitel vor. Wer sich eingehender mit textanalytischen Methoden und Grundlagen befassen möchte, findet dazu Hinweise auf weiterführende Literatur jeweils am Ende der Kapitel.

Dank. Dieses Buch basiert auf unseren Unterrichtserfahrungen am Departement Umweltwissenschaften der ETH Zürich und am Philosophischen Seminar der Universität Zürich. Frühere Fassungen ausgewählter Teile wurden auch an Kursen des Universitären Forschungsschwerpunktes Ethik der Universität Zürich und der Schweizerischen Studienstiftung erprobt. Wir möchten an dieser Stelle allen Personen danken, die uns in den letzten Jahren mit Kommentaren, Kritik und Diskussionen unterstützt oder sonst wie an diesem Projekt mitgearbeitet haben. Henry Baltes, Gerd Folkers, Ursula Hoyningen-Süess, Eric Kubli und Leonard Lutz haben eine erste Fassung des Buchtextes gelesen und uns mit ihren Kommentaren bei der definitiven Konzeption und didaktischen Ausgestaltung wesentlich geholfen. Inhaltlich viel gelernt haben wir in Diskussionen mit Urs Allenspach, Christoph Baumberger, Marion Malin, Peter Schulthess und Inga Vermeulen. Mit Hinweisen und Beispielen haben uns Stefanie Büchner, Michael Besmer, Tom Bodenmann, Kurt Hadorn, Julian Hofer, Paul Hoyningen-Huene, Markus Huber, Nadja Peter und Geo Siegwart unterstützt. Otto Kruse hat uns in intensiven Diskussionen mit konstruktiver Kritik zu den einzelnen Kapiteln im Schreibprozess beraten. Roland Bürki, Renate Kummer und Maria Rugenstein haben das Manuskript kritisch bearbeitet und waren uns bei vielen Einzelproblemen eine zuverlässige Hilfe. Angelika Rodlauer vom vdf Hochschulverlag an der ETH Zürich hat uns durch ihr engagiertes Interesse und Entgegenkommen die Arbeit sehr erleichtert. Das Departement Umweltwissenschaften der ETH hat durch finanzielle Unterstützung die Arbeit am Buch ermöglicht.

Zur zweiten Auflage. *Textanalyse in den Wissenschaften* ist gut aufgenommen worden, nicht nur bei der Vermittlung von Textanalysekompetenzen im Kontext verschiedener Wissenschaften, sondern auch als Einführung in die Lese- und Schreibarbeit in der Philosophie und als Arbeitsmittel für den Deutschunterricht. Da sich das Konzept des Buches bewährt hat, haben wir uns bei der Überarbeitung darauf konzentriert, viele kleinere Verbesserungen zu realisieren und die Literaturhinweise auf den neuesten Stand zu bringen. So konnte der Aufbau des Buches weitgehend unverändert bleiben; lediglich die Ausführungen zur Semiotik in Kapitel 7.1 wurden etwas gestrafft.

Für viele nützliche Hinweise und teilweise sehr ausführliche Rückmeldungen danken wir Christoph Baumberger, Gregor Betz, Susanne Hahn, Jonas Pfister und Geo Siegwart. Deborah Mühlebach hat uns bei der Aufdatierung der Literaturhinweise unterstützt.

1 Wegweiser durch das Buch

Wenn Sie einen Text lesen, stehen Sie vor der Herausforderung, für andere nachvollziehbar zu formulieren und einsichtig zu begründen, wovon dieser Text handelt, welchen Beitrag er zu einem Thema leistet und wie er diesen erbringt. Eine Textanalyse bemisst sich zunächst einmal daran, dass Sie bei Ihrer Arbeit am Text gewissen Arbeitsgrundsätzen und Prinzipien des Verstehens Rechnung tragen, beispielsweise dass Sie sich bemühen, den Inhalt des Textes genau zu erfassen, und dass Sie Ihr Resultat explizit am Text begründen (Kap. 2).

Sollen Arbeitsgrundsätze und Prinzipien des Verstehens angewandt werden, braucht es konkrete Arbeitstechniken. Solche Arbeitstechniken für die verschiedenen Arbeitsphasen einer Textanalyse werden in diesem Buch vorgestellt und illustriert. Sie sind nach den Hauptaktivitäten in den verschiedenen Arbeitsphasen gruppiert. Eine Textanalyse beginnt mit Vorbereitungen. Die Textanalyse selbst besteht darin, den Text wiederholt zu lesen und dabei seinen Aufbau herauszuarbeiten, das Wesentliche zusammenzufassen sowie zentrale Aussagen und Argumente vertieft zu analysieren.

Die Arbeitsphasen einer Textanalyse von der Vorbereitung bis zur Weiterarbeit müssen oftmals in Schlaufen durchlaufen werden. Die Ergebnisse aus späteren Arbeitsschritten haben nämlich häufig Auswirkungen auf das Vorhergehende. Diese Arbeitsphasen sind daher nicht als strenge Abfolge zu verstehen (vgl. Abb. 1, S. 6).

Es gibt eine Vielfalt an Arbeitstechniken, welche in Form von Anleitungen, Regeln, Kriterien oder begrifflichen Unterscheidungen daherkommen. Die Kunst methodischen Lesens besteht darin, aus diesen Methoden gezielt auszuwählen und die ausgewählten Methoden effizient und effektiv anzuwenden. Voraussetzung dafür ist, dass Sie die einzelnen Methoden kennen und korrekt anwenden können. Das Buch bietet Ihnen ein Methodenarsenal für die Aufgaben in den verschiedenen Arbeitsphasen. Der Schwerpunkt liegt auf den Aktivitäten des Lesens, Gliederns, Zusammenfassens und vertieften Analysierens. Die praktischen Fähigkeiten können Sie sich aneignen, indem Sie die Techniken auf Texte anwenden, mit denen Sie in Ihrer Arbeit zu tun haben. In den Text eingestreute kommentierte Beispiele sollen Sie dazu moti-

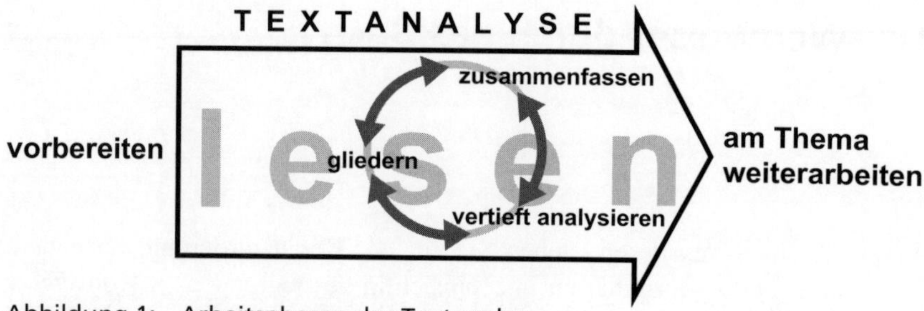

Abbildung 1: Arbeitsphasen der Textanalyse

vieren und dabei anleiten. Sehr lehrreich ist es, die eigenen Anwendungen mit jemandem zu besprechen.

Vorbereiten: Wie will ich vorgehen? Wie Sie einen Text sinnvoll lesen und welche Methoden der Textanalyse angezeigt sind, hängt einerseits wesentlich vom Text, den Sie bearbeiten wollen, ab und andererseits von den Voraussetzungen, die Sie mitbringen, und von den Zielen, die Sie erreichen möchten. Bevor Sie also mit Lesen und Analysieren anfangen können, müssen Sie sich über diese Punkte Klarheit verschaffen und festlegen, wie Sie vorgehen wollen (Kap. 3).

Lesen: Wie arbeite ich am Text? Methodisches Lesen hat zum Ziel, dass Sie Ihre Textinterpretation schriftlich formulieren und am Text belegen können. Als Folge davon wird Lesen zu einer Form der Textbearbeitung, bei der Sie beispielsweise festhalten, welche Stellen im Text für Ihre Fragestellung relevant sind oder eine besonders spannende Einsicht vermitteln. Indem Sie so markieren, strukturieren und notieren, schaffen Sie sich eine Grundlage, anhand der Sie den Text gliedern und zusammenfassen können. Zudem erkennen Sie dabei zentrale Passagen, welche es vertieft zu analysieren gilt. Wenn Sie sich beim Lesen systematischer Techniken bedienen, erleichtert Ihnen eine solche Dokumentation Ihrer Zwischenresultate die Orientierung im weiteren Arbeitsprozess (Kap. 4).

Gliedern: Wie strukturiere ich den Text? Mit einer Gliederung strukturieren Sie den Text und schaffen sich die Grundlage für alle weiteren Tätigkeiten im Arbeitsprozess. Anhand Ihrer Gliederung können Sie sich schwierige Texte erschließen, Stärken und Schwächen eines Textes identifizieren, den Text kompetent zusammenfassen oder sich selbst rasch in Erinnerung rufen, worum es in diesem Text geht. Als Grundlage für die Beurteilung eines Textes soll eine Gliederung nicht nur über die Inhalte und ihre Struktur

Aufschluss geben, sondern auch über die Funktion der einzelnen Textteile. Je nach Text und Zweck schreiben Sie Ihre Gliederung am besten in Form einer Liste oder Tabelle auf oder stellen sie grafisch dar (Kap. 5).

Zusammenfassen: Wie erfasse ich das Wesentliche? Eine Zusammenfassung soll dem Zweck der Textanalyse dienen und sich auf die dafür relevanten Inhalte und deren Begründungen konzentrieren. Daher muss Ihre Zusammenfassung nicht nur enthalten, was der Text inhaltlich zu einem Thema beiträgt, sondern auch, wie der Autor dabei vorgeht. Das Relevante kurz, klar und strukturiert vorzustellen, erfordert einiges an Textverständnis. Die beste Grundlage für eine Zusammenfassung ist eine Gliederung (Kap. 6).

Vertieft analysieren: Was steht genau im Text? Beim Gliedern und Zusammenfassen eines Textes sehen Sie, für welche Passagen eine vertiefte Analyse sinnvoll ist. Typischerweise sind das Passagen, in denen Begriffe, Thesen oder Argumente vorkommen, die für den ganzen Text wichtig sind, oder Passagen, die Sie besonders interessieren, oder solche, die Ihnen Verständnisschwierigkeiten bereiten. Anlass für Verständnisschwierigkeiten sind oft Mehrdeutigkeiten im Gebrauch von Begriffen oder im Textbezug innerhalb und zwischen Sätzen. Mit einer vertieften Analyse klären Sie beispielsweise, was der Autor im Einzelnen behauptet oder wie er einen Begriff verwendet. Wenn Sie sich klargemacht haben, wie Begriffe und Metaphern funktionieren, können Sie Mehrdeutigkeiten mittels einer Verwendungsanalyse klären, Begriffe präzisieren, Definitionen und Explikationen untersuchen oder solche selbst vornehmen. Dabei gilt es zu berücksichtigen, in welchem textinternen und -externen Zusammenhang die Begriffe stehen und welche Funktion sie in Bezug auf die Fragestellung erfüllen (Kap. 7).

Vertieft analysieren: Wie wird argumentiert? Wenn Sie geklärt haben, was genau im Text steht, stellt sich als zweite wichtige Frage, ob das, was im Text steht, auch zutreffend ist. Eine Antwort erfordert nicht nur Sachkenntnis, sondern meist eine vertiefte Analyse der Argumentation mit argumentationstheoretischen und logischen Techniken. Es gilt zu untersuchen, ob und wie Aussagen im Text begründet werden. Das heißt, Sie müssen untersuchen, ob Sie im Text Aussagen finden können, deren Wahrheit Sie als unstrittig akzeptieren können und die Ihnen eine begründete Entscheidung über strittige Aussagen erlauben. Zu diesem Zweck identifizieren Sie diejenigen Textstellen, welche für die Argumentation relevant sind, formulieren die Argumentation in eigenen Worten, beurteilen sie und prüfen gegebenenfalls, in welcher Weise die Argumentation stärker gemacht werden könnte (Kap. 8).

Weiterarbeit am Thema. Die Arbeit mit einem Text ist oftmals noch nicht zu Ende, wenn Sie den Aufbau analysiert, die Grundthesen geklärt, die Argumentationen geprüft und den Text zusammengefasst haben. Vielleicht wollen Sie beurteilen, was die im Text vertretene Position zu einer Debatte beiträgt oder ob der Text vielversprechendes Material für Ihre eigene Arbeit bietet. Weiterarbeit am Thema erfordert Kreativität und fundierte Kenntnisse der verschiedenen relevanten Positionen. Das geht über eine methodische Verarbeitung von Resultaten der Textanalyse hinaus (Kap. „Ausblick: Weiterarbeit am Thema“).

2 Arbeitsgrundsätze und Prinzipien des Verstehens

Arbeitsgrundsätze und Prinzipien des Verstehens

- Textbezogenheit: explizit auf den analysierten Text Bezug nehmen.
- Schriftlichkeit: Ergebnisse und zentrale Überlegungen schriftlich festhalten.
- Diskursivität: nachvollziehbare und begründete Textanalysen erarbeiten.
- Prinzip des hermeneutischen Zirkels: Texte mehrfach lesen, um das Verständnis von Teilen und Ganzem wechselseitig zu prüfen und zu überarbeiten.
- Prinzip der wohlwollenden Interpretation *(principle of charity)*: davon ausgehen, dass der Autor recht hat, und diese Annahme prüfen.

Wenn Sie Texte lesen und das Resultat Ihrer Lektüre mündlich oder schriftlich formulieren, nehmen Sie einen doppelten Transformationsprozess vor. Einerseits erschließen Sie aus einer Kette von Buchstaben den Inhalt und die Funktion des Textes. Andererseits fassen Sie Ihr Verständnis des Textes ebenfalls in einem Text, das heißt, in einer Kette von Buchstaben. Beide Prozesse sind eng miteinander verwoben. Mit dem Spracherwerb haben Sie gelernt, solche doppelten Transformationsprozesse automatisch zu vollziehen, ohne dass Sie darüber nachdenken müssen. Allerdings ist das Resultat solcher Transformationsprozesse oft nicht eindeutig, und es können Fehler entstehen: Missverständnisse, unklare Formulierungen etc. Wollen Sie für andere nachvollziehbar formulieren und einsichtig begründen können wovon ein Text handelt, welchen Beitrag er zu einem Thema leistet und wie er diesen erbringt, dann ist es wichtig, dass Sie solche Transformationsprozessen methodisch vollziehen. Die folgenden Arbeitsgrundsätze und Prinzipien des Verstehens geben hierfür eine Grundorientierung.

Textbezogenheit. Textanalyse ist Arbeit an einem Text. Also müssen Ihre Ergebnisse in explizitem Bezug zum bearbeiteten Text stehen. Es muss deutlich sein, auf welche Textstellen sich eine Behauptung über den Text stützt und wie diese Textstellen die betreffende Behauptung unterstützen.

Das gilt auch dann, wenn Sie einen Text im Hinblick auf eine übergeordnete systematische Fragestellung analysieren oder für die Entwicklung eines selbstständigen Gedankenganges nutzen möchten. Schließlich müssen Sie auch darauf achten, in welcher Weise Sie sich auf einen Text beziehen. Bei schriftlichen Arbeiten müssen sie dokumentieren, ob sie zitieren, paraphrasieren oder sich in freier Weise auf einen Text beziehen. (Vgl. auch Box „Zitieren und in eigenen Worten formulieren", S. 44.)

Schriftlichkeit. Bei der Textanalyse geht es immer darum, dass Sie einen Text gründlich lesen. Trotzdem wäre es ganz falsch, das Analysieren von Texten einfach auf das Lesen zu reduzieren. Wenn das Ergebnis Ihrer Arbeit nachvollziehbar und begründet sein soll, ist Lesen ohne gleichzeitiges schriftliches Festhalten von Ergebnissen und zentralen Überlegungen weitgehend nutzlos. Bei der Textanalyse geht es unter anderem darum, etwas explizit zu machen, das sich meist in dieser Form im analysierten Text noch nicht vorfindet, sondern implizit oder indirekt enthalten ist. Deshalb müssen die Ergebnisse der Textanalyse laufend formuliert werden. Das gilt auch für die Überlegungen, die zu diesen Resultaten führen und für die Fragen, die sich aus der textanalytischen Arbeit ergeben. Konsequente Schriftlichkeit erzwingt nicht nur einen höheren Grad von Explizitheit, was Ihr eigenes Verständnis des Textes angeht, sondern macht es auch erst möglich, dass Sie sich später auf Ihre Arbeit beziehen können. Kurz: Ergebnisse, Überlegungen, Fragen und Probleme müssen während der textanalytischen Arbeit laufend schriftlich formuliert werden.

Diskursivität. In den Wissenschaften ist das Lesen von Texten kein Selbstzweck, sondern Teil eines argumentativen Diskurses, das heißt, Teil einer argumentativen Auseinandersetzung mit einer Problemstellung und mit dem, was andere Personen in der Sache vertreten. Da jeder Text unterschiedlich verstanden werden kann, müssen Sie Vorgehen und Resultat Ihrer Analyse so begründen, dass Ihre Analyse diskutiert und mit dem Urteil anderer Personen konfrontiert werden kann. Das verlangt, dass Sie bei der Textanalyse methodisch vorgehen und Vorgehensweise, Resultate und Probleme so formulieren, dass diese für andere Personen nachvollziehbar sind.

Prinzip des hermeneutischen Zirkels. Wiederholtes Lesen und Bearbeiten steigert das Verständnis eines Textes wesentlich. Diese simple, alltägliche Erfahrung hat zwei Gründe. Erstens ist jedes Verstehen an ein Vorverständnis gebunden. Das heißt, was Sie verstehen, wenn Sie einen Text lesen und analysieren, ist immer auch – aber selbstverständlich nicht nur – davon abhängig, über welches allgemeine Hintergrundwissen Sie verfügen und was

Sie von der Thematik bereits verstehen. Durch die Lektüre des Textes soll allerdings das eigene Vorverständnis geprüft und meist auch verändert werden, indem ein neues Verständnis gewonnen wird, nämlich dasjenige, das der Text vermittelt – so es überzeugend ist.

(1) Sie lesen einen Text, in welchem aufgrund von neurowissenschaftlichen Befunden die Auffassung vertreten wird, dass Menschen keinen freien Willen haben. Ob und wie Sie die im Text vertretenen Thesen und Argumente verstehen, hängt in einem ersten Schritt von Ihrem Vorverständnis ab: Hat „freier Wille" für Sie bisher zum Beispiel die Möglichkeit bedeutet, zu handeln ohne Zwängen von einer anderen Person ausgesetzt zu werden, so können Sie aus dem Text lernen, dass diese Autoren den Begriff des freien Willens so verstehen, dass der Willensbildungsprozess nicht kausal determiniert ist, also auch nicht durch neuronale, hirnphysiologische Prozesse. Oder Sie stellen fest, dass kontroverse Positionen in der Debatte um Willensfreiheit mit unterschiedlichen Auffassungen darüber, was freien Willen ausmacht, zu tun haben.

Zweitens erfordert das Verstehen eines Textes eine Wechselbewegung zwischen Teilen des Textes und dem ganzen Text. Einen ganzen Text kann man nur verstehen, wenn man seine Teile verstanden hat. Andererseits ist das Verständnis der einzelnen Textstellen immer auch vom Zusammenhang im Textganzen abhängig. Den Text als Ganzes kann man jedoch nicht kennen, wenn man nicht zuvor schon ebendiese Textstellen gelesen hat. Die Bezeichnung „hermeneutischer Zirkel" für diese wechselseitige Konstitution des Verstehensprozesses hat allerdings auch etwas Irreführendes. Sie suggeriert, dass der Versuch, einen Text zu verstehen, scheitern muss, weil man ja, um das Ganze zu verstehen, vorher die Teile verstehen muss, was wiederum voraussetzt, dass man das Ganze schon verstanden hat usw. Der Verstehensprozess gleicht aber eher dem Ausbalancieren zweier Bewegungen: Aus einem Verständnis der Teile ergibt sich ein Verständnis des Ganzen und ein Verständnis des Ganzen hat auch Konsequenzen für das Verständnis der Teile. Die Bewegung endet, wenn die beiden Momente sich in einem Gleichgewicht befinden, das heißt, wenn das Verständnis des Ganzen und der Teile zueinander passen.

Prinzip der wohlwollenden Interpretation. Zwischen Ihrem Vorverständnis und dem Textinhalt, so wie Sie diesen im ersten Schritt erfassen, kann es Diskrepanzen geben. Ein Text kann irritierende oder unverständliche

Passagen enthalten. Es kann sein, dass Sie nicht einverstanden sind mit dem, was dort steht, oder dass Ihnen der Zusammenhang – der „rote Faden", den Sie im Text suchen – nicht klar ist. In solchen Fällen ist es wichtig, dass Sie sich im Verstehensprozess vom Prinzip der wohlwollenden Interpretation *(principle of charity)* leiten lassen. Dieses Prinzip besagt, dass man zunächst von der Annahme ausgehen sollte, dass der Autor oder die Autorin im Wesentlichen zutreffende Aussagen und stimmige Begründungen vorbringt. Um zu prüfen, was im Text behauptet ist, müssen Sie zunächst davon ausgehen, dass der Autor mindestens in ganz einfachen oder grundlegenden Fragen mit Ihnen übereinstimmt. Nur wenn sich mit dieser Voraussetzung die Behauptungen, welche Sie irritieren, unter verschiedenen möglichen Interpretationsperspektiven nicht halten lassen, können Sie einem Autor berechtigterweise falsche Meinungen oder schlechte Begründungen nachweisen. Irrtümer können nur auf dem Hintergrund gemeinsamer Überzeugungen überhaupt als solche aufgefasst werden. Ohne das Prinzip der wohlwollenden Interpretation droht die Textauslegung willkürlich zu werden.

(2) Implizite Zustimmung zu grundlegenden Voraussetzungen:
Wenn jemand behauptet, dass die Sonne morgen um 8 Uhr 13 aufgehen wird, setzen wir selbstverständlich voraus, dass dies nicht signalisieren soll, dass wir mit einem Anhänger des geozentrischen Weltbildes sprechen und verstehen deshalb „aufgehen" metaphorisch. Würden wir keinerlei Voraussetzung dieser Art treffen wollen, müssten wir auch damit rechnen, dass wir mit jemandem sprechen, der glaubt, dass die Sonne eine Gottheit ist, oder dass sie an demselben Tag mehrmals aufgeht oder dass morgen derselbe Tag wie heute ist und was sich sonst noch so denken lässt. Dann wäre aber vollständig offen, was mit der fraglichen Aussage überhaupt behauptet werden soll.

(3) Äußerungen wie „Kinder sind Kinder." oder „Wenn zwei dasselbe tun, ist es nicht dasselbe." sind wörtlich genommen keine sinnvollen Bemerkungen, da es sich um eine Tautologie, beziehungsweise um einen logischen Widerspruch handelt. Geht man vom Prinzip der wohlwollenden Interpretation aus, wird man aber schließen, dass mit solchen Sätzen etwas Sinnvolles ausgedrückt werden soll, zum Beispiel, dass man von Kindern nicht erwarten kann, dass sie sich wie Erwachsene verhalten beziehungsweise dass dieselbe Handlungsweise bei verschiedenen Akteuren unterschiedlich beurteilt werden kann.

Das Prinzip der wohlwollenden Interpretation ist von besonderer Wichtigkeit, wenn man einen Text kritisiert. Es besagt dann, dass man erst den Text so stark wie möglich machen muss, bevor man ihn sinnvoll kritisieren kann. Das heißt, man muss versuchen, ihn so zu verstehen, dass seine Aussagen als möglichst wahr und kohärent erscheinen. Unterlässt man dies, besteht die Gefahr, dass man anstelle der vom betreffenden Autor vertretenen Position tatsächlich nur einen „Pappkameraden", eine bloße Karikatur seiner Position, kritisiert. Gelingt es jedoch, eine stärkere Position überzeugend zu kritisieren, so können im Allgemeinen mit denselben Argumenten auch schwächere Versionen angegriffen werden.

Literatur

Hermeneutik. Ausführlich über hermeneutische Methodik und ihren philosophischen Hintergrund informiert BÜHLER 2008. Zum Prinzip der wohlwollenden Interpretation: BAGGINI/FOSL 2010:114–118 (kurz) und KÜNNE 1990 (ausführlicher). Zum hermeneutischen Zirkel: WEINBERGER/WEINBERGER 1979:Kap. 10.2.

3 Die Textanalyse vorbereiten: Wie will ich vorgehen?

Vorbereitung der Arbeit am Text

- Sich seine Voraussetzungen für die Textanalyse klarmachen.
- Grundinformationen zum Text beschaffen.
- Entscheiden, ob der Text gelesen werden soll.
- Die Fragestellung für die Textanalyse festlegen.
- Entscheiden, auf welcher Stufe der Text analysiert werden soll.
- Das weitere Vorgehen planen.

Wenn Sie einen Text vor sich haben, stellt sich Ihnen im Prinzip die Frage: „Will ich diesen Text überhaupt lesen, und wenn ja: wie?" Diese Fragen können Sie nur beantworten, wenn Sie wissen, welchem Zweck die Textanalyse dienen soll und wie Sie die Ergebnisse verwenden wollen. Wollen Sie über den Horizont Ihres Fachgebietes hinausschauen? Haben Sie den Text für einen Vortrag als Semesterleistung gewählt? Oder lesen Sie den Text für Ihre Forschungsarbeit, um Kenntnisse zu vertiefen oder zu entscheiden, welchen Weg Sie selbst verfolgen wollen? Welche Fragestellung wollen Sie anhand der Analyse des Textes untersuchen? Es gilt auch zu berücksichtigen, dass Ihre Voraussetzungen mitbestimmen, wie leicht oder schwer es Ihnen fallen wird, den Inhalt des Textes zu erschließen und zu beurteilen. Je nachdem, ob Sie mit der Lektüre eines Artikels Neuland betreten oder sich im Kerngebiet Ihrer Arbeit bewegen, werden Sie von einem anderen Vorverständnis ausgehen. Nicht zuletzt empfiehlt es sich abzuklären, welche Qualität der Text hat. Können Sie erwarten, dass Ihre Fragestellung durch die Lektüre mit angemessenem Aufwand beantwortet wird?

Bevor Sie sich entscheiden, den Text zu lesen, sollten Sie sich also Gedanken über Ihre Voraussetzungen (Kap. 3.1) machen. In Kapitel 3.2 diskutieren wir anhand einer Auslegeordnung von relevanten Informationen, wie Sie sich vorgängig über den Text informieren können, um zu entscheiden, ob und wie Sie ihn lesen möchten. Kapitel 3.3 beschäftigt sich dann mit den verschiedenen Arten von Fragestellungen, die Sie an einen Text richten können. Schließlich empfehlen wir Ihnen in Kapitel 3.4, einen Plan für Ihr Vorgehen zu erstellen, und zeigen, wie ein solcher Plan aussehen könnte.

3.1 Voraussetzungen klären

Damit man das konkrete Vorgehen bei der Textanalyse festlegen kann, muss man sich zuerst seine Voraussetzungen bewusst machen. Dazu gehören folgende Punkte:

Voraussetzungen

- Zu welchem Verwendungszweck lese ich den Text? (z. B. zur persönlichen Horizonterweiterung, für eine Studienarbeit, als Vorbereitung zur Teilnahme in einer Podiumsdiskussion usw.)
- Welches Vorverständnis bringe ich mit? Was weiß ich
  - vom Thema?
  - vom Text oder vom Autor?
  - von der Diskussion, zu der der Text ein Beitrag ist?
- Wie viel Zeit habe ich zur Verfügung?

3.2 Grundinformationen zum Text beschaffen

Der erste Schritt der konkreten Auseinandersetzung mit einem Text erfolgt noch im Rahmen der Vorbereitungen und besteht darin, sich Informationen über den Text zu besorgen. Das ist kein Selbstzweck, sondern wichtig, weil Sie so zu einer Auskunft kommen können,

- worüber der Text allenfalls Aufschluss geben kann,
- welche Fragen man sinnvollerweise an den Text stellen kann,
- welche Resultate man von der Lektüre erwarten kann,
- welche Schwierigkeiten bei der Lektüre zu erwarten sind,

und damit auch:

- ob es sich lohnt, den Text überhaupt zu lesen, oder ob Sie eine Alternative suchen sollten.

Welche Informationen besonders relevant sind, hängt von vielen Faktoren ab: von Ihren Interessen, vom Text, von Ihren Vorkenntnissen und so weiter. Angenommen, Sie möchten sich über grundlegende Fragen eines Wissensgebiets orientieren und erwägen nun, ein Lehrbuch zu lesen, das Ihnen empfohlen worden ist. Dann sollten Sie zum Beispiel abklären, ob der Autor einer bestimmten Richtung, einer „Schule“, angehört, ob das Buch auf dem neuesten Stand ist, welche inhaltlichen Schwerpunkte es setzt und welche Voraussetzungen Sie für die Lektüre mitbringen. Eine andere typische Situation, in der Sie sich näher über einen Text informieren sollten, ist zum Beispiel, wenn Sie einen klassischen Text, von dem es mehrere Ausgaben gibt, lesen wollen. Sie müssen also entscheiden, welche Ausgabe Sie am besten lesen, und das kann folgende Fragen aufwerfen: Soll ich die Originalausgabe oder eine Übersetzung lesen? Wenn es mehrere Übersetzungen gibt, welche? Soll ich die erste Ausgabe oder eine überarbeitete spätere Ausgabe lesen? Sind die Überarbeitungen in der Übersetzung berücksichtigt? Welche Passagen sind überarbeitet worden? Weshalb gibt es überarbeitete Versionen? Um diese Punkte abzuklären, müssen Sie möglicherweise in Buchhandelsverzeichnissen und Bibliothekskatalogen recherchieren. Vielleicht finden Sie auch eine hilfreiche Rezension. Oder Sie haben Glück und in der neuesten Ausgabe gibt es ein informatives Vorwort.

Es geht also nicht einfach darum, irgendwelche Informationen zu sammeln, sondern diejenigen, die für den Entscheid, ob der Text gelesen werden soll, und für die weitere Arbeit wichtig sind. Hierzu ist es hilfreich, Sekundärliteratur beizuziehen, das heißt Literatur über Autor und Text (vgl. Box „Auskunftsmittel“ für Hinweise, S. 19). Dabei darf man nicht vergessen mitzunotieren, aus welcher Quelle eine Angabe stammt und wo sie zu finden ist, damit man die Angaben später überprüfen oder in einer schriftlichen Arbeit verwenden kann.

Die folgende Liste, die nicht abschließend ist, zählt Fragen auf, die vor beziehungsweise während der Lektüre geklärt werden sollten, sofern die entsprechenden Informationen für die Zielsetzung der Lektüre relevant sein könnten:

Grundinformationen

- Wer ist der Autor?
  - Gibt es einen Autor oder mehrere?
  - Pseudonyme, Anonymus (z. B. Bibel, Homer)
  - biografische Angaben über den Autor (z. B. gehört er einer bestimmten Richtung an?)
  - Was, über welche Themen hat der Autor sonst noch geschrieben?

- Wann ist der Text erschienen?
  - Wann wurde der Text verfasst?
  - Wann ist der Text erstmals erschienen?
  - Welche späteren Auflagen gibt es? Sind diese verändert?
  - Was kann der Autor (nicht) gelesen haben?
- Wo ist der Text zuerst erschienen?
  - Ort der Veröffentlichung
  - Buch oder Zeitschrift?
  - Bei Zeitschriften und Sammelbänden: Wer sind die Herausgeber? Welches sind ihre Zielsetzungen?
  - Bei Büchern: Hat der Verlag eine inhaltliche Ausrichtung? Ist er renommiert?
  - Buchreihe: kann Aufschluss über Textsorte geben (z. B. Vorlesung, Dissertation, Einführung)
- Überlieferungsgeschichte
  - Originalsprache? Wer hat übersetzt? (Übersetzungen sind Interpretationen!)
  - Durch welche Hände ist der Text gegangen? Ist er dabei verändert oder gekürzt worden? Wenn ja: wie?
  - Gibt es mehrere Fassungen des Textes?
  - Gibt es eine kritische Ausgabe, die wichtige Textfassungen vergleicht, oder eine Standardausgabe?
  - Ist die vorliegende Ausgabe zitierfähig?
- Das Thema des Textes (es können auch mehrere Themen sein) kann in verschiedener Weise eruiert werden:
  - Titel und Untertitel. Oft lautet der (Unter-)Titel in der Originalveröffentlichung anders. (Als Themenangabe können [Unter-]Titel auch irreführend sein.)
  - Abstract, Schlagwörter (im Text selbst oder [v. a. bei Zeitschriftenartikeln] in Datenbanken)
  - zentrale Wörter und Sätze (falls Obiges nicht vorhanden oder unbrauchbar)

- Textsorten
  - Beispiele von Textsorten: wissenschaftlicher Aufsatz, Offenbarungstext, Satire, Programmschrift, kritische Stellungnahme, Besprechung (vgl. Literaturhinweis, S. 29).
  - Welche wichtigen Funktionen erfüllt ein Text der betreffenden Sorte typischerweise? Zum Beispiel: bindende (Gesetz), führende (Parteiprogramm), speichernde (Tagebuch), mitteilende (Wegleitung).
  - Ist die Textform von „Zeitgeist", Zensur oder anderen Faktoren geprägt?
- Adressaten des Textes
  - Laien oder Fachpublikum?
  - Für respektive gegen wen ist der Text geschrieben?
- Publikations- und Diskussionszusammenhang
  - In welcher politischen, wirtschaftlichen, sozialen Situation ist der Text entstanden?
  - Zu welcher Diskussion soll der Text ein Beitrag sein?
  - Für oder gegen wen, für oder gegen welche Position ist der Text geschrieben?
  - Auf welche Autoren/Texte wird Bezug genommen?
  - Welche Stellung hat der Text im Gesamtwerk des Autors?
- Wirkungsgeschichte des Textes
  - Ist der Text bekannt?
  - Hat der Text Folgen gezeigt?
  - Wie viele Neuauflagen, Übersetzungen gibt es? Wird der Text häufig zitiert?

Box Auskunftsmittel

Um sich über Autoren und Texte zu informieren, benützt man in erster Line anerkannte Nachschlagewerke des betreffenden Sachgebiets. Hier finden Sie einige Tipps für die gängigsten Problemfälle (vgl. auch Literaturhinweise, S. 29).

Autoren. Schwierigkeiten ergeben sich oft bei zeitgenössischen Autoren, die in den etablierten fachwissenschaftlichen Nachschlagewerken noch nicht zu finden sind, und bei weniger bekannten Autoren. Über lebende Autoren mit einer akademischen Anstellung kann man sich zwar meist auf deren Homepage informieren. Bei Personen im Ruhestand und nicht akademischen Autoren findet man aber oft keine hilfreichen und zuverlässigen Angaben im Internet. In solchen Fällen helfen manchmal spezialisierte Verzeichnisse weiter, die größtenteils online oder auf CD-ROM verfügbar sind. Informieren Sie sich bei Ihrer Universitätsbibliothek über das Angebot und die Zugangsmöglichkeiten.

Zeitschriften und Verlage. Auskünfte über Zeitschriften und Verlage sind manchmal ebenfalls schwierig zu besorgen. Bei gedruckten Zeitschriften findet man erste Informationen im Impressum. Für die meisten Zeitschriften und Verlage gibt es eine Selbstdarstellung im Internet. Mit diesen Informationen muss man kritisch umgehen, da solche Internetseiten nicht aktuell, uninformativ oder zu wenig objektiv, da von Reklamebemühungen geprägt, sein können. Eine nützliche Datenbank mit Informationen
über Zeitschriften ist zum Beispiel *Ulrich's Periodicals Directory*, http://www.ulrichsweb.com.

Rezeption. Wo ein Text zitiert wird, lässt sich mithilfe von Datenbanken (z. B. *Web of Knowledge*, http://www.isiknowledge.com) recherchieren. Je nach wissenschaftlicher Disziplin und Sprachgebiet sind diese Informationen mehr oder weniger vollständig bis sehr lückenhaft.
Da es keine narrensicheren Rezepte zur Informationsbeschaffung gibt, ist es umso wichtiger, dass Sie früh damit anfangen, von Personen mit mehr Erfahrung zu lernen, und sich selbst in dieser Kunst üben. Viele Bibliotheken bieten Einführungskurse ins Recherchieren an.

Fallbeispiel
Grundinformationen beschaffen

Sie haben einen Text von Thomas Pogge mit dem Titel „Unsere Weltordnung spiegelt nur die Verhandlungsmacht wider" vorliegen (Pogge 2001). Unter welchen Voraussetzungen und mit welchen Zielen lohnt es sich, diesen Text von Pogge zu lesen?

Fall 1: Sie sind vom Fach (Politikwissenschaften oder Philosophie) und wollen wissen, welche Position im Text vertreten wird und ob der Text neue Aspekte in die Debatte über globale Gerechtigkeit einbringt.

Fall 2: Sie sind vom Fach (Politikwissenschaften oder Philosophie) und sind neugierig, wie sich Ihr Kollege in einer Publikumszeitschrift äußert.

Fall 3: Sie sind nicht vom Fach, also zum Beispiel Unternehmerin oder Chemiker, und wollen einen Überblick gewinnen, worum es bei der Debatte um globale Gerechtigkeit geht.

Einige Grundinformationen zu diesem Text findet man am einfachsten im Internet. Dieser Quelle entstammen die folgenden Informationen, mit denen die Frage, ob es sich lohnt, den Text zu lesen, für jeden der drei Fälle beantwortet werden kann.

Text:	Thomas Pogge: „Unsere Weltordnung spiegelt nur die Verhandlungsmacht wider"
Datum:	23.6.2007

Wer ist der Autor?
Thomas Pogge, interviewt von Markus Pins (Quelle: Text)
Professor of Philosophy and International Affairs, Yale University
Studierte Soziologie in Hamburg, PhD in Philosophie bei John Rawls (Harvard)
Arbeitsschwerpunkte: globale Gerechtigkeit, Gerechtigkeit in der Gesundheitsversorgung, Rawls und Kant; sehr viele Veröffentlichungen in Fachbüchern, -zeitschriften und Publikumsmedien
(Q: Pogges Homepage, http://pantheon.yale.edu/~tp4/)

Wann ist der Text erschienen?
Originalpublikation in: *Die neue Gesellschaft/Frankfurter Hefte* [NG/FH], Heft 7/8, Juli/August 2001 (Q: NG/FH-Heft, NG/FH-Homepage http://www.frankfurter-hefte.de)
Gespräch fand in New York statt, Datum unbekannt.
Auch auf der Homepage der Zeitschrift:
http://www.frankfurter-hefte.de/gespraech/gespraech_07_08b_01.html
Reprint in: Bremer Beiträge zum neuen Grundsatzprogramm der SPD 2001, 46–55 (Q: Pogges Homepage)

Wo ist der Text zuerst erschienen?
Heft 7/8 von NG/FH trägt den Titel „Deutsche Außenpolitik". Der Beitrag

ist in der Rubrik „Debatten" unter „Programmdiskussion" erschienen. (Q: NG/FH-Heft)

Herausgeber von NG/FH ist die SPD-nahe Friedrich-Ebert-Stiftung (Q: NG/FH-Heft, NG/FH-Homepage), vgl. Homepage http://www.fes.de.

Überlieferungsgeschichte
Keine Hinweise auf Übersetzung, Kürzung oder andere Bearbeitung
Der Titel der Internet-Ausgabe ist falsch geschrieben („wieder" statt „wider"), in der gedruckten Ausgabe ist er richtig. Gibt es weitere Unterschiede?

Thema des Textes
Zentrale Aufgaben der aktuellen Weltpolitik

Textsorte
Interview

Adressaten des Textes
Politisch Interessierte, kein philosophisches oder politologisches Fachpublikum (Q: Profil auf der Homepage der Zeitschrift)

Publikations- und Diskussionszusammenhang
Diskussion um Deutschlands Außenpolitik unter der rot-grünen Koalition mit Bundeskanzler Gerhard Schröder

Wirkungsgeschichte des Textes
1 Reprint (Q: Pogges Homepage), Internetsuche mit Google ergibt keine Zitate. In Datenbanken und Nachschlagewerken nichts gefunden.

Beispiel 1: Grundinformationen zum Text „Unsere Weltordnung spiegelt nur die Verhandlungsmacht wider" von Thomas Pogge (POGGE 2001)

Anhand dieser Informationen kann die Frage, ob es sich lohnt, den Text von Pogge zu lesen, wie folgt beantwortet werden:

Im *Fall 1* lohnt es sich nicht, diesen Text von Pogge zu lesen, denn der Autor ist zwar eine zentrale Figur in Debatten der globalen Gerechtigkeit, aber er wird in einem Interview für eine Publikumszeitschrift kaum Hintergrund oder Neuigkeiten für die entsprechenden Fachkreise vorstellen. Für eine sorgfältige und ausführlich begründete Darstellung von Pogges philosophischer und politischer Position müssten Texte in Fachzeitschriften und -büchern herangezogen werden. Trotzdem kann der Text für Fachkollegen interessant sein, und zwar im *Fall 2,* wenn diese sich dafür interessieren, wie ein Schüler des liberalen Gerechtigkeitstheoretikers John Rawls aus den USA in politischen Zusammenhängen argumentiert und rezipiert wird. Auch im *Fall 3* kann sich die Lektüre lohnen. Da theoretische Texte der politischen Philosophie für Nichtfachleute oft schwer verständlich sind und in der Regel nur marginal Bezug auf aktuelle politische Fragen nehmen, bietet ein Interview in einer Publikumszeitschrift die Chance, einen verständlichen Einblick in diese Debatte zu bekommen und zumindest eine Position kennen zu lernen sowie ihre politische Relevanz zu sehen. Textsorte und Herausgeberschaft werfen einige für Textanalysen wichtige Fragen auf: Was ist die Rolle des Interviewpartners? Ist er eher ein Stichwortgeber oder übernimmt er eine gesprächssteuernde Rolle? Inwiefern ist der Text möglicherweise durch die Interessen der Herausgeberschaft geprägt? Die Zuschreibung dessen, was im Text steht, ist daher eine potenzielle Schwierigkeit für eine weitere Analyse dieses Textes.

3.3 Fragestellung und Stufe der Auseinandersetzung klären

Sind die Voraussetzungen für die Textanalyse geklärt und die Grundinformationen zum Text beschafft, kann man entscheiden, ob der Text nun methodisch gelesen werden soll. Entscheidet man sich dafür, dies zu tun, gilt es, die Fragestellung zu klären, welche mit der Textanalyse beantwortet werden soll.

Fragestellung der Textanalyse

Welches Ergebnis möchte ich mit der Textanalyse erarbeiten?

Zum Beispiel:

- erste Orientierung über das Thema
- Übersicht über Auffassungen, Kontroversen und offene Probleme zu einem Thema
- tieferes Verständnis eines bestimmten Arguments gegen eine These
- besseres Verständnis einer bestimmten Position zum Thema, um zu entscheiden, ob man selbst in dieser Richtung weiterarbeiten möchte

Mit der Wahl einer Fragestellung gilt es auch zu entscheiden, auf welcher Stufe man sich mit dem Text auseinandersetzen will. Nach einem Vorschlag von Rosenberg (ROSENBERG 1996:Kap. 13, dt. Kap. 11) kann man sechs Stufen der Auseinandersetzung mit einem Text unterscheiden. Rosenbergs Unterscheidung ist auf philosophische Texte zugeschnitten, lässt sich aber auf die meisten Texte übertragen, die in einem wissenschaftlichen Zusammenhang oder im Kontext einer praktischen Debatte analysiert werden:

Sechs Stufen der Auseinandersetzung mit einem Text

Stufe 1: Herausarbeiten der inhaltlichen Position: Welche Thesen vertritt der Autor?

Stufe 2: Herausarbeiten der Argumentation: Wie sind die Überlegungen des Autors aufgebaut? Mit welchen Argumenten begründet der Autor seine Thesen?

Stufe 3: Herausarbeiten des Diskussionszusammenhangs: Wie greift der Autor in welche Diskussion ein? Auf welchen Grundlagen und Voraussetzungen baut er auf? Welche Probleme greift er auf? Welche Position vertritt er, welche greift er an? Wie verändert er die Problemlage?

Stufe 4: Kritische Beurteilung: Ist das, was der Autor vertritt, wahr oder mindestens plausibel? Und sind die Begründungen, die er angibt, zwingend? Wie könnte der Autor auf Einwände reagieren?

Stufe 5: Entscheidung eines Problems: Wie ist die vom Autor vertretene Position im Diskussionszusammenhang zu beurteilen? Welche neuen Einsichten bietet er? Welche alten Einsichten nimmt er auf, welche verdeckt er? Inwiefern ist die Position des Autors anderen Positionen überlegen?

Stufe 6: Kreativer Einsatz des Textes: Schließlich kann man die Problemstellung des Autors zu seiner eigenen machen und versuchen, selbst eine Lösung zu finden, die über das, was man in der Literatur findet, hinausgeht.

Eine Textanalyse im engeren Sinn zielt darauf ab, zu ermitteln, was die Autorin vertritt (Stufe 1) und wie sie es begründet (Stufe 2). Dazu rechnen wir nicht nur die Schlüsse, zu denen die Autorin insgesamt kommt, sondern alle wichtigen Inhalte und Argumente, die im Text behandelt werden. In diesem Buch konzentrieren wir uns auf diese beiden ersten Stufen der Analyse eines Textes, weil sie die Grundlage für jede tiefer gehende Auseinandersetzung mit einem Text sind. Es besteht freilich ein enger Zusammenhang mit der dritten Stufe der Textanalyse, bei der es um den Diskussionszusammenhang des Textes geht. Um einen Text in einer wissenschaftlichen oder praktischen Diskussion situieren zu können, muss man bereits wissen, was seine Autorin darin vertritt und wie sie argumentiert; andererseits lässt sich aus dem Diskussionszusammenhang heraus besser verstehen, weshalb ein Text gerade so und nicht anders argumentiert, und man sieht deutlicher, welche Position die Autorin insgesamt vorbringt. Solches Wissen um den Diskussionszusammenhang kann beispielsweise entscheidend sein, wenn Sie aktuelle Literatur über Probleme der Evolutionstheorie lesen. In diesem Fall besteht die Möglichkeit, dass neben biologischen Gesichtspunkten auch die aktuelle Debatte über den Kreationismus in den USA wesentlich bestimmt, welche Thesen, Probleme und Argumente die Autorin überhaupt erwähnt und diskutiert.

Während die erste bis dritte Stufe der Arbeit an einem Text mehr oder weniger in dieser Reihenfolge durchlaufen werden müssen, stellen die vierte bis sechste Stufe je eine Möglichkeit vor, wie man sich über die Textanalyse im engeren Sinne hinaus mit einem Text vertieft auseinandersetzen, ihn beurteilen und an den Problemen, die er anspricht, weiterarbeiten kann.

3.4 Vorgehen planen

Aufgrund der Überlegungen zu den Voraussetzungen, der Fragestellung und der zusammengestellten Grundinformationen können Sie nun entscheiden, wie Sie bei der Textanalyse konkret vorgehen wollen. Diese Entscheidung hat zwei Aspekte: Zum einen geht es um die Strategie, also darum, welche Ergebnisse Sie mit welchen Techniken erarbeiten möchten, und zum anderen müssen Sie in einer organisatorischen Planung festlegen, wie wichtig welche Ergebnisse sind, in welcher Reihenfolge die entsprechenden Arbeiten angegangen werden sollen und welchen Zeitaufwand Sie dafür einsetzen können.

Lesen Sie ein vorbildlich gestaltetes Lehrbuch, wird kaum aufwendige Textanalyse nötig sein, um mit Gewinn lesen zu können. Lesen Sie hingegen einen Text, der viel Information enthält, die komplex organisiert und in ihren Bezügen schwierig zu durchschauen ist, lohnt es sich, die Textanalyse methodisch anzugehen. Das ist auch der Fall, wenn Sie zeitlich, kulturell, disziplinär oder von der Textform her eine große Distanz zum Text haben; oder wenn es für Sie wichtig ist, den Text in seinem Aufbau gründlich zu verstehen. Eine bewusste Entscheidung, ob und wenn ja, wie gründlich Sie den Text lesen wollen, erlaubt es Ihnen, Ihr Vorgehen und den Einsatz Ihrer Ressourcen zu planen und zu kontrollieren.

Textanalyse-Strategie festlegen. Eine Textanalyse-Strategie ist ein Plan, der bestimmt, welche konkreten Arbeitsschritte durchlaufen werden sollen und welche Art von Ergebnis produziert werden soll. Das setzt voraus, dass die in den vorangehenden Kapiteln (3.1–3.3) besprochenen Punkte geklärt sind:

- Welche Voraussetzungen bringe ich mit?
- Welche Grundinformationen zum Text sollte ich mir beschaffen?
- Mit welcher Fragestellung gehe ich an die Textanalyse?
- Welche Stufen der Analyse sind zur Beantwortung der Fragestellung notwendig oder geeignet?

Eine Strategie für die Textanalyse zu haben, bedeutet nun, auf dieser Grundlage die Techniken, die man bei der Textanalyse anwendet, auszuwählen und in einer sinnvollen Reihenfolge anzuwenden. Folgende Fragen sind zu klären:

Leitfragen bei der Wahl einer Textanalyse-Strategie

- Welche Arbeitsschritte sollen ausgeführt werden?
- Welche Lesetechniken sind dafür geeignet?
- In welcher Form soll das Ergebnis vorliegen?

Praktisch bedeutet das, dass Sie unter den Methoden, die in den folgenden Kapiteln vorgestellt werden, gezielt auswählen müssen. Zwei konkrete Beispiele finden Sie im Fallbeispiel „Textanalyse-Strategie für Seminarvortrag und Rezension", S. 27.

Organisatorische Planung. Besonders bei umfangreicheren oder komplexeren Texten empfiehlt es sich, einen schriftlichen Arbeitsplan zu erstellen. Darin werden die verschiedenen geplanten Tätigkeiten aufgelistet, nach ihrer Wichtigkeit für das Erreichen der übergeordneten Zielsetzung bewertet und mit einer Aufwandschätzung versehen. Auch wenn sich nicht zum Voraus mit Sicherheit sagen lässt, wie viel Aufwand jeder Arbeitsschritt bedeutet, bieten solche Planungen doch enorme praktische Vorteile. Man kann sich auf das Wichtige konzentrieren und frühzeitig erkennen, wenn Probleme drohen und entsprechend reagieren (was meist heißt, sich realistischere Ziele vorzunehmen). Dabei lernt man schnell, sein Arbeitstempo bei verschiedenen Tätigkeiten einzuschätzen.

Fallbeispiel
Textanalyse-Strategie für Seminarvortrag und Rezension

Angenommen, Sie sollen einen Seminarvortrag über ein Thema halten, mit dem Sie wenig vertraut sind, und können dafür insgesamt zwei Tage Vorbereitungszeit einsetzen. Dann ist ein Artikel, der die zentralen Entwicklungen im Gebiet zusammenfasst und kommentiert, ein geeigneter Text. Da das Thema für Sie neu ist, kommen Sie trotz Zeitknappheit nicht darum herum, einfach zugängliche Informationsquellen zum Text zu konsultieren, um sicherzustellen, dass Sie einen geeigneten Text lesen. Eine sinnvolle Fragestellung für Ihre Textanalyse besteht in dieser Situation darin, eine Übersicht zu gewinnen. Sie bewegen sich somit auf der Stufe „Thesen/Position herausarbeiten". Anspruchsvollere Ziele wie ein vertieftes Verständnis des Problems müssen Sie unter solchen Voraussetzungen wohl zurückstellen. Bei den Arbeitsschritten können Sie sich auf eine Gliederung als Basis der Zusammenfassung beschränken. Da es sich um eine neue Materie handelt, werden Sie wohl gezwungen sein, den Text sequenziell durchzusehen, aber vieles nur kursorisch und bloß einige Stellen intensiv zu lesen (Lesetechniken werden in Kapitel 4 besprochen). Um das Ergebnis Ihrer Arbeit festzuhalten, empfiehlt sich aufgrund des Verwendungszusammenhangs und der Fragestellung eine strukturierte Liste oder eine grafische Darstellung, welche Sie in Ihrem Vortrag erläutern können. Wenn Sie diese Überlegungen in eine Tabelle eintragen, wird Ihnen bewusst, was Sie vorhaben:

Voraussetzungen	Verwendungszweck: Seminarvortrag Vorkenntnisse: Neuland Ressourcen: 2 Tage in 4 Wochen
Grundinformationen zum Text	Autor: im Fachgebiet ausgewiesen? Datum des Erscheinens: Ist der Text aktuell genug? Textsorte: Handelt es sich um einen Übersichtsartikel? Gibt es Hinweise auf ungeeignete inhaltliche Schwerpunkte?
Fragestellungen	Übersicht gewinnen: ▪ die wichtigsten Forschungsfragen ▪ die verwendeten Methoden ▪ die anerkannten Ergebnisse ▪ die besonders umstrittenen Punkte

Stufen der Analyse	Thesen/Position herausarbeiten
Arbeitsschritte	Gliedern Zusammenfassen
Lesetechniken	Sequenziell, vor allem kursorisch
Form des Ergebnisses	Liste oder Tabelle Grafik

Beispiel 2: Textanalyse-Strategie für einen Seminarvortrag

Ganz anders ist Ihre Problemlage, wenn Sie in den nächsten zwei Monaten eine Rezension zu einem neuen Buch in Ihrem engeren Arbeitsgebiet abliefern sollen. In diesem Fall könnte Ihre Tabelle eher so aussehen:

Voraussetzungen	Verwendungszweck: Rezension Vorkenntnisse: Experte Ressourcen: 8 Tage in 2 Monaten
Grundinformationen zum Text	Was lässt sich zu folgenden Punkten ermitteln? ▪ Zielpublikum des Textes ▪ Kontext, in dem der Text entstanden ist ▪ Verhältnis des Textes zu anderen Arbeiten der Autorin
Fragestellungen	Was bringt der Text Neues? Ist der Text auf dem aktuellen Stand des Wissens? In welche Debatte greift der Text ein? Wie interessant und wichtig ist der Text für potenzielle Leserinnen?
Stufen der Analyse	Thesen/Position herausarbeiten Argumentation herausarbeiten Diskussionszusammenhang Kritische Beurteilung
Arbeitsschritte	Gliedern Zusammenfassen Vertieft analysieren
Lesetechniken	1. Durchgang: sequenziell, diagonal & kursorisch 2. Durchgang: punktuell, intensiv
Form des Ergebnisses	Fließtext

Beispiel 3: Textanalyse-Strategie für eine Rezension

Literatur

Auskunftsmittel. Einige Links sind in der Box „Auskunftsmittel“, S. 19, angegeben. Sammlungen mit weiteren Links zu Auskunftsmitteln, Zeitschriften, Verlagen und anderem finden Sie zum Beispiel unter: http://www.biblink.ch oder http://www.hbz-nrw.de/recherche/linksammlung/. Über grundlegende Aspekte der Literaturermittlung informiert EH/SCHÜTTE 2013. Prüfen Sie auf jeden Fall, welche Datenbanken und Internet-Informationsdienste Ihre Universitätsbibliothek anbietet.

Textsorten. Eine kommentierte Liste von Textsorten findet sich in STARY/KRETSCHMER 2004:19–33. Die linguistischen Grundlagen der Unterscheidung von Textsorten sind in BRINKER 2001:Kap. 5 dargestellt.

Arbeitsorganisation. Allgemeine Hinweise zur Arbeitsorganisation finden sich fast in jedem Buch zur wissenschaftlichen Schreib- und Arbeitstechnik. Auch zu grundlegenden Techniken des Zeit- und Selbstmanagements, die im Studium überhaupt nützlich sind, gibt es massenweise Literatur. Ein Beispiel ist BOEGLIN 2012.

4 Lesen: Wie arbeite ich am Text?

Grundsätze für effektives Lesen

- Texte wollen mehrfach und in verschiedener Weise gelesen werden.
- Zielgerichtet arbeiten: Sich vor dem Lesen klarmachen, was man von der Lektüre erwartet.
- Methodisch arbeiten: Verfahren des Lesens, der Textbearbeitung und des Exzerpierens entwickeln und konsequent verwenden.
- Schreiben beim Lesen: Ergebnisse laufend festhalten, aber auch Fragen, Unklarheiten und Ideen notieren.

Methodisches Lesen unterscheidet sich markant von alltäglichen Lesegewohnheiten. Im Alltag nehmen Sie sprachliche Inhalte zumeist automatisch zur Kenntnis und erinnern sich später selektiv an das Gelesene. Vielleicht bleibt Ihnen im Gedächtnis haften, was Sie erstaunt, irritiert oder sonst wie emotional angesprochen hat. Beim methodischen Lesen soll hingegen das Resultat, zum Beispiel die zentralen Thesen des Textes, schriftlich formuliert und am Text belegt werden. Das Ziel, mit dem Sie sich ans Lesen machen, hat Konsequenzen für die Reihenfolge und die Intensität, mit der Sie sinnvollerweise die einzelnen Teile des Textes lesen. Sie sollten sich daher bewusst für eine passende Form des Lesens entscheiden. In Kapitel 4.1 wird erklärt, welche Formen des Lesens sich für welche Zwecke eignen. Was wir hingegen nicht vermitteln, sind Schnelllesetechniken. Falls Sie den Eindruck haben, dass Sie, um effizienter lesen zu können, Ihr Lesetempo steigern müssen, finden Sie einige Hinweise in der auf S. 52 angegebenen Literatur.

Für die weitere Arbeit ist es wichtig, dass Sie beim Lesen Informationen in geeigneter Form festhalten, damit Sie nachher Fragen wie die folgenden beantworten können: Welche Stellen im Text sind relevant für die Fragen, die mit der Analyse des Textes beantwortet werden sollen? Welche Beziehungen sind zwischen diesen Stellen erkennbar? Wo bestehen Unklarheiten? Wo möchten Sie Zweifel oder Widerspruch anmelden? Welche Stellen vermitteln Ihnen neues Wissen oder eine besonders spannende Einsicht? Lesen ist daher eine Form der Textbearbeitung, welche die Grundlage bildet, um den Text zu gliedern, zusammenzufassen oder zentrale Passagen zu erkennen, welche es vertieft zu analysieren gilt. In Kapitel 4.2 sind Techniken beschrieben, mit denen Sie den Text während des Lesens im Hinblick auf die weitere Textanalyse bearbeiten können.

Es kann sinnvoll sein, zusätzlich zur Textbearbeitung eine Dokumentation zentraler Textauszüge anzulegen. Dieses sogenannte Exzerpieren ist in Kapitel 4.3 beschrieben. Es ist besonders von Vorteil, wenn Sie mit vielen oder umfangreichen Texten arbeiten, weil es den Zugriff auf Stellen erleichtert, die für Sie zentral sind.

Schließlich heißt lesen fast immer auch Verständnisprobleme lösen. In Kapitel 4.4 erläutern wir, wie man einfache Schwierigkeiten angehen kann.

4.1 Formen des Lesens

Lesen kann man in sehr unterschiedlicher Weise. Welche Formen des Lesens sich empfehlen, hängt vor allem vom Ziel und der Fragestellung der Lektüre ab. Am wichtigsten ist wohl folgende Regel:

Grundsatz

Wenn es sich überhaupt lohnt, einen Text zu lesen, so lohnt es sich, ihn mehrfach zu lesen.

Es ist sinnvoll, die verschiedenen Lektüredurchgänge unterschiedlich zu gestalten. Eine grundlegende Unterscheidung betrifft die Art und Weise, wie man beim Lesen auf den Text zugreift:

Sequenzielles Lesen

Der Text wird „von vorne nach hinten" gelesen. Sequenzielles Lesen ist in der Regel erforderlich, wenn der gesamte Text zur Kenntnis genommen werden soll.

Punktuelles Lesen

Einzelne Textstellen werden – nicht unbedingt in der Reihenfolge ihrer Anordnung im Gesamttext – gelesen.

Punktuelles Lesen ist in folgenden Zusammenhängen sinnvoll:

- anstelle einer sequenziellen Lektüre: wenn man sich nur für bestimmte Textstellen interessiert (z. B. weil man eine bestimmte Information oder ein bestimmtes Argument sucht)
- vor einer sequenziellen Lektüre: wenn man abklären will, ob ein Text überhaupt eingehender studiert werden soll (dazu eignen sich vor allem Inhaltsverzeichnisse, Abstracts, Zusammenfassungen, Einleitungen, Indizes und Literaturlisten sowie Diagramme, Tabellen und Abbildungen mit ihren Legenden)
- nach einer sequenziellen Lektüre: wenn man sich mit ausgewählten Problemen intensiv auseinandersetzen will
- bei der sequenziellen Lektüre: wenn man Querverweisen oder inhaltlichen Zusammenhängen nachgehen will
- anstelle der sequenziellen Lektüre bei Internetdokumenten und Texten auf CD-ROM, die eine sequenzielle Lektüre überhaupt nicht zulassen.

Egal, ob sequenziell oder punktuell, können Texte in unterschiedlicher Intensität gelesen werden:

Diagonales Lesen

Der Text wird „überflogen", „gesichtet", um möglichst schnell die wichtigsten Inhalte und die Grundzüge seines Aufbaus zu identifizieren.

Kursorisches Lesen

Der Text wird vollständig „durchgelesen" und bearbeitet, um Inhalt und Struktur des Textes rasch und in groben Zügen zu erfassen.

Intensives Lesen

Der Text wird genau gelesen, um seine Struktur und seinen Inhalt sorgfältig zu erfassen. Dabei muss man den Text bearbeiten und schriftlich arbeiten.

Diagonales Lesen dient besonders der Entscheidung, ob der Text intensiver gelesen werden soll und wenn ja, in welcher Form. Diagonales Lesen kann bei längeren und komplexeren Texten das Textverständnis wesentlich erleichtern und beschleunigen, weil man sich so einen ersten Überblick über den Inhalt und die Struktur des Textes verschaffen kann, der beim intensiveren (sequenziellen oder punktuellen) Lesen nützlich ist.

Will man einen Text überhaupt intensiver bearbeiten, ist es sinnvoll, ihn zuerst kursorisch zu lesen und dabei einer ersten Bearbeitung durch Markieren oder Exzerpieren (vgl. Kap. 4.2 und 4.3) zu unterziehen. Statt bei schwierigen Stellen lange zu verweilen, liest man weiter, auch wenn man nicht alles vollständig versteht. In einem zweiten Durchgang ist es dann im Allgemeinen sehr viel einfacher, die schwierigen Stellen zu klären, da man nun den größeren Zusammenhang kennt (vgl. die Bemerkungen zum hermeneutischen Zirkel, S. 10). Kursorische Lektüre dient vor allem folgenden Zielen:

- den Aufbau des Textes möglichst klar, wenn auch nicht unbedingt in allen Details, erkennen, sodass man sich bei der weiteren Lektüre immer im Text orientieren kann,
- ein grundlegendes Verständnis der Textinhalte erlangen,
- Verständnisprobleme identifizieren,
- feststellen, welche Textstellen („zentrale Textpassagen") für das Verständnis des ganzen Textes oder bestimmter Begriffe, Thesen oder Argumente besonders wichtig sind, und zwar mit Blick auf den Zweck und die Fragestellung der Lektüre.

Eine intensive Lektüre ist die Grundlage für jedes solide Textverständnis. Sie ist insbesondere unentbehrlich, wenn man den Text kritisieren möchte. Zu den wichtigsten Techniken des intensiven Lesens gehören verschiedene Formen der schreibenden Auseinandersetzung mit dem Text, so wie sie in den folgenden Kapiteln beschrieben sind. Im Einzelnen geht es bei der intensiven Lektüre um Folgendes:

- wichtige Textstellen adäquat verstehen. Das kann, je nach Textstelle, Verschiedenes bedeuten, zum Beispiel ein präzises Erfassen der präsentierten Informationen, ein klares Verständnis argumentativer Strukturen, ein deutliches Erkennen rhetorischer Funktionen, ein genaues Bestimmen von inhaltlichen Bezügen zwischen verschiedenen Textstellen (vgl. auch Kap. 5.2).
- ein klares Bild über den Aufbau und die Funktionsweise des Textes insgesamt erhalten,
- komplexe Zusammenhänge im Text erfassen,
- die eigenen Probleme mit dem Textverständnis möglichst genau bestimmen.

Lesestrategien. Wichtig ist vor allem, Texte nicht irgendwie zu lesen, sondern gezielt eine Form des Lesens zu wählen, und zwar je nach Art des Textes und der Fragestellung der Lektüre. Scheint Ihnen ein Text schwierig oder komplex zu sein, empfiehlt es sich, sowohl für die Lektüre insgesamt wie für das Lesen von Teiltexten (Kapitel, gegebenenfalls Abschnitte) mehrere Lektüredurchgänge mit unterschiedlichen Etappenzielen und entsprechender Form des Lesens zu kombinieren. Will man ein ganzes Buch erarbeiten, so ist es zum Beispiel oft sinnvoll, nicht gleich mit einer kursorischen oder intensiven Lektüre anzufangen, sondern zuerst den gesamten Text diagonal, dann einzelne (nicht unbedingt alle!) Kapitel kursorisch und anschließend ausgewählte Teile intensiv zu lesen. Im Falle von „ritualisierten“ Texten, beispielsweise naturwissenschaftlichen Fachartikeln, ist hingegen unter Lesern aus dem Fachgebiet die folgende Strategie üblich: Zuerst wird der Titel gelesen, dann eventuell das Abstract, bei Interesse die Abbildungen mit Legende und nur wenn das Interesse weiter anhält, der Text, und zwar diagonal. Weil Autoren und Textstruktur bekannt sind, ist es nicht erforderlich, den Text sequenziell zu lesen. Lesen erfolgt vielmehr in Sprüngen. Abbildungen und Tabellen spielen eine Schlüsselrolle beim Entscheid, ob ein Text gelesen wird.

4.2 Texte bearbeiten

Unter „Textbearbeitung“ verstehen wir hier das Anbringen von Notizen, Unterstreichungen und ähnlichen Zeichen. Bearbeitungen im Text oder am Rand sind sehr wirkungsvolle Arbeitsmittel. Einerseits wird das Lesen dadurch zu einem aktiveren Prozess, was wiederum die Erinnerungsleistungen verbessert. Andererseits wird das eigene Textverständnis im Text dokumentiert und damit für weitere Arbeitsschritte verfügbar.

Folgendes sollte beim Bearbeiten des Textes beachtet werden:

Regeln zum Bearbeiten von Texten

- Nicht gleich bei der ersten Lektüre intensiv bearbeiten, sondern erst damit anfangen, wenn man den Text schon einmal diagonal gelesen hat. Man muss den Inhalt des gesamten Textes in groben Zügen kennen, um die Bedeutung einzelner Partien richtig einschätzen zu können.

- Nicht übermäßig bearbeiten – sonst fallen am Schluss die nicht bearbeiteten Stellen mehr auf.
- Systematisch bearbeiten. Am besten entwickelt man sein eigenes Verfahren der Textbearbeitung und wendet es konsequent an.
- Selbstverständlich darf man nur Texte bearbeiten, die man selbst besitzt.

Man kann verschiedene Formen der Textbearbeitung unterscheiden:

Hervorhebungen zeichnen Textausschnitte aus, beispielsweise durch Unterstreichen oder Einfärben. Hervorhebungen machen nur Sinn, wenn man sie gezielt und mit einer gewissen Zurückhaltung einsetzt. Wenig sinnvoll ist es, längere Partien durchgehend hervorzuheben, weil das die Lesbarkeit vermindert. Stattdessen kann man eine Markierung am Rand anbringen und bei Bedarf einzelne Wörter zusätzlich hervorheben.

Hervorhebungen sind wirkungsvoller, wenn man nicht nur eine Form verwendet, sondern verschiedene Formen mit unterschiedlicher Bedeutung einsetzt. In der Praxis bewähren sich sowohl Hervorhebungssysteme mit Farben wie auch mit verschiedenartigen Anstreichungen. Zum Beispiel:

rot = zentrale These
orange = wichtiger Begriff
blau = Funktionswort, das den Gedankengang gliedert (z. B. „darum“)
grün = Beispiel
gelb = Einwand

oder

einkreisen = gibt Hinweis auf Gliederung
einrahmen = zentraler Begriff
Wellenlinie = Unklarheit

Wenn Sie einen mathematischen Text lesen, ist vielleicht Folgendes nützlicher:

grün = Definitionen
rot = Sätze
usw.

Glossen und andere Markierungen im Text. Als „Glossen“ werden sprachliche Kommentare bezeichnet, die zwischen den Zeilen angebracht werden. Sie eignen sich besonders für elementare Worterklärungen und Übersetzungen. Man kann auch zwischen die Zeilen schreiben, um die Textstruktur zu verdeutlichen, indem man zum Beispiel die Schritte eines Gedankengangs oder die Prämissen eines Arguments nummeriert oder grammatische Strukturen durch Zeichen verdeutlicht. (In Kapitel 8.2.2 wird eine Methode zum Analysieren von Argumenten vorgestellt, die mit solchen Markierungen arbeitet.)

Randbemerkungen. Wenn man den Rand eines Textes für Kommentare nutzt, so kann dies den Vorteil haben, dass man bei einer ersten Bearbeitung die Struktur des Textes leichter erfasst und beim Wiederlesen nach längerer Zeit rascher wieder den Überblick gewinnt. Statt in das Originaldokument hineinzuschreiben, kann man seine Bemerkungen auf Haftnotizzetteln anbringen, so lassen sich auch Bücher intensiv bearbeiten, in die man nicht hineinschreiben darf oder will.

Randbemerkungen können nach verschiedenen Kriterien erstellt werden, wobei es nützlich ist, verschiedene Typen von Randbemerkungen zu kombinieren. Drei Möglichkeiten sind:

- Randbemerkungen nach inhaltlichen Kriterien dienen dazu, den inhaltlichen Aufbau des Textes am Rand hervorzuheben. Diese Methode geht davon aus, dass der Text eine Abfolge von Abschnitten ist, die je einen Kerngedanken enthalten, wobei diese Abschnitte nicht unbedingt mit den typografischen Absätzen identisch sein müssen. Zu jedem Abschnitt notiert man am Rand des Textes ein Leitwort, das aus dem Text stammen oder selbst gewählt sein kann. Man kann die Randbemerkungen auch als Titel der einzelnen Abschnitte verstehen und entsprechend formulieren. Inhaltliche Randbemerkungen sind besonders im Hinblick auf eine spätere Gliederung sinnvoll (vgl. Kap. 5). Das gilt auch für die zweite Form:
- Randbemerkungen nach funktionalen Kriterien haben zum Ziel, die formale Struktur des Textes zu erschließen und am Rand hervorzuheben. Das heißt, man versieht den Rand mit Bemerkungen, die zwar nichts über den Inhalt, aber etwas über die Struktur des Textes aussagen, also die Funktion der jeweiligen Passage im Textganzen verdeutlichen, wie zum Beispiel „Fragestellung“, „These“, „Beispiel“ oder „Einwand“. Praktisch ist ein einheitliches System von Abkürzungen, zum Beispiel:

  Bsp = Beispiel
  Def = Definition
  Th = These

A = Argument
E = Einwand
W = Widerlegung
usw.

- Randbemerkungen für persönliche Kommentare sind zum Beispiel nützlich, um Stellen, die Schwierigkeiten bereiten, für die spätere Bearbeitung auszuzeichnen. Wenn man mit Bleistift arbeitet, kann man erledigte Markierungen wieder entfernen. Wenig sinnvoll ist es, spontane Werturteile zu dokumentieren, etwa alles anzustreichen, das einem gefällt. Hingegen kann es hilfreich sein, wenn man Beurteilungen kennzeichnet, die man später ausarbeiten möchte. Wiederum ist es praktisch, ein System von Symbolen zu verwenden, zum Beispiel:

? = unklar
/ = nochmals überarbeiten
// = nachschlagen
! = wichtig
+ = gut!
– = kritisieren!
usw.

Man kann die verschiedenen Formen von Randbemerkungen und anderen Textbearbeitungen kombinieren. Eine sinnvolle Möglichkeit ist, nur funktionale Randbemerkungen zu verwenden und zusätzlich inhaltliche Stichworte im Text hervorzuheben. Dazu zwei Beispiele:

Einführung

Umweltschutz als Jobkiller? Mehr als 1,5 Millionen Gegenbeispiele

Es gibt Mythen, die sich hartnäckig halten, obwohl sie längst widerlegt sind. Der Mythos vom Umweltschutz als Jobkiller ist ein Beispiel dafür. Dass diese Behauptungen auch heute immer noch auftauchen und von bestimmten Interessengruppen eingesetzt werden, kann nur verwundern.	These: Umweltschutz vernichtet keine Arbeitsplätze.
Die Zahl der Arbeitsplätze im Umweltschutz ist in den vergangenen Jahrzehnten kontinuierlich gestiegen: Wurden 1975 noch rund 200.000 direkt und indirekt Beschäftigte in diesem Bereich gezählt, waren es 1984 bereits mehr als 400.000. Mitte der	Belege: mehr Arbeitsplätze im Umweltschutz seit 1975

1990er Jahre wurde die Millionengrenze überschritten. Aktuell werden ca. 1,5 Mio. Beschäftigte dem Umweltschutzsektor zugerechnet. Damit beträgt dieser Anteil fast vier Prozent an der Gesamtbeschäftigung. Das sind mehr Beschäftigte als z. B. im Maschinen- oder Fahrzeugbau.	
Für die Zukunft prognostizieren Untersuchungen einen weiteren Beschäftigungszuwachs, wenn die Voraussetzungen stimmen. Allein eine konsequente Energie- und Ressourceneffizienzstrategie mit entsprechenden steuerlichen Rahmenbedingungen könnte laut Studie der Aachener Stiftung Kathy Beys und mehrerer renommierter Forschungsinstitute eine Verbesserung der Situation auf dem Arbeitsmarkt um ca. 1.000.000 Beschäftigte bis 2020 auslösen. Darüber hinaus werden prognostiziert: Eine Erholung der Staatsfinanzen um ca. 100 Mrd. Euro im Jahr 2020 und die potentielle Verbesserung der Ertragslage der Unternehmen um ca. 120 Mrd. Euro im Jahr 2020. Und das ist nur ein Beispiel.	Prognosen: mehr Arbeitsplätze dank Umweltschutz
Die vorliegende BUND-Studie „Umwelt und Beschäftigung 2006" wurde im Rahmen des gemeinsamen Verbändeprojekts von DNR, BUND und NABU „Nachhaltigkeit im Kontext sich verändernder gesellschaftspolitischer Rahmenbedingungen" erstellt. Sie baut auf der ersten Studie des BUND 2004 und dem Workshop im Rahmen des o. g. Projektes auf und ist ein weiterer Beitrag der Umweltverbände zur Debatte um einen ökologischen Strukturwandel.	Hintergrund: Vorläuferstudien
Die neue Studie: ▪ bewertet Arbeitsplatzbestände und -potentiale in den verschiedenen Wirtschaftsbereichen, ▪ stellt Daten und Fakten zur ökonomischen Bedeutung von Natur- und Umweltschutz zusammen, ▪ diskutiert grundsätzliche Fragen der wirtschaftlichen Entwicklung und ▪ zeigt die BUND-Perspektiven für ein zukunftsfähiges Deutschland auf.	Ziele

Beispiel 1: Kombination von funktionalen (unterstrichen) und inhaltlichen Randbemerkungen (BUND 2006:6; abgedruckt ohne Fußnoten)

Wie Proteine satt machen

Langsames Umdenken hinsichtlich der Ernährungsrichtlinien

Hintergrund

In der Gesamtenergiebilanz unserer Nahrung machen Eiweisse nur einen relativ geringen Teil aus. Von Tierexperimenten und auch von Untersuchungen mit Menschen ist jedoch bekannt, dass sowohl bei der Auswahl der Nahrung als auch bei der Entscheidung, wie viel verzehrt wird, eine angemessene Versorgung mit Proteinen im Mittelpunkt steht – es wird so lange gegessen, bis eine bestimmte Proteinmenge aufgenommen wurde. Dies könnte auch erklären, warum Diäten mit relativ hohem Proteinanteil funktionieren.

These

Jetzt hat ein internationales Forscherteam gezeigt, dass ein Sättigungshormon namens PYY als Antwort auf Proteinzufuhr den Hunger drosselt.[1] PYY wird nach einer Mahlzeit im Darm produziert und ins Blut ausgeschüttet.

Studie:
Versuch 1

Im Rahmen der Studie bekamen die Versuchspersonen eine Mahlzeit, die entweder viel Protein, viel Fett oder viele Kohlenhydrate enthielt; die in der Mahlzeit enthaltene Kalorienmenge war jedoch immer gleich. Anschließend wurden die Probanden nach dem Grad ihrer Sättigung befragt. Jene Studienteilnehmer, die die proteinreiche Mahlzeit erhalten hatten, berichteten dabei von der deutlichsten Sättigung. Bei ihnen stieg auch die Menge an PYY im Blut nach der Mahlzeit am stärksten an.

Versuch 2

Tierversuche mit Mäusen führten zum gleichen Ergebnis. Zudem hatten die Tiere mit der proteinreichen Diät langfristig weniger Fettgewebe als jene mit fett- oder kohlenhydratreicher Ernährung.

Versuch 3

Der endgültige Beweis dafür, dass PYY eine wichtige Rolle für die Sättigung spielt, gelang den Forschern mit gentechnisch veränderten Mäusen, die kein PYY mehr herstellen konnten. Diese Mäuse fraßen deutlich mehr als ihre Artgenossen – auch von proteinreichem Futter – und waren bald doppelt so fett. Injektionen von PYY wiederum verhinderten diesen Effekt: Derart behandelte Tiere nahmen weniger zu oder sogar wieder ab, wenn sie schon übergewichtig gewesen waren. Sobald die PYY-Injektionen aber ausblieben, stieg das Gewicht der Mäuse erneut an.

Diese Arbeit bietet eine molekulare Erklärung der eingangs erwähnten Beobachtungen, dass Nahrung mit zu geringem Eiweißgehalt zu vermehrter Nahrungsaufnahme führt; Wissenschafter sprechen hier von einem „Proteinhebel".	Schlussfolgerung
Trotzdem empfehlen die Fachgesellschaften für Ernährung in Deutschland, Österreich und der Schweiz, nur 8 bis 10 Prozent der Gesamtenergie mit Protein zu decken, und warnen vor gesundheitlichen Schäden zu hoher Proteinzufuhr. Dem halten die Autoren der besprochenen Studie entgegen, dass die tatsächliche Eiweißzufuhr in westlichen Ländern bei rund 16 Prozent und in traditionellen Jäger-und-Sammler-Gesellschaften sogar bei gut 30 Prozent liegt. Die neuesten offiziellen Empfehlungen des Food and Nutrition Board der amerikanischen wissenschaftlichen Akademien geben denn auch einen breiteren Bereich von 10 bis 35 Prozent Proteinanteil als unbedenklich an.	Empfehlungen

[1] Cell Metabolism *4,* 223–233 (2006).

Beispiel 2: Funktionale Randbemerkungen, Unterstreichungen für inhaltliche Stichworte und Markierungen zur Unterteilung der typografischen Absätze (NZZ, 18.10.2006, S. 59)

Diese Beispiele zeigen, dass Randnotizen und Anstreichungen im Allgemeinen nicht das Endprodukt einer Textanalyse sind, sondern die Grundlage für weitere analytische Arbeit am Text, zum Beispiel eine Gliederung oder Zusammenfassung.

4.3 Exzerpieren

Ein Exzerpt ist ein Auszug, das heißt eine Notiz, in der eine Textstelle wörtlich herausgeschrieben oder sinngemäß festgehalten (paraphrasiert) und allenfalls kommentiert wird (vgl. Box „Zitieren und in eigenen Worten formulieren", S. 44). Typischerweise exzerpiert man Passagen, die wichtig sind, weil sie einen zentralen Begriff erläutern oder eine beachtenswerte These oder Begründung formulieren. Exzerpieren kann man von Hand auf Karteikarten oder mithilfe des Computers (vgl. Literaturhinweise, S. 52).

Elemente eines Exzerpts

- Zitat oder Paraphrase einer Textstelle
- Quellenhinweis (Seitenzahl o. Ä.), der die Textstelle zuverlässig identifiziert
- Kennzeichnung, die zweifelsfrei wörtliche Zitate, Paraphrasen und eigene Kommentare unterscheidet
- Stichworte, nach denen das Exzerpt einsortiert und gesucht werden kann
- Hinweis darauf, weshalb man die Textstelle herausgeschrieben hat und wie man sie verwerten möchte
- Kommentare und Fragen

Das Exzerpieren ist vor allem in zwei Zusammenhängen nützlich. Zum einen ist es ein Ersatz für das Markieren und Notieren direkt im Text, wenn man sich keine bearbeitbare Version verschaffen kann. Dies kommt in der Praxis nur selten vor, da man fast immer mit Fotokopien arbeiten kann (außer etwa wenn das Kopieren aus rechtlichen oder konservatorischen Gründen untersagt ist). Wichtiger ist deshalb das Exzerpieren, wenn man eine Sammlung aus Passagen anlegen will, die man immer zur Hand haben oder vielleicht zitieren möchte. Oder man muss Stellen aus verschiedenen Texten zusammenführen und nach unterschiedlichen Gesichtspunkten durchsuchen können. Solcher Bedarf besteht vor allem, wenn man selbst einen größeren Text verfassen will oder wenn man eine größere Anzahl von Texten in Hinblick auf bestimmte Fragestellungen „durchkämmen" muss (z.B. im Zusammenhang mit der Analyse einer Begriffsverwendung; vgl. Kap. 7.4.2).

Das Exzerpieren ist eine relativ zeitaufwendige Arbeitsmethode. Wenn es vor allem darum geht, einen einzelnen Text zu analysieren, ist es effizienter, mit Anstreichungen und Bemerkungen im Text zu arbeiten und parallel dazu eine fortlaufende Dokumentation zu führen, in der Ergebnisse, Probleme und Ideen festgehalten werden (auf Blättern, in Notizheften oder in Dateien).

Stichworte	Autor, Jahr, Seite	Zitat, Paraphrase (gekennzeichnet mit „[P]“)	Kommentare, Fragen, Hinweise auf Sekundärliteratur
Paradigma, disziplinäre Matrix, Muster-beispiel	Kuhn 1977, 392–3	„Paradigma$_1$“, „disziplinäre Matrix“: Gemeinsamkeiten einer wissenschaftlichen Gemeinschaft, die die verhältnismäßig unproblematische fachliche Kommunikation und die verhältnismäßig einhelligen fachlichen Urteile erklären [P] (392) „Musterbeispiele schließlich sind konkrete Problemlösungen, die von der Gruppe in einem ganz gewöhnlichen Sinne als paradigmatisch anerkannt sind. […] ‚Musterbeispiel‘ (engl. ‚exemplar‘) [ist] ein neuer Name für die zweite und grundlegendere Bedeutung von ‚Paradigma‘ in meinem Buch [Struktur wissenschaftlicher Revolutionen].“ (393)	▪ Einführung der Unterscheidung Paradigma = disziplinäre Matrix vs. Musterbeispiel ▪ Sind Musterbeispiele immer/nie/gelegentlich Teile einer disziplinären Matrix? ▪ vgl. Hoyningen-Huene 1993, S. 142–143 ▪ nicht gelesen: §4 und 5
…			

Beispiel 3: Exzerpt in Tabellenform (zu KUHN 1977)

Box Zitieren und in eigenen Worten formulieren

Wenn Sie sich auf einen Text beziehen, gilt es, einige Regeln zu beachten. Sie sollen einerseits sicherstellen, dass Sie und Ihre Leserinnen nachvollziehen können, auf welche Textstelle Sie sich beziehen. Gleichzeitig gilt es, die wissenschaftliche „Todsünde" des Plagiats – des undeklarierten Übernehmens von Formulierungen oder Gedanken – zu vermeiden. Plagiate sind wohl weniger häufig Betrugsversuche als die Folge einer unsorgfältigen oder unreflektierten Arbeitsweise, welche durch die Möglichkeit, Texte auf einfachste Weise aus dem Internet oder anderen elektronischen Quellen zu kopieren, zusätzlich gefördert wird.

Wörtliche Zitate. Immer wenn man eine Textstelle abschreibt oder aus einer elektronischen Quelle kopiert, kennzeichnet man diese als Zitat und versieht sie sofort mit einem Nachweis. Minimale Änderungen und Auslassungen sind zulässig, aber nur wenn sie gekennzeichnet werden (in der Regel werden [eckige] Klammern verwendet). In verschiedenen Fachgebieten gelten unterschiedliche Konventionen für das Zitieren, die Sie beachten müssen. Korrektes Handhaben von Zitaten ist gerade auch beim Anfertigen von Notizen zum Selbstgebrauch wichtig, damit man später noch weiß, dass es sich um fremden Text handelt, und die Quelle nicht nochmals suchen muss.

Paraphrasen. Eine Paraphrase gibt eine Textstelle in mehr oder weniger stark veränderter Formulierung wieder. Problematisch sind Paraphrasen, bei denen lediglich einzelne Wörter ersetzt oder Sätze umgestellt werden, weil solche Paraphrasen weder als Zitate noch als eigene Texte behandelt werden dürfen. Damit riskiert man ein falsches Zitat oder gar ein Plagiat. Sinnvoller sind Paraphrasen, die den Inhalt einer Textstelle in eigenen Worten wiedergeben. Auch in diesen Fällen ist es wichtig, anzugeben, auf welche Textstelle man sich bezieht, um den Textbezug nachvollziehbar zu machen.

Inspirationen. Für viele, vielleicht für fast alle Gedanken ist man in mehr oder weniger direkter Weise einem gelesenen Text verpflichtet, ohne dass man sich dessen immer bewusst ist. Handelt es sich dabei nicht bloß um allgemein gängiges „Lehrbuchwissen", lohnt es sich, solche Bezüge zu dokumentieren, um sie für andere nachvollziehbar zu machen und selbst später verfügbar zu haben.

4.4 Einfache Verständnisprobleme lösen

Verständnisschwierigkeiten gehören beim Lesen zur Tagesordnung. Vielleicht treffen Sie auf Wörter, die in unerwarteter oder ungebräuchlicher Weise verwendet werden. Oder der Inhalt des Textes ist sehr anspruchsvoll, beispielsweise weil er fremd ist oder weil er abstrakt formuliert ist. Oder der Text ist schlecht geschrieben. Oft ist nicht klar, welche dieser und weiterer Faktoren wie viel zum Verständnisproblem beitragen. Beim Lesen eines philosophischen Buches können Sie zum Beispiel über Folgendes stolpern:

(4) „Ich habe behauptet, dass wir das Intentionale nur mit dem Immateriellen in Zusammenhang bringen können, wenn wir es mit dem Phänomenalen identifizieren, und dass wir das Phänomenale nur mit dem Immateriellen identifizieren können, wenn wir Universalien hypostasieren [...]" (RORTY 1987:43)

Diese Textstelle wirft einige Fragen auf, zum Beispiel: Worauf bezieht sich „es", auf das Intentionale oder das Immaterielle? Was heißt „hypostasieren"? In welcher Bedeutung wird „Universalien" verwendet? Ohne guten Grund sollte man aber weder den Schluss ziehen, dass der Text nichts taugt, noch annehmen, dass man zu dumm ist, ihn zu verstehen. Meistens lassen sich Verständnisschwierigkeiten nämlich lösen, wenn auch nicht unbedingt beim ersten Lesen. Mit den folgenden allgemeinen Vorgehensweisen lassen sich viele der weniger schwierigen Verständnisprobleme angehen:

Allgemeines Vorgehen bei Verständnisproblemen

- Aufschreiben: Während der Arbeit laufend Fragen, Unklarheiten und weiter gehende Ideen separat notieren. Ist ein Problem gerade nicht das wichtigste, löst man es besser später.
- Prioritäten setzen: Gelegentlich diese Liste durchgehen, Erledigtes streichen, die restlichen Punkte nach inhaltlichen Zusammenhängen gruppieren und dann nach Wichtigkeit sortieren; entscheiden, was man in einer vertieften Analyse weiterverfolgen will.
- Diskutieren: Interpretationsprobleme lösen sich manchmal „von selbst", wenn man versucht, sie jemandem im Einzelnen zu erklären. Oder die Gesprächspartnerin hat eine zündende Idee.

- Abschreiben: Dieser Trick hilft manchmal bei besonders schwierigen Textstellen. Aktives Nachvollziehen der Formulierung kann kleine Wunder wirken.

Dass Aufschreiben und Auf-später-Verschieben viele Verständnisprobleme lösen kann, hat zwei Gründe: Zum einen ergibt sich die Lösung eines Verständnisproblems oft aus dem größeren Textzusammenhang. Davon kann man nur profitieren, wenn man weiterliest. Zum anderen sind nicht alle Verständnisprobleme gleich wichtig und die Anforderungen an eine Lösung können variieren. Man muss nicht immer jedes Verständnisproblem lösen. Und manchmal reicht es, wenn man eine Passage nur in groben Zügen verstanden hat. Wie wichtig ein Verständnisproblem ist und welche Art von Lösung man dafür braucht, hängt von den Zielen der Textanalyse ab und von der Lesephase, in der man sich gerade befindet. Wenn sich zum Beispiel ein Verständnisproblem beim diagonalen oder kursorischen Lesen nicht genügend schnell lösen lässt, empfiehlt es sich, das Problem zu markieren, die Lektüre fortzusetzen und das Problem beim nächsten Lektüredurchgang zu lösen – oft wird man feststellen, dass sich die Sache unterdessen erledigt hat.

Das Aufschreiben empfiehlt sich auch für die Lösung von Verständnisproblemen. In einfachen Fällen kann man direkt im Text eine Notiz anbringen oder man dokumentiert im Exzerpt. Damit ist gewährleistet, dass man nicht dasselbe Problem bei der nächsten Lektüre erneut lösen muss. Steht die Textanalyse im Dienst eines Textes, den man selbst schreibt, eine Studienarbeit beispielsweise, ist es oft sinnvoll und manchmal sogar entscheidend, Verständnisprobleme und deren Lösung in den eigenen Text aufzunehmen.

Neben diesen allgemeinen Faustregeln gibt es für verschiedene Typen von Verständnisproblemen spezifische Maßnahmen, die in einfachen Fällen rasch weiterhelfen können. Im Folgenden beschreiben wir einige wichtige Typen von Verständnisproblemen und zeigen Möglichkeiten auf, diese in einfacheren Fällen auszuräumen. Wie hartnäckigere Verständnisprobleme bearbeitet werden können, wird in den Kapiteln 7 und 8 behandelt.

Unbekannte Wörter, unvertraute Bedeutung. In wissenschaftlichen Texten begegnet man immer wieder Ausdrücken, die man nicht kennt, oder Wörtern, die in einer ungewohnten Bedeutung verwendet werden. Das kann an mangelndem Fachwissen liegen. Ohne Kenntnisse in Antennentechnik ist zum Beispiel (5) kaum verständlich:

(5) „Die äquivalente Strahlungsleistung (ERP) ist die einer Antenne zugeführte Sendeleistung, multipliziert mit dem Antennengewinn in Hauptstrahlrichtung, bezogen auf den Halbwellendipol.“ (NISV 2012:Art. 3, Abs. 9)

Heimtückischer ist, dass dieselben Termini nicht von allen Autoren in der gleichen Weise verwendet werden. Wenn Sie in der psychologischen Literatur über Scham und Schuld (bzw. *shame* und *guilt*) lesen, werden Sie schnell feststellen, dass verschiedene Autoren in verschiedener Weise zwischen diesen beiden Begriffen unterscheiden und manche Autoren auch davon ausgehen, dass „Scham“ und „Schuld“ dieselbe Emotion bezeichnen.

Unbekannte Wörter sollte man in Wörterbüchern oder Begriffslexika nachschlagen. Bei Fachtexten müssen fachspezifische Nachschlagewerke konsultiert werden. Die Angaben in allgemeinen Sprachwörterbüchern können irreführend sein, weil Begriffe in wissenschaftlichen Texten oft in einer Bedeutung verwendet werden, die sich von der alltäglichen erheblich unterscheidet. Zum Beispiel wird in der Biologie „Fisch“ spezifischer und „Biotop“ allgemeiner als in der Umgangssprache verwendet. Generell gilt, dass man immer prüfen muss, ob eine Angabe aus einem Nachschlagewerk ein plausibles Verständnis des Textes ergibt (vgl. Fallbeispiel „Unbekannter Begriff“, S. 51).

Fremdsprachige Texte erfordern zusätzliche Sorgfalt, wenn man die Fremdsprache nicht perfekt beherrscht, weil man damit rechnen muss, sich über die Bedeutung eines Ausdrucks zu täuschen. Beispielsweise sind die primären Bedeutungen von engl. *concept* nicht etwa *Entwurf* oder *Plan,* sondern *Begriff* und *Vorstellung.* Besonders tückisch wird es, wenn zusätzlich unterschiedliche fachsprachliche Verwendungsweisen und Mehrdeutigkeiten im Spiel sind. *Self-conscious* meint zum Beispiel im Allgemeinen so viel wie „gehemmt“, kann aber in der philosophischen und psychologischen Literatur auch im Sinne von „sich seiner selbst bewusst“ verwendet werden und ist dann mit „selbstbewusst“ übersetzbar, obschon dieses deutsche Wort im Alltag im Sinne einer positiven Selbsteinschätzung verwendet wird und in dieser Bedeutung keine Übersetzung von *self-conscious* ist.

Mehrdeutigkeit. Eine große Zahl sprachlicher Ausdrücke hat mehrere Bedeutungen. Probleme entstehen nur, wenn nicht unmittelbar und unzweifelhaft ersichtlich ist, in welcher von mehreren möglichen Bedeutungen ein Ausdruck verwendet wird. Typischerweise wird Mehrdeutigkeit durch den Kontext entschärft:

(6) „Früher wurde der Frosch nur zwischen den Haaren und der Stange eingeklemmt." (VON HAHN 1983:104)

Wenn man weiß, dass (6) in einem Text zur Geschichte des Geigenbaus steht, lässt sich auch für Laien leicht erraten, was „Frosch" hier bedeutet. Wenn es nicht so einfach geht, besteht die wichtigste Maßnahme zum Auflösen von Mehrdeutigkeiten darin, im Kontext gezielt nach Hinweisen zu suchen. Welche anderen Ausdrücke verwendet die Autorin in diesem Zusammenhang? Welche Interpretation des mehrdeutigen Ausdrucks lässt die Textpassage insgesamt als zusammenhängend und stimmig erscheinen?

Unklare Kontextabhängigkeit. Jeder Text enthält massenweise Ausdrücke, deren Bedeutung von der sprachlichen oder außersprachlichen Umgebung abhängig ist. Manchmal ist nicht klar, worauf sich ein solcher Ausdruck bezieht. Ein Standardbeispiel sind Pronomina mit mehreren Bezugsmöglichkeiten:

(7) „[Dass das saure, sauerstoffarme Milieu die Wirkung beeinträchtigt,] gilt für die Bestrahlung und bestimmte Pharmaka, deren tödliche Wirkung auf Krebszellen von chemischen Prozessen mit Sauerstoff abhängt." (JAIN 2008:39)

Hier stellt sich die Frage, ob sich „deren" auf Bestrahlung und bestimmte Pharmaka bezieht oder nur auf bestimmte Pharmaka. Wie bei Wörtern mit mehreren Bedeutungen muss man sich in diesem Fall, wo es um einen unklaren Bezug des Relativpronomens geht, auf den Kontext und Hintergrundwissen stützen. Gibt es Hinweise darauf, welcher Bezug intendiert ist? Welcher Bezug macht am meisten Sinn?

Unklares Funktionieren von Beispielen. Wenn sich Beispiele im Text finden, stellt sich immer die Frage, wie sie genau funktionieren. Einige Möglichkeiten sind: einen allgemeinen Sachverhalt veranschaulichen, eine allgemeine Aussage anhand eines konkreten Falles erklären, eine These belegen, plausibilisieren, widerlegen oder unterminieren. Verständnisprobleme können resultieren, wenn unklar ist, welche Funktion ein Beispiel erfüllen soll, wenn sich nicht eindeutig feststellen lässt, auf welchen Sachverhalt, welche Behauptung oder welche These sich das Beispiel beziehen soll, oder auch wenn nicht genügend klar ist, welche Aspekte eines Beispiels für sein Funktionieren relevant sind.

Eine gute Möglichkeit, mehr über das Funktionieren eines Beispiels herauszufinden, ist das Experimentieren mit Beispielen. Man konstruiert neue Beispiele oder variiert die Beispiele im Text und fragt sich jeweils, ob die neuen Beispiele in der gleichen Weise eingesetzt werden könnten. Wenn nicht, welcher Unterschied ist dafür verantwortlich?

Abstrakte Textstellen können in ähnlicher Weise bearbeitet werden. Solche Textstellen bereiten Probleme, wenn sie einen Sachverhalt ohne Bezug auf konkrete Begebenheiten beschreiben und einfach voraussetzen, dass die Leserschaft mit der Materie so vertraut ist, dass sie schon weiß, auf welche konkreten Situationen die abstrakte Beschreibung angewendet werden kann. In solchen Fällen ist es sinnvoll, zu prüfen, ob sich nicht sonst wo im Text Beispiele finden lassen, oder sich selbst Beispiele und Gegenbeispiele zu überlegen und im Einzelnen zu prüfen, ob sie wirklich passen.

Folgende These ist eine abstrakte Formulierung:

(8) „Die Zunahme transnationaler Abhängigkeit (oder zumindest wachsender makro-regionaler Interdependenz wie in der Europäischen Union) beeinflusst das soziale und wirtschaftliche Schicksal der national verfassten Gesellschaften mittels Kräften, die sich der Kontrolle nationaler Regierungen entziehen.“ (OFFE 2000:110)

Hier kann man sich unter anderem fragen, was mit den „Kräften“, die sich der Kontrolle der Regierungen entziehen, gemeint ist. Wären Wechselkursschwankungen ein gutes Beispiel? Oder internationale Handelsabkommen, Migrationsströme, die Auswirkungen der Nutzung fossiler Brennstoffe auf das Klima oder die Verfügbarkeit von Informationen im Internet? Bezüglich solcher Beispiele muss man sich dann fragen, inwiefern sich die jeweiligen „Kräfte“ der Kontrolle nationaler Regierungen entziehen und wie sie das soziale und wirtschaftliche „Schicksal“ von Nationen beeinflussen.

Unnötig komplizierte Texte. Es spricht nichts dagegen, komplizierte Formulierungen durch einfachere zu ersetzen, solange keine relevante Änderung der Bedeutung resultiert. Man muss also überprüfen, ob die Vereinfachung in den entscheidenden Stellen gegenüber dem originalen Text verteidigt werden kann.

Unverständliche, missverständliche und falsche Textstellen. Es ist nicht ungewöhnlich, dass man sich mit einer Textstelle konfrontiert sieht, die auf den ersten Blick keinen Sinn zu machen scheint und auch nicht, wenn man sie nochmals liest. Wenn man glaubt, auf eine Stelle gestoßen zu sein, wo der Autor eine misslungene Formulierung gewählt hat, sollte man unbedingt aufschreiben, weshalb man die Formulierung misslungen findet und welche man für treffender hält. Bei der weiteren Textanalyse ist zu prüfen, ob sich die als treffender vorgeschlagene Formulierung bewährt: Kann die misslungene Formulierung im Text durchgängig mit Gewinn für das Verständnis durch die vorgeschlagene ersetzt werden?

Bei Texten, die man nicht in der Originalsprache liest, sollte man an die Möglichkeit denken, dass die Unverständlichkeit auf das Konto einer problematischen Übersetzung geht, was sich durch Nachschlagen im Original prüfen lässt. Gegebenenfalls sollte man sich fragen, ob es nicht doch besser wäre, den Text gleich im Original zu lesen. Auch gröbere Fehler wie den folgenden entdeckt man nämlich nur, wenn sie zu einigermaßen offensichtlichen Inkonsistenzen führen:

(9) Original: „[…] an utterance obviously has *no* better title to be considered an instance of the work than does an inscription of the text.“ (GOODMAN 1985:208; unsere Hervorhebung)
Übersetzung: „[…] eine Äußerung [hat] offensichtlich höheres Anrecht darauf, als Einzelfall des Werks angesehen zu werden, als eine Inskription des Textes.“ (GOODMAN 1998:195)

Ähnliches gilt bei unverständlichen Zitaten. Wenn der Sinn eines Zitats unklar ist oder das Zitat deplatziert erscheint, kann das daran liegen, dass man den ursprünglichen Kontext nicht kennt oder daran, dass der zitierte Textausschnitt ungünstig gewählt wurde. Auch das lässt sich durch Nachschlagen im Original klären – wobei man eventuell der Versuchung widerstehen muss, zur Lektüre des zitierten Textes überzugehen.

Ein gemeinsames Thema dieser Hinweise ist die wichtige Rolle, die der Textzusammenhang beim Klären von Verständnisproblemen hat. Der systematische Grund dafür ist, dass letztlich die Kohärenz und Plausibilität der resultierenden Interpretation das Kriterium ist, das darüber entscheidet, ob ein Verständnisproblem sinnvoll gelöst wurde. Wenn Sie beispielsweise in einem Text auf das Wort „Modell“ stoßen, so können Sie zwar zu einem Nachschlagewerk greifen und dort nachlesen, in welcher Bedeutung „Modell“ in der Mathematik, in der Philosophie, in der Architektur, in den Umweltwissenschaften oder in der Chemie gebräuchlich ist. Im Allgemeinen sagt Ihnen ein Nachschlagewerk aber nicht, welche Bedeutung das Wort an der Textstelle hat, die Sie gerade lesen. Auch in einem Buch über Architektur kann „Modell" im mathematischen Sinn verwendet werden. Ob das der Fall ist, muss anhand der Textumgebung entschieden werden.

Hinter Verständnisproblemen, die einfach erscheinen, können sich auch wichtige Probleme verstecken. Wir diskutieren in späteren Kapiteln, wie man zentrale Begriffe, Thesen und Argumente vertieft analysieren kann (Kap. 7 und 8).

Fallbeispiel
Unbekannter Begriff

In Wittgensteins *Philosophischen Untersuchungen* findet sich folgende Bemerkung:

(10) „Was wir leugnen, ist, daß das Bild vom innern Vorgang uns die richtige Idee von der Verwendung des Wortes ‚erinnern' gibt. Ja wir sagen, daß dieses Bild mit seinen Ramifikationen uns verhindert, die Verwendung des Wortes zu sehen, wie sie ist." (WITTGENSTEIN 1984:§ 305)

Wittgenstein sagt also grob Folgendes: Man sollte das Erinnern nicht als inneren Vorgang verstehen, das heißt als etwas, das sich im mentalen Leben eines Menschen abspielt und für andere nicht unmittelbar zugänglich ist. Diese Auffassung zeichnet ein falsches Bild, weil wir den Ausdruck „sich erinnern" nicht so verwenden, wie wenn die Erinnerung ein solcher Vorgang wäre. Was aber soll hier „Ramifikation" heißen? Wenn Sie in der deutschen Wikipedia nachschlagen, finden Sie folgenden Vermerk:

(11) „Als **Ramifikation** bezeichnet man
- in der Botanik die Verzweigung des Sproßsystems einer Pflanze;
- in der Zahnmedizin die Verästelungen des Zahnnerves;
- in der Philosophie eine dialektisch-logische Methode, siehe Ramismus
- in der Humanmedizin die Verzweigung von Blutgefäßen, zum Beispiel der Arteria meningea media"
(http://de.wikipedia.org/wiki/Ramifikation)

Da Sie ein philosophisches Buch lesen, müssen Sie sich – so scheint es – wohl über den Ramismus informieren, eine philosophische Lehre, die auf Petrus Ramus (16. Jh.) zurückgeht. Bevor Sie sich an die Arbeit machen, sollten Sie sich fragen, ob es plausibel ist, dass sich Wittgenstein hier auf eine solche philosophische Lehre bezieht. Das ist eindeutig nicht der Fall und zeigt sich, wenn Sie den Kontext prüfen, das heißt, was Wittgenstein in den *Philosophischen Untersuchungen* sonst noch schreibt. Besser sind Sie bedient, wenn Sie im Fremdwörterbuch nachlesen, dass „Ramifikation“ „Verästelung“ oder „Verzweigung“ bedeutet, und sich daran erinnern, dass im Englischen „... and its ramifications“ im Sinne von „... und das damit Zusammenhängende“ verwendet wird. Wenn Sie der Sache auf den Grund gehen wollen und philosophische Nachschlagewerke konsultieren, werden Sie überdies feststellen, dass „Ramifikation“ gar keine in der Philosophie gebräuchliche Bezeichnung für Ramismus ist.

Literatur

Schneller Lesen. Einige grundlegende Punkte zur Steigerung des Lesetempos finden Sie in BOEGLIN 2012:98–103 und STARY/KRETSCHMER 2004:Kap. 5.

Exzerpieren. Die klassische Technik des Exzerpierens ist ausführlich beschrieben in ECO 2012:Kap. IV.2. Hinweise zum computergestützten Exzerpieren finden sich in KRAJEWSKI 2013.

Zitieren und in eigenen Worten formulieren. Eine eingehendere Diskussion über Formen und Funktion des Bezugnehmens auf andere Literatur findet sich in KRUSE 2007:Kap. 3. Wie man Plagiate vermeidet und in eigenen Worten formuliert, ist in WARBURTON 2004:71–75 auf instruktive Weise anhand von Beispielen erläutert. Hinweise, wie man Literaturangaben macht und zitiert, finden sich fast in jedem Buch über wissenschaftliches Schreiben. Allgemeine Anleitungen, die allerdings nicht alle fachgebietsspezifischen Konventionen abdecken, finden Sie zum Beispiel in BÜNTING/BITTERLICH/POSPIECH 2006:Kap. 4, ROST/STARY 2013 und STANDOP/MEYER 2008.

5 Gliedern: Wie strukturiere ich den Text?

Prinzipien des Gliederns

- Das Ziel einer Gliederung ist es, den Text durch übersichtliche Darstellung zu strukturieren.
- Gliederungen sind die Grundlage jeder Textarbeit, die über bloßes Durchlesen hinausgeht.
- Schrittweise vorgehen: Zuerst größere Texteinheiten, dann kleinere Abschnitte bearbeiten.
- In der Gliederung nicht nur Inhalt, sondern auch Funktion von Texteinheiten berücksichtigen.
- Eine geeignete Darstellungsform wählen, die die hierarchische Struktur des Textes zeigt.
- Die Gliederung während der weiteren Arbeit am Text laufend überarbeiten.

Fachartikel aus der experimentellen Psychologie haben einen vorgeschriebenen Aufbau, der in Handbüchern beschrieben ist: Nach dem Titel folgt ein Abstract, dann Einleitung, Methoden, Ergebnisse und Diskussion, schließlich die Liste der zitierten Publikationen (APA 2012). Ähnliche Muster finden Sie in anderen Disziplinen, die mit standardisierten quantitativen Methoden arbeiten, zum Beispiel in der Biologie. Was diese Muster festlegen, ist nicht der Inhalt des Textes, sondern die Funktion und Reihenfolge der Textteile. Wenn Sie mit einem Forschungsbereich vertraut sind, erleichtert Ihnen diese Standardisierung die Orientierung in Texten entscheidend. Sie wissen, wo Sie welche Art von Information finden können, wo etwa die Resultate eines Experiments dargestellt, wo mögliche Schlussfolgerungen erwogen und wo die Wahl der Methode begründet sein sollten.

Wenn Sie dagegen einen Text lesen, der keinem standardisierten Muster folgt, können Sie nicht mehr damit rechnen, dass Sie die Struktur des Textes unmittelbar durchschauen. Besonders dann nicht, wenn es sich um einen Text aus einer Disziplin, einer Kultur oder einer historischen Epoche handelt, mit der Sie nicht vertraut sind. Eine Gliederung kann Ihnen in solchen Fällen helfen zu sehen, worum es im Text geht und welche Verständnisprobleme Sie zunächst beiseite lassen können, um beim Lesen über die erste

Seite hinauszukommen. Gliederungen sind aber nicht nur etwas für „schwierige“ Texte, sondern die Grundlage für jede intensivere Auseinandersetzung mit einem Text.

Wenn Sie eine Gliederung erstellen, müssen Sie grundsätzlich zwei Aufgaben lösen: Zum einen gilt es, den Text in geeigneter Weise in Teile zu zerlegen und deren Inhalt, Funktion und Bezug zu klären. Zum anderen muss das Resultat dieser Arbeit übersichtlich dargestellt werden. Dieses grundsätzliche Vorgehen beschreiben wir in Kapitel 5.1.

Das Ziel einer Gliederung ist, aufzuzeigen, wie die Thematik im Text strukturiert ist. Das heißt, eine Gliederung soll den Gedankengang und insbesondere die Argumentation eines Textes übersichtlich darstellen. Kapitel 5.2 behandelt, was es beim Herausarbeiten der Textstruktur zu beachten gilt. Wichtig ist, dass Gliederungen nicht nur über die Inhalte Aufschluss geben sollen, sondern auch über die Funktion der einzelnen Textteile. Es wird also beispielsweise zwischen Thesen, Begründungen, Beispielen und Einwänden unterschieden. Darüber hinaus zeigt Ihnen eine Gliederung noch, welche dieser Elemente in welcher Reihenfolge vorkommen und wie sie sich aufeinander beziehen. Damit bietet eine Gliederung viel mehr als ein übliches Inhaltsverzeichnis, das sich darauf beschränkt, aufzulisten, welche Themen in welcher Reihenfolge angesprochen werden, und sich dabei auf größere Texteinheiten konzentriert. Wenn Sie einen Text gegliedert haben, sollten Sie sich jederzeit darin zurechtfinden können und auch nach längerer Zeit schnell wieder Zugang zum Gedankengang des Textes finden. Das setzt voraus, dass Sie Ihre Gliederung in geeigneter Form dokumentiert haben. Wir stellen in Kapitel 5.3 einige Darstellungsmöglichkeiten vor.

Eine wesentliche Leistung des Gliederns besteht also darin, dass es gewährleistet, dass Sie sich über den Inhalt und den Aufbau des Textes klar werden. Damit haben Sie eine gute Grundlage, um sich weiter mit dem Text auseinanderzusetzen. Sie verfügen über alles Nötige, um weitere Arbeitsschritte Ihrer Textanalyse in Angriff zu nehmen. Das kann eine Zusammenfassung sein oder eine vertiefte Analyse ausgewählter Begriffe, Thesen und Argumente. Noch wichtiger wird die Gliederung, wenn Sie den Text nutzen möchten, um selbst am Thema weiterzuarbeiten, wenn Sie also beispielsweise für oder gegen die im Text vertretenen Positionen argumentieren möchten. All das erfordert, dass Sie nicht nur sehen, welche Inhalte der Text anspricht, sondern auch, welche Rolle diese Inhalte im Text spielen und wie der Autor vorgeht.

5.1 Grundsätzliches Vorgehen

Das Erstellen einer Gliederung umfasst grundsätzlich zwei Aufgaben:

Vorgehen beim Gliedern von Texten

1. Text strukturieren (Kap. 5.2):
   - Text in Abschnitte einteilen, die eine gedankliche Einheit bilden.
   - Pro Abschnitt folgende Punkte klären:
     - Umfang: Welche Textteile gehören zu diesem Abschnitt?
     - Inhalt: Um was geht es in diesem Abschnitt?
     - Funktion: Welche Funktion (z. B. These, Argument, Beispiel) erfüllt der Abschnitt?
     - Bezug: Auf welche anderen Abschnitte wird Bezug genommen?
   - Abschnitte mit Titel versehen, die Inhalt und Funktion ausdrücken.
2. Gliederung darstellen (Kap. 5.3):
   - Mithilfe der erstellten Titel eine Übersicht anfertigen, die Bezüge zwischen den gebildeten Abschnitten wiedergibt und dokumentiert, welche Textteile zu welchen Abschnitten der Gliederung gehören.
   - Mögliche Formen: Dezimalgliederung oder Diagramm

Grundlage für diese Gliederungsarbeit ist das Bearbeiten des Textes während des Lesens. Besonders nützlich ist es, die gebildeten Abschnitte im Text zu kennzeichnen. Hat man den Text bereits mit Randbemerkungen oder Anstreichungen versehen, die Funktion und Inhalt der Abschnitte verdeutlichen, hat man schon eine gute Grundlage für die Gliederung (vgl. Kap. 4.2).

Randbemerkungen können nur in besonders einfachen Fällen die Gliederung ersetzen. Dass der Textrand beschränkt Platz zum Notieren bietet, ist nur ein Grund. Wichtiger ist, dass die über einen ganzen Text verstreuten Bemerkungen keine Übersicht über die Gliederung bieten können. Das ist deshalb entscheidend, weil es beim Gliedern nicht nur darum geht, den Text in eine Abfolge von Abschnitten zu zerlegen. Vielmehr sollen auch komplexere Textstrukturen identifiziert und dokumentiert werden. Dabei spielt eine Rolle, dass die Struktur eines Textes auf verschiedenen Ebenen betrachtet werden kann. Abschnitte können weitere Abschnitte enthalten und in vielfältiger Weise aufeinander bezogen sein.

Das hat zwei wichtige Konsequenzen: Für das konkrete Vorgehen bedeutet es, dass das Gliedern in der Regel erfordert, den Text mehrfach durchzugehen, weil verschachtelte und vernetzte Strukturen nur so identifiziert werden können. Für die Darstellung der Gliederung bedeutet es, dass eine „flache" Liste von Titeln den Zweck des Gliederns nur in außerordentlich einfachen Fällen erfüllt. Stattdessen muss man eine Darstellung wählen, die den Text hierarchisch oder netzwerkartig zu gliedern erlaubt.

Als praktische Regel kann man sich merken: Nicht direkt eine sehr detaillierte Gliederung anfangen, sondern zuerst die gröbsten Strukturebenen betrachten und die Gliederung in mehreren Arbeitsschritten verfeinern. So gewinnt man schneller Übersicht und die Gliederung muss nicht immer wieder grundlegend umgekrempelt werden. Allerdings bleiben Gliederungen im Allgemeinen *work in progress*. Sie sind nicht nur die Grundlage für eine vertiefte Analyse wichtiger Textstellen, sondern sollten laufend angepasst werden, wenn sich das Textverständnis weiterentwickelt.

5.2 Textstruktur herausarbeiten

Inhaltlichen Aufbau ermitteln. Oft ist der inhaltliche Aspekt des Gliederns einfacher als der funktionale. Empirische Arbeiten weisen in der Regel einen standardisierten Aufbau auf, wobei diese Ordnungsmuster je nach Fachgebiet und Zeitschrift anders aussehen können. In den empirischen Sozialwissenschaften werden zum Beispiel Variationen des folgenden Aufbaus verwendet:

1. Thematische Einordnung, Fragestellung, Ziele
2. Methode, Datenbasis, konkretes Vorgehen
3. Resultate
4. Interpretation und Diskussion der Resultate
5. Schlussfolgerungen, Anwendungen und offene Fragen

Abbildung 2: Aufbau empirischer Arbeiten in den Sozialwissenschaften

Kennt man die Konvention, nach der ein Text aufgebaut ist, lässt sich die inhaltliche Gliederung einer empirischen Arbeit oft ohne Weiteres angeben. Auch in solchen Fällen sollte man prüfen, ob und wie streng sich die Autorin

1. Die Musikerfamilie Bach
[...]
2. Hans Bach
3. Johann Christoph Bach
[...]
8. Johann Sebastian Bach
    Kindheit
    Lüneburg
    Arnstadt
    [...]
    Ikonographie
    Quellen und Überlieferung
    Allgemeines, Einflüsse, Stilentwicklung
    Kantaten
    Oratorien, Passionen, lateinische Figuralmusik
    Motetten, Choräle, Lieder
    [...]
9. Wilhelm Friedemann Bach
[...]

Beispiel 1: Auszug aus dem Inhaltsverzeichnis von *Die Bach-Familie* (WOLFF ET AL. 1993)

Vorwort

Einleitung

I. Wiedererzeugte Wirklichkeit
    1. Denotation
    2. Nachahmung
    3. Perspektive
    4. Skulptur
    5. Fiktionen
    6. Repräsentation – als
    [...]

II. Der Klang der Bilder
    [...]

Beispiel 2: Auszug aus dem Inhaltsverzeichnis von Nelson Goodmans *Sprachen der Kunst* (GOODMAN 1998; © Suhrkamp Verlag) an die Vorgaben gehalten hat. Manchmal findet sich eine wichtige Information nicht an der Stelle, an der man sie als Erstes sucht. Oder eine Arbeit berichtet gleichzeitig über mehrere empirische Untersuchungen, was den Aufbau wesentlich verkomplizieren kann.

Nicht empirische Texte stellen an die Textanalyse größere Herausforderungen. Hier bietet das Inhaltsverzeichnis eine Hilfe, wenn es nach inhaltlichen Gesichtspunkten gegliedert ist und man ihm entnehmen kann, in welche Aspekte der Autor das Thema zerlegt hat (siehe hierzu Beispiele 1 und 2, S. 57).

Wie diese Beispiele zeigen, kann das Inhaltsverzeichnis durchaus einen Einblick in den inhaltlichen Aufbau, den die Autorin dem Thema gibt, vermitteln. Das bedeutet aber nicht, dass wer in der betreffenden Materie nicht Kenner ist, das Inhaltsverzeichnis ohne Weiteres versteht. Letztlich kann man den Aufbau eines Textes im Allgemeinen nur verstehen, wenn man den Text selbst gelesen und den Inhalt der verschiedenen Textteile erfasst und aufeinander bezogen hat.

Schwierigkeiten beim Ermitteln des inhaltlichen Aufbaus ergeben sich oft bei journalistischen Texten. Die Zwischentitel solcher Texte zeigen nämlich in der Regel nicht die Gliederung an, sondern heben besonders wichtige Botschaften hervor. Sie sind deshalb beim Herausarbeiten der Gliederung wenig hilfreich. Ähnliches gilt für viele wissenschaftliche Texte, die sich an ein breites Publikum richten:

1. Menschen-Forschung
2. Alltagspsychologie als Instrument der Kultur
3. Der Eintritt in das Reich der Bedeutung
4. Autobiographie und Ich

Beispiel 3: Auszug aus dem Inhaltsverzeichnis der Jerusalem-Harvard-Vorlesungen von Jerome Bruner (BRUNER 1997)

Neben Inhaltsverzeichnissen gibt es eine Reihe von weiteren Textelementen und formalen Gestaltungsmitteln, die nützliche Hinweise auf die Struktur des Textes geben können. Dazu gehören zum Beispiel:

- Zwischentitel (falls Sie nicht, wie oben bemerkt, bloß der Hervorhebung dienen)
- Absätze

- Nummerierungen, Paragrafen
- formale Eigenschaften des Druckbildes (z. B. Hervorhebungen)
- Kommentare zur Textgliederung; meist in der Einleitung, gelegentlich auch auf der Rückseite des Buches
- Zusammenfassungen am Anfang oder Ende von Kapiteln

All diese Hinweise sind nicht sakrosankt. Auch wenn sozusagen alle wissenschaftlichen Texte von ihren Verfasserinnen bereits in Abschnitte eingeteilt worden sind, erhält man doch häufig eine zweckdienlichere Übersicht, wenn man größere oder kleinere Einheiten bildet, da und dort etwas zusammenfasst oder unterteilt. Es kann durchaus sinnvoll sein, Abschnitte zu bilden, die aus Teilen bestehen, die im Text nicht direkt nacheinander stehen, weil sie durch Einschübe getrennt werden. Trotzdem sollte man auf jeden Fall die im Text explizit gegebenen strukturierenden Elemente beachten, auch wenn man sich im Einzelnen für eine abweichende Gliederung entscheidet.

Funktionen und Bezüge ermitteln. Das „Herzstück" des Gliederns besteht darin, aufzuzeigen, welche Funktion die verschiedenen Textpassagen haben und wie sie zusammenspielen. Man muss sich deshalb für jedes Textstück fragen: Welche Funktion erfüllt das Textstück? Wie bezieht es sich auf andere Gliederungseinheiten?

Funktionen ermitteln

Es gilt, herauszufinden und explizit zu machen, wie die Autorin in einer Textpassage gerade „handelt".

Zum Beispiel: Behauptet sie etwas? Oder begründet sie etwas? Oder berichtet sie über eine Behauptung oder Begründung?

Das Ziel der Analyse von Funktionen besteht darin, die im Text manchmal ausdrücklich benannten (z. B. „Das begründe ich so …"), meist aber implizit belassenen Sprechhandlungen zu bestimmen und explizit zu bezeichnen (z. B. „These", „Beispiel" oder „Einwand"). Zur Charakterisierung der Funktion können illokutionäre Verben (bzw. Substantivierungen davon) verwendet werden (vgl. Box „Sprechakttheorie", S. 60). Zum Beispiel:

- schlägt eine Definition vor
- führt eine These ein

- behauptet etwas
- bringt Beispiele
- stellt eine Frage
- kommentiert das Vorgehen
- stellt eine Forderung auf
- gibt ein Werturteil ab
- verweist auf etwas
- begründet etwas
- folgert etwas

Box Sprechakttheorie

Sprechen als Handeln. Die Grundidee der Sprechakttheorie ist, dass das Produzieren von sprachlichen Äußerungen eine Form des Handelns ist. Wenn wir mit sprachlichen Äußerungen an einem kommunikativen Prozess teilnehmen, so tun wir das immer mit einer Absicht. Wir bedienen uns der Konventionen der Sprache, um ein Ziel zu erreichen. Sprachliche Äußerungen können ganz unterschiedlichen Funktionen dienen. Man kann mit ihnen nicht nur etwas behaupten oder feststellen, sondern auch etwas befehlen, einen Ratschlag erteilen, etwas versprechen, etwas erfragen, eine Stelle kündigen und vieles mehr. All diese unterschiedlichen sprachlichen Handlungsweisen („Sprechakte") haben ihre spezifischen Erfolgsbedingungen und können deshalb glücken oder misslingen. Zum Beispiel misslingen falsche Behauptungen, Heiratsversprechen Unmündiger und Abmachungen ohne Zustimmung des Adressaten.

Die Struktur von Sprechakten. Man kann an jedem Sprechakt drei Aspekte unterscheiden:

- Lokution: die bedeutungsvolle Äußerung, die in der Sprechhandlung getätigt wird.
- Illokution: die Handlung, die vollzogen wird, indem etwas geäußert wird.
- Perlokution: die Wirkung, die mit der Sprechhandlung erzielt wird.

(4) A sagt zu B: „Bitte nehmen Sie Platz.“
Lokution: A’s Äußerung „Bitte nehmen Sie Platz.“
Illokution: A fordert B auf, sich hinzusetzen.
Perlokution: B glaubt, dass ihm ein Stuhl angeboten wird; B setzt sich hin.

Im Gegensatz zur Lokution und zur Illokution ist die Perlokution nicht durch sprachliche Konventionen bestimmt, sondern hängt von einer Vielzahl situativer Faktoren ab. B könnte zum Beispiel auch antworten „Ich stehe gerne“, sich freuen, sich beleidigt fühlen usw.

Illokutionäre Verben. Die verschiedenen Handlungsfunktionen, die sprachliche Äußerungen übernehmen können, werden „illokutionäre Rollen“ genannt. Welche illokutionäre Rolle in einem Sprechakt mit einer bestimmten Lokution verbunden ist, lässt sich oft nicht allein der Formulierung der Äußerung entnehmen, sondern ist durch die Äußerungssituation mitbestimmt. Dieselbe Äußerung kann zum Beispiel je nach Situation für eine Frage oder eine Aufforderung verwendet werden:

(5) A sagt zu B: „Gibt es noch Bier im Kühlschrank?“

Illokutionäre Rollen können explizit gemacht werden, indem man die Äußerung mithilfe eines Verbs formuliert, das den Typ des Sprechakts nennt:

(5.1) Hiermit frage ich dich, ob es im Kühlschrank noch Bier gibt.

(5.2) Hiermit fordere ich dich auf, mir ein Bier aus dem Kühlschrank zu holen.

Solche Äußerungen werden „explizit performativ“ genannt. Die Verben, die die illokutionäre Rolle anzeigen, heißen „illokutionäre Verben“. Zwar lassen sich nicht alle Sprechakte in explizit performativer Form vollziehen (z. B. beleidigen, verleumden, prahlen), man kann sie aber mithilfe illokutionärer Verben beschreiben. Zum Beispiel kann man das Verb „verpflichten“ verwenden, um festzustellen, dass jemand eine Verpflichtung hat („x ist verpflichtet …“), oder auch um eine Verpflichtung herzustellen („Ich verpflichte mich/jemanden dazu, …“). In (6) wird festgestellt, dass Unternehmensleiter eine bestimmte Verpflichtung haben, während (7) eine Äußerung ist, mit der die Autoren eine Verpflichtung eingehen:

(6)	„Als Unternehmensleiter sind wir dem Konzept der nachhaltigen Entwicklung verpflichtet, das den heute Lebenden ihr Auskommen ermöglichen soll, ohne dafür das Wohlergehen künftiger Generationen aufs Spiel zu setzen.“ (SCHMIDHEINY/BCSD 1992:13)
(7)	„Wir Mitglieder des BCSD verpflichten uns, diesen Geist der Zusammenarbeit beim Kurswechsel in eine gemeinsame Zukunft zu fördern.“ (SCHMIDHEINY/BCSD 1992:16)

Die Funktion, die für die Gliederung relevant ist, kann allerdings nicht einfach mit der Sprechhandlungsweise (was der Autor mit seiner Äußerung „macht“) gleichgesetzt werden. Wenn zum Beispiel ein Text über eine Kontroverse berichtet, so möchte man nicht bloß festhalten, dass es sich bei allen Passagen um einen Bericht handelt, sondern den Text nach den Funktionen gliedern, die die berichteten Passagen in der fraglichen Kontroverse haben. Man wird also beispielsweise in der Gliederung statt

(8) Bericht über die Position von X
Bericht über einen Einwand von Y gegen die Position von X
Bericht über ein Argument von X gegen den Einwand von Y

die Funktionen so bezeichnen:

(9) Position
Einwand
Gegenargument

Hilfreich ist es, wenn man sich den Text als ein Gespräch vorstellt und die verschiedenen Abschnitte virtuellen Gesprächsteilnehmern zuordnet. Dann kann man die Funktion eines Abschnittes identifizieren, indem man sich fragt, welche Sprechhandlung die virtuelle Sprecherin vollzieht, wenn sie diesen Abschnitt äußert.

Nicht immer ist es einfach, die Funktion von Textabschnitten zu ermitteln und die Struktur des Gedankengangs klar herauszuarbeiten. Dann empfiehlt es sich, im Text gezielt nach strukturanzeigenden Formulierungen zu suchen, das heißt nach Wörtern oder Phrasen, die Hinweise auf die argumentative Struktur geben. Diese kann man speziell markieren, etwa durch farbige Hervorhebung. Einige Beispiele für Strukturwörter und strukturierende Fügungen sind:

(10)	ferner, außerdem, darüber hinaus	für Hinzufügungen
	nicht nur … sondern, allerdings	für Gegenüberstellungen oder Hinzufügungen
	denn, weil, da	für Begründungen
	folglich, somit, sodass	für Folgerungen

Eine andere Methode besteht darin, mithilfe von expliziten Fragen an den Text zu arbeiten. Einerseits kann man sich bei jedem Abschnitt fragen, welche Art von Frage er beantwortet. Zum Beispiel:

- Wer hat das behauptet?
- Warum hat X das behauptet?
- Gegen wen wendet sich X?

Oder man formuliert eine Liste von Fragen, von denen man denkt, dass der Text sie beantworten müsste, auch wenn vielleicht nicht so klar ist, ob und wo genau dies geschieht. Anschließend liest man den Text im Hinblick auf diese Fragen nochmals durch. Konzentriert man sich auf die argumentative Struktur, kann man beispielsweise Fragen folgender Form stellen und zu beantworten versuchen:

- Welche Thesen werden explizit formuliert?
- Welche Annahmen werden implizit in Anspruch genommen?
- Wie werden die Behauptungen begründet?
- Gibt es Behauptungen, die nicht begründet werden?
- Welche argumentative Funktion erfüllen die angeführten Beispiele?
- Welche weiteren Konsequenzen werden aus den Argumentationen gezogen?

Bezüge ermitteln

Es gilt herauszufinden, in welcher Weise die verschiedenen Teile eines Textes aufeinander Bezug nehmen.

Zum Beispiel: Eine Passage kann eine Begründung für eine These aus einer anderen Passage liefern. Oder sie kann zwei Positionen vergleichen, die in zwei anderen Passagen dargestellt sind.

Das Ermitteln von Bezügen kann mitunter eine anspruchsvolle Aufgabe sein. Gedruckte Texte sind physisch als lineare Abfolge von Sätzen, Absätzen und Kapiteln realisiert. Inhaltlich weisen sie aber beinahe immer eine komplexere Struktur auf. Dieses komplexe Netz von Beziehungen gilt es beim Gliedern zu ermitteln und darzustellen. Dabei muss man berücksichtigen, dass Texte durch Bezugnahmen auf verschiedenen Ebenen und zwischen verschiedenen Ebenen strukturiert werden. Es gibt zum Beispiel Bezüge auf der Ebene größerer Texteinheiten (z. B. Bezüge zwischen Kapiteln) und zwischen kleineren Textelementen (z. B. Bezüge zwischen Sätzen). Auch Bezüge von einer solchen Ebene auf eine andere können wichtig sein. Zum Beispiel kann sich ein ganzes Kapitel mit der Erklärung einer zentralen Formulierung aus einem bestimmten Absatz eines anderen Kapitels beschäftigen.

Eine Hilfestellung bieten Bezugnahmen, die im Text explizit hergestellt werden, etwa mit Querverweisen oder durch sogenannte Pro-Formen (Wörter mit Verweisfunktion, vgl. Box „Textbezüge“, S. 122). Man muss auch inhaltliche Bezüge berücksichtigen, die im Text nicht explizit als solche ausgewiesen sind. Wenn es schwierig ist, die Bezugnahme eindeutig zu bestimmen, weil unklar ist, worauf sich eine Textstelle bezieht oder in welcher Weise sie das tut, so muss man versuchen, im Rahmen der Interpretation des gesamten Textes (oder einer übergeordneten Texteinheit) eine Entscheidung zu finden.

5.3 Gliederung darstellen

Die Darstellung einer Gliederung sollte sich am Ziel orientieren, Beziehungen zwischen Textpassagen sowie argumentative und logische Abhängigkeiten möglichst deutlich zu machen. Im einfachsten Fall kann man die Gliederung direkt in Form von Randnotizen in den Text schreiben. Das Resultat ist aber höchstens bei sehr einfachen und kurzen Texten brauchbar. Im Allgemeinen muss die Gliederung separat notiert werden, damit man wirklich eine Übersicht über den Textaufbau erreicht.

Die wichtigsten Darstellungsformen für Gliederungen sind hierarchisch. Sie gehen von der Annahme aus, dass man den Bezug der einzelnen Textpassagen zueinander durch verschachtelte Abfolgen von Abschnitten darstellen kann. Die bekannteste Variante ist die Dezimalnummerierung, wie sie in Inhaltsverzeichnissen verwendet wird. Oft erreicht man ein übersichtlicheres Resultat, wenn man zusätzliche Textgestaltungsmittel wie zum Beispiel Einrückungen oder Fettdruck einsetzt. Diese Mittel müssen sparsam und vor allem systematisch eingesetzt werden, sonst wirken sie kontraproduktiv. Konkret kann man in folgender Weise vorgehen (vgl. Fallbeispiel „Hierarchische Gliederung“, S. 66):

Hierarchische Gliederung

- Man beginnt mit einer Gliederung, die auf einer groben Einteilung des Textes beruht.
- Innerhalb dieser großen Abschnitte sucht man Unterabschnitte und Unterunterabschnitte und verfeinert damit die Gliederung immer weiter.
- Um diese verschachtelte Struktur auszudrücken, wird die Gliederung mit einem Nummerierungssystem und/oder Einrückungen dargestellt.

Für die erste grobe Einteilung des Textes ist es nützlich, ein allgemeines Schema zu identifizieren. Viele Texte folgen einem bekannten, einfachen Grundmuster. Hier sind vier Beispiele:

(11) Einleitung – Hauptteil – Schluss

(12) Vorhaben – Durchführung – Fazit

(13) These – Begründung – Einwände – Entkräftung der Einwände

(14) Frage – Antwort 1 – Kritik an Antwort 1 – Antwort 2 – Kritik an Antwort 2 – … – Lösungsvorschlag

In einfachen Fällen kann man mit ein oder zwei Gliederungsebenen auskommen und diese durch Nummerierung oder Einrücken kenntlich machen. Eine stärkere Ausdifferenzierung lohnt sich für größere Texte und wenn man einen Text sehr differenziert gliedern will. Das Resultat kann aussehen wie in Beispiel (15):

A	**Methodische Grundlage: Zweifel**	**A1–12**
I	**Ziel und Vorgehen: Sicheres Erkenntnisfundament dank methodischem Zweifel**	**A1–2**
II	**Argumente für mögliche Zweifel an verschiedener Art von Wissen**	**A3–10**
1	Wissen aus Sinneswahrnehmung	A3–6
1.1	Argument 1: Täuschung	A3–4
1.2	Argument 2: Traum	A5–6
2	Erkenntnis des Allgemeinen und Einfachen: Dilemma des Täuschergottes	A7–10
2.1	Angriffsziel: Wissen über Allgemeinstes und Einfachstes	A7–8
2.2	Horn 1: Ein allmächtiger und allgütiger Schöpfergott lässt mich irren	A9

2.3	Horn 2: Ich irre mich, da ich nicht von einem allmächtigen Gott erschaffen bin	A10
2.4	Resultat: Es gibt Gründe, an allem zu zweifeln, was bisher für wahr galt	A10
III	**Praktische Maßnahme für das weitere Vorgehen: Die Fiktion des bösen Dämons als Versicherung gegen falsche Gewissheit**	**A11–12**
B ...		

Beispiel 15: Gliederung zu Descartes' *Meditationes de Prima Philosophia* (DESCARTES 1996). Die Angaben rechts beziehen sich auf die originalen Abschnittsnummern. Die Gliederung teilt den Text also in Einheiten ein, die manchmal mehrere Originalabschnitte umfassen oder nur Teile von solchen.

Hierarchische Darstellungen von Gliederungen bieten einige Vorteile: Sie erlauben es, Textstrukturen gleichzeitig auf verschiedenen Ebenen übersichtlich darzustellen, sie lassen sich auf einfache Weise auf die lineare Struktur des Textes beziehen und ihrem Umfang sind kaum praktische Grenzen gesetzt. Deshalb ist diese Darstellungsweise auch für umfangreiche Texte und für detaillierte Gliederungen geeignet. Als Nachteil steht dem vor allem gegenüber, dass sich komplexe, nicht lineare Gedankengänge nicht besonders übersichtlich darstellen lassen. Dafür wären grafische Darstellungsformen grundsätzlich besser geeignet. Diese machen es aber schwierig, den Zusammenhang zwischen Gliederung und gegliedertem Text darzustellen. Aus diesem Grund ist es im Allgemeinen nicht günstig, beim Gliedern ausschließlich mit grafischen Darstellungen zu arbeiten. Trotzdem können grafische Methoden im Arbeitsprozess des Gliederns eine wichtige Hilfe sein, weil man sie einsetzen kann, um sich ein Problem des Textaufbaus klarzumachen. Zu diesem Zweck fertigt man sich eine vorläufige „Zwischenzusammenfassung" an, die die fragliche Textpassage anschaulich wiedergibt. Wir gehen im Kapitel 6.4 näher auf grafische Darstellungsmethoden ein, die sich für diesen Zweck eignen.

Fallbeispiel
Hierarchische Gliederung

Um den Arbeitsgang besser nachvollziehbar zu machen, wählen wir ein relativ kurzes Beispiel, obschon sich in der Praxis das Gliedern bei längeren Texten besonders lohnt.

Zu Beginn des Buches *Kurswechsel* (SCHMIDHEINY/BCSD 1992), das von Stephan Schmidheiny und dem *Business Council of Sustainable Development* herausgegeben wurde, ist eine von 48 Wirtschaftsvertretern unterzeichnete Erklärung abgedruckt (siehe S. 68–71). Sie lässt sich anhand des folgenden Grundschemas gliedern:

Eröffnung	(Absatz 1 und 2)
Thesen	(Absatz 3–20)
Schluss	(Absatz 21)

Da die Thesen den größten Teil des Textes ausmachen, muss dieser Textabschnitt noch genauer analysiert werden. Obschon dieser Teil der Erklärung durchgängig in Form von Thesen formuliert ist, enthält er zwei unterschiedliche Teile. Zuerst kommen grundsätzliche Aussagen über die Bedingungen für nachhaltige Entwicklung und dann eine Reihe von Thesen, die angeben, welche Maßnahmen wo notwendig sind, um nachhaltige Entwicklung zu realisieren:

Eröffnung	(Absatz 1 und 2)
Kernthese zu den Bedingungen für nachhaltige Entwicklung	(Absatz 3–5)
Thesen zu den notwendigen Maßnahmen	(Absatz 6–20)
Schluss	(Absatz 21)

Als Nächstes stellt sich die Frage, wie der größere Abschnitt über notwendige Maßnahmen weiter gegliedert werden soll. Da die Thesen des BCSD eine Reihe von Aufgaben formulieren, die von Regierungen, Unternehmen und Gesellschaft wahrgenommen werden müssen, bietet es sich an, die Thesen nach diesen „Adressaten“ zu gliedern:

Thesen zu den notwendigen Maßnahmen	
Thesen zu den Aufgaben der Regierungen	(Absatz 6–9)
Thesen zu den Aufgaben der Unternehmen	(Absatz 10–15)
weitere Thesen zu den Aufgaben der Regierungen	(Absatz 16–17)
Thesen zu den Aufgaben der Gesellschaft	(Absatz 18–20)

Zur Verbesserung der Übersichtlichkeit empfiehlt es sich, die beiden Abschnitte mit Aufgaben der Regierungen zusammenzufassen.

Um die Gliederung abzuschließen, müssen nun die übrigen Abschnitte – Eröffnung, Kernthese und Schluss – weiter verfeinert und bezüglich Funktion und Inhalt charakterisiert werden. In der fertigen Gliederung ist die hierarchische Struktur des Textes durch Nummerieren und Einrücken hervorgehoben:

1. Eröffnung:
   - 1.1 Ziel des Textes: Verpflichtung der Unternehmensleiter zu nachhaltiger Entwicklung (Absatz 1)
   - 1.2 Begründung: Lebensqualität bedingt Wirtschaftswachstum ohne Umweltzerstörung (Absatz 2)
2. Kernthese zu den Bedingungen für nachhaltige Entwicklung
   - 2.1 Grundsatz: Nachhaltige Entwicklung erfordert neue Formen der Zusammenarbeit zwischen Regierungen, Unternehmen und Gesellschaft (Absatz 3)
   - 2.2 Drei Komponenten: Wirtschaftswachstum, neue Technologien, effiziente Märkte mit internalisierten Umweltkosten (Absatz 4–5)
3. Thesen zu den notwendigen Maßnahmen
   - 3.1 Thesen zu den Aufgaben der Regierungen (Absatz 6–9, 16–17)
   - 3.2 Thesen zu den Aufgaben der Unternehmen (Absatz 10–15)
   - 3.3 Thesen zu den Aufgaben der Gesellschaft (Absatz 18–20)
4. Schluss: Formelle Verpflichtungserklärung der Mitglieder des BCSD (Absatz 21)

Beispiel 16: Gliederung zur Erklärung des *Business Council of Sustainable Development* (SCHMIDHEINY/BCSD 1992:13–16)

Erklärung

Die Wirtschaft wird eine entscheidende Rolle in der Erhaltung einer gesunden Zukunft dieses Planeten spielen. Als Unternehmensleiter sind wir dem Konzept der nachhaltigen Entwicklung verpflichtet, das den heute Lebenden ihr Auskommen ermöglichen soll, ohne dafür das Wohlergehen künftiger Generationen aufs Spiel zu setzen.

Dieses Konzept gründet auf der Erkenntnis, daß Wirtschaftswachstum und Umweltschutz untrennbar miteinander verbunden sind. Die heutige und die zukünftige Lebensqualität hängen davon ab, daß menschliche Grundbedürfnisse befriedigt werden können, ohne dabei die Umwelt zu zerstören, die alles Leben erst ermöglicht.

Zur Erreichung dieses Ziels sind neue Formen der Zusammenarbeit zwischen Regierungen, Wirtschaft und Gesellschaft erforderlich.

Wirtschaftswachstum ist in allen Teilen der Welt notwendig, um die Lebensbedingungen der Armen zu verbessern, um einer wachsenden Bevölkerung eine Existenzgrundlage zu schaffen und um schließlich das Bevölkerungswachstum zu stabilisieren. Der Einsatz neuer Technologien wird erforderlich sein, um künftig weiteres Wachstum mit einer effizienteren Nutzung von Energie und Rohstoffen zu ermöglichen und um schädliche Emissionen zu reduzieren.

Offene und wettbewerbsorientierte Märkte, sowohl innerhalb als auch zwischen den Nationen, fördern Fortschritt und Effizienz und bieten die besten Chancen für alle, ihre Lebensbedingungen zu verbessern. Märkte müssen jedoch richtige Steuerungssignale geben: Preise von Gütern und Dienstleistungen müssen in zunehmendem Maße die umweltbezogenen Kosten der Produktion, des Gebrauchs, der Wiederverwendung und Entsorgung erfassen und einschließen. Dieses fundamentale Postulat läßt sich am besten durch eine Kombination von Maßnahmen verwirklichen:

Mit marktkonformen Instrumenten, die bestehende Verzerrungen eliminieren und Anreize für Innovationen und laufende Verbesserungen bieten, mit gesetzlichen Auflagen, die klare Umweltziele setzen, sowie mit freiwilligen Maßnahmen von Produzenten und Konsumenten.

Die politischen Programme zur Verfolgung dieser Ziele werden den Gegebenheiten der einzelnen Länder angepaßt werden müssen. Dabei sollten neue Gesetze und Vorschriften unter wichtigen Handelspartnern harmonisiert werden, wobei unterschiedliche Entwicklungsstufen zu verschiedenen, den jeweiligen Notwendigkeiten und Möglichkeiten angemessenen Lösungen führen werden. Regierungen sollten bei der Einführung neuer Bestimmungen genügende Zeitspannen zu deren Umsetzung einräumen, damit vernünftige Planungs- und Investitionszyklen respektiert werden können.

Kapitalmärkte werden eine nachhaltige Entwicklung fördern, wenn sie langfristige Investitionen ermöglichen und den Wert der Kapitalbildung gebührend berücksichtigen. Dazu sind diese Märkte auf entsprechende Informationen angewiesen, damit Investitionsentscheidungen unter Berücksichtigung von Aspekten der Nachhaltigkeit getroffen werden können.

Die internationale Handelspolitik und ihre Umsetzung in die Praxis sollte vom Grundsatz der Offenheit und der Chancengerechtigkeit geprägt sein. Freier Welthandel ermöglicht die effizienteste Verwendung von Ressourcen und unterstützt die Wirtschaftsentwicklung in allen Teilen der Welt. Internationale Umweltanliegen sollten durch internationale Vereinbarungen geregelt werden, nicht durch einseitige Handelshemmnisse.

Die Welt bewegt sich in Richtung Deregulierung, Privatisierung und Globalisierung der Märkte. Die dadurch gewonnene neue Freiheit verpflichtet die Unternehmen der Privatwirtschaft, neue Verantwortungen gegenüber Gesellschaft, Wirtschaft und Umwelt wahrzunehmen.

Wir müssen unseren Verantwortungsbereich über den Kreis unserer Mitarbeiter und Aktionäre hinaus erweitern und auch die Anliegen von Lieferanten, Kunden, Nachbarschaften und Bürgergemeinschaften miteinbeziehen. Eine offene Kommunikation mit solchen Gruppen wird uns helfen, unsere Visionen, Strategien und Maßnahmen zu verwirklichen und weiterzuentwickeln.

Der Fortschritt in Richtung nachhaltige Entwicklung ist im wohlverstandenen Geschäftsinteresse begründet, da er Wettbewerbsvorteile und neue Chancen schaffen kann. Aber er verlangt weitreichende Änderungen in der Unternehmenskultur und in der Art und Weise unseres Wirtschaftens. Die Umsetzung von Visionen in die Wirklichkeit erfordert beispielhafte Führung an der Spitze, ein überzeugtes Engagement in allen Bereichen des Unternehmens und die Fähigkeit, die Herausforderungen als neue Chancen wahrzunehmen. Die Unternehmen müssen klare Maßnahmenpläne erarbeiten und die Fortschritte genau überwachen.

Nachhaltiges Wachstum erfordert, daß wir uns um den ganzen Lebenszyklus unserer Produkte kümmern und daß wir auf die spezifischen und sich laufend ändernden Bedürfnisse unserer Kunden eingehen.

Im Rahmen unserer Arbeiten haben wir den Begriff „öko-effizient" geprägt. Wir bezeichnen damit Unternehmen, die auf dem Weg zum langfristig tragbaren Wachstum Fortschritte machen, indem sie ihre Arbeitsmethoden verbessern, problematische Materialien substituieren, saubere Technologien und Produkte einführen und sich um die effizientere Verwendung und Wiederverwendung von Ressourcen bemühen.

Langfristige Partnerschaften zwischen Unternehmen sowie Engagements in Form von Direktinvestitionen bieten die besten Voraussetzungen zur Übertragung umweltfreundlicher Technologien dorthin, wo sie benötigt werden. Dieses neue Konzept der „Technologie-Kooperation" gründet in erster Linie auf privatwirtschaftlicher Initiative, kann jedoch mit gezielter Unterstützung durch Regierungen und durch Institutionen der Entwicklungszusammenarbeit maßgeblich gefördert werden.

Die Land- und Forstwirtschaft, Lebensbasis für beinahe die Hälfte der Menschheit, ist häufig durch Marktsignale beeinflußt, die einer effizienten Verwendung von Ressourcen entgegenwirken. Damit die Preise von land- und forstwirtschaftlichen Produkten die echten Kosten widerspiegeln, sollten verzerrende Subventionen abgebaut werden. Landwirten sollte der Zugang zu vollem Grundeigentum ermöglicht werden. Regierungen sollten die Bewirtschaftung von Wäldern und Wasservorkommen verbessern, was sich oft mittels geeigneter Marktsignale und Gesetzesbestimmungen sowie durch die Förderung privaten Eigentums erreichen lässt.

Viele Länder, sowohl reiche als auch arme, könnten die kreativen Kräfte des lokalen und internationalen Unternehmertums viel besser nutzen, würden sie ihre Märkte öffnen, ihre Gesetze vereinfachen und konsequent durchsetzen, für solide und transparente finanzielle und gesetzliche Rahmenbedingungen sowie für eine effiziente Verwaltung sorgen.

Wir können heute keine absolute Gewißheit über das Ausmaß der Veränderungen haben, die in verschiedenen Bereichen erforderlich sind, um die Bedürfnisse zukünftiger Generationen sicherzustellen. Die Geschichte zeigt, daß die Menschheit in der Lage ist, knappe Ressourcen zu substituieren, erneuerbare zu fördern und die Effizienz ihrer Verwendung immer weiter zu verbessern.

Aber wir müssen noch raschere Fortschritte in dieser Richtung erzielen, Erfahrungen auswerten, daraus lernen und die notwendigen Korrekturen vornehmen. Ausbildung und Schulung sind gefordert, das allgemeine Verständnis der Zusammenhänge zu fördern und Konsumenten zu verantwortungsbewußtem Verhalten zu bewegen.

Eine klare Vision der nachhaltigen Entwicklung kann menschliche Energien mobilisieren, um überholte Verhaltensmuster zu ändern und die notwendigen Veränderungen zu bewirken. Wenn führende Persönlichkeiten aus allen Teilen der Gesellschaft ihre Kräfte vereinen, um diese Vision in die Tat umzusetzen, können Trägheit und Konfrontation gemeinsam überwunden werden.

Wir Mitglieder des BCSD verpflichten uns, diesen Geist der Zusammenarbeit beim Kurswechsel in eine gemeinsame Zukunft zu fördern.

[unterzeichnet von 48 Unternehmensführungen]

Beispiel 17: Erklärung des *Business Council of Sustainable Development* (SCHMIDHEINY/BCSD 1992:13–16; © Patmos Verlag GmbH & Co. KG/Artemis & Winkler, Düsseldorf)

Literatur

Sprechakttheorie. Ein kurzer Abriss der Sprechakttheorie findet sich in BRINKER 2001:84–92.

6 Zusammenfassen: Wie erfasse ich das Wesentliche?

Prinzipien des Zusammenfassens

- Das Ziel des Zusammenfassens ist, wesentliche Aussagen, zentrale Argumente und Grundaufbau des Textes in knapper Form darzustellen.
- Zusammenfassungen müssen ohne Kenntnis des zugrunde liegenden Textes verständlich sein.
- Darstellung dem Verwendungszweck und der Fragestellung der Textanalyse anpassen (nicht immer ist ein kurzer Fließtext optimal).

Eine Zusammenfassung gibt darüber Auskunft, was ein Text zu einem Thema beiträgt und wie der Autor dabei vorgeht. Zu diesem Zweck gilt es, Fragen wie die folgenden zu beantworten: Welches sind die zentralen Aussagen des Textes? Wie strukturiert der Autor das Problem? Gibt es einen roten Faden im Text oder reihen sich einfach Behauptungen aneinander? Sind Thesen lediglich durch Beispiele illustriert oder wird transparent und einleuchtend argumentiert? In Kapitel 6.1 finden Sie Hinweise, wie sich zentrale Inhalte eines Textes identifizieren lassen.

Wenn Sie die wesentlichen Inhalte und die Struktur des Textes erfasst haben, stellen sich weitere anspruchsvolle Aufgaben. Es gilt, sich auf das Wesentliche zu beschränken und mit wenigen Worten genau, verständlich und übersichtlich zu formulieren. Die relevanten Gesichtspunkte und geeignete Vorgehensweisen sind in Kapitel 6.2 am Beispiel des Abstracts beschrieben. Die beste Grundlage für diese Arbeit ist eine Gliederung, die den funktionalen Aufbau des Textes berücksichtigt. Andererseits kann das Zusammenfassen, weil Sie dabei den Blick auf das Wesentliche richten, Anlass geben, die Gliederung zu überarbeiten. Oder Sie stellen fest, dass Sie zentrale Passagen zu bestimmten Begriffen, Aussagen oder Argumenten vertiefter analysieren müssen. Auch beim Zusammenfassen befinden Sie sich somit in der hermeneutischen Situation, Ihr Verständnis in wiederholten Bewegungen zwischen Teilen und dem Ganzen zu schärfen. Deshalb ist Zusammenfassen auch im Verlauf der Textanalyse sinnvoll, zum Beispiel als Hilfsmittel während der Arbeit an einer Gliederung, und nicht erst am Ende der Textanalyse.

Obschon Zusammenfassungen kurze Texte sind, erfordern sie einen erheblichen Arbeitsaufwand. Noch weniger als bei anderen Textsorten kann man erwarten, eine gute Zusammenfassung in einem Zug „hinschreiben“ zu können. Die beste Strategie ist, sich dem Ziel schrittweise zu nähern, indem man mit einem längeren Entwurf beginnt und diesen sukzessive überarbeitet und dabei kürzt. Je besser Sie den Text verstehen, desto mehr schärft sich Ihr Blick für das Wesentliche und desto besser sind Sie in der Lage, kürzere und übersichtlichere Zusammenfassungen herzustellen.

Je nachdem, für welche Zwecke Sie Ihre Zusammenfassung verwenden wollen, empfehlen sich unterschiedliche Formate. Neben dem klassischen Abstract haben sich zum Beispiel Thesenpapiere und grafisch dargestellte Zusammenfassungen bewährt. Eine Auswahl von schriftlichen und grafischen Darstellungsmöglichkeiten ist in den Kapiteln 6.3 und 6.4 beschrieben. In jedem Fall gilt der Grundsatz, dass eine Zusammenfassung nur Angaben über den analysierten Text enthält, aber keine eigenen Überlegungen oder Wertungen des Textes. Halten Sie Ihre Überlegungen und Fragen also getrennt fest.

6.1 Zentrale Inhalte erkennen

Es gibt verschiedene Möglichkeiten, sich die zentralen Inhalte eines Textes zu vergegenwärtigen. Drei gute Ansatzpunkte, um die Inhalte für eine Zusammenfassung zu erarbeiten, sind die Pointe, die Überschrift und die zentrale Stelle des Textes.

Pointe. Die Frage nach der Pointe lädt Sie zu gründlicher Vereinfachung ein. Halten Sie in wenigen Sätzen fest, was die zentrale Idee des Textes ist:

Pointe ermitteln

Die Pointe finden Sie, indem Sie fragen: Was ist die zentrale Aussage des Textes? Was ist seine Hauptthese?

Formulieren Sie diesen zentralen Gedanken in ein bis drei Sätzen.

Es kann sein, dass der Autor selbst sagt, was er als zentrale Aussage seines Textes erachtet. In einigen Zeitschriften werden zu jedem Artikel einige Kernsätze speziell hervorgehoben (wie in Beispiel 1, S. 75). Man sollte sich trotzdem fragen, was man selbst im Licht der Fragestellung, unter der man den Text liest, für die Pointe des Textes erachtet.

KEY MESSAGES

- Intake of ruminant *trans* fatty acids is not associated with a higher risk of CHD.
- A high intake of *trans* fatty acids from dairy and ruminant meat products is an issue of no concern to public health.

Beispiel 1: Kernaussagen aus einem Artikel mit dem Titel „Intake of ruminant *trans* fatty acids and risk of coronary heart disease" aus der Zeitschrift *International Journal of Epidemiology* (JAKOBSEN ET AL. 2008)

Überschrift. Der zweite Ansatzpunkt für das Zusammenfassen ist die Überschrift, das heißt Titel und Untertitel. Wenn Sie sich beim Zusammenfassen damit beschäftigen, so tun Sie dies auf dem Hintergrund des gelesenen Textes, nicht aus der Perspektive einer Person, die bloß die Überschrift kennt, aber nicht den Text. Was Überschriften besonders interessant macht, ist der Umstand, dass der Autor durch die Wahl der Überschrift bestimmte Informationen als zentral ausgezeichnet hat. Diese können ganz unterschiedlicher Art sein.

Überschrift auswerten

An eine Überschrift können Sie folgende Fragen stellen:

(a) Worauf weist die Überschrift hin?

(b) In welchem Verhältnis stehen Thema, Fragestellung und zentrale Aussagen des Textes zur Überschrift?

(c) Passt die Überschrift zum Text?

Für die Darstellung des Ergebnisses gibt es viele Möglichkeiten, zum Beispiel eine Mind-Map mit der Überschrift in der Mitte und den angesprochenen Aspekten als Ästen.

Frage (a) bezieht sich auf das, was die Überschrift bezüglich des Textes leistet. Worauf lenkt sie die Aufmerksamkeit? Dabei geht es einerseits um die Frage, welches Thema durch die Überschrift hervorgehoben wird, andererseits darum, welche Rolle das Hervorgehobene für den Text spielt. Nicht immer nennt die Überschrift einen wichtigen inhaltlichen Aspekt; es kann sich auch um eine Vorgehensweise oder eine Textsorte handeln. Überschriften sind oft so formuliert, dass sie gleichzeitig auf verschiedene Aspekte des Textes hinweisen oder anspielen. Zwei Beispiele:

(2) „Dimensions of the precautionary principle" (SANDIN 1999)

(3) „The precautionary principle and risk perception. Experimental studies in the EMF area" (WIEDEMANN/SCHÜTZ 2005)

Bei (2) nennt die Überschrift den zentralen Begriff – das „Vorsorgeprinzip" – und weist darauf hin, dass dieser verschiedene „Dimensionen" hat; damit wird nahegelegt, dass der Artikel eine Begriffsanalyse vorstellen wird. Bei (3) dagegen stellt die Überschrift einen Zusammenhang zwischen Vorsorgeprinzip und Risikowahrnehmung her und betont, dass im Text experimentelle Studien beschrieben werden, die sich im Kontext von elektromagnetischen Feldern mit diesem Zusammenhang befassen.

Die Frage (b) kehrt gewissermaßen die Betrachtungsrichtung von Frage (a) um: Was leistet der Text bezüglich der Überschrift? Zur Erläuterung betrachten wir einige Beispiele:

- Falls die Überschrift in einer Frage besteht: Wie und mit welcher Begründung wird sie im Text beantwortet?

  (4) „Läßt sich die Diskontierung der Zukunft rechtfertigen?" (BIRNBACHER 2001)

  In diesem Artikel verweist der Autor auf paradoxe Konsequenzen der in den Wirtschaftswissenschaften praktizierten Zukunftsdiskontierung. Er systematisiert die unübersichtliche Diskussion, unterscheidet vier Debatten und zeigt, welche Antworten auf die Titelfrage in diesen Debatten resultieren.

- Falls die Überschrift eine These nennt: Wie wird sie im Text begründet?

  (5) „Methane emissions from terrestrial plants under aerobic conditions" (KEPPLER ET AL. 2006)

  (6) „No evidence for substantial aerobic methane emission by terrestrial plants. A ^{13}C-labelling approach" (DUECK ET AL. 2007)

  Diese beiden Überschriften beinhalten gegensätzliche Stellungnahmen zur These, dass Landpflanzen unter aeroben Bedingungen, das heißt unter Präsenz von Sauerstoff, Methan produzieren. Beide Studien präsentieren

Ergebnisse von Experimenten, wobei die Überschrift von (6) gleich einen Hinweis auf die angewendeten Methoden gibt.

- Falls die Überschrift zentrale Begriffe nennt: Welche Rolle kommt diesen im Text zu?

(7) „Recognising and remembering“ (GARDINER/JAVA 1993)

Diese Überschrift nennt zwei Begriffe, die im Text als subjektive Bewusstseinszustände im Erinnerungsprozess erklärt und unterschieden werden. Der Schwerpunkt des Artikels liegt auf einer Übersicht über verschiedene empirische Untersuchungen, die auf dieser Unterscheidung basieren, und diskutiert theoretische und praktische Implikationen ihrer Ergebnisse für die Gedächtnisforschung.

Frage (c), „Passt die Überschrift zum Text?“, ist durch die Tatsache motiviert, dass man für jeden Text eine ganze Reihe von möglichen Überschriften formulieren kann, die je etwas anderes betonen und für bestimmte Zwecke besser oder schlechter geeignet sind. Das lässt auch die Möglichkeit offen, dass der Autor (beziehungsweise der Verlag oder die Herausgeberschaft) eine Überschrift wählt, die zwar kaum Informationen über den zentralen Inhalt bietet, aber mutmaßlich absatzfördernd ist. Manchmal werden dabei Missverständnisse in Kauf genommen:

(8) Goodman schreibt über den Titel seines Buches *Sprachen der Kunst:* „‚Sprachen‘ im Titel meines Buches sollte strenggenommen durch ‚Symbolsysteme‘ ersetzt werden. Da aber der Titel stets vor dem Buch gelesen wird, wurde er alltagssprachlich belassen. Den Nicht-Leser wird es kaum stören, und der Leser wird es verstehen […]“ (GOODMAN 1998:9)

Es ist also immer sinnvoll zu fragen: Was wären andere passende Überschriften? Welche Überschrift hätte man dem Text selbst gegeben?

Zentrale Stelle. Eine dritte Möglichkeit, zentrale Inhalte eines Textes zu ermitteln, geht davon aus, dass man in vielen Texten eine zentrale Passage bestimmen kann. Damit ist eine Textstelle gemeint, auf die man den ganzen Text sinnvoll beziehen kann.

Zentrale Stelle

Um die zentrale Stelle eines Textes zu identifizieren, können folgende Fragen verwendet werden:

- Gibt es eine „Schlüsselstelle", die für die Fragestellung des Textes respektive für die mit dem Text verfolgte Absicht entscheidend ist?
- Wo befindet sich der „Höhepunkt" des Textes?

Formulieren Sie die zentrale Stelle möglichst knapp in eigenen Worten.

Haben Sie eine Stelle als Textzentrum identifiziert, so haben Sie einen guten Ausgangspunkt für die weitere Arbeit an Ihrer Zusammenfassung gewonnen. Sie können als Nächstes der Frage nachgehen, wie der Text auf diese zentrale Stelle hin organisiert ist: Wie wird die Leserin auf diese Stelle hingeführt? Welche Voraussetzungen werden dabei gemacht? Was wird nach der zentralen Stelle abgeleitet oder darauf aufgebaut?

Wenn Sie mit einer der drei beschriebenen Methoden die zentralen Inhalte eines Textes ermittelt haben, können Sie sich daranmachen, eine Zusammenfassung zu formulieren. Dabei können Sie zwischen verschiedenen Darstellungsformen wählen. Wir beginnen mit der klassischen Form, dem Abstract.

6.2 Abstract strukturieren und formulieren

Das Abstract in Form eines kurzen Fließtextes ist die klassische Form der Zusammenfassung. Je nachdem, ob Sie das Abstract für eine empirische Arbeit oder für einen anderen Text verfassen, sind unterschiedliche Punkte zu beachten.

Abstract für empirische Texte. Wenn Sie einen Fachartikel, der über eine empirische Untersuchung berichtet, zusammenfassen, können Sie davon ausgehen, dass der Text einen standardisierten Aufbau aufweist. Wer im entsprechenden Fachgebiet arbeitet, kennt diese eingespielten Orientierungsmuster (vgl. auch den Anfang von Kapitel 5.2). Oft wird diese Struktur für die Zusammenfassung übernommen. In der Regel enthalten empirische Texte bereits eine Zusammenfassung in Form eines kurzen Fließtextes, der meist als „Abstract" oder „Summary" bezeichnet wird. Es lohnt sich, das Abstract mit kritischem Blick zu lesen und allenfalls selbst ein Abstract oder eine Zusammenfassung in anderer Form zu verfassen (vgl. Kap. 6.3 und 6.4). Die Zusammenfassung eines Textes über eine empirische Arbeit sollte folgende Informationen berücksichtigen:

Elemente des Abstracts bei empirischen Arbeiten

- Fragestellung
- Untersuchungsbereich (z. B. Versuchspersonen; zeitliche und geografische Eingrenzung u. Ä.)
- Methoden
- wesentliche Resultate
- gegebenenfalls zentrale theoretische Aussagen
- Schlussfolgerungen und Anwendungen

Accepted	30 October 2007
Background	Studies have shown a positive association between *trans* fatty acids (TFA) intake and risk of coronary heart disease (CHD), primarily accounted for by industrially produced TFA. Some of these studies indicate an inverse association between ruminant TFA (R-TFA) intake and CHD implying that R-TFA intake is innocuous or even protective against CHD. The aim of this study was to describe the association between R-TFA intake and risk of CHD evaluating both the absolute and the energy-adjusted intake.
Methods	The study was an 18-year follow-up study of 3686 Danes, aged 30–71 years, at baseline without previous CHD.
Results	There were no overall associations between absolute or energyadjusted R-TFA intakes and risk of CHD. However, among women, indications of inverse associations between R-TFA intake and risk of CHD were found: hazard ratio (HR) per 0.5 g increase in absolute R-TFA intake = 0.84 [95% confidence interval (CI): 0.70, 1.01] and HR per 0.5 g increase in energy-adjusted R-TFA intake = 0.77 (95% CI: 0.55, 1.09). No associations between absolute or energy-adjusted R-TFA intakes and CHD were found among men.
Conclusions	This study suggests that R-TFA intake is not associated with a higher risk of CHD. Whether R-TFA intake is even protective against CHD among women cannot be concluded from this study.
Keywords	Coronary disease, dietary fats, intake, ruminant, *trans* fatty acids

Beispiel 9: Abstract eines Artikels mit dem Titel „Intake of ruminant *trans* fatty acids and risk of coronary heart disease“ aus der Zeitschrift *International Journal of Epidemiology* (JAKOBSEN ET AL. 2008; by permission of Oxford University Press)

Two experiments (modeled after J. Deese's 1959 study) revealed remarkable levels of false recall and false recognition in a list learning paradigm. In Experiment 1, subjects studied lists of 12 words (e.g., bed, rest, awake); each list was composed of associates of 1 nonpresented word (e.g., sleep). On immediate free recall tests, the nonpresented associates were recalled 40% of the time and were later recognized with high confidence. In Experiment 2, a false recall rate of 55% was obtained with an expanded set of lists, and on a later recognition test, subjects produced false alarms to these items at a rate comparable to the hit rate. The act of recall enhanced later remembering of both studied and nonstudied material. The results reveal a powerful illusion of memory: People remember events that never happened.

Beispiel 10: Abstract eines Artikels mit dem Titel „Creating false memories. Remembering words not *presented* in lists" aus der Zeitschrift *Journal of Experimental Psychology: Learning, Memory, and Cognition* (ROEDIGER III/ MCDERMOTT 1995; © by the American Psychological Association)

- The results of a single publication stating that terrestrial plants emit methane has sparked a discussion in several scientific journals, but an independent test has not yet been performed.
- Here it is shown, with the use of the stable isotope ^{13}C and a laser-based measuring technique, that there is no evidence for substantial aerobic methane emission by terrestrial plants, maximally 0.3% (0.4 ng g^{-1} h^{-1}) of the previously published values.
- Data presented here indicate that the contribution of terrestrial plants to global methane emission is very small at best.
- Therefore, a revision of carbon sequestration accounting practices based on the earlier reported contribution of methane from terrestrial vegetation is redundant.

Beispiel 11: *Abstract* eines Artikels mit dem *Titel* „No evidence for substantial aerobic methane emission by terrestrial plants. A ^{13}C-labelling approach" aus der Zeitschrift *New Phytologist* (DUECK ET AL. 2007)

Beispiele (9)–(11) veranschaulichen, wie diese Information in unterschiedlicher Weise präsentiert werden kann. Während in Beispiel (9) das Abstract explizit dem Standardaufbau für empirische Arbeiten folgt, ist Beispiel (10) als Fließtext formuliert und Beispiel (11) ist, wie in dieser Zeitschrift üblich, eine Liste einzelner Sätze.

Abstract für nicht empirische Texte. Bei Texten, die nicht dem standardisierten Aufbau eines Artikels über empirische Forschung folgen, ist es besonders wichtig, dass Sie als Grundlage der Zusammenfassung eine Gliederung erarbeiten. Zwar sollte eine Gliederung die grundlegende Struktur des Textes, den „roten Faden", bereits übersichtlich darstellen, doch ist es für die Zwecke des Zusammenfassens oft nützlich, die Struktur zu vereinfachen und komplexe Gedankengänge in eine lineare Abfolge von Schritten zu bringen.

Eine überwiegende Mehrheit von Texten lässt sich ziemlich zwanglos in den „Dreischritt" aus Einleitung, Hauptteil und Schluss unterteilen, manchmal ist ein Text bereits mehr oder weniger explizit so gegliedert. Um einen Überblick über den Ablauf des gesamten Gedankengangs zu erhalten, kann man die zentralen Aspekte des jeweiligen Textabschnitts herausarbeiten, indem man von Fragen ausgeht, die sich auf die spezifischen Funktionen von Einleitung, Hauptteil und Schluss beziehen. Die konkrete Formulierung dieser Fragen muss man jeweils für den aktuellen Text entwickeln. Dabei kann man als Ausgangspunkt eine Liste von Fragen nehmen, die sich aus der allgemeinen Funktion der drei Text-Grundteile ergibt:

Typische Funktionen von Einleitung, Hauptteil und Schluss

- Einleitung
  - Was ist die Fragestellung des Textes? Welche Zielsetzung wird verfolgt?
  - Wird die Vorgehensweise beschrieben und wenn ja, wie?
  - Wird der Text in einen Kontext, einen bestimmten Themenbereich oder eine Tradition eingeordnet?
  - Gibt es Hinweise auf den weiteren Aufbau des Textes?
- Hauptteil
  - Welche Positionen werden diskutiert und was sind deren Grundaussagen? Wie könnte man die Positionen benennen?
  - Wird eine eigene Position entworfen? Wird diese Position zu anderen Positionen in Beziehung gesetzt?
  - Welche Argumente werden gegen oder für die Positionen vorgebracht? Auf welchen expliziten oder impliziten Annahmen beruhen sie? Wie ist die Argumentation als Ganzes aufgebaut?
  - Werden Einwände gegen die eigene Position angeführt? Wie werden sie entkräftet? Welche möglichen Einwände werden nicht berücksichtigt?

- Schluss
  - Welches sind die Ergebnisse des Textes? Welches Fazit wird gezogen?
  - Werden offene Fragestellungen angesprochen?
  - Gibt es einen Ausblick auf andere Arbeiten?

Beim Erarbeiten einer Zusammenfassung behalten Sie leichter den Überblick, wenn Sie Ihre Antworten auf diese Fragen in einer Tabelle festhalten.

Text-Schritt	Funktionale Komponenten	Konkrete Antworten/ Aussagen/Inhalte
Einleitung	Fragestellung Vorgehensweise …	…
Hauptteil	Positionen Position des Autors Argumente pro …	…
Schluss	Ergebnisse …	…

Eine solche Tabelle dient nun als Ausgangspunkt, um das Abstract zu schreiben. Dabei ist das Ziel, den Textinhalt kurz und klar zu präsentieren, sodass er in seinen wesentlichen Zügen nachvollzogen werden kann, auch wenn man den Originaltext nicht gelesen hat. Es ist also erforderlich, den Gedankengang des Textes nochmals neu und so knapp wie möglich zu formulieren. Das erfordert sorgfältiges Formulieren (vgl. die Regeln S. 84) und strikte Beschränkung der Länge auf in der Regel maximal eine halbe bis dreiviertel Seite Text. Im Einzelnen kann man so vorgehen:

Vorgehen beim Erstellen eines Abstracts

- Kernaussage formulieren:
  Versuchen, den Inhalt des gesamten Textes in einem Satz auf den Punkt zu bringen: Was ist das Thema, die Fragestellung, die zentrale Konklusion des Textes? (Vgl. Kap. 6.1.)

- Unterstützende Sätze formulieren:
  Zentrale Aspekte, die im Text in Hinblick auf die Kernaussage eine spezifische Aufgabe leisten, formulieren. Die Reihenfolge kann vorerst außer Acht gelassen werden. Resultieren längere Passagen, werden diese komprimiert, indem alle nicht unbedingt erforderlichen Informationen weggestrichen werden.
- Unterstützende Sätze anordnen:
  Das Material im Hinblick auf die Kernaussage organisieren und dabei so reformulieren, dass die inhaltlichen Verbindungen deutlich werden.
- Revidieren:
  Abstract durchlesen, folgende Fragen klären und entsprechende Änderungen vornehmen:
  - Wird klar, worum es im Text vor allem geht?
  - Ist ein Überblick über die zentralen Argumentationsschritte im Text gegeben?
  - Ist die Zusammenfassung für sich (d.h. ohne Kenntnis des Originaltextes) verständlich?

In den Beispielen (12) und (13) ist jeweils die zentrale Aussage durch Unterstreichung hervorgehoben. Im ersten Falle geht es um eine Grundlagenfrage in der Entscheidungstheorie, im zweiten um die Bedeutung des Vorsorgeprinzips.

> The incomparability of two items is thought to pose a problem for making justified choices and for consequentialist theories that rely on comparing states of the world to judge the goodness of a particular course of action. In response, it has been argued that items thought incomparable by one of the three standard relations, 'better than', 'worse than' and 'equally good', are instead comparable by some fourth relation, such as 'roughly equal' or 'on a par'. <u>Against such accounts, this article argues that values in virtue of which comparisons are made can be 'clumpy' and that in comparisons involving clumpy values, we have no reason to accept 'roughly equal' or 'on a par' as distinct from 'equally good'.</u> The article supports the possibility of incomparability by arguing for an interpretation of incomparability as an instance of incommensurability.

Beispiel 12: Abstract eines Artikels mit dem Titel „Equality, clumpiness, and incomparability" aus der Zeitschrift *Utilitas* (HSIEH 2005; unsere Unterstreichung)

This essay attempts to provide an analytical apparatus which may be used for finding an authoritative formulation of the Precautionary Principle. Several formulations of the Precautionary Principle are examined. Four dimensions of the principle are identified: (1) the threat dimension, (2) the uncertainty dimension, (3) the action dimension, and (4) the command dimension. It is argued that the Precautionary Principle can be recast into the following if-clause, containing these four dimensions: '*If* there is (1) a threat, which is (2) uncertain, *then* (3) some kind of action (4) is mandatory.' The phrases expressing these dimensions may vary in (a) precision and (b) strength. It is shown that it is the dimension containing the weakest phrase that determines the strength of the entire principle. It is suggested that the four-dimensional if-clause be used as an analytical apparatus in negotiations of the Precautionary Principle.

Beispiel 13: Abstract eines Artikels mit dem Titel „Dimensions of the precautionary principle" aus der Zeitschrift *Human and Ecological Risk Assessment* (SANDIN 1999; abgedruckt ohne Fußnote, unsere Unterstreichung)

Stilistische und sprachliche Aspekte stellen bei Abstracts eine besondere Herausforderung dar. Folgende Regeln gilt es zu beachten:

Regeln zum Formulieren von Abstracts

- **Sorgfältig und pointiert formulieren:** Missverständliche oder ausschmückende Worte weglassen; bei Pronomen auf eindeutigen Bezug achten.
- **Kurze Sätze:** Sprachliche Gliederungsmittel, vor allem passende Konjunktionen, einsetzen, um Zusammenhänge zwischen Sätzen deutlich zu machen.
- **In eigenen Worten formulieren:** Ohne zwingenden Grund keine Wendungen aus dem Text übernehmen.
- **Terminologie kontrollieren:** Das Abstract stellt einen eigenständigen Text dar. Man muss es verstehen können, auch wenn man den Originaltext nicht gelesen hat. Deshalb darf man Begriffe, die im Text in einer besonderen Bedeutung verwendet werden, nicht einfach übernehmen. Ein Abstract ist auch nicht der richtige Ort für Begriffserklärungen, es sei denn, es geht im Text wesentlich um die Erklärung oder Prägung eines Begriffs.

6.3 Alternativen zum Abstract

Nicht immer ist ein Abstract die optimale Darstellungsform für Ihre Zusammenfassung. Als zwei Alternativen stellen wir Sechs-Sätze-Referat und Thesenpapier vor.

Sechs-Sätze-Referat. Das Sechs-Sätze-Referat (vgl. HOLZBRECHER 2006) ist eine strukturierte Alternative zum Abstract, die sich auch für die Anwendung auf Textabschnitte eignet, zum Beispiel wenn man die Argumentation in einem Buchkapitel bündig darlegen oder sich selbst vergegenwärtigen möchte.

Merkmale von Sechs-Sätze-Referaten

- Der wesentliche Inhalt eines Textes ist in sechs Sätzen wiedergegeben.
- Kein Satz sollte länger als etwa zwanzig Wörter sein.
- Die sechs Sätze bilden einen wohlstrukturierten und abgeschlossenen Text.

Als Ausgangspunkt kann wie beim Abstract das Grundmuster des Textaufbaus dienen. Je nach Text lassen sich sehr unterschiedliche Möglichkeiten denken, ein solches Referat zu organisieren, zum Beispiel:

1. Satz: Hinführung	Thema/Fragestellung des Textes	Einleitung
2. Satz: Position	Hauptaussagen, Abgrenzung von anderen Positionen	Hauptteil
3. Satz: Argumente	Unterstützung für die vom Autor vertretene Position	Hauptteil
4. Satz: Einwände	Mit was für Problemen ist die Position verbunden?	Hauptteil
5. Satz: Erwiderung	Wie können die Einwände entkräftet werden?	Hauptteil
6. Satz: Schluss	Konklusion, Ausblick	Schluss

Sechs-Sätze-Referate sind also nicht eine Abfolge von sechs unverknüpften Sätzen, sondern kurze Fließtexte in der Form von Mini-Essays. Die Kürze zwingt dazu, genau und sorgfältig zu formulieren und alles nicht zwingend Notwendige wegzulassen. Das erfordert einiges an Disziplin. In der Regel muss man mit einem etwas längeren Text beginnen und in mehreren Arbeitsschritten das definitive Sechs-Sätze-Referat entwickeln. Der Aufwand lohnt sich, da das relativ starre Format sehr hilfreich ist, um den wesentlichen Kern eines Textes herauszuarbeiten. Ein konkretes Beispiel finden Sie im Fallbeispiel „Sechs-Sätze-Referat“, S. 87.

Thesenpapier. Das Ziel eines Thesenpapiers als Zusammenfassung besteht darin, einen Überblick über die im Text diskutierten Thesen zu erhalten. Thesenpapiere eignen sich deshalb besonders für Texte, in denen verschiedene Positionen zum gleichen Thema oder die Position einer Person oder Personengruppe zu verschiedenen Themen zur Sprache kommen. Sie sind auch nützlich, um sich die zentralen Aussagen eines Textes längerfristig verfügbar zu machen, und bieten eine gute Grundlage für eine Diskussion über einen Text. Ein konkretes Beispiel finden Sie im Fallbeispiel „Thesenpapier“, S. 88.

Beim Erarbeiten eines Thesenpapiers kann man wie folgt vorgehen:

Vorgehen beim Verfassen eines Thesenpapiers

- Thesen identifizieren:
  - Welches sind die charakteristischen Kernaussagen?
  - Wie werden sie begründet?
  - Spielen nicht ausdrücklich formulierte Annahmen eine wichtige Rolle?
- Thesen formulieren:
  - Kurz formulieren: Thesen in ein bis zwei Sätzen wiedergeben, die für sich verständlich sind.
  - Direkt formulieren: Nicht „X vertritt, dass A Eigenschaft B besitzt“, sondern „A besitzt Eigenschaft B“. (Wer die Thesen vertritt, ist aus der Überschrift ersichtlich.)
- Thesenpapier fertigstellen:
  - Überprüfen: Ist man den Aussagen des Autors gerecht geworden?
  - Thesen nach Themen, auf die sie sich beziehen, ordnen; eventuell nummerieren

Zusätzliche Überlegungen sind erforderlich, wenn man einen Text zusammenfasst, in dem mehrere Positionen zur selben Frage vorkommen. Dann muss man sich zuerst entscheiden, ob nur Thesen berücksichtigt werden sollen, die der Autor akzeptiert. In diesem Falle tauchen Positionen, die er ablehnt, also nur aus seiner Perspektive auf. Eine andere Möglichkeit ist, das Thesenpapier zu unterteilen und die Hauptthesen aller wichtigen im Text diskutierten Positionen gesondert festzuhalten. Entscheidend ist, dass man die verschiedenen Positionen unterscheidet, klar benennt und die einzelnen Thesen des Thesenpapiers eindeutig diesen Positionen zuordnet. Damit hat man auch eine gute Ausgangslage geschaffen, um später zu überprüfen, ob jemand tatsächlich eine Position vertreten hat, wie sie der Autor beschreibt, oder ob die Position ungenau dargestellt ist oder der Autor sich seinen Gegner gar „erfunden" hat.

Fallbeispiel
Sechs-Sätze-Referat

Das folgende Sechs-Sätze-Referat (Beispiel 14) fasst einen Zeitungsbericht zusammen, der über einen Entscheid des Schweizerischen Bundesgerichts berichtet (vgl. Beispiel 15, S. 88). Die Zusammenfassung ist nach dem Muster

Einleitung – Argument 1 – Gegenargument – Argument 2 – Gegenargument – Entscheid

aufgebaut:

> Gegen den geplanten Ausbau eines Autobahnstücks haben Umweltverbände vor Bundesgericht Rekurs eingereicht. Sie argumentieren, dass der Ausbau dem Umweltschutzgesetz widerspricht, weil die Immissionen auch nach dem Ausbau die Grenzwerte überschreiten werden. Dagegen wendet das Bundesgericht ein, dass der Gesetzgeber Alt- und Neuanlagen gleich behandeln will und nicht ausschließt, immissionserhöhende Neuanlagen in überbelasteten Gebieten zu bauen. In der Stellungnahme des Buwal [Bundesamt für Umwelt] wird argumentiert, dass das Projekt ungenügende Maßnahmen zum Senken der Immissionen vorsieht. Dagegen wendet das Bundesgericht ein, dass zusätzliche Maßnahmen nicht bei der Projektgenehmigung, sondern erst im Rahmen der Maßnahmenplanung vorzusehen sind. Aus diesen Gründen weist das Bundesgericht den Rekurs ab.

Beispiel 14: Zusammenfassung in Form eines Sechs-Sätze-Referats

Aus dem Bundesgericht

Verzicht auf Strassenausbau der Umwelt zuliebe?

Auch wenn von einem neuen oder sanierten Autobahnteilstück dereinst übermässige Immissionen ausgehen werden, darf das Projekt genehmigt werden, bevor zusätzliche verkehrslenkende und -beschränkende Massnahmen angeordnet sind. Dies meint das Bundesgericht in einem Leiturteil, welches auch klarmacht, dass der Verzicht auf den Ausbau einer stau- und unfallträchtigen Strasse – entgegen der Auffassung des Buwal – offensichtlich nicht der Verbesserung der Luftqualität dienen kann.

kb. Lausanne, 29. Juni

Bei dem Entscheid aus Lausanne handelt es sich um die in grosser Klarheit verfasste schriftliche Begründung des Urteils, mit welchem das Bundesgericht am 11. Dezember 1991 dem Ausbau der *Grauholzautobahn* bei Bern von derzeit vier auf sechs Fahrspuren zugestimmt hatte (vgl. NZZ Nr. 289). Obwohl das 5,5 km lange Teilstück der N 1 heute chronisch überlastet ist, was zu überdurchschnittlich vielen Staus, Unfällen und Immissionen führt, haben der Verkehrsclub der Schweiz (VCS), die Schweizerische Gesellschaft für Umweltschutz (SGU) und der World Wildlife Fund Schweiz (WWF) die Sanierung der Grauholzautobahn bekämpft. Die Umweltverbände machten geltend, dass die Stickstoffoxide (NO_2) mit aller Wahrscheinlichkeit auch nach einer Sanierung der Autobahn die Immissionsgrenzwerte überschreiten werden. Deshalb stehe Artikel 18 des Umweltschutzgesetzes (USG) dem geplanten Ausbau entgegen, welcher den Umbau oder die Erweiterung einer sanierungsbedürftigen Anlage nur zulässt, wenn diese dadurch gleichzeitig saniert wird.

Dem hält das Bundesgericht in seinem schriftlichen Urteil nun entgegen, eine solche Interpretation von Artikel 18 USG sei schon deshalb abwegig, weil so an den «Um»bau einer sanierungsbedürftigen Strasse strengere Voraussetzungen geknüpft würden als an den «Neu»bau einer Strasse. Der Umweltgesetzgeber habe aber *Alt- und Neuanlagen* grundsätzlich *gleich behandeln* wollen und Ausnahmen von dieser Gleichbehandlung höchstens zugunsten bestehender Objekte zugelassen. Im Zusammenhang mit Arbeiten an unzulässig immissionsträchtigen Verkehrsanlagen fällt indes die Antwort des Gesetzgebers für neue wie bestehende Objekte gleich aus: «Dass die Umweltvorschriften den Bau von neuen Verkehrsanlagen in stark oder übermässig belasteten Gebieten nicht ausschliessen», hat das Bundesgericht bereits entschieden (BGE 117 Ib 306), und dasselbe gilt laut dem nun vorliegenden neuen Entscheid auch für den Ausbau bestehender Strassen, die mutmasslich auch nach der Sanierung zu unzulässigen Immissionen führen dürften.

Allerdings ist bei der Bewilligung und Genehmigung solcher Verkehrsanlagen genau darauf zu achten, dass «alle zur Verfügung stehenden, für den Bauherrn *zumutbaren baulichen und technisch Mittel ausgeschöpft* worden sind, um die Emissionen zu reduzieren». Und «soweit auch die Anordnung betrieblicher Massnahmen in die Zuständigkeit des Bauherrn oder der Plangenehmigungsbehörde fällt», sind auch diese bereits im Baubewilligungsverfahren vorzusehen. Ist trotz all diesen Massnahmen damit zu rechnen, dass der künftige Verkehr zu unzulässigen Immissionen führt, dann muss die fragliche Strassenanlage in eine *Massnahmenplanung* im Sinne von Artikel 31 der Luftreinhalteverordnung (LRV) einbezogen werden. Erst in diesem Rahmen – und entgegen der Auffassung des Buwal nicht schon bei der Projektgenehmigung! – sind dann weitere einschränkende Massnahmen gegenüber Fahrzeugen und Verkehr vorzusehen, um die übermässigen Immissionen weiter zu senken. Und sollten auch die im Massnahmenplan vorgesehenen Vorkehren noch nicht zu einer Einhaltung der Immissionsgrenzwerte führen, dann sind die Behörden auf Grund der Artikel 19 und 31 ff. der LRV zu weiteren Massnahmen verpflichtet. *Keine Massnahme* zur Emissionsbegrenzung ist dagegen nach Auffassung des Bundesgerichtes der vom Buwal angeregte *Verzicht auf den Strassenausbau:* Ein über fünf Kilometer langes stau- und unfallträchtiges Teilstück einer der wichtigsten schweizerischen Nationalstrassenverbindung einfach nicht zu sanieren, könne «offensichtlich nicht das geeignete Mittel zur Verbesserung der Luftqualität sein». (Urteil E.26/1990)

Beispiel 15: Zeitungsbericht über einen Entscheid des Schweizerischen Bundesgerichts (NZZ, 30.6.1992, S. 23)

Fallbeispiel Thesenpapier

Die folgenden sechs Thesen fassen die Forderungen zusammen, die die 48 Wirtschaftsvertreter des *Business Council of Sustainable Development* in ihrer Erklärung an Regierungen, Unternehmen und Gesellschaft richten (SCHMIDHEINY/BCSD 1992:13–16; abgedruckt S. 68–71):

1. Unternehmensleiter sind zu nachhaltiger Entwicklung verpflichtet, da die Verbindung von Wirtschaftswachstum und Umweltschutz für intra- und intergenerationell gerechtes Wohlergehen entscheidend ist.
2. Neue Formen der Zusammenarbeit von Regierungen, Unternehmen und Konsumenten sind notwendig, um Wirtschaftswachstum mit ressourceneffizienten Technologien und mit Märkten, die Umweltkosten internalisieren, zu verbinden.
3. Regierungen müssen durch Vereinbarungen die Bestimmungen für Handel (inkl. Kapital) international harmonisieren, klare Umweltziele setzen und Anreize durch marktkonforme Instrumente schaffen.
4. Regierungen müssen auch im Bereich der Land- und Forstwirtschaft sowie in armen Ländern Märkte öffnen, Sicherheit für Privateigentum schaffen, deregulieren und für effiziente Verwaltung sorgen.
5. Nachhaltige Entwicklung liegt im Geschäftsinteresse von Unternehmen, aber die Unternehmen müssen ihre Verantwortung auf externe Partner ausdehnen und eine neue Unternehmenskultur einführen, sodass ökoeffizientes Wirtschaften und Technologietransfer realisiert werden können.
6. Nachhaltige Entwicklung ist nur realisierbar, wenn Ausbildung und Schulung zu Verhaltensänderungen bei Konsumenten führen.

Beispiel 16: Thesenpapier zur Erklärung des *Business Council of Sustainable Development*

6.4 Zusammenfassungen grafisch darstellen

Beim Wort „Zusammenfassung“ denkt man gewöhnlich an einen kurzen strukturierten Fließtext, ein Abstract. Je nach Text, Fragestellung und Verwendungszweck können grafische Darstellungsweisen nützlicher sein. Ob man sich solcher Methoden bedienen möchte, hängt nicht nur von ihren spezifischen Vor- und Nachteilen, sondern auch von persönlichen Vorlieben ab. Während einigen die Produktion und das Verstehen von grafischen Übersichten besonders leichtfällt, erscheinen sie anderen eher verwirrend.

Die Stärke grafischer Darstellungen liegt vor allem darin, dass auch komplexe Zusammenhänge relativ übersichtlich und schnell erfassbar dargestellt werden können. Die größte Schwäche ist vielleicht, dass grafische Darstellungen dazu neigen, für Dritte und nach einem gewissen zeitlichen Abstand auch für die Autorin selbst schwer verständlich zu sein. Zur Hauptsache liegt das daran, dass in der grafischen Überblicksperspektive nur die allerwichtigsten Begriffe und Beziehungen explizit berücksichtigt werden können. Ohne ausreichendes Vorwissen kann man deshalb oft das Resultat nicht verstehen – oder es bieten sich sehr vielfältige Deutungsmöglichkeiten an.

Diese Nachteile können vermindert werden, wenn man sich nach einer Phase des Ausprobierens für eine bewährte Darstellungsmethode entscheidet und versucht, einen eigenen Darstellungsstil zu entwickeln und konsequent einzusetzen. Ferner gilt es, wahrnehmungspsychologische Aspekte des Gestalt-Sehens bei grafischen Darstellungen zu berücksichtigen. Wie Teile visualisiert sind, bestimmt die Wahrnehmung des Ganzen. Wenn Sie diese Gesetze berücksichtigen, können Sie Missverständnisse vermeiden und Ihre Darstellungen sind einfacher verständlich, auch für Sie selbst. (Vgl. Box „Vier Gesetze der Gestaltpsychologie", S. 95, und Fallbeispiel „Netzwerk-Darstellungen und Gestalt-Gesetze", S. 95.)

Zwei bekannte grafische Darstellungstechniken werden im Folgenden kurz vorgestellt. (In Kap. 8.2.2 findet sich noch eine standardisierte Darstellungstechnik für logische Beziehungen in Argumentationen).

Mind-Maps. Mind-Maps, auch „Spider Diagrams" genannt, wurden ursprünglich als Methode entwickelt, mit der man unstrukturierte Mengen von Einfällen, Gedankengängen und Themen, wie sie zum Beispiel bei einem *Brainstorming* anfallen, ordnen kann. Mind-Maps können verwendet werden, um die Struktur der in einem Text(abschnitt) diskutierten Inhalte darzustellen. Grundsätzlich geht man wie folgt vor:

Vorgehen beim Erstellen von Mind-Maps

1. In die Mitte eines (vorzugsweise großen) Blattes wird das Thema geschrieben und eingekreist.
2. An dieses Zentrum werden beschriftete „Äste" mit „Verzweigungen" angeschlossen, die verschiedene Aspekte und Unteraspekte des Themas darstellen:
   - Man beginnt mit den wichtigsten, die am nächsten beim Zentrum zu stehen kommen, und geht sukzessive zu weniger wichtigen über, die mehr an der Peripherie eingezeichnet werden.
   - Jeder neue Eintrag wird mit einem „Ast" mit dem nächstzentraleren Aspekt, zu dem er inhaltlich gehört, verbunden.
   - Jeder solche Ast bildet zusammen mit seinen Verzweigungen einen thematischen „Komplex". Dies kann zum Beispiel durch unterschiedliche Farben verdeutlicht werden.

Die allgemeine Struktur einer Mind-Map ist:

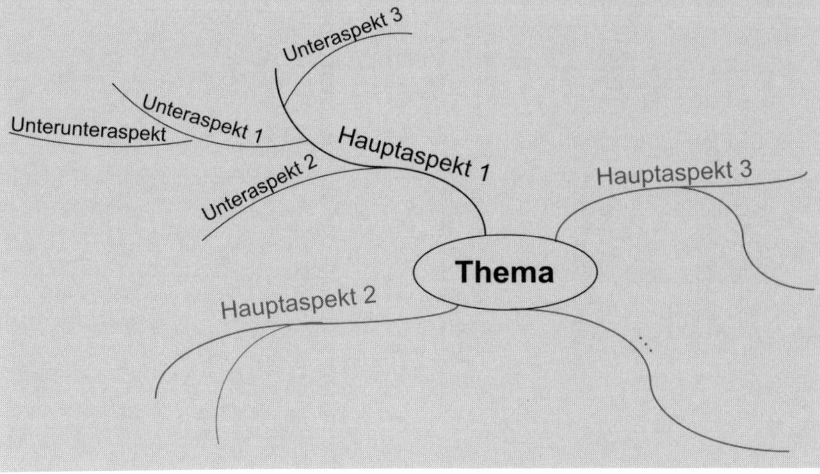

Dieses grundlegende Muster kann durch Elemente verschiedener Art ergänzt werden. Für die Zwecke der Textanalyse sind die wichtigsten Erweiterungen:

- Wenn sich die dargestellten Aspekte Textstellen zuordnen lassen, sollte man dies durch entsprechende Verweise dokumentieren.
- Eigene Fragen und Gedanken kann man direkt als Zweige dort anbringen, worauf sie sich beziehen. Die Unterscheidung zwischen eigenen Ideen und Aspekten aus dem Text muss gewährleistet bleiben, zum Beispiel durch eine andere Farbe.
- Mithilfe zusätzlicher Symbole kann man auf Probleme, besonders wichtige Punkte usw. hinweisen. (Sie können zum Beispiel die Symbole aus dem Abschnitt „Randbemerkungen", S. 37–38, verwenden.)
- Durch Anbringen von Zahlen lassen sich Komplexe oder Unteraspekte in eine Reihenfolge bringen.

Der Witz der Mind-Maps besteht vor allem darin, dass sie eine sehr einfache und flexible Struktur bereitstellen, die sich zur Strukturierung beliebiger Themen verwenden lässt: Obwohl es keinerlei Einschränkungen gibt, was auf den Ästen notiert werden kann, sehen Mind-Maps im Grunde doch immer gleich aus: Es handelt sich um eine radial angeordnete Kombination einer Reihe von hierarchischen Darstellungen.

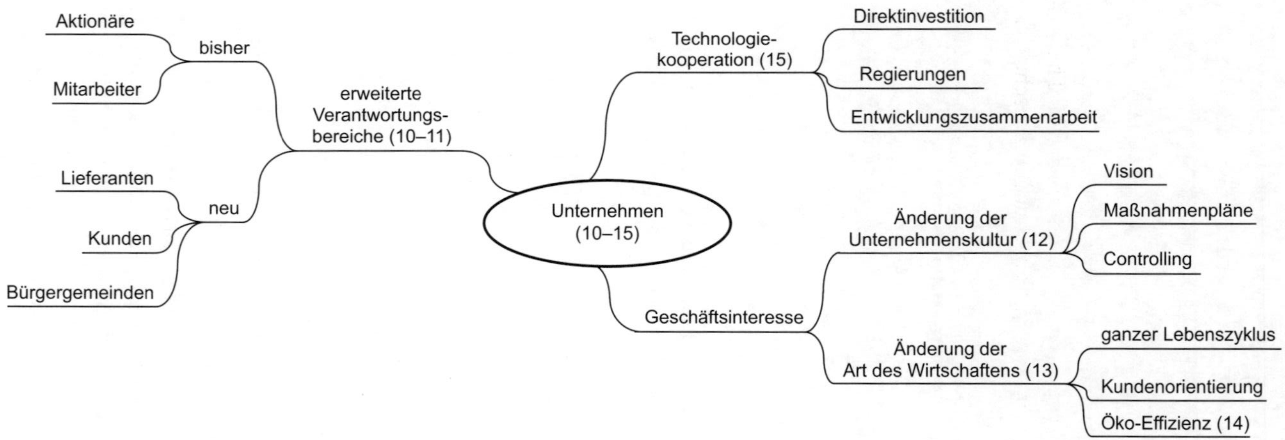

Beispiel 17: Mind-Map zur Veranschaulichung der Aufgaben, die Unternehmen gemäß der strategischen Konzeption nachhaltiger Entwicklung des BCSD haben (SCHMIDHEINY/BCSD 1992:14–15; abgedruckt S. 68–71)

Die Vor- und Nachteile von Mind-Maps sind:

+ Mind-Maps sind besonders geeignet, um eine große Diversität von Themen oder Begriffen übersichtlich darzustellen.
+ Da Mind-Maps immer auf dem gleichen einfachen Strukturprinzip aufgebaut sind, haben sie eine relativ hohe Lesbarkeit.
– Für die explizite Darstellung komplizierter Gedankengänge sind Mind-Maps weniger geeignet: Querbezüge zwischen verschiedenen Themenkomplexen können schlecht integriert werden, Beziehungen zwischen verschiedenen Aspekten bleiben implizit.
– Der Bezug zur linearen Struktur des Textes ist nur schwer zu überblicken.

Die Nachteile der Mind-Map-Technik können vermindert werden, wenn man sie freier anwendet und zusätzlich zu den Ästen weitere Verbindungen einzeichnet, einzelne Begriffe in unterschiedlicher Weise darstellt usw. Damit gelangt man zur Netzwerk-Technik.

Netzwerk-Technik („Concept Maps"). Die Netzwerk-Technik beruht auf der Idee, dass sich der Sinn eines Textes mithilfe von zwei Elementen darstellen lässt. *Begriffe* bestimmen den Textinhalt. *Relationen* zwischen diesen Begriffen bilden die Struktur des Textes ab. Solche strukturangebenden Relationen sind zum Beispiel *Eigenschaft, Bedingung, Begründung, Folge, Vergleich, Zweck, Teil – Ganzes*. Um die Struktur eines Textes in einem Netzwerk darzustellen, bildet man die zentralen Begriffe und die zwischen ihnen bestehenden Relationen in folgender Weise schematisch ab:

Vorgehen beim Erstellen einer Netzwerk-Darstellung

- Begriffe werden umrandet. Durch verschiedene Formen (z. B. Rechtecke und Ellipsen) kann man zusätzlich die Begriffe klassifizieren, zum Beispiel nach Wichtigkeit.
- Relationen werden durch Linienverbindungen zwischen Begriffen dargestellt.
  Entscheidend ist, dass man nicht nur einzeichnet, *dass* eine Relation besteht, sondern auch, um *welche Art* von Relation es sich handelt. Dazu kann man entlang der Verbindungslinie Worte anbringen oder ein Notationssystem entwickeln. Zum Beispiel lässt sich die Relation *x bedingt y* etwa durch ein Wort („wenn"), ein Kürzel („bed.") oder eine bestimmte Art von Pfeil („⇒") darstellen.
- Damit der Bezug zum Text nicht verloren geht, ist es sinnvoll, entsprechende Verweise einzufügen.

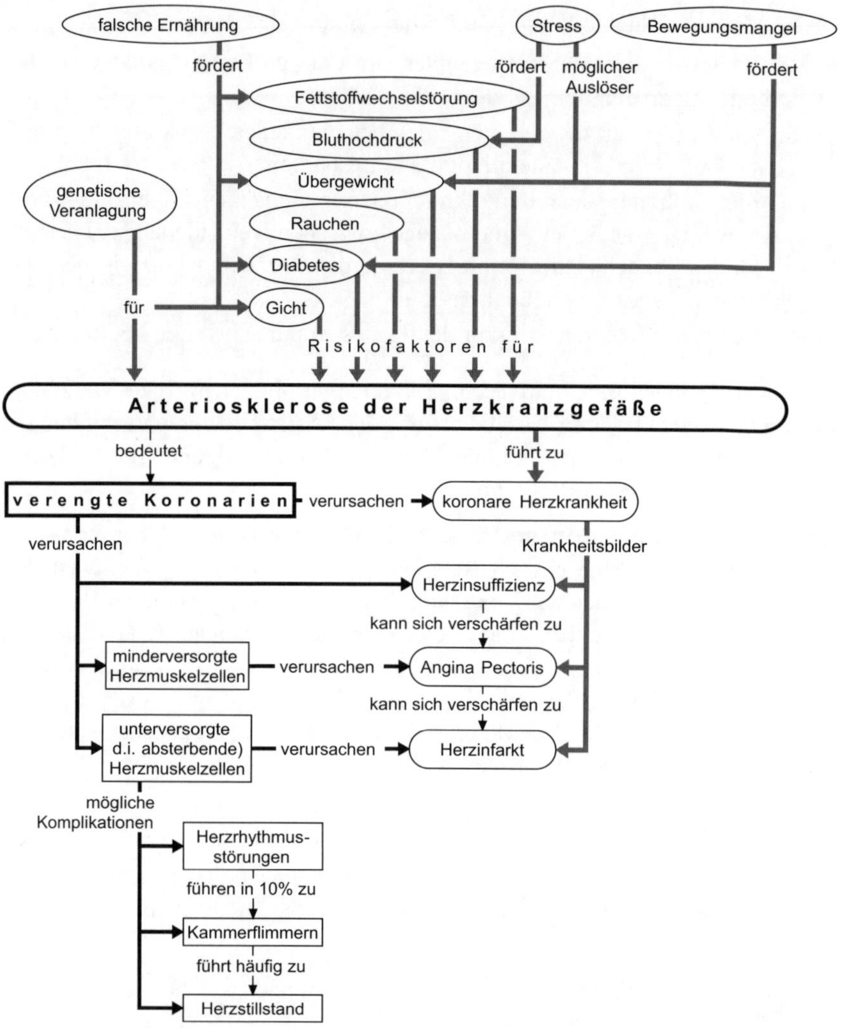

Beispiel 18: Netzwerk-Darstellung zu „Arteriosklerose der Herzkranzgefäße". Abgerundete Rechtecke repräsentieren Krankheitsbilder, Rechtecke deren physiologische Grundlage und Ellipsen die auslösenden Faktoren

Damit die resultierende Darstellung übersichtlich wird, empfiehlt es sich, das Netzwerk schrittweise zu entwickeln, indem man verschiedene Anordnungen ausprobiert. Es ist deshalb zeitsparend, wenn man mit Papier und Bleistift arbeitet und lediglich das fertige Resultat bei Bedarf mithilfe eines

Computerprogramms erfasst. Oder man arbeitet zuerst mit Haftnotizzetteln auf einem großen Papierbogen.

Die Netzwerk-Technik hat folgende Vor- und Nachteile:

+ Auch komplexe, verwickelte Gedankengänge lassen sich relativ übersichtlich darstellen.
+ Durch die grafische Umsetzung kann ein anschauliches Bild eines Gedankengangs gewonnen werden.
– Der Bezug zur linearen Struktur des Textes ist schwieriger zu integrieren.
– Bei umfangreichen Texten oder detaillierten Analysen gibt es Platzprobleme (es gibt aber auch A3-Papier).

Box **Vier Gesetze der Gestaltpsychologie**

Gesetz der Nähe:
Beieinanderliegende Teile werden als ein Ganzes aufgefasst.

Gesetz der Geschlossenheit:
Geschlossene Teile werden eher als Ganzes aufgefasst als offene.

Gesetz der Ähnlichkeit:
Teile mit gleicher Form, Farbe oder Größe werden eher zu einem Ganzen zusammengefasst als ungleichartige Teile.

Gesetz der Prägnanz:
Elemente schließen sich zu einer „guten" Gestalt zusammen, wenn sie bestimmte Eigenschaften – zum Beispiel Regelmäßigkeiten, Symmetrie, maximale Einfachheit und Knappheit – aufweisen.
(Quelle: FRANCK/STARY 2006:107–109)

Fallbeispiel
Netzwerk-Darstellungen und Gestalt-Gesetze

Die drei folgenden Netzwerk-Darstellungen veranschaulichen die Konzeption nachhaltiger Entwicklung, die in der Erklärung des *Business Council for Sustainable Development* beschrieben ist (SCHMIDHEINY/BCSD 1992:13–16; abgedruckt S. 68–71). Alle drei Grafiken enthalten dieselben Elemente und Beziehungen. Trotzdem erwecken sie nicht den gleichen Eindruck; ohne Nachprüfen ist es sogar schwierig zu sehen, dass tatsächlich immer dieselben Elemente mit denselben Beziehungen dargestellt sind.

Dieser Effekt lässt sich mit den gestaltpsychologischen Gesetzen (vgl. Box oben, „Vier Gesetze der Gestaltpsychologie") erklären.

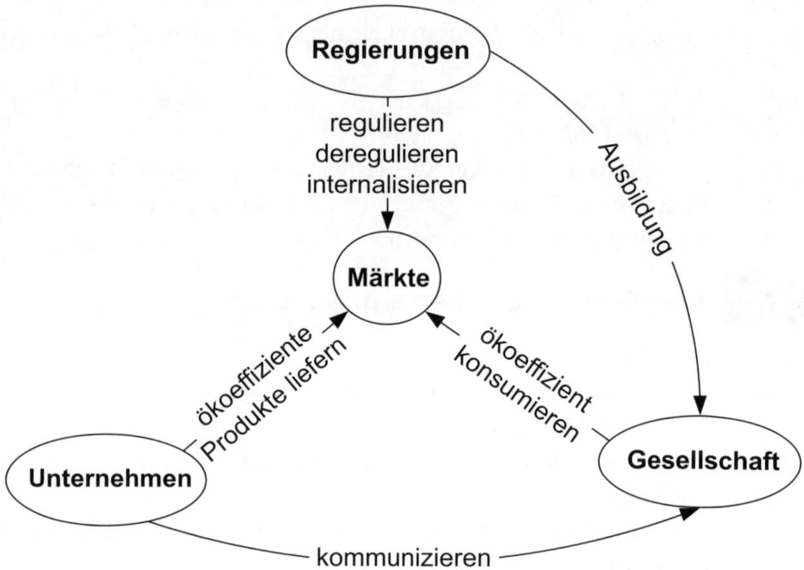

Abbildung 3: Netzwerk zu SCHMIDHEINY/BCSD 1992:13–16

Die Darstellung in Abbildung 3 suggeriert unmittelbar zwei Punkte. Erstens stehen im Zentrum die Märkte, um die Regierungen, Unternehmen und Gesellschaft als „Mitspieler" gruppiert sind. Zweitens scheint eine Beziehung zu fehlen: Wie verhalten sich Unternehmen und Regierungen zueinander? Die Gesetze der Prägnanz und der Geschlossenheit erklären, weshalb diese Beziehung unmittelbar als fehlend wahrgenommen wird. Die Darstellung weist eine Form auf, die *beinahe* geschlossen und symmetrisch ist, wäre da nicht die fehlende Beziehung zwischen Unternehmen und Regierung.

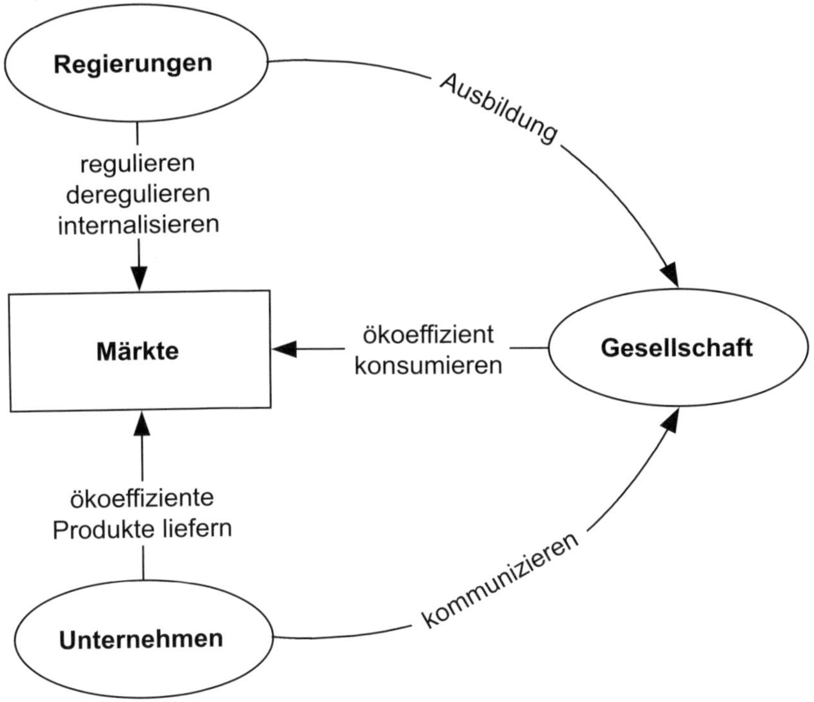

Abbildung 4: Netzwerk zu SCHMIDHEINY/BCSD 1992:13–16

Die Darstellung in Abbildung 4 suggeriert, dass es eine Achse Regierung–Märkte–Unternehmen gibt und daneben die Gesellschaft, deren Aktivität das Konsumieren ist. Dieser Eindruck entsteht dadurch, dass Regierungen, Märkte und Unternehmen nahe beieinander und in einer einfachen symmetrischen Anordnung dargestellt sind. Weiterhin wird nahegelegt, dass Regierungen, Unternehmen und Gesellschaft inhaltlich zusammengehören, weil sie ähnlich dargestellt sind. Dagegen sind die Märkte abgehoben, indem sie durch ein Rechteck statt durch eine Ellipse symbolisiert sind.

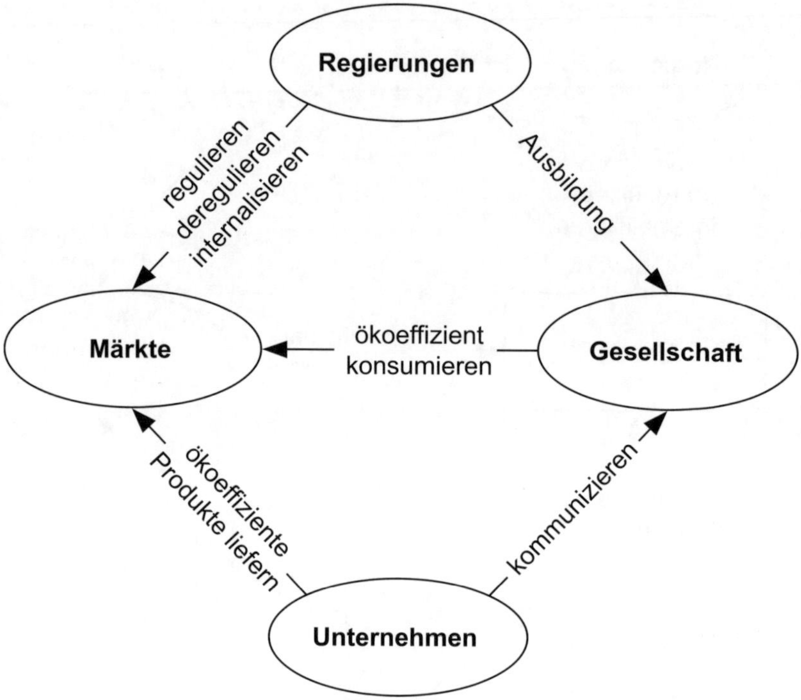

Abbildung 5: Netzwerk zu SCHMIDHEINY/BCSD 1992:13–16

Die Darstellung in Abbildung 5 suggeriert, dass der Vorschlag des BCSD ein vollständiges symmetrisches Modell um die Achse Märkte–Gesellschaft präsentiert. Der Effekt des Gesetzes der Prägnanz ist so stark, dass in dieser Darstellung überhaupt nicht auffällt, dass es keine vertikale Verbindung von Regierungen und Unternehmen gibt. Auch erscheint der Umstand, dass es nur von Gesellschaft zu Märkte einen Pfeil gibt, aber nicht umgekehrt, auffälliger als bei den anderen Elementen, die ebenfalls nur durch einseitige Pfeile verbunden sind. Obschon grafisch nicht auffällig, irritieren diese einseitigen Pfeile doch aus inhaltlichen Gründen, weil es beispielsweise keinen Pfeil „demokratische Mitbestimmung“ von Gesellschaft zu Regierungen gibt.

Literatur

Abstract. Wenn Sie ein Abstract nicht als Zusammenfassung eines gelesenen Textes schreiben, sondern für einen Text, den Sie selbst publizieren, so müssen Sie fachspezifische Richtlinien und Vorschriften des Publikationsorgans beachten. Ein Beispiel sind die Richtlinien der *American Psychological Association,* die Abstracts für empirische Arbeiten und andere Formen von Artikeln beschreiben (APA 2012:25–27).

Thesenpapier. Thesenpapiere sind nicht nur ein gutes Zusammenfassungsinstrument, sondern eignen sich auch vorzüglich für die Weiterarbeit am Thema. Dabei kann man auch mit „erweiterten" Thesenpapieren arbeiten, die jede These beispielsweise mit einer Begründung, Schlussfolgerung oder Gegenthese kombinieren. Solche Formen sind in FRANCK 2007:256–259 beschrieben.

Mind-Map. Allgemein über Mind-Maps, nicht speziell auf Textanalyse bezogen, kann man sich in einem der vielen Bücher ihres Erfinders Tony Buzan informieren, zum Beispiel BUZAN 1999. NÜCKLES ET AL. 2004 behandeln neben Mind-Maps weitere Darstellungsformen und diskutieren viele Einsatzmöglichkeiten. Eine Liste von Computer-Programmen für Mind-Maps finden Sie zum Beispiel unter
http://en.wikipedia.org/wiki/List_of_concept-_and_mind-mapping_software.

Netzwerk-Technik. Eine ausführlichere Darstellung von Netzwerk-Techniken findet sich in STARY/KRETSCHMER 2004:121–127 und in NÜCKLES ET AL. 2004. Für Computer-Programme siehe den für Mind-Maps angegebenen Link.

7 Vertieft analysieren: Was steht genau im Text?

Auf Verständnisprobleme stoßen Sie schnell einmal, besonders wenn Sie einen Text lesen, dessen Inhalt, Stil oder Kontext Ihnen wenig vertraut ist. Oder es wird Ihnen beim Gliedern oder beim Zusammenfassen bewusst, dass Sie zentrale Begriffe, Thesen oder Argumente des Textes eigentlich nicht ganz verstanden haben. In solchen Fällen kann vertieftes Analysieren angezeigt sein. Das bedeutet, Sie beschäftigen sich eingehender mit ausgewählten Aspekten des Textes, von denen Sie glauben, dass sie ein Schlüssel zu einem angemessenen und ausweisbaren Verständnis des Textes sind. Das können inhaltliche oder strukturelle Aspekte sein, zum Beispiel, was der Autor behauptet, wie er einen Begriff verwendet oder welche Struktur sein Argument hat. Eine vertiefte Analyse ist zwar eine detaillierte Analyse, aber sie beschäftigt sich nicht mit Details im Sinne von Nebensächlichkeiten oder Einzelheiten, sondern mit wichtigen Aussagen, Begriffen oder Argumenten. Welche Elemente wichtig sind, ergibt sich aus deren Stellung im Text und aus der konkreten Fragestellung, die Sie anhand des Textes beantworten wollen. Meist erleichtert Ihnen die genaue Analyse solcher für Sie wichtiger Stellen das Verständnis des restlichen Textes enorm.

Vertieftes Analysieren setzt voraus, dass Sie sich bereits mit dem Text beschäftigt haben; Sie brauchen eine erste Übersichtslektüre mit Bearbeitung des Textes und mindestens eine grobe Gliederung. Erst auf dieser Grundlage können Sie entscheiden, was vertieft analysiert werden soll und was nicht. Versuchen Sie, jede Schwierigkeit sogleich anzugehen, laufen Sie Gefahr, im Text stecken zu bleiben. Diese Gefahr besteht insbesondere, wenn Sie auf zu viele oder zu schwierige Verständnisprobleme stoßen, um einigermaßen ungehindert weiterlesen zu können. In diese Lage können Sie zum Beispiel geraten, wenn Sie einen historischen Text lesen, wenn Sie sich etwa für die Geschichte unseres Wissenschaftsverständnisses interessieren und deshalb Aristoteles, Galilei oder Bacon lesen. In solchen Fällen empfiehlt es sich, beim Gliedern oder Zusammenfassen die entsprechenden Textstellen zu markieren oder eine Notiz zu machen und zunächst weiterzulesen. Der Überblick, den Sie mit einer Gliederung oder Zusammenfassung gewinnen, kann Ihnen dann als Entscheidungsgrundlage dafür dienen, welchen Verständnisproblemen Sie Ihre Zeit und Energie in einer vertieften Analyse widmen wollen. Diese soll Ihnen helfen, Ihr Verständnis mindestens so weit zu entwickeln, dass Sie in eigenen Worten klar formulieren können, wie Sie den Text verstehen und was Ihnen nicht einleuchtet.

Sie müssen aber auch damit rechnen, dass die vertiefte Analyse dazu führt, dass Sie Ihre Auffassung davon ändern, welches die zentralen Probleme, Thesen und Argumente des Textes sind. Das kann wiederum die Konsequenz haben, dass Sie eine bereits erstellte Gliederung oder Zusammenfassung anpassen müssen. In der Praxis lassen sich deshalb die verschiedenen Phasen der Textanalyse nicht klar trennen und ordnen. Dafür gibt es zu viele Wechselwirkungen. Es ist sinnvoll, wenn Gliedern, Zusammenfassen und vertieftes Analysieren Hand in Hand gehen.

Vertiefte Analysen setzen elementare sprachwissenschaftliche, logische und argumentationstheoretische Kenntnisse voraus. Kapitel 7 und 8 vermitteln das relevante theoretische Wissen und zeigen anhand von Beispielen, wie man es einsetzen kann. Kapitel 7.1 vermittelt praktische Arbeitsgrundsätze und minimale theoretische Kenntnisse aus Semiotik und Logik als Basis, um notorische Verständnisschwierigkeiten in Texten analysieren zu können. Wir beginnen mit zwei häufig auftretenden Schwierigkeiten, Mehrdeutigkeit und Vagheit. Kapitel 7.2 und 7.3 zeigen, in welchen Formen sie auftreten und welche Relevanz sie für die Textanalyse haben. Kapitel 7.4 präsentiert dann allgemeine Methoden, mit denen man klären kann, mit welcher Bedeutung ein Begriff in einem Text verwendet wird. Eine besondere Rolle spielen dabei die klassischen Methoden des Definierens und Explizierens, auf die wir in Kapitel 7.5 eingehen. Einerseits sind diese Methoden hilfreich, wenn Sie Ihr Verständnis eines Textes in eigenen Worten präzise formulieren wollen. Andererseits sind Definieren und Explizieren wissenschaftliche Grundtechniken, ohne deren Kenntnis es schwierig ist, begriffliche Probleme in wissenschaftlichen Texten klar zu erkennen, in Ihrer Bedeutung einzuschätzen und gegebenenfalls Lösungen vorzuschlagen. Das abschließende Kapitel 7.6 beschäftigt sich mit der besonderen Herausforderung, die Metaphern, das heißt Formulierungen mit übertragener Bedeutung, für das Verständnis wissenschaftlicher Texte darstellen können.

7.1 Grundlagen

Auch bei einer vertieften Analyse ist es wichtig, den allgemeinen Arbeitsgrundsätzen und hermeneutischen Prinzipien aus Kapitel 2 zu folgen. In Kapitel 7.1.1 formulieren wir diese etwas differenzierter. Für vertiefte Analysen brauchen Sie zudem ein elementares Verständnis vom Funktionieren von Sprache als Zeichensystem und minimale Kenntnisse in der logischen Sprachanalyse. Die nötigen Punkte werden im Kapitel 7.1.2 vermittelt.

7.1.1 Arbeitsgrundsätze

In einer vertieften Analyse setzen Sie sich genauer mit ausgewählten Textstellen auseinander. Das Ziel ist, dass Sie Ihr Verständnis des Textes so weit entwickeln, dass Sie in der Lage sind, dieses Verständnis sowie etwaige Verständnisprobleme in eigenen Worten und treffsicher zu formulieren und am Text zu belegen. Es geht also nicht um eine Nacherzählung im Sinne einer schlichten Wiedergabe, sondern um folgende Punkte:

Ziele der vertieften Analyse

- fähig sein, den Gedankengang selbst wiederzugeben, das heißt, ihn in einer mündlichen oder schriftlichen Diskussion einsetzen zu können
- verschiedene Möglichkeiten, wie ein Text verstanden werden kann, deutlich unterscheiden zu können und sich klar werden, was für sie und was gegen sie spricht
- klare und genaue Fragen an den Text formulieren zu können

Auch für das vertiefte Analysieren von Texten gelten die Arbeitsgrundsätze, die in Kapitel 2 beschrieben worden sind. Wir formulieren hier einige spezifischere Prinzipien, die sich für das vertiefte Analysieren bewährt haben:

Arbeitsgrundsätze für das vertiefte Analysieren

- Arbeiten Sie schriftlich.
- Formulieren Sie Verständnisprobleme explizit.

- Trennen Sie Ihre Kommentare von der Textanalyse.
- Berücksichtigen Sie immer den Zusammenhang des Textganzen.
- Kontrastieren Sie Ihr Textverständnis mit anderen Verständnismöglichkeiten.
- Arbeiten Sie reflektiert: Machen Sie sich Ihr Textverständnis bewusst.
- Beachten Sie nicht nur, was im Text steht, sondern auch, wem es zugeschrieben wird.
- Schaffen Sie Klarheit: Ihre Erklärungen sollten einfacher verständlich sein, als was Sie erklären.

Schriftlich arbeiten. Nur wenn Sie schriftlich formulieren, wissen Sie wirklich, was genau Sie über eine Textstelle denken. Erarbeiten Sie Ihr Textverständnis in einer Diskussion, ist nachträgliches Notieren entscheidend. Das garantiert Klarheit und Verfügbarkeit des eigenen Textverständnisses.

Verständnisprobleme formulieren. Um ein klares Verständnis zu erreichen, müssen Sie Ihre Probleme mit dem Text ebenso ernst nehmen wie das, was der Text sagt. Oft zeigen sich schnell mögliche Lösungen, wenn Sie versuchen, explizit zu formulieren, welche Verständnisschwierigkeiten Sie haben, weshalb Sie sie haben und welche Lösungsmöglichkeiten infrage kommen.

Kommentare und Textanalyse trennen. Aus Ihren Aufzeichnungen sollte immer unmissverständlich hervorgehen, was zu Ihrer Textanalyse gehört und welches Ihre weiterführenden oder kritischen Gedanken sind. „Was meine ich, sagt der Autor?“ und „Was meine ich zu dem, was der Autor meiner Auffassung nach sagt?“ sind zwei verschiedene Fragen.

Den Zusammenhang des Textganzen berücksichtigen. Wenn Sie eine Textstelle betrachten, um sie besser zu verstehen, kommen Sie nicht umhin, den Gesamtzusammenhang des Textes und Ihr Verständnis anderer Textstellen beizuziehen. Nur vor diesem Hintergrund können Sie entscheiden, ob Sie ein angemessenes Textverständnis erarbeitet haben. Auf der anderen Seite ist die Tatsache, dass man eine Textstelle nicht versteht, oft ein Hinweis darauf, dass man eine andere, meist frühere Stelle anders interpretieren muss.

Verständnismöglichkeiten kontrastieren. Wenn Sie sich ein genaues Textverständnis erschließen wollen, ist es hilfreich, sich nicht nur auf das

„richtige“ Verständnis zu konzentrieren, sondern auch darauf zu achten, welches Verständnis Ihnen gerade nicht als sinnvoll erscheint: Was wird gerade *nicht* behauptet? Wie wird dieser Begriff gerade *nicht* verwendet? Was wäre gerade ein *unpassendes* Beispiel?

Reflektiert arbeiten. Wenn Sie verschiedene Möglichkeiten, einen Text zu verstehen, erkennen und prüfen, stellen Sie fest, dass es *das* richtige Verständnis eines Textes kaum gibt, sondern viele mehr oder weniger sinnvolle, produktive, interessante usw. Analyseresultate. Es ist deshalb wichtig, sich immer wieder durch explizites Formulieren bewusst zu machen, welche Entscheidungen man trifft, welche Möglichkeiten der Analyse man weiterverfolgt oder verwirft und aus welchen Gründen man dies tut.

Zuschreibungen beachten. Eine relativ häufige Quelle von Verständnisschwierigkeiten ist Unklarheit darüber, wem die im Text formulierten Inhalte zuzuschreiben sind. Nimmt die Autorin das Formulierte selbst in Anspruch? Wenn nein, wem wird das Formulierte zugeschrieben? Oft ist es hilfreich, den Text als Dialog zwischen verschiedenen Positionen zu rekonstruieren.

Klarheit schaffen. Es besteht die Gefahr, dass man Unverständliches mit Obskurem erklärt. Man muss sich also fragen, was vorausgesetzt ist, damit die Erklärung verständlich ist, und dies ebenfalls festhalten. Erklärt man zum Beispiel die Verwendung eines wissenschaftlichen Begriffs mithilfe von Formulierungen aus der Alltagssprache, so muss man beachten, dass diese möglicherweise in verschiedenen, schwierig zu unterscheidenden Bedeutungen verwendet werden, und durch Erläuterungen oder Beispiele klarmachen, welche Bedeutung man intendiert.

7.1.2 Begriffe und ihre logische Form

Wenn Sie die Frage „Was steht genau im Text?“ bearbeiten, geht es darum, genauer zu charakterisieren, mit welcher Bedeutung die Worte im Text verwendet werden, welche Bedeutung einzelne Formulierungen, Sätze und schließlich der ganze Text haben. Dieses Reden über die Bedeutung sprachlicher Ausdrücke konfrontiert Sie mit der Schwierigkeit, dass nicht besonders klar ist, was mit „Bedeutung“ gemeint ist. Mindestens sollte man zwischen Intension und Extension von sprachlichen Ausdrücken unterscheiden, also zwischen der Frage, was wir unter einem bestimmten Ausdruck verstehen, und der Frage, worauf er sich bezieht (vgl. Box „Zeichen und Bedeutung“, unten).

Eine zentrale Rolle für die vertiefte Analyse spielt die Bedeutung von Begriffen. Es lohnt sich deshalb, einigen Aufwand zu betreiben, um die Verwendung von Begriffen zu untersuchen. Dies gilt besonders für Begriffe, die für den Text wichtig sind, und für solche, die das Textverständnis erschweren. Bevor dies detaillierter besprochen werden kann, müssen wir uns etwas eingehender mit der Frage auseinandersetzen, was unter einem Begriff zu verstehen ist.

Box **Zeichen und Bedeutung**

Was unter „Bedeutung“ zu verstehen ist, ist eine zentrale Frage der Semiotik. Das ist die allgemeine Lehre von den Zeichen, die zugleich ein eigenständiges Forschungsgebiet und eine Grundlagentheorie für weitere Wissenschaften wie die Linguistik ist.
Zeichen sind nicht einfach Dinge oder Ereignisse, sondern haben den Charakter von Beziehungen: Etwas, das Bezeichnende, steht für etwas, das Bezeichnete. Wie Gottlob Frege (FREGE 1980) bemerkt hat, lässt sich mit diesen beiden Größen allein nicht erklären, weshalb man „Abendstern“ und „Morgenstern“ verstehen kann, ohne schon zu wissen, dass sie sich auf denselben Gegenstand, die Venus, beziehen. Daraus zieht Frege die Konsequenz, dass man zwei Fragen unterscheiden muss: „Wie verstehen wir diesen Ausdruck?“ und „Auf welche Gegenstände bezieht sich dieser Ausdruck?“ Unter „Morgenstern“ verstehen wir so etwas wie „Stern, der am Morgen besonders lange hell leuchtet“, unter „Abendstern“ dagegen „Stern, der am Abend besonders früh hell leuchtet“. Beides bezeichnet denselben Gegenstand, den wir auch „Venus“ nennen. Ein anderes klassisches Beispiel sind die Ausdrücke „gleichseitiges Dreieck“ und „gleichwinkliges Dreieck“, die wir ebenfalls unterschiedlich verstehen, obschon sie auf die gleichen Gegenstände zutreffen. Für die fregesche Unterscheidung sind heute verschiedene Termini gebräuchlich. Wie wir ein Zeichen verstehen, wird „Bedeutung“ oder „Intension“ des Zeichens genannt. Die bezeichneten Gegenstände heißen die „Extension“ oder „Referenz“ des Zeichens, oder man spricht davon, dass ein Zeichen auf bestimmte Gegenstände „referiert“. Schließlich wird das Wort „Zeichen“ sowohl für den materiellen Zeichenträger allein verwendet wie auch für den Zeichenträger als Gegenstand mit

einer bestimmten Intension und Extension. Das sogenannte semiotische Dreieck veranschaulicht das Verhältnis der drei Aspekte eines Zeichens:

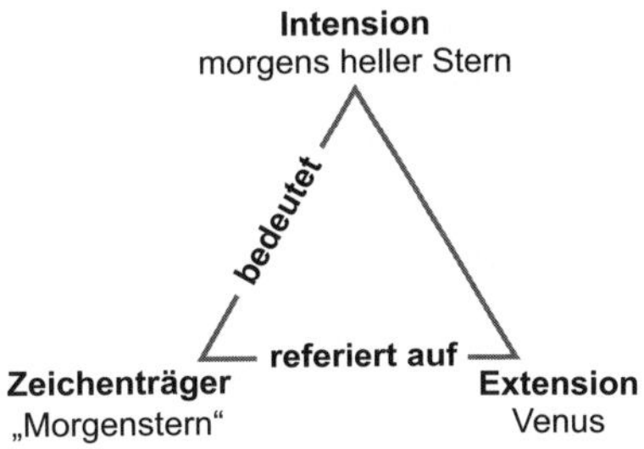

Abbildung 6: Semiotisches Dreieck (nach OGDEN/RICHARDS 1966:10–12)

Dieses dreistellige Zeichenmodell wirft einige Schwierigkeiten auf, insbesondere wenn es auf sprachliche Zeichen angewendet werden soll. Die wichtigsten zwei sind: Es ist nicht klar, wie der Begriff der Bedeutung oder Intension näher erklärt werden kann. Alle bisher vorgeschlagenen Theorien sind umstritten. Zweitens ist das dreistellige Modell in verschiedener Hinsicht ergänzungsbedürftig. Einerseits sind Intension und Extension vieler sprachlicher Zeichen vom Kontext ihrer Äußerung abhängig. Am offensichtlichsten ist das bei den sogenannten „indexikalischen" Ausdrücken wie „das", „ich", „dir", „hier" und „jetzt", die sich direkt auf die Äußerungssituation beziehen. So kann man beispielsweise eine Frage mit „Das kann ich dir hier und jetzt nicht sagen" beantworten. Was das heißt, hängt von der Frage, vom Sprecher, vom Hörer und von Ort und Zeit der Äußerung ab. Andererseits unterschlägt das dreistellige Modell auch, dass etwas nur dann ein Zeichen ist, wenn es als solches verwendet wird, mithin Teil eines Zeichensystems ist. Wobei ein „Zeichensystem" dadurch zustande kommt, dass in einer sozialen Gruppe bestimmte Gegenstände in regelhafter Weise mit einer bestimmten Intension und Extension verwendet werden. So wird „court" im Französischen zur Referenz auf kurze Gegenstände verwendet, während es im Englischen „Gericht" bedeutet und im Griechischen überhaupt kein Zeichenträger ist.

Begriffe. In diesem Buch verwenden wir das Wort „Begriff" zur Bezeichnung von einfachen sprachlichen Ausdrücken, die dazu verwendet werden können, über etwas eine wahre oder falsche Aussage zu machen. Semiotisch gesprochen bezeichnet das Wort „Begriff" einen Zeichenträger – ein Wort oder eine Wortgruppe – mit einer bestimmten Bedeutung, das heißt einer bestimmten Intension und Extension. Begriffe unterscheiden sich in zweierlei Hinsicht von anderen sprachlichen Ausdrücken. Erstens haben Begriffe eine Bedeutung, die sich so beschreiben lässt, dass klar wird, auf welche Gegenstände man sich mithilfe des Begriffs beziehen kann. Zum Beispiel mit „Bär" auf alle Bären, mit „braun" auf alles, was braun ist, und mit „brummt" auf alles, was brummt. Damit unterscheiden sich Begriffe von Ausdrücken wie zum Beispiel „der", „nur" und „aber". Diese Wörter tragen zwar auch zur Bedeutung von Sätzen bei, aber ihre Bedeutung lässt sich nicht beschreiben, indem man angibt, auf welche Gegenstände sie zutreffen, weil es keine solchen Gegenstände gibt. Zweitens spielen Begriffe eine bestimmte Rolle in Aussagen. Sie werden verwendet, um über etwas eine Aussage zu machen, die wahr oder falsch ist. Damit unterscheiden sie sich von Ausdrücken wie zum Beispiel Eigennamen, die dazu dienen, einen einzigen Gegenstand zu benennen (solche Ausdrücke werden „Individuenbezeichnungen" oder „singuläre Terme" genannt). Um einen Begriff zu beschreiben, muss man demnach zwei Fragen beantworten:

Zwei Aspekte von Begriffen

Inhalt:	Was ist die Bedeutung dieses Begriffs?
Form:	In welcher Weise kann dieser Begriff mit anderen Ausdrücken kombiniert werden, um eine Aussage zu machen?

Eine erste Kernaufgabe beim vertieften Analysieren besteht nun darin, zu untersuchen, in welcher Bedeutung Begriffe im Text verwendet werden. Erst wenn die Bedeutung eines Begriffs klar ist, kann man untersuchen, ob die damit gemachten Aussagen wahr sind. Dazu ist allerdings noch mehr erforderlich, weil sich die Bedeutung einer Aussage nicht allein aus der Bedeutung der in ihr enthaltenen Begriffe ableiten lässt. Um die Bedeutung einer Aussage zu klären, müssen Sie überdies feststellen, in welcher Weise die Aussage aus Begriffen und anderen Wörtern aufgebaut ist. Dabei können Sie sich an verschiedenen Theorien orientieren. Eine Möglichkeit ist die traditionelle Grammatik, die von Wortarten ausgeht (Verben, Substantive, Adjektive usw.)

und auf dieser Grundlage erklärt, wie Sätze aus Satzgliedern (Subjekt, Prädikat, Objekt usw.) aufgebaut sind. Diese Theorie wird oft im Zusammenhang mit der Definition von Begriffen vorausgesetzt, zum Beispiel wenn Begriffe in Nachschlagewerken als Substantive, Adjektive, Verben usw. klassifiziert sind. Im Folgenden orientieren wir uns nicht an dieser traditionellen Theorie, sondern an der Analyse von Aussagen, die in der modernen Logik entwickelt worden ist. Die Theorie der logischen Sprachanalyse kann hier aber nur für einige besonders einfache Fälle knapp skizziert werden. Wenn Sie sich näher dafür interessieren, müssen Sie sich mit den Grundzügen der Prädikatenlogik beschäftigen (vgl. die Literaturangaben, S. 116).

Logische Form von Begriffen. Die logische Analyse klassifiziert Begriffe nicht in Substantive, Verben und andere Wortklassen, sondern fasst alle Begriffe als Prädikate mit einer bestimmten Stellenzahl auf. Unter einem „Prädikat“ wird in der Logik etwas anderes verstanden als in der traditionellen Grammatik, nämlich ein sprachlicher Ausdruck, den man verwenden kann, um über etwas eine wahre oder falsche Aussage zu machen. Der Unterschied zwischen logischer und grammatischer Analyse von Aussagen lässt sich am besten an einem Beispiel erklären:

(1) Anna und Berta sind Schwimmerinnen.

(2) Anna und Berta sind Schwestern.

In der traditionellen Grammatik sind „Schwimmerinnen“ und „Schwestern“ beides Substantive und (1) und (2) haben dieselbe Struktur. Logisch gesehen haben (1) und (2) allerdings ganz unterschiedliche Strukturen. (1) ist analysierbar als

(1.1) Anna ist eine Schwimmerin und Berta ist eine Schwimmerin.

Bei (2) macht eine solche Analyse keinen Sinn. Dies liegt daran, dass „… ist eine Schwimmerin“ ein einstelliges Prädikat ist. Das heißt, es handelt sich um einen Ausdruck, der eine Eigenschaft bedeutet, die auf ein einzelnes Individuum zutrifft oder eben nicht. Deshalb ist es zum Beispiel sinnvoll, zu sagen „Anna ist eine Schwimmerin“, was genau dann wahr ist, wenn das mit „Anna“ bezeichnete Individuum die Eigenschaft hat, eine Schwimmerin zu sein. Hingegen ist der Ausdruck „… und … sind Schwestern“ ein zweistelliges Prädikat, das eine Beziehung zwischen zwei Individuen bedeutet. Man muss dieses Prädikat mit zwei Individuenbezeichnungen kombinieren, um einen sinnvollen Satz wie (2) zu erzeugen.

Aus logischer Perspektive werden Begriffe also als Muster für Aussagen aufgefasst, die aus einem Wort oder einer Wortgruppe mit einer oder mehreren Leerstellen bestehen. Man bezeichnet sie als „Prädikate“ und ordnet ihnen eine bestimmte Stellenzahl zu. Die Anzahl der Stellen charakterisiert die logische Form des Prädikats und legt fest, wie mit diesem Prädikat Aussagen gebildet werden können, wobei unter einer „Aussage“ ein Satz zu verstehen ist, der wahr oder falsch ist. Die zentrale Idee für die logische Analyse von Aussagen ist, dass die einfachste Form einer Aussage darin besteht, dass etwas über etwas gesagt wird. Das heißt, man kann fragen:

- *Wovon* wird etwas ausgesagt?
- *Was* wird davon ausgesagt?

„Prädikate“ sind diejenigen Teile der Aussage, die die Antwort auf die zweite Frage liefern. Man bezeichnet sie auch als „generelle Terme“. Die in der ersten Frage angesprochenen Teile der Aussage heißen „Individuenbezeichnungen“ oder „singuläre Terme“. Der Unterschied zwischen Prädikaten und singulären Termen liegt also darin, dass sie in der Aussage unterschiedliche Funktionen erfüllen. Ein singulärer Term bezieht sich auf *einen* Gegenstand, Prädikate sagen etwas über diesen Gegenstand aus. „Gegenstand“ wird hier in einem sehr weiten Sinne verwendet für alles, wovon man etwas aussagen kann. Zum Beispiel:

(3)	Aussage:	Prädikat:	singuläre Terme:
	Anna schnarcht.	x schnarcht	Anna
	Der Papst ist Argentinier.	x ist Argentinier	der Papst
	5 ist größer als 7.	x ist größer als y	5, 7
	Köln liegt zwischen Oslo und Rom.	x liegt zwischen y und z	Köln, Oslo, Rom

Die logische Struktur einer Aussage mit einem zweistelligen Prädikat ist in Beispiel (4) veranschaulicht.

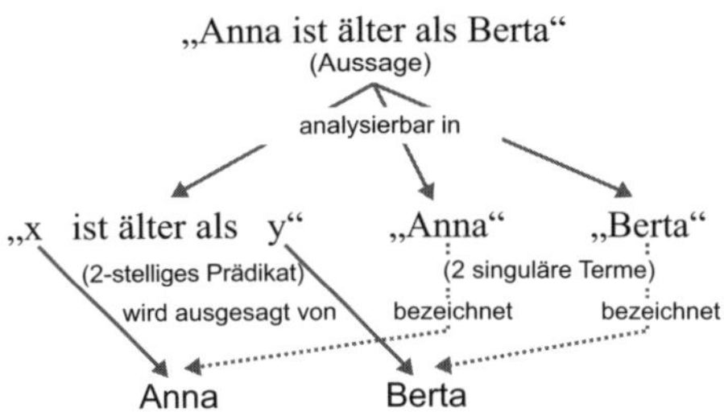

Beispiel 4: Analyse einer Aussage in ein 2-stelliges Prädikat und zwei singuläre Terme

Solche mehrstelligen Prädikate werden auch „Relationen“ genannt. Damit die verschiedenen Leerstellen eines mehrstelligen Prädikats unterschieden werden können, werden sie nicht durch „…“ dargestellt, sondern mit „x“, „y“, „z“ bezeichnet. Diese Buchstaben sind Platzhalter für Ausdrücke, welche Individuen bezeichnen und dazu dienen, zusammen mit dem Prädikat eine Aussage zu bilden. (Wie bei mathematischen Gleichungen wird nicht vorausgesetzt, dass für „x“, „y“ Verschiedenes eingesetzt werden muss. Für mehr Einzelheiten vgl. Box „Prädikate und logische Form“, S. 113.) Zusammengefasst:

Begriffe aus logischer Sicht

Begriffe sind n-stellige Prädikate, das heißt Ausdrücke, die zusammen mit n singulären Termen – Ausdrücke, die einen einzigen Gegenstand bezeichnen – eine wahre oder falsche Aussage bilden.

Beispiele:

	Aussage:	Prädikat:	singuläre Terme:
1-stellig:	Die USA sind verschuldet.	x ist verschuldet	die USA
2-stellig:	Alaska ist kälter als Sibirien.	x ist kälter als y	Alaska, Sibirien
3-stellig:	Ali versteht Tamil besser als Hindi	x versteht y besser als z	Ali, Tamil, Hindi

Das Wissen über die logische Form von Begriffen ist wichtig, weil in Texten die Stellenzahl von Begriffen oftmals nicht eindeutig ausgedrückt ist. Ein klassisches Beispiel ist der Begriff der Ähnlichkeit. Wenn von zwei „ähnlichen" Dingen die Rede ist, so ist das eine verkürzte Formulierung, weil man immer fragen kann, in welcher Hinsicht die Ähnlichkeit bestehen soll. Analoges gilt für viele Verwendungen des Wortes „gleich", aber nicht für alle. Es gibt einen zweistelligen und einen dreistelligen Begriff der Gleichheit. Der zweistellige bedeutet die Beziehung der Identität:

(5) „Ich sah die Sammlung der Akademie St. Luca, wo Raphaels Schädel ist. [...] Das Bild das von ihm gemahlt ist und in gleichem Saale hängt ist seiner werth." (GOETHE 1830:Bd. 29, S. 291)

Diese Verwendung von „gleich" wird zwar oft als inkorrekt angesehen (korrekt wäre „im selben"; SICK 2004:210), kommt aber doch häufig vor. Der dreistellige Begriff meint Übereinstimmung in bestimmter Hinsicht, wobei diese Hinsicht in der Regel als bekannt vorausgesetzt und deshalb nicht ausdrücklich genannt wird:

(6) Er hat das gleiche Auto wie ich gekauft.

(6.1) Er hat ein Auto gleicher Marke, gleichen Modells und gleicher Ausstattung wie ich gekauft.

Probleme entstehen, sobald nicht klar ist, was genau an der nicht genannten dritten Stelle eingesetzt werden soll. Meint (6) tatsächlich (6.1) oder sollte etwa die Farbe auch noch übereinstimmen? Damit man diese Unklarheit überhaupt sehen kann, muss man zuvor bemerken, dass „gleich" in (6) drei- und nicht zweistellig verwendet wird. (Das ist nicht zwingend: (6) könnte einer Schilderung entnommen sein, bei der es darum geht, dass dasselbe Fahrzeug mehrfach verkauft wurde.) Das zeigt, dass Informationen über den Kontext darüber entscheiden können, welche logische Form einem Begriff zugeordnet werden soll und was an den nicht explizit ausgedrückten Leerstellen sinnvoll ergänzt werden kann.

Unklarheit über die Stellenzahl von Begriffen kann zur Folge haben, dass die Struktur eines Problems nicht erkannt wird. Wenn beispielsweise an die Verantwortung der Wissenschaftler appelliert wird, könnte man meinen, „Verantwortung" bezeichne eine moralische Eigenschaft von Personen. Das wird durch Formulierungen wie „In der biologischen Forschung tragen die

Wissenschaftler heute eine wichtige gesellschaftliche Verantwortung" nahegelegt. Mit einer logischen Analyse lässt sich klarmachen, dass hier eine mehrstellige Relation angesprochen wird und dass der moralische Charakter der Verantwortung damit zu tun hat, dass die Rede von „Verantwortung" Normen ins Spiel bringt (siehe Fallbeispiel „Logische Form von Begriffen", S. 115).

Box Prädikate und logische Form

Ein- und mehrstellige Prädikate. Weil Prädikate nur mit einer passenden Anzahl von singulären Termen eine Aussage bilden, spricht man von „einstelligen", „zweistelligen" usw. Prädikaten. Man kann das auch so ausdrücken: Prädikate führen Leerstellen mit sich (man deutet sie durch „x", „y", „z" an); wenn alle Leerstellen durch singuläre Terme besetzt werden, entsteht eine Aussage; die Aussage ist genau dann wahr, wenn das Prädikat tatsächlich auf die Gegenstände zutrifft, die durch die singulären Terme bezeichnet werden. Weil die Reihenfolge der singulären Terme für die Wahrheit der resultierenden Aussage relevant ist, muss man die verschiedenen Leerstellen unterscheiden:

(7) „7 ist größer als 5" und „5 ist größer als 7" sind beide durch das zweistellige Prädikat „x ist größer als y" und die beiden singulären Terme „5" und „7" gebildet, aber die erste Aussage ist wahr, die zweite falsch.

Viele sprachliche Ausdrücke können mit unterschiedlich vielen Leerstellen verwendet werden. In solchen Fällen handelt es sich um unterschiedliche Prädikate, nicht um dasselbe Prädikat mit unterschiedlicher Anzahl Leerstellen:

(8)

Aussage:	Prädikat:	singuläre Terme:
Anna sitzt.	x sitzt	Anna
Anna sitzt neben Berta.	x sitzt neben y	Anna, Berta
Anna sitzt zwischen Berta und Carla.	x sitzt zwischen y und z	Anna, Berta, Carla

Es ist grundsätzlich möglich, Prädikate zu bilden, bei denen mehrere Leerstellen durch denselben singulären Term besetzt werden müssen. Zum Beispiel könnte man „Jonathan bemitleidet sich selbst“ mithilfe des Prädikats „x bemitleidet x“ (und dem singulären Term „Jonathan“) analysieren. Dieses Prädikat setzt aber das entsprechende Prädikat mit zwei verschiedenen Leerstellen voraus. Aus „Jonathan bemitleidet sich selbst“ folgt nämlich „Jonathan bemitleidet jemanden“, und diese Aussage kann nicht mehr mithilfe von „x bemitleidet x“, sondern nur mit „x bemitleidet y“ analysiert werden. Es ist deshalb sinnvoller, sich auf Prädikate zu beschränken, die keine Leerstellen haben, die mit demselben singulären Term besetzt werden müssen. Praktisch heißt das: Dasselbe Leerstellenzeichen („x“, „y“ usw.) darf für dasselbe Prädikat jeweils höchstens einmal verwendet werden.

Prädikate und offene Sätze. Es ist möglich, dieselbe Aussage verschieden detailliert zu analysieren, weil man zum Beispiel singuläre Terme auch als Teile eines Prädikats behandeln kann (9) oder weil man Prädikate aus komplexen Aussagen bilden kann (10):

(9)	Aussage:	Prädikat:	singuläre Terme:
	7 ist größer als 5.	x ist größer als 5	7
		7 ist größer als x	5
		x ist größer als y	7, 5

(10) „Anna und Berta beneiden einander gegenseitig“ kann man mithilfe des Prädikats „x und y beneiden einander gegenseitig“ analysieren. Statt dieses neue Prädikat einzuführen, kann man die Aussage genauso gut mithilfe des Prädikats „x beneidet y“ analysieren, wenn man sie als Konjunktion der beiden Aussagen „Anna beneidet Berta“ und „Berta beneidet Anna“ deutet.

Wegen dieser verschiedenen Analysemöglichkeiten kann man zwischen Prädikaten in einem engeren und einem weiteren Sinn unterscheiden. Die Prädikate im weiteren Sinne werden auch „offene Sätze“ genannt. Zu den Prädikaten im engeren Sinne gehören nur diejenigen, die keine singulären Terme enthalten und nicht zu logisch komplexen Aussagen führen, wenn man ihre Leerstellen mit singulären Termen besetzt. In den Beispielen (9) und (10) sind „x ist größer als y“ und „x beneidet y“ Prädikate im engeren Sinne. „7 ist größer als x“ und „x und y beneiden einander gegenseitig“ sind offene Sätze. In diesem Buch verwenden wir „Prädikat“ immer im engeren Sinne.

Fallbeispiel
Logische Form von Begriffen

Der Begriff der Verantwortung bezeichnet im Kern eine Beziehung, die darin besteht, dass jemand für etwas verantwortlich ist. Es ist üblich, zwei Bedeutungen zu unterscheiden, je nachdem, ob es um Verantwortung für Handlungsfolgen, insb. die Verursachung von Schäden, geht (11) oder um Verantwortung als Zuständigkeit für eine Aufgabe (12):

(11) Thomas hat selbst gesammelte Pilze gekocht, deshalb ist er verantwortlich dafür, dass wir Halluzinationen haben.

(12) Eltern sind für die Erziehung ihrer Kinder verantwortlich.

Wir beschränken uns hier auf die erste Verwendungsweise.

In der Literatur gibt es verschiedene Auffassungen darüber, wie man Aussagen, in denen jemandem Verantwortung zugeschrieben wird, weiter analysieren kann. Insbesondere ist umstritten, wie viele Leerstellen der Begriff der Verantwortung hat (vgl. Lenk/Maring 2001:569–570). Eine Möglichkeit, Aussagen über die Verantwortung von Personen zu analysieren, macht Folgendes geltend: Verantwortung setzt voraus, dass die praktischen Konsequenzen der Handlung wissbar sind und anerkannten Normen unterliegen, und es braucht eine Instanz, die berechtigt und in der Lage ist, das Verantwortungssubjekt gemäß diesen Normen zur Rechenschaft und gegebenenfalls zur Haftung zu ziehen. Akzeptiert man diese Analyse, so bedeutet das, dass es sich bei Verantwortung um einen Begriff handelt, den man als fünfstelliges Prädikat analysieren kann:

(13) Subjekt x ist vor der Instanz y in Bezug auf die Norm z für die Handlung oder Handlungsfolge v gegenüber w verantwortlich.

Diese Begriffsanalyse macht klar, weshalb eine Frage wie „Wer ist für den Ausbruch des Pinatubo verantwortlich?“ kurios ist. Sie macht die nicht sonderlich plausible Voraussetzung, dass es sich nicht bloß um ein Naturereignis handelt, sondern um eine Folge menschlichen Handelns, das eine Norm verletzt, die durch eine entsprechende Instanz abgesichert ist.

Literatur zu 7.1

Semiotik. Ausführlichere Einführungen in die Semiotik sind ECO 1977 und LYONS 1977:Bd. 1 (speziell Kap. 4). Umfassende Darstellungen verschiedener semiotischer Theorien bietet POSNER/ROBERING/SEBEOK 1998; für ein vertieftes Verständnis informiert man sich am besten anhand der Originalliteratur.

Manche Theoretiker verstehen die Semiotik als umfassende kulturwissenschaftliche oder philosophische Perspektive; darüber kann man sich zum Beispiel in ECO 2002 informieren.

Begriffe als Prädikate. Eingehendere Erläuterungen zur prädikatenlogischen Analyse von Aussagen findet man in Logikeinführungen. Empfehlenswert in dieser Hinsicht sind zum Beispiel HOYNINGEN-HUENE 1998 (besonders Kap. III.1.1.a), LEPORE/CUMMING 2009 (insb. Kap. 9 und 12) und QUINE 1982 (speziell §§ 21, 26, 28; in der dt. Ausgabe § 23).

Die Auffassung, dass Begriffe Prädikate sind, ist nicht ohne Schwierigkeiten, und es gibt alternative Vorschläge. Für eine kurze Einführung in wichtige Aspekte dieser schwierigen Diskussion eignen sich Lexikonartikel: MULLIGAN 1998, REY 1998, WEIDEMANN 1989.

7.2 Mehrdeutige Formulierungen erkennen

Mehrdeutigkeit (auch „Ambiguität" genannt) liegt vor, wenn dieselbe Formulierung mehrere Bedeutungen hat. Das ist ein außerordentlich häufiges Phänomen. Meistens lesen wir darüber einfach hinweg, weil ohnehin klar ist, was gerade gemeint ist. Das ist effizient und harmlos, aber nur solange keine Unklarheiten oder Missverständnisse entstehen. Welche der verschiedenen Deutungen die richtige ist, muss man im Allgemeinen anhand des Textzusammenhangs und der Äußerungssituation entscheiden. Dabei ist das Prinzip der wohlwollenden Interpretation (vgl. S. 11) leitend.

Um Mehrdeutigkeiten nicht unbemerkt zu „überlesen", lohnt es sich, die wichtigsten Formen der Mehrdeutigkeit erkennen zu lernen. Auch sollte man Mehrdeutigkeit nicht mit Vagheit verwechseln, die vorliegt, wenn es Grenzfälle bei der Anwendung eines Begriffs gibt (vgl. Kap. 7.3). Für praktische Zwecke ist folgende Klassifikation mehrdeutiger Formulierungen nützlich (zu Syntax vs. Semantik vgl. Box „Disziplinen der Semiotik", S. 118):

Formen der Mehrdeutigkeit

Lexikalische Mehrdeutigkeit: Ein Wort lässt mehrere Interpretationen zu:

(1) Die Oper [Gebäude oder Singspiel?] ist entsetzlich.

Mehrdeutiger Bezug auf die Äußerungssituation: Ein sprachliches Element, dessen Bedeutung vom außersprachlichen Kontext abhängt, lässt verschiedene Interpretationen zu:

(2) Habe ich dir schon gezeigt, wo ich den Parkschaden gemacht habe? [Wo am Auto oder wo auf der Straße?]

Kompositionale Mehrdeutigkeit: Aus den Teilen eines Satzes lassen sich mehrere Interpretationen des ganzen Satzes ableiten:

(3) Max und Moritz sind verliebt. [Ineinander?]

Zwei wichtige Formen der kompositionalen Mehrdeutigkeit sind:

- **Syntaktische Mehrdeutigkeit:** Die syntaktische Struktur eines Satzes lässt mehr als eine Interpretation zu:

  (4) Pensionierte Männer und Frauen kochen besonders leidenschaftlich. [Alle Frauen oder nur pensionierte Frauen?]

- **Mehrdeutiger Textbezug:** Der Bezug zwischen verschiedenen Elementen eines Textes (Satz oder größere Texteinheit) lässt unterschiedliche Interpretationen zu:

  (5) Damit die saisonalen Schwankungen in der Prognose berücksichtigt werden können, muss man sie [die Schwankungen oder die Prognose?] viel exakter berechnen.

Diese Einteilung ist als Arbeitshilfe gedacht, nicht als Einteilung der Mehrdeutigkeiten in sich gegenseitig ausschließende Kategorien (zum Beispiel stellen mehrdeutige Bezüge innerhalb eines Satzes eine Form der syntaktischen Mehrdeutigkeit dar). Im Folgenden werden die verschiedenen Formen der Mehrdeutigkeit näher erläutert. Methoden, die man anwenden kann, um herauszufinden, mit welcher Bedeutung Begriffe in einem Text verwendet werden, stellen wir in Kapitel 7.4 vor.

Box **Disziplinen der Semiotik – Syntax, Semantik, Pragmatik**

Die Semiotik wird üblicherweise in die drei Disziplinen Syntax, Semantik und Pragmatik eingeteilt:

Syntax. Die Syntax behandelt die formalen, also von ihrer Bedeutung und Verwendung unabhängigen Beziehungen der Zeichenträger untereinander. Die zentrale Frage der Syntax ist, welche Zeichenkombinationen in einem Zeichensystem „zulässig" sind, das heißt eine Bedeutung haben können. Um dies erklären zu können, muss zuerst untersucht respektive festgelegt werden, was im betreffenden Zeichensystem als Zeichenträger verwendet werden kann. Bei den Wortsprachen bedeutet das, dass die Syntax das Vokabular der Sprache angibt und Regeln formuliert, wie wohlgeformte Sätze gebildet werden können. Beispiele für syntaktische Aussagen:

(6) „Feldhase" ist ein Substantiv.

(7) „Kar beyazdır" ist ein türkischer Satz.

Semantik. Die Semantik befasst sich mit der Beziehung zwischen Bezeichnendem und Bezeichnetem, das heißt, sie untersucht, welche Zeichenträger welche Bedeutung (Intension) haben respektive was sie bezeichnen (Extension, Referenz). Semantische Aussagen sind zum Beispiel:

(8) „Kar beyazdır" heißt so viel wie „Schnee ist weiß".

(9) Carl Gustav Hempel wurde von seinen Freunden „Peter" genannt.

Pragmatik. Die Pragmatik untersucht, wie Zeichen in der Kommunikation verwendet werden. Im Zentrum stehen Fragen wie: Welche Personen verwenden welche Zeichen zu welchen Zwecken? Was tun Zeichenverwender, wenn und indem sie Zeichen produzieren oder interpretieren? Welche Handlungen können mithilfe welcher Zeichen ausgeführt werden? Pragmatische Aussagen sind zum Beispiel:

(10) „Mündel" ist heute vor allem in der Rechts- und Beamtensprache zu finden.

(11) Mit dem Ausruf „Re" wird der Einsatz des Spiels verdoppelt.

Zum Verhältnis der drei Disziplinen. Es gibt kontroverse Auffassungen zum Verhältnis zwischen Syntax, Semantik und Pragmatik. Morris, der diese Unterscheidung wesentlich geprägt hat (MORRIS 1955a:84–87, dt. 23–28; MORRIS 1955b:Kap. VIII.1), betont, dass die Semiotik nicht die Summe von drei unabhängigen Disziplinen ist. Da ein Zeichenprozess immer eine syntaktische, semantische und pragmatische Dimension hat, muss es in der Semiotik gerade auch darum gehen, die Zusammenhänge zwischen diesen Zeichenaspekten zu untersuchen. Carnap hingegen (CARNAP 1959:§ 4) erklärt die drei semiotischen Disziplinen als Abstraktionsstufen: Semantik abstrahiert von den Zeichenverwendern, Syntax zusätzlich von der Bedeutung. Seit der Mitte des 20. Jahrhunderts wird diePragmatik als grundlegend für den ganzen Zeichenprozess angesehen, insbesondere für die Semantik. Für diese sogenannte pragmatische Wende ist der von Wittgenstein abgeleitete Slogan *meaning is use* geprägt worden. Die Frage, was ein Zeichen bedeutet, wird beantwortet, indem man erklärt, wie es verwendet wird. Semantische Fragen, wie sich zum Beispiel die Bedeutung von Zeichen im Verlauf der Zeit entwickelt und in welchen unterschiedlichen Bedeutungen verschiedene Gruppen dieselben Zeichen verwenden, werden demzufolge mittels pragmatischer Analysen beantwortet. Auf dem engeren Gebiet der Linguistik als Wissenschaft der natürlichen menschlichen Sprachen wird dagegen auch vertreten, dass die Syntax ein selbstständiges, von Semantik und Pragmatik weitgehend oder absolut unabhängiges Forschungsgebiet darstellt (vgl. FANSELOW/FELIX 1987:Kap. 2).

Lexikalische Mehrdeutigkeit. Die meisten Wörter können mit mehr als einer Bedeutung verwendet werden.

(12) „grün“: farblich oder unreif
eine Person „verstehen“: ihre Worte akustisch wahrnehmen, die Intension ihrer Worte erfassen oder ihre Handlungsweise nachvollziehen

Zur Mehrdeutigkeit tragen gerade auch die Wissenschaften und die Technik mit ihrem großen Bedarf an neuen Fachbegriffen bei. Nur in seltenen Fällen werden vollständig neue Ausdrücke eingeführt; viel häufiger wird ein Ausdruck, der bereits eine in gewisser Hinsicht ähnliche Bedeutung hat, mit der gewünschten neuen Bedeutung belegt:

(13) „Maus“: Tier oder Dateneingabegerät
„Ring“: Schmuckstück, Verband von Personen, Kampfarena, algebraisches Objekt, chemische Struktur, planetarisches Gebilde usw.

Sehr häufig stehen die Bedeutungen mehrdeutiger Wörter in einem inhaltlichen Zusammenhang. Dieser folgt oft einem allgemeinen Schema und tritt in mehr oder weniger systematischer Weise in bestimmten Klassen von Wörtern auf (vgl. Box „Einige Muster der lexikalischen Mehrdeutigkeit“, unten). Damit ist für Ökonomie im Wortschatz gesorgt, weil dasselbe Wort unterschiedliche Bedeutungsfunktionen übernehmen kann.

Box Einige Muster der lexikalischen Mehrdeutigkeit

Verschiedene Intensionen mehrdeutiger Wörter haben zwar nicht immer, aber doch überaus häufig einen Zusammenhang. Sie können sich zum Beispiel in folgender Weise unterscheiden:

- Bezug auf eine Klasse vs. Bezug auf ihre Elemente:
  (14) „Der Mensch ist die Krone der Schöpfung.“: die Spezies oder jeder einzelne Mensch?
- Bezug auf einen Prozess vs. Bezug auf das Ergebnis eines Prozesses:
  (15) „schwierige Entscheidung“ vs. „schlechte Entscheidung“: problematisches Vorgehen vs. schlechtes Resultat
- beschreibende vs. bewertende Bedeutung:
  (16) „Ist das ein Kunstwerk?“ – „Darauf weiß ich keine Antwort.“: kein Kunstwerk oder kein gutes Kunstwerk? Keine Antwort oder keine gute Antwort?
- Bezug auf Sprachliches vs. Nichtsprachliches:
  (17) „Die Menschenrechte sind Teil der Verfassung.“: der Sache oder dem Wortlaut nach?
- wörtliche vs. metaphorische Bedeutung (vgl. Kap. 7.6):
  (18) „Klaus ist ein Schwein.“

Solche Muster, wie die Bedeutungen eines Wortes miteinander zusammenhängen, werden in der Semantik näher untersucht und klassifiziert (unter den Stichworten „Polysemie“ und „Metonymie“; vgl. die Literaturangaben, S. 132).

Mehrdeutigkeit ist harmlos, solange klar ist, wie das Wort zu verstehen ist. Glücklicherweise legt der Kontext häufig mehr oder weniger eindeutig fest, welche Bedeutung infrage kommt. Beispielsweise kann aus grammatischen Gründen mit „Arm“ keine Gliedmaße gemeint sein, wenn ein Satz mit „Arm und vereinsamt verstarb ...“ anfängt, und wer über chemische Verbindungen schreibt, wird das Wort „Komplex“ kaum im psychoanalytischen Sinne verwenden. Diese Kontextabhängigkeit teilen Begriffe mit den Individuenbezeichnungen. Fast alle Eigennamen („Johannes“) und anderen singulären Terme („die Weltrekordhalterin im Gewichtheben“) bezeichnen je nach Kontext ein anderes Individuum, doch führt dies in geschriebenen Texten relativ selten zu Missverständnissen. Andererseits ist die Möglichkeit, Wörter mit verschiedenen, nicht immer leicht zu unterscheidenden Bedeutungen zu verwenden, ein wichtiger Grund, weshalb es schwierig sein kann zu bestimmen, was genau jemand ausdrücken möchte. Das kann zu Missverständnissen führen oder zu Pseudokommunikation, wenn unklare Formulierungen verwendet werden und es niemandem auffällt, dass nicht klar ist, welche Bedeutung sie haben.

Bei der Textanalyse muss man sich also nicht um jede Mehrdeutigkeit kümmern. Wenn in einem Einführungsbuch über Systemanalyse der systemanalytische neben dem umgangssprachlichen Begriff der Umwelt verwendet wird, so wird man das bei einer aufmerksamen Lektüre zwar registrieren, aber nicht zum Anlass einer vertieften Analyse nehmen, da der Kontext jeweils klarmacht, was gemeint ist:

(19) „Zur Definition des Systems gehört auch die Definition der Systemgrenze. Sie grenzt das System von seiner Umwelt ab.“ (IMBODEN/KOCH 2003:5)
„Systeme sind gedankliche Konstrukte, die uns helfen, einen Teil der (Um)welt zu verstehen.“ (IMBODEN/KOCH 2003:7)

Trotzdem spielt das Analysieren mehrdeutiger Wörter eine große Rolle in der Textanalyse. Anlass für eine vertiefte Analyse besteht vor allem dann, wenn

Verständnisprobleme daraus resultieren, dass ein Wort mit mehr als einer Bedeutung verwendet wird, oder wenn man den Eindruck hat, dass sich aus einer Mehrdeutigkeit Unstimmigkeiten oder Argumentationsprobleme ergeben (vgl. Box „Äquivokation“, S. 306). Bei wissenschaftlichen Texten gibt es Probleme mit Mehrdeutigkeit vor allem aus drei Gründen:

- Wissenschaftliche Termini werden bei verschiedenen Autoren, Schulen und Disziplinen in unterschiedlicher Bedeutung verwendet. Zum Beispiel „Matrix“ in der Chemie, Mathematik und Logik.
- Zu sehr vielen wissenschaftlichen Begriffen gibt es ein gleich lautendes umgangssprachliches Gegenstück, das eine verwandte, aber keineswegs identische Bedeutung hat. Zum Beispiel „Fisch“ oder „Grippe“.
- Auch in wissenschaftlichen Texten bleibt es oft unklar, in welcher Bedeutung bestimmte Wörter verwendet werden.

Diese Faktoren tragen dazu bei, dass problematische Interpretationen wissenschaftlicher Texte auftreten, obschon es zum wissenschaftlichen Arbeiten gehört, möglichst Begriffe mit klarer Bedeutung zu verwenden. Besondere Aufmerksamkeit ist erforderlich, wenn man Texte aus einem Umfeld liest, in dem man nicht selbst zu Hause ist.

Wir diskutieren in den Kapiteln 7.4 und 7.5 praktische Vorgehensweisen, mit denen man die Bedeutung von Begriffen klären kann.

Box **Textbezüge**

Textbezüge entstehen durch die Kombination zweier Phänomene. Erstens verweist ein sprachliches Element auf ein anderes sprachliches Element (den „Bezugsausdruck“) in demselben Satz oder Text. Zweitens ist die Bedeutung des verweisenden Elements mindestens teilweise durch die Bedeutung des Bezugsausdrucks bestimmt:

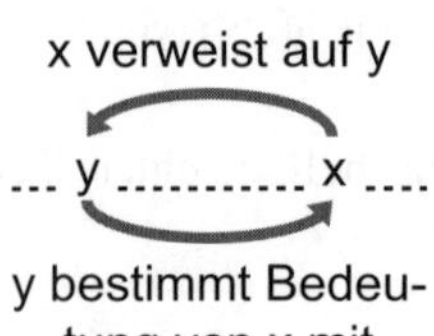

Abbildung 7: x verweist auf den Bezugsausdruck y

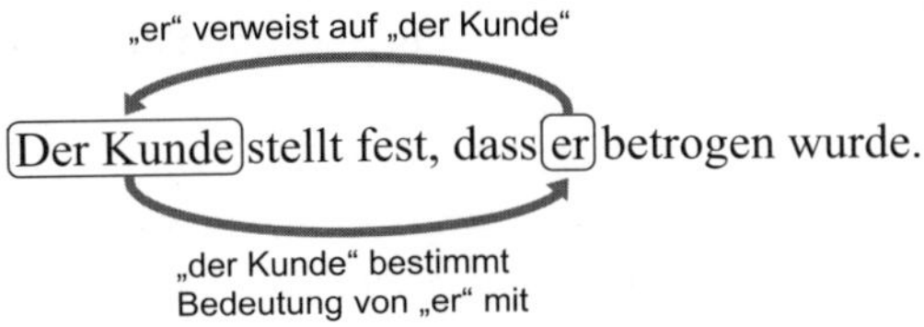

Abbildung 8: „er" verweist auf den Bezugsausdruck „der Kunde"

Expliziter Textbezug wird dadurch hergestellt, dass sich zwei sprachliche Ausdrücke auf dasselbe beziehen. Dabei kann der Bezugsausdruck vor oder nach dem verweisenden Ausdruck stehen. Zum Beispiel (in 20–25 ist der verweisende Ausdruck jeweils unterstrichen):

(20) „Man kann sagen, dass wissenschaftliche Forschung, sieht man sie [die wissenschaftliche Forschung] unter einer sehr weit gefassten Perspektive, zwei Hauptaspekte aufweist.“ (VON WRIGHT 1984:16)

(21) „Das Zentrum der Avantgarde [Nickelsdorf] liegt im Burgenland: Nickelsdorf hat 1500 Einwohner, jede Menge Getreide, einen Tante-Emma-Laden und viel außergewöhnliche Musik.“ (ZEIT online, 27.7.2007)

Impliziter Textbezug liegt vor, wenn ein sprachlicher Ausdruck sich auf etwas bezieht, das in einer geeigneten Beziehung zu etwas steht, auf das sich ein anderer Ausdruck bezieht. Typische Beispiele sind die Beziehung zwischen Ursache und Wirkung, zwischen Teil und Ganzem oder räumliche Beziehungen:

(22) „Wird die durch Tsetsefliegen übertragene Schlafkrankheit nicht medikamentös behandelt, sterben die betroffenen Menschen binnen weniger Monate oder Jahre. Das Immunsystem [der betroffenen Menschen] kann den Erreger, das Geisseltierchen *Trypanosoma brucei,* nicht aus dem Körper vertreiben […]“ (NZZ, 21.11.2007, S. 62)

Textbezüge können durch unterschiedliche **sprachliche Mittel** hergestellt werden. Neben der schlichten Wiederholung (23) desselben Ausdrucks sind das vor allem substantivische Konstruktionen mit bestimmtem Artikel (24) und sogenannte Pro-Formen.

(23) „Die Frist für die Durchführung der vorsorglichen Emissionsbegrenzungen richtet sich nach den Vorschriften von Anhang 1. Enthält Anhang 1 keine Vorschriften, so gilt eine Frist von höchstens fünf Jahren. Die Behörde kann die Frist auf Gesuch hin um höchstens die Hälfte verlängern, wenn die Durchführung der Emissionsbegrenzungen innerhalb der ordentlichen Frist wirtschaftlich nicht tragbar wäre" (NISV 2012:Art. 8, Abs. 1). Die unterstrichenen Vorkommen von „Frist" verweisen auf die im ersten Satz genannte Frist für die Durchführung der vorsorglichen Emissionsbegrenzungen.

(24) „Das ist das Ende von Shambo. Der Stier [Shambo] der multireligiösen Gemeinde Skanda Vale in Wales, der im Frühling positiv auf bovine TB getestet worden war, ist zum Schlachten abgeholt worden." (NZZ, 27.7.2007, S. 11)

Pro-Formen sind Wörter, die selbst nur eine minimale Bedeutung haben und dazu dienen, auf etwas zu verweisen, das im Text an anderer Stelle explizit oder implizit angesprochen wird. In dieser Weise können zum Beispiel Personalpronomina („sie", „seine"), Demonstrativpronomina („der", „dieses"), Interrogativpronomina („welche", „wo") und gewisse Adverbien („dort", „darauf") verwendet werden.

(25) Der Kater jagt die Maus in den Keller, weil er [der Kater] sie [die Maus] dort [im Keller] fressen möchte.

Mehrdeutiger Bezug auf die Äußerungssituation. Mehrdeutigkeiten können im Zusammenhang mit Ausdrücken entstehen, deren Bedeutung durch den außersprachlichen Kontext bestimmt ist. Diese Form der Mehrdeutigkeit kann bei indexikalischen Ausdrücken auftreten, das heißt bei Ausdrücken, deren Bedeutung wesentlich und systematisch durch den Äußerungskontext bestimmt ist (vgl. Box „Zeichen und Bedeutung", S. 106):

(26) Ich kann Ihnen gerne zeigen, wo [auf der Karte, im Garten, am Körper] mich der Hund gebissen hat.

oder wenn nicht klar ist, aus welcher Perspektive ein Sachverhalt formuliert wird:

(27) Die Siedlung befindet sich auf der linken [aus der Sicht des Beobachters oder aus der „orografischen" Standardperspektive (von der Quelle her gesehen)] Flussseite.

(28) Die Fahrlehrerin sagt zum Schüler: „Parken Sie hinter dem schwarzen Wagen." [Parkfeld 1 oder 2?]

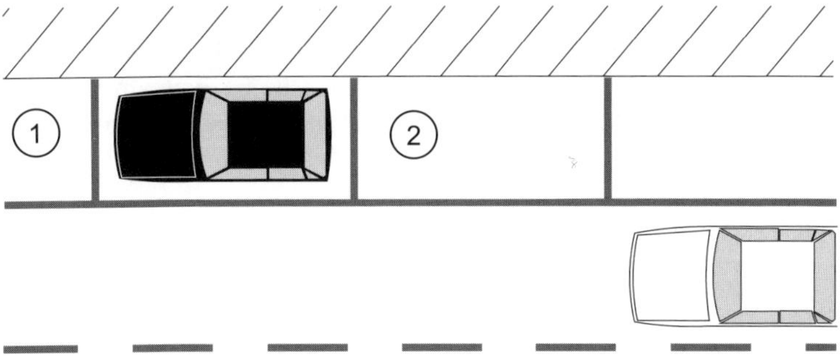

Kompositionale Mehrdeutigkeit. Den Ausdruck „kompositionale Mehrdeutigkeit" verwenden wir hier für diejenigen Phänomene der Mehrdeutigkeit, die durch den Aufbau von größeren sprachlichen Einheiten aus kleineren entstehen. Da solche Mehrdeutigkeiten also nicht allein durch mehrdeutige Wörter verursacht sind, betreffen sie die Struktur der Bedeutung. Eine häufige Quelle sind ungenaue Formulierungen, in denen entscheidende Informationen fehlen. Typische Beispiele liefern Pluralformen, die mehrere Interpretationen zulassen:

(29) Die beiden Schwestern wurden für drei Oscars nominiert.

Dieser Satz hat mindestens drei plausible Lesarten:

(29.1) Kollektiv: drei Nominationen für das Schwesterpaar.

(29.2) Kumulativ: insgesamt drei Nominationen, verteilt auf zwei Schwestern.

(29.3) Distributiv: pro Schwester drei Nominationen.

Mehrdeutige Sätze können auch entstehen, weil dieselbe syntaktische Konstruktion unterschiedliche Bedeutungen haben kann. In der traditionellen Grammatik des Deutschen tritt dies zum Beispiel bei Genitiven auf:

(30) *Das Bild des unbekannten Malers* erzielte einen erstaunlichen Preis. Der kursiv gedruckte Teil kann sich auf ein Bild beziehen, das ein unbekannter Maler gemalt hat, das einen unbekannten Maler darstellt oder einem unbekannten Maler gehört. (Übrigens ist „unbekannt" lexikalisch mehrdeutig: nicht berühmt oder nicht identifiziert.)

Komposita („zusammengesetzte Wörter") erlauben oft mehrere Lesarten. So kann „Holzschiff" sowohl Schiffe aus Holz bezeichnen wie auch Schiffe, die Holz transportieren. (Vgl. auch Fallbeispiel „Kompositionale Mehrdeutigkeit", S. 130.)

Syntaktische Mehrdeutigkeit. Manche kompositionalen Mehrdeutigkeiten lassen sich mithilfe von syntaktischen Strukturen erklären. Wie das im Einzelnen geht, hängt davon ab, welche syntaktische Theorie man zugrunde legt. So kann man zum Beispiel dem folgenden Satz mehrere syntaktische Strukturen zuweisen:

(31) Maria erwürgt den Mann mit der Krawatte [Tatwaffe oder nur Kleidungsstück des Opfers?].

Manchmal kann man Eindeutigkeit herstellen, indem man Klammern im Text notiert:

(31.1) Maria erwürgt (den Mann mit der Krawatte).

Oder man reformuliert die betreffende Stelle:

(31.2) Maria erwürgt den Mann mithilfe einer Krawatte.

Wenn Sie von Ihrer Ärztin Anweisung (32) erhalten, sollten Sie nachfragen, ob (32.1) oder (32.2) gemeint ist:

(32) 2 × 8 mg Fortecortin 12 und 6 Stunden vor Taxol.

(32.1) 2 × 8 mg Fortecortin 12 Stunden vor Taxol und 2 × 8 mg Fortecortin 6 Stunden vor Taxol.

(32.2) 8 mg Fortecortin 12 Stunden vor Taxol und 8 mg Fortecortin 6 Stunden vor Taxol.

Manchmal kann eine Mehrdeutigkeit in einem gesprochenen Text durch Satzzeichen im Geschriebenen beseitigt werden (vgl. Beispiel 35, S. 128).

Mehrdeutiger Textbezug. Besonders wichtig für die Textanalyse ist kompositionale Mehrdeutigkeit, die durch unterschiedlich interpretierbare Textbezüge entsteht (siehe Box „Textbezüge", S. 122). Manchmal ist aus grammatischen Gründen garantiert, dass der Textbezug eindeutig ist:

(33) Der Kater verfolgt die Maus, weil *er* [der Kater] *sie* [die Maus] fressen möchte.

Häufig kommen aber grammatisch mehrere Bezugswörter für dieselbe Pro-Form (Wort mit Verweisfunktion) infrage.

(34) Tom verfolgt Jerry. *Er* [Tom oder Jerry?] möchte *ihn* [Tom oder Jerry?] nämlich fressen.

Eindeutigkeit lässt sich herstellen, indem man Indizes im Text notiert:

(34.1) Tom_1 verfolgt Jerry_2. Er_1 möchte ihn_2 nämlich fressen.

Andere Pro-Formen beziehen sich in unspezifischer Weise auf eine größere Texteinheit, und es bleibt dem Leser überlassen, genauer zu identifizieren, worauf Bezug genommen werden soll. Das ist zum Beispiel der Fall, wenn der Schlussabschnitt eines Aufsatzes mit einer Formulierung wie „*Damit* ist gezeigt, dass …" eingeleitet wird. (Vgl. auch Fallbeispiel „Mehrdeutiger Textbezug", S. 129.)

Straf-Aufgabe

Beispiel 35: Satzzeichen differenzieren syntaktische Strukturen (LIPS 1965/66: 57). © Globi Verlag, Imprint der Orell Füssli Verlag AG, Geschichte aus dem Band: Geschwister Globi.

Was tun bei Mehrdeutigkeiten? Immer wenn Mehrdeutigkeiten vorliegen, muss man bei der Textanalyse Entscheide fällen. Sehr oft tun wir das, ohne darüber nachzudenken, weil in vielen Fällen schon aus sachlichen Gründen ohnehin nur eine Bedeutung infrage zu kommen scheint. Dieser Eindruck kann täuschen und manchmal führt das spontane Verständnis mehrdeutiger Passagen zu Missverständnissen. Der Text scheint dann so lange unverständlich, inkonsistent oder falsch zu sein, bis man eine mehrdeutige Passage entdeckt, die eine zufriedenstellendere Analyse erlaubt. Andererseits stößt man oft auf mehr oder weniger offensichtliche Mehrdeutigkeiten, die sich im Verlauf der weiteren Lektüre klären. Mehrdeutigkeiten sollte man in folgenden Fällen schriftlich dokumentieren:

Mehrdeutigkeiten dokumentieren

- wenn sich eine „offensichtliche“ Lesart als unzutreffend erweist
- wenn das Auflösen der Mehrdeutigkeit eine wichtige inhaltliche Entscheidung darstellt
- wenn eine Mehrdeutigkeit nicht zufriedenstellend geklärt werden kann

Manchmal genügt es, im Text eine Markierung anzubringen oder ein Wort zu notieren, um Eindeutigkeit herzustellen. In anderen Fällen muss man die Begriffsverwendung genauer studieren und mit Definitionen oder anderen Methoden der Begriffsbestimmung arbeiten. Wir diskutieren in den beiden Kapiteln 7.4 und 7.5 konkrete Vorgehensweisen, mit denen man Probleme mit mehrdeutigen Formulierungen angehen kann.

Fallbeispiel
Mehrdeutiger Textbezug

Sie lesen einen Artikel über den Konflikt zwischen Raumplanung und Umweltschutz (vgl. NZZ, 31.10.2000, S. 15) und stoßen auf folgende Äußerung:

(36) Werden große Detailhandelsgeschäfte und Freizeitangebote wegen der Luftreinhaltevorschriften auf der grünen Wiese erstellt, dann ist das eine eklatante gesetzgeberische Fehlleistung.

Worin die gesetzgeberische Fehlleistung bestehen soll, ist nicht klar, weil nicht ohne Weiteres ersichtlich ist, worauf sich „das" beziehen soll. Es liegt also ein mehrdeutiger Textbezug vor. Einige Möglichkeiten, den Bezug von „das" zu deuten, sind:

(a) dass Detailhandelsgeschäfte und Freizeitangebote wegen der Luftreinhaltevorschriften auf der grünen Wiese erstellt werden. Diese Interpretation ist unplausibel. Das Erstellen von Detailhandelsgeschäften und Freizeitangeboten ist keine *gesetzgeberische,* sondern eine architektonische, wirtschaftliche usw. (Fehl-)Leistung. Nur gesetzliche Vorschriften können gesetzgeberische Fehlleistungen sein.

(b) der Inhalt der Luftreinhaltevorschriften. Diese Antwort berücksichtigt den obigen Einwand, lässt Äußerung (36) aber insgesamt als unplausibel erscheinen. Wieso sollen die Luftreinhaltevorschriften eine gesetzgeberische Fehlleistung sein, nur weil sie zum Erstellen von Detailhandelsgeschäften und Freizeitangeboten auf der grünen Wiese führen?

(c) die schlechte Abstimmung von Luftreinhaltevorschriften und Raumplanungsgesetz. Diese Antwort ergibt sich, wenn man den Kontext beachtet. Die gesetzgeberische Fehlleistung besteht darin, dass die Luftreinhaltevorschriften für das Erstellen von Detailhandelsgeschäften und Freizeitangeboten andere Konsequenzen haben, als sie das Raumplanungsgesetz vorsieht. Vom Raumplanungsgesetz her gesehen müssten solche Angebote bei Siedlungszentren erstellt werden. Das führt aber dazu, dass die Luftreinhaltevorschriften nicht eingehalten werden können.

Fallbeispiel
Kompositionale Mehrdeutigkeit

Eine Tageszeitung berichtet unter folgendem Titel über ein aktuelles Forschungsergebnis:

(37) „Trans-Fettsäuren von Wiederkäuern unbedenklich" (NZZ, 6.2.2008, S. 62)

Diese Formulierung wirft eine Reihe von Fragen auf, zum Beispiel:

(38.1) Für wen und in welcher Hinsicht sollen die genannten Fettsäuren unbedenklich sein?

(38.2) Meint „Trans-Fettsäuren von Wiederkäuern" Fettsäuren, die von Wiederkäuern produziert werden, oder solche, die entstehen, wenn Fett, das von Wiederkäuern stammt, verarbeitet wird?

(38.3) Welche Trans-Fettsäuren von Wiederkäuern sind unbedenklich? Alle oder bloß die meisten oder vielleicht nur bestimmte Trans-Fettsäuren?

(38.4) Die Trans-Fettsäuren von welchen Wiederkäuern sind unbedenklich? Von allen oder von den meisten oder nur von bestimmten Wiederkäuern?

Nach der Lektüre des Artikels (s. Beispiel 39, unten) kann man die ersten beiden Fragen beantworten: Es geht darum, dass die im Magen von Wiederkäuern produzierten Trans-Fettsäuren das Herzinfarktrisiko bei Menschen nicht erhöhen. Die dritte Frage lässt sich allein aufgrund des Artikels nicht definitiv entscheiden. Es ist immer nur in unbestimmter Weise von Trans-Fettsäuren im Plural die Rede, und der letzte Satz legt sogar nahe, dass vielleicht nur eine einzige Trans-Fettsäure, die Vaccensäure, grundsätzlich unbedenklich ist, während die anderen von Wiederkäuern produzierten Trans-Fettsäuren vielleicht nur insofern unbedenklich sind, als sie, obschon grundsätzlich schädlich, von Wiederkäuern nur in sehr geringen Mengen produziert werden. Ähnlich ist es bei der vierten Frage. Da die Wiederkäuer nur in unbestimmten Pluralformulierungen angesprochen sind, wird nahegelegt, aber nicht ausdrücklich behauptet, dass das Gesagte auf alle Trans-Fettsäuren bei allen Wiederkäuern zutrifft:

Trans-Fettsäuren von Wiederkäuern unbedenklich

Keine Erhöhung des Herzinfarktrisikos

vbe. In den letzten Jahren haben verschiedene Studien gezeigt, dass Trans-Fettsäuren, die bei der industriellen Härtung und Desodorierung von Pflanzen- und Fischölen entstehen, das Risiko für Herz-Kreislauf-Erkrankungen erhöhen. Trans-Fettsäuren werden allerdings auch im

Magen von Wiederkäuern produziert und finden sich in Milch und Fleisch der Tiere. Solche Trans-Fette, so legten zumindest drei Arbeiten nahe, gehen jedoch nicht mit einem erhöhten Erkrankungsrisiko einher. Dies bestätigt nun eine dänische Studie mit 3686 Männern und Frauen:[1] Während manche der Probanden mehr als sechs Mal so viele Wiederkäuer-Trans-Fettsäuren zu sich nahmen wie andere, waren nach 18 Jahren keine Unterschiede in der Häufigkeit von Herz-Kreislauf-Erkrankungen erkennbar. Bei den Frauen ging ein erhöhter Konsum sogar mit einem geringeren Risiko einher; die Forscher betonen jedoch, man könne daraus nicht auf einen schützenden Effekt der Wiederkäuer-Trans-Fette schliessen. Eine Erklärung für die unterschiedliche Wirkung industrieller und tierischer Trans-Fette könnte sein, dass im Wiederkäuermagen vor allem eine bestimmte Trans-Fettsäure entsteht, die Vaccensäure, die vom Menschen abgebaut werden kann.

[1] International Journal of Epidemiology, Online-Publikation vom 9. Januar 2008 (doi: 10.1093/ije/dym243).

Beispiel 39: Artikel aus NZZ, 6.2.2008, S. 62

Literatur zu 7.2

Mehrdeutigkeit. Eine etwas anders aufgebaute, systematische Übersicht über verschiedene Formen der Mehrdeutigkeit findet sich in LÖBNER 2003:Kap. 3.

Syntax, Semantik, Pragmatik. Zusätzlich zur allgemeinen Literatur zur Semiotik (siehe S. 116) sind die in der Box „Disziplinen der Semiotik – Syntax, Semantik, Pragmatik“, S. 119, erwähnten klassischen Texte lesenswert.

Textbezüge. Eine ausführlichere Diskussion von Textbezügen findet sich in: BRINKER 2001:27–38.

7.3 Vage Begriffe beachten

In diesem Buch verstehen wir unter einem „vagen Begriff" Folgendes:

Vagheit

Ein Begriff ist vage, wenn nicht für alle Gegenstände entscheidbar ist, ob sie unter den Begriff fallen, obschon die Bedeutung des Begriffs vollständig bekannt ist.

Das bedeutet, dass bei vagen Begriffen die Intension die Extension nicht scharf begrenzt. Außerordentlich viele Begriffe sind vage, auch ganz alltägliche wie „blau", „billig", „brennen" und „Baum". Wann zum Beispiel ist eine Sitzgelegenheit kein Stuhl mehr, sondern ein Sessel? Man kann sich eine Reihe von Gegenständen vorstellen, die sich nur minimal unterscheiden, wobei der erste eindeutig ein Stuhl, der letzte eindeutig ein Sessel ist. Wo genau verläuft die Grenze? Analog verhält es sich bei mehrstelligen Begriffen. Während auf einige Personenpaare eindeutig das Prädikat „x ist befreundet mit y" zutrifft und auf andere eindeutig nicht, gibt es auch eine Vielzahl von Fällen, wo sich dies kaum entscheiden lässt. Im Allgemeinen gilt auch, dass Adjektive, die gesteigert werden können, zu vagen Formulierungen führen, wenn sie klassifikatorisch und ohne explizite Angabe einer Quantität gebraucht werden (vgl. Box „Begriffstypen", S. 136):

(1.1)	Alf ist alt.	klassifikatorisch	vage
(1.2)	Alf ist älter als Bert.	komparativ	nicht vage
(1.3)	Alf ist der Älteste in seiner Klasse.	komparativ	nicht vage
(1.4)	Alf ist 14 Jahre alt.	quantitativ	nicht vage

Es liegt nahe, Vagheit als einen grundsätzlichen Mangel der Sprache aufzufassen. Tatsächlich ist die Verwendung von vagen Begriffen unproblematisch, solange sich feststellen lässt, ob die mit diesen Begriffen gebildeten Aussagen zutreffend sind. Und dies ist bei vielen alltäglichen Äußerungen mit vagen Begriffen problemlos möglich.

In der Umgangssprache wird das Wort „vage" auch noch anders als hier erklärt verwendet. Beispielsweise kann mit der Aufforderung „Drück dich nicht so vage aus!" auch eine weniger allgemeine oder weniger mehrdeutige Formulierung eingefordert werden. Man muss aber Vagheit von Mehrdeutigkeit und bloßer Allgemeinheit unterscheiden. Diese drei Phänomene sind voneinander unabhängig. Beispielsweise ist das Wort „Sitzgelegenheit" im Vergleich mit „Stuhl" nicht mehr oder weniger vage, sondern allgemeiner. Und die oben erwähnte Vagheit von „Stuhl" betrifft die Verwendung dieses Wortes zur Bezeichnung von Sitzgelegenheiten und ist unabhängig von der Tatsache, dass „Stuhl" auch noch in anderen Bedeutungen verwendet wird, etwa in der Spitalsprache oder in der Wendung „der Heilige Stuhl".

Begriffe, die nicht vage sind, werden „scharf begrenzt", kurz „scharf", oder „präzis" genannt. Um aus einem vagen einen scharfen Begriff zu machen, müssen präzise Anwendungskriterien angegeben werden, was oft sehr schwierig oder nur in mehr oder weniger willkürlicher Weise möglich ist. Präzise Anwendungsregeln für Begriffe, die in der Umgangssprache vage sind, finden sich zum Beispiel in großer Zahl in rechtlich relevanten Texten, wenn etwa festgelegt wird, dass jemand als erwachsen gelten soll, wenn er oder sie das achtzehnte Lebensjahr vollendet hat. Das führt in aller Regel dazu, dass das betreffende Wort mehrdeutig wird. Neben dem rechtlich relevanten präzisen Begriff „erwachsen" verwenden wir den umgangssprachlichen vagen Begriff, der es zulässt, dass auch eine ältere Person als nicht erwachsen gelten kann. Ähnlich wie bei solchen juristisch motivierten Präzisierungen verhält es sich in den anderen Wissenschaften. So resultiert beispielsweise eine Mehrdeutigkeit des Wortes „Grippe" daraus, dass in der Umgangssprache ein breites, nicht klar abgegrenztes Spektrum von Erkrankungen als „Grippe" bezeichnet wird, während in der Medizin dieser Ausdruck für Infektionen mit bestimmten Viren reserviert ist (sonst wird von „grippalen Infekten" gesprochen).

Verwirrende und frustrierende Kontroversen können ihre Ursache darin haben, dass unterschiedliche scharfe Varianten eines vagen Begriffs im Umlauf sind. Da verschiedene Präzisierungen desselben vagen Begriffs entsprechende Mehrdeutigkeit erzeugen, können sie zu „Aneinandervorbeireden" führen, besonders wenn die fraglichen Präzisierungen nicht explizit ausgesprochen, sondern stillschweigend vorausgesetzt werden. Ein bekanntes Beispiel ist die Abtreibungsdebatte, in der einige Diskussionen davon leben, dass der Begriff „x ist ein Mensch" unterschiedlich verschärft wird.

Im Zusammenhang mit Vagheit gilt es bei der Textanalyse folgende Punkte im Auge zu behalten:

Vagheit als textanalytisches Problem

- Enthält der Text Aussagen, die sich wegen begrifflicher Vagheit nicht prüfen lassen?
  Wenn ja, trägt der Text diesem Umstand angemessen Rechnung?
- Kommen im Text Begriffe vor, von denen es vage und präzise Varianten gibt?
  Wenn ja, ist jeweils klar, welche verwendet wird?
- Wird im Text dasselbe Wort für einen vagen Begriff und Präzisierungen davon verwendet?
  Wenn ja, resultieren aus dieser Mehrdeutigkeit Unklarheiten oder Argumentationsprobleme?

Will man anhand dieser Fragen einschätzen, ob ein vager Begriff Anlass zur Kritik gibt, muss man berücksichtigen, dass sich Vagheit nicht unabhängig vom Kontext beurteilen lässt. Zwar kann man für bestimmte Zwecke vage Begriffe durch scharf begrenzte ersetzen, doch können verschiedene Zwecke auch unterschiedliche Präzisierungen erfordern, und nicht für jeden Zweck ist eine Präzisierung erforderlich. Für juristische Zwecke ist zum Beispiel eine präzise Definition des Begriffs „Eisenbahn" sinnvoller als für den Fahrkartenverkauf. Wenn aus der Vagheit keine Verständnisprobleme resultieren, ist es oft nicht sinnvoll, sie beseitigen zu wollen.

Das Ersetzen von vagen Begriffen durch scharf begrenzte ist im Allgemeinen keine Aufgabe der Textanalyse. Diese Aufgabe stellt sich allenfalls in der weiteren Auseinandersetzung mit einem Text, die auf einer Textanalyse aufbaut. Trotzdem sind Kenntnisse in Methoden zur Präzisierung vager Begriffe auch in der Textanalyse nützlich. Man stößt nämlich in wissenschaftlichen Texten sehr häufig auf Passagen, in denen vage Begriffe präzisiert werden. Dann gilt es besonders, Mehrdeutigkeiten, die daraus resultieren können, zu beachten. Wir gehen in Kapitel 7.5, speziell 7.5.4, näher auf das Ersetzen von vagen durch scharf begrenzte Begriffe ein.

Box Begriffstypen

Es ist üblich, verschiedene Typen von Begriffen zu unterscheiden, je nachdem, in welcher Weise sie einen Bereich von Gegenständen strukturieren.

Klassifikatorische Begriffe (auch „qualitativ" genannt). Ein klassifikatorischer Begriff bietet eine besonders einfache, aber relativ wenig leistungsfähige Möglichkeit, einen Bereich von Gegenständen zu strukturieren. Er teilt den Bereich in zwei Klassen auf, die Klasse der Gegenstände, auf die er zutrifft, und die Klasse aller anderen Gegenstände. In dieser Weise kann man zum Beispiel die folgenden einstelligen Begriffe verwenden:

(2) x ist alt, x ist heiß, x ist teuer, x ist ein Wasserstoffatom, x ist ein Planet, x ist eine ganze Zahl, x brennt, x ist brennbar, x lebt

Es gibt auch mehrstellige klassifikatorische Begriffe:

(3) x ist der Bruder von y, x ist reich an y, x überbietet y, x ist weit entfernt von y, x liegt zwischen y und z

Oft ist man an Klassifikationen interessiert, die durch mehrere Begriffe gebildet werden. Das heißt, man versteht unter einer Klassifikation eine Menge von Begriffen, deren Extensionen die Gegenstände eines Bereichs vollständig in sich gegenseitig ausschließende Klassen einteilen. Einige Beispiele:

(4) x ist positiv / x = 0 / x ist negativ [ganze Zahlen]

(5) x ist ein Actinoid / x ist ein Alkalimetall / x ist ein Edelgas / x ist ein Erdalkalimetall / x ist ein Halbmetall / x ist ein Halogen / x ist ein Lanthanoid / x ist ein Metall / x ist ein Nichtmetall / x ist ein Übergangsmetall [Elemente]

(6) x ist heiß / x ist warm / x ist kalt [Schokoladengetränke]

Komparative Begriffe (auch „topologisch" genannt). Ein komparativer Begriff erzeugt eine anspruchsvollere Struktur als eine Klassifikation, indem er die Gegenstände eines Bereichs in eine Rangfolge bringt. Zu vielen, aber längst nicht zu allen klassifikatorischen Begriffen lassen sich komparative Gegenstücke mit einer zusätzlichen Leerstelle bilden:

(7) x ist älter als y, x ist wärmer als y, x ist von y weiter entfernt als von z

Genauer besehen lassen sich jeweils eine ganze Reihe komparativer Begriffe bilden, die alle mit derselben Ordnungsstruktur verbunden sind. Zum Beispiel bei „x ist alt“:

(8) x ist älter als y, x ist gleich alt wie y, x ist mindestens so alt wie y, x ist jünger als y

Diese Begriffe lassen sich durch einander definieren und so auf einen zurückführen:

(8.1) x ist gleich alt wie y $=_{df}$ x ist mindestens so alt wie y und y ist mindestens so alt wie x

(8.2) x ist älter als y $=_{df}$ x ist mindestens so alt wie y und x ist nicht gleich alt wie y

(8.3) x ist jünger als y $=_{df}$ y ist älter als x

Auch Begriffe, die Extremwerte herausgreifen, lassen sich definieren:

(8.4) x ist der Älteste (Jüngste) im Bereich B $=_{df}$ x ist älter (jünger) als alle anderen Elemente von B

(8.5) x ist maximal alt (jung) im Bereich B $=_{df}$ kein Element von B ist älter (jünger) als x

Metrische Begriffe (auch „quantitativ“ genannt). Metrische Begriffe können als Funktionen verstanden werden, die jedem Gegenstand in einem Bereich einen Zahlenwert zuordnen, der sich auf eine bestimmte Einheit bezieht. Zum Beispiel:

(9) x ist y Jahre alt, x kostet y Euro, x ist von y z Kilometer entfernt, x ist y Grad warm

Das letzte Beispiel zeigt besonders deutlich, dass quantitative Begriffe eine Skala voraussetzen, welche die Bedeutung des zugeordneten Zahlenwerts bestimmt. Das ist es, worauf die Angabe der Einheit hinweist. Nur wenn klar ist, welche Temperaturskala (Kelvin, Celsius, Fahrenheit usw.) verwendet wird, kann man wissen, was mit „37 Grad“ gemeint ist.

Skalentyp. Welche Rechenoperationen bei einem metrischen Begriff zulässig sind, hängt vom Skalentyp ab. Üblicherweise unterscheidet man mindestens zwischen Intervall- und Verhältnisskalen (es gibt noch viele weitere Skalentypen). Bei einer Intervallskala haben Abstände zwischen Zahlenwerten eine Bedeutung und die Operationen der Addition und Subtraktion sind sinnvoll. Beispiele von Intervallskalen sind Wärme in Celsius oder Fahrenheit, Höhe in Meter über Meer und Kalenderjahre. Verhältnisskalen verfügen zusätzlich über einen absoluten, nicht willkürlichen Nullpunkt und ermöglichen auch sinnvolle Multiplikation, Division und Prozentrechnung. Beispiele sind Wärme in Kelvin, Länge in Metern, Gewicht in Gramm. Wer 4 Kilometer gerannt ist, ist doppelt so weit gerannt wie jemand, der 2 Kilometer gerannt ist. Es ist aber nicht sinnvoll zu sagen, dass ein 4000 Meter über Meer gelegenes Tal doppelt so hoch gelegen ist wie eines auf 2000 Meter, da es Täler gibt, die unter dem Meeresspiegel liegen.
Man kann auch klassifikatorische und komparative Begriffe durch Zuordnung von Zahlenwerten darstellen. In diesem Falle spricht man von einer „Nominal-" respektive „Ordinalskala". Zum Beispiel kann man beim Codieren von Fragebögen allen Frauen 1 und allen Männern 0 zuordnen. Zahlen auf dieser Nominalskala dienen aber nur dazu, festzuhalten, wie ein Gegenstand klassifiziert worden ist. Die Reihenfolge der Zahlen, dass also 1 größer als 0 ist, hat jedoch keine Bedeutung. Ordinalskalen für komparative Begriffe sind von Ranglisten her geläufig. Aus der Schlussrangierung der Marathonläufer lässt sich entnehmen, wer schneller als wer gelaufen ist, aber es lassen sich keine Rückschlüsse über den zeitlichen Abstand zwischen den Läufern ziehen.

Literatur zu 7.3

Vagheit. Probleme mit vagen Begriffen sind in OPP 2014:142–145 etwas ausführlicher diskutiert. Über semantische Theorien der Vagheit informiert LÖBNER 2003.

Begriffstypen (in der Literatur meist als „Begriffsformen" bezeichnet). Besonders lesenswert ist der Klassiker CARNAP 1971:§§ 4–5 (dt. S. 15–18). Ausführliche Informationen findet man in SCHURZ 2014:73–79, OPP 1976:Kap. II.2.24 (in späteren Auflagen fehlt dieses Kapitel) und VON SAVIGNY 1980:Kap. 3.

7.4 Begriffe klären

Anlass, die Bedeutung eines Begriffes zu klären, besteht, wenn man einen Begriff überhaupt nicht versteht oder wenn nicht klar ist, mit welcher Bedeutung ein an sich bekanntes Wort im vorliegenden Kontext verwendet wird. Das ist aber noch nicht alles. Probleme entstehen oft auch, weil man nicht bemerkt, dass einem die Bedeutung eines Begriffs nicht klar ist, oder weil man sich über die Bedeutung täuscht. Diese Gefahr besteht besonders bei Texten aus Fachgebieten oder Textsorten, mit denen man nicht gut vertraut ist. Mehrdeutigkeiten und Missverständnisse können zum Beispiel entstehen, wenn derselbe Ausdruck in unterschiedlichen Theorien oder Disziplinen verwendet wird, etwa „Präferenz“ in der Ökonomie, Psychologie und Ethik. Man sollte sich deshalb bei zentralen Begriffen unbedingt vergewissern, dass einem klar ist, in welcher Bedeutung sie verwendet werden. Das ist besonders schwierig, wenn die verschiedenen Bedeutungen Komponenten eines komplexeren Zusammenhanges sind. Ein Beispiel dafür ist der Begriff des Wertes. Wenn die Rede davon ist, dass in einer Ökobilanz unterschiedliche Werte berücksichtigt werden müssen, so können damit unterschiedliche Gegenstände, die wertvoll sind, gemeint sein oder unterschiedliche Maßstäbe, nach denen man beurteilen kann, wie wertvoll ein Gegenstand ist, oder unterschiedliche Gründe, weshalb man einen Gegenstand als wertvoll betrachtet. Manchmal entstehen ausgedehnte Kontroversen unter anderem deshalb, weil solche Mehrdeutigkeiten nicht genügend berücksichtigt werden (vgl. Fallbeispiel „Mehrdeutigkeit klären“, S. 147).

Begriffliche Unklarheit und Mehrdeutigkeit sind nicht immer ein Zeichen dafür, dass man einen schlechten Text liest. Sie sind nämlich auch in innovativen Texten zu finden. Die Analyse der Mehrdeutigkeiten und die begriffliche Ausdifferenzierung der neuen Ideen beschäftigen die Forschung dann manchmal über längere Zeit. Ein Beispiel ist Kuhns Begriff des Paradigmas in seinem Klassiker *The structure of scientific revolutions* (KUHN 1996). Spätere Analysen von Kuhns Texten haben eine ganze Reihe verschiedener Bedeutungen von „Paradigma“ identifiziert. Kuhn hat darauf schließlich mit einer zentralen Unterscheidung zwischen „Musterbeispiel“ (Vorbild zur Lösung wissenschaftlicher Probleme) und „disziplinärer Matrix“ (was in einer Gemeinschaft von Wissenschaftlern Konsens ist, inklusive der Musterbeispiele) geantwortet, die sich in der Rezeption aber nicht durchgesetzt hat.

In Kapitel 7.4.1 beschreiben wir verschiedene Maßnahmen, um Probleme mit unklaren Begriffen zu lösen. Bedürfen zentrale Begriffe der Klärung, dann ist eine systematische Verwendungsanalyse des Begriffes im Text angezeigt, die wir in Kapitel 7.4.2 vorstellen.

7.4.1 Maßnahmen bei unklaren Begriffen

Wenn es einen Begriff zu klären gilt, so geht es immer darum, sich Klarheit darüber zu verschaffen, mit welcher Bedeutung ein Begriff an einer bestimmten Textstelle verwendet wird. Das kann man in verschiedener Weise angehen. Je nach Text und vorliegender Schwierigkeit werden eine oder mehrere der folgenden Vorgehensweisen im Zentrum stehen:

Vorgehen bei unklaren Begriffen

- Elementares Verständnis durch Nachschlagen sicherstellen.
- Begriff mithilfe des Kontextes klären.
- Begriffsbestimmungen auswerten.
- Begriffsgeschichte beiziehen.
- Begriffskontraste herausarbeiten.
- Definitionen beiziehen.

Elementares Verständnis sicherstellen. Unbekannte Wörter schlägt man in Wörterbüchern oder Begriffslexika nach. Wenn es sich um Fachtermini in wissenschaftlichen Texten handelt, ist es wichtig, entsprechende Fachlexika zu konsultieren und nicht ein allgemeines Konversationslexikon. Oft ist es hilfreich, mehrere Nachschlagewerke zu konsultieren, um auf verschiedene Verwendungsweisen eines Wortes aufmerksam zu werden. Bei Übersetzungen besteht die Gefahr, dass man sich auf eine falsche Fährte begibt, wenn man nicht berücksichtigt, wie der unbekannte Begriff in der Originalsprache lautet. Versteht man auch den Originalbegriff nicht, ist es besser, diesen Begriff und nicht die Übersetzung nachzuschlagen (vgl. Kap. 4.4).

Stößt man auf unbekannte Ausdrücke, ist das Nachschlagen die erste Maßnahme, aber es sollte nie die letzte sein. Nachschlagewerke können eine wichtige Hilfe sein, weil sich damit etwas über die gängigen Verwendungsweisen und die Geschichte eines Begriffes in Erfahrung bringen lässt. Aber die Arbeit mit Nachschlagewerken kann die kontextuelle Begriffsklärung nicht ersetzen.

Kontextuelle Begriffsklärung. Will man die Bedeutung eines Begriffes klären, so ist es immer erforderlich, sein Augenmerk nicht allein auf den betreffenden Ausdruck, sondern mindestens so sehr auf den Kontext zu richten. Ein Begriff ist klar, wenn man die Frage „Wie wird dieser Begriff in diesem Text eingeführt und verwendet?“ ohne weitere Probleme beantworten kann. Handelt es sich um einen wichtigen Begriff, sollte man versuchen, ihn in eigenen Worten zu definieren. Einerseits werden damit die Ergebnisse der getroffenen Abklärungen festgehalten und stehen für die mündliche oder schriftliche Diskussion besser zur Verfügung. Andererseits kann man leichter prüfen, ob die Autorin den Begriff tatsächlich so verwendet, wie man ihn selbst versteht (zum Definieren vgl. Kap. 7.5).

Folgende Gesichtspunkte sind bei der kontextuellen Begriffsklärung zu berücksichtigen:

Aspekte der kontextuellen Begriffsklärung

- Wird der Begriff ausdrücklich eingeführt oder muss man seine Bedeutung aus dem Gebrauch erschließen?
- Gibt es einen Gebrauch des Begriffes, der in der Alltagssprache oder im Rahmen einer bestimmten wissenschaftlichen Tradition üblich ist? Welche Autoren haben diesen geprägt? Bei welchen Autoren, in welcher Forschungstradition spielt er eine zentrale Rolle?
- Schließt sich der Autor einer üblichen Verwendungsweise an? Nimmt er eine Umdeutung des Begriffs im Rahmen einer bestimmten Zielsetzung vor?
- Welche Rolle spielt der Begriff für den Gedankengang des vorliegenden Textes?
- Wenn sich mehrere Interpretationen anbieten: Mit welcher Leseweise resultiert die stärkste Position für den Autor? (Vgl. das Prinzip der wohlwollenden Interpretation, S. 11.)

Der letzte Punkt weist darauf hin, dass sich Ihr Begriffsverständnis in letzter Instanz am Text selbst bewähren muss: Machen die Thesen und Argumente des Autors Sinn, wenn man den Begriff in der vorgeschlagenen Weise versteht? In einem Artikel über Kosmologie findet sich zum Beispiel folgende Aussage:

(1) „Eine besonders unnatürliche Eigenschaft des Universums ist die Asymmetrie der Zeit.“ (CARROLL 2008:26)

Diese Stelle mutet etwas seltsam an. Wie soll denn das Universum unnatürliche Eigenschaften haben können? Meint der Autor etwa, wir Menschen hätten die Struktur der Zeit so verändert, dass sie ihre ursprüngliche Symmetrie verloren hat? Wie sollte das möglich sein? Liest man etwas weiter, wird bald klarer, was gemeint ist. Im nächsten Absatz steht:

(2) „Der Zeitpfeil ist wohl das krasseste Beispiel für ein universelles Merkmal, das die Kosmologen derzeit überhaupt nicht zu erklären vermögen.“ (CARROLL 2008:26–27)

Es ist also plausibel, davon auszugehen, dass mit „unnatürlich“ hier nicht „menschliches Produkt“ gemeint ist, sondern „schwierig zu erklären“ oder „aufgrund der bekannten Naturgesetze unerwartet“.

Begriffsbestimmungen auswerten. Wenn es im Text Äußerungen gibt, in denen die Bedeutung des fraglichen Begriffs bestimmt oder näher erläutert wird, so muss man solche Stellen unbedingt beachten (vgl. Box „Methoden der Begriffsbestimmung“, S. 145). Typischerweise findet man in einem Text nur für einige wenige Begriffe eine explizite Definition oder Begriffserläuterung. Andere Begriffe, die weniger im Zentrum der Aufmerksamkeit des Autors stehen, werden bloß im „Vorbeigehen“ erläutert oder als bekannt vorausgesetzt. In solchen Fällen muss man versuchen, ihre Bedeutung aus der Art und Weise, wie sie verwendet werden, zu erschließen.

Wenn sich eine Definition im Text finden lässt, so muss man beachten, dass definitorische Äußerungen zwei unterschiedliche Funktionen haben können. Sie können den Sprachgebrauch beschreiben („Als ‚Bootsektor-Virus‘ bezeichnet man ein Computerprogramm, das …“) oder regeln („Wenn im Folgenden von Viren die Rede ist, sind damit Computerprogramme gemeint, die …“). Definitionen werden in Kapitel 7.5 ausführlich behandelt.

Begriffsgeschichte beiziehen. Informationen zur Begriffsgeschichte können aus zwei Gründen für das Textverständnis wichtig sein. Einerseits muss man bei älteren Texten berücksichtigen, dass sich darin Begriffsverwendungen finden können, die von den heute üblichen mehr oder weniger stark abweichen. So ist das Wort „objektiv“ bis ca. 1750 im Sinne von *der Vorstellung angehörend* verwendet worden und hat erst später die heute übliche Bedeutung von *unabhängig von einem erkennenden Subjekt oder Bewusstsein tatsächlich vorhanden* angenommen. Das heißt nichts weniger, als dass „objektiv“ in älteren Texten viel mehr dem heutigen „subjektiv“ entspricht als dem heutigen „objektiv“.

Andererseits können Kenntnisse zur Begriffsgeschichte auch nützlich sein, weil die aktuelle Verwendungsweise eines Begriffes Spuren früherer Verwendungsweisen zeigt oder weil sich im Laufe der Geschichte verschiedene Begriffsverwendungen entwickelt haben, die sich im heutigen Sprachgebrauch überlagern. Ein Beispiel sind die unterschiedlichen Verwendungsweisen von „nachhaltig“ (sowie „Nachhaltigkeit“ und „Nachhalt“). Seit dem 18. Jahrhundert wird dieser Begriff für längere Zeit anhaltende Zustände, Prozesse oder Wirkungen verwendet:

(3) „Um nachhaltig erfolgreich zu sein, muss ein Sportler nicht nur siegen. Ebenso wichtig sind ein integres Auftreten und ein Unterhaltungswert.“ (NZZ, 23.12.2006, S. 14)

Ebenfalls im 18. Jahrhundert wurde der Begriff der nachhaltigen Nutzung des Waldes als natürliche erneuerbare Ressource in der Forstwirtschaft eingeführt (Kehr 1993). In der Diskussion um nachhaltige Entwicklung seit den 70er Jahren wurde „nachhaltige Entwicklung“ als Übersetzung von *sustainable development* eingeführt. Dabei geht es um Strategien zur Lösung globaler Probleme, in denen neben der Langzeitperspektive die Interaktion von ökonomischen, sozialen und ökologischen Gesichtspunkten eine Rolle spielt. Im aktuellen Sprachgebrauch kommen nun diese drei Verwendungsweisen nebeneinander vor und können sich gegenseitig überlagern, sodass manchmal unklar bleibt, ob mit „nachhaltig“ ein Bezug zum Konzept der nachhaltigen Entwicklung hergestellt wird oder bloß so viel wie „langfristig“ gemeint ist:

(4) „Zahlreiche Innovationen beleben den deutschen Energiemarkt. So werden z. B. das neue Energiewirtschaftsgesetz, der Emissionshandel, neue Sanierungskonzepte für Wohngebäude und neue Versorgungstechniken die Energielandschaft in Deutschland nachhaltig verändern.“ (Newsseite „Berliner ImpulsE“, http://www.berliner-impulse.de/fileadmin/Newsletter/News_Februar_05.pdf; 11.1.2009)

Sprachgeschichtliche Überlegungen werden gelegentlich überbewertet, wenn davon ausgegangen wird, dass frühere Bedeutungen eines Wortes in jedem Fall für spätere Bedeutungen leitend sind oder gar die „eigentliche" Bedeutung darstellen. Dem ist entgegenzuhalten, dass sich die Bedeutung in mannigfacher, nicht gesetzmäßiger Weise entwickeln kann. Deshalb kann man die aktuelle Bedeutung eines Begriffs nicht aus früheren Bedeutungen desselben Wortes herleiten, wenn man die aktuelle Bedeutung nicht schon kennt.

Begriffskontraste herausarbeiten. Oft kann man besonders gut deutlich machen, wie ein Begriff verwendet wird, wenn man untersucht, wie er *nicht* verwendet wird. Man fragt sich also: Wie unterscheidet sich der fragliche Begriff von ähnlichen Begriffen? Von anderen Begriffen, die derselbe Autor verwendet? Von alternativen Begriffen, die sich bei anderen Autoren finden? Von Begriffen, die man im Allgemeinen als gute Synonyma auffassen würde? Diese Fragen kann man quasi empirisch angehen, indem man sich den Text vor Augen führt, der resultiert, wenn man den Begriff durch eine Alternative ersetzt. Wenn man zum Beispiel in (1) „unnatürlich" durch „von Menschen gemacht" ersetzt, resultiert die absurde Aussage (1.1):

(1) „Eine besonders unnatürliche Eigenschaft des Universums ist die Asymmetrie der Zeit." (Carroll 2008:26)

(1.1) Eine besonders durch Menschen gemachte Eigenschaft des Universums ist die Asymmetrie der Zeit.

Passend ist dagegen die Ersetzung von „natürlich" durch „selbstverständlich" in (1):

(1.2) Eine ganz und gar nicht selbstverständliche Eigenschaft des Universums ist die Asymmetrie der Zeit.

Begriffe definieren. Im Zusammenhang mit mehrdeutigen Wörtern können Definitionen verwendet werden, um den Spielraum von Bedeutungen auf eine Bedeutung einzuschränken. Damit kann man präzise Interpretationsvorschläge formulieren, die wiederum am Text geprüft werden können. Oftmals entdeckt man erst dann bisher verborgen gebliebene Mehrdeutigkeiten. (Das Definieren wird in Kapitel 7.5 ausführlich diskutiert). Eine weniger anspruchsvolle Version besteht darin, Begriffsbestimmungen zu formulieren, die zwar keine Definitionen im strikten Sinne sind, doch erlauben, klar zwischen den verschiedenen Bedeutungen eines Begriffs zu unterscheiden. Für die Zwecke der Textanalyse ist das oft ausreichend.

Box Methoden der Begriffsbestimmung

Die wichtigsten Methoden zur Einführung und näheren Erläuterung eines Begriffes sind:

Definition. Definitionen geben ausdrücklich an, wie ein Begriff verwendet wird. Dies kann in verschiedener Form geschehen. Die wichtigste Methode besteht darin, notwendige und hinreichende Bedingungen zu formulieren, mit denen man in jedem Fall entscheiden kann, ob etwas in den Anwendungsbereich eines Begriffs fällt oder nicht (mehr zu Definitionen in Kap. 7.5). Zum Beispiel:

(5) „Mikrochimären sind […] Organismen, die sowohl körpereigene Zellen als auch Zellen eines anderen Lebewesens enthalten." (NZZ, 19.3.2008, S. 65)

Musterbeispiele. Man zeigt, wie der Begriff verwendet wird, indem man einerseits Beispiele nennt, bei denen besonders deutlich ist, dass etwas unter den fraglichen Begriff fällt, und andererseits Beispiele, auf die der Begriff gerade nicht zutrifft. Diese Methode wird oft angewendet, wenn es nicht gelingt, eine Definition mit ausdrücklichen Bedingungen anzugeben, obschon in vielen wichtigen Fällen völlig klar ist, ob der Begriff zutrifft oder nicht. (Manchmal wird dieses Vorgehen als „exemplarische Definition" bezeichnet. In diesem Buch wird es nicht zu den Definitionen gerechnet.) Zum Beispiel:

(6) „Zu den geschützten Werken der Literatur, Wissenschaft und Kunst gehören insbesondere: 1. Sprachwerke, wie Schriftwerke, Reden und Computerprogramme; 2. Werke der Musik; 3. pantomimische Werke einschließlich der Werke der Tanzkunst; […]" (URHG 2007: § 2, Abs. 1)

Eine besondere Variante der Begriffseinführung durch Musterbeispiele ist das nicht sprachliche Zeigen auf Gegenstände die (nicht) unter den Begriff fallen (auch „ostensive Definition" genannt; wir rechnen es nicht zu den Definitionen).

Abgrenzungen. Für eine genauere Erläuterung der Bedeutung eines Begriffs ist es oft zweckmäßig, den Begriff gegen andere Begriffe oder andere Verwendungsweisen desselben Begriffs abzugrenzen. Man kann zum Beispiel näher erläutern, wie sich der fragliche Begriff von ähnlichen Begriffen unterscheidet:

(7) „Eine Novelle ist ein sehr kurzer Roman. Sie handelt nicht nur von einem einzelnen Ereignis wie die Erzählung im eigentlichen Sinne, sondern von einer Folge von Ereignissen und manchmal sogar von besonderen Geschehnissen, die das Interesse noch erhöhen." (GUDIN DE LA BRENELLERIE 1804:173, zitiert in ACKERMANN 2004:75; unsere Übers.)

Manchmal lassen sich verschiede Bedeutungen eines Begriffs anhand ihres „Gegenteils", eines Begriffs mit entgegengesetzter Bedeutung, unterscheiden:

(8) natürlich vs. künstlich, kulturell, übernatürlich, widernatürlich, unecht, gezwungen, …

(9) scharf vs. stumpf, verschwommen, fade, langweilig, blind, …

Delegierte Begriffsbestimmung. Begriffe werden oft eingeführt, indem darauf hingewiesen wird, wo der Begriff bereits in der intendierten Weise verwendet worden ist. Man kann auch auf Verwendungsweisen hinweisen, die man gerade nicht übernehmen möchte.

(10) „Die Begriffe der ‚Erkennung' und der ‚Zuordnung' der Klimaänderung, die in diesem Kapitel verwendet werden, bleiben so definiert, wie im Dritten Sachstandsbericht (IPCC, 2001; MITCHELL ET AL., 2001)." (IPCC 2007:667)

Etymologische Begriffsbestimmung. Gelegentlich trifft man auf Begriffsbestimmungen, in denen die Bedeutung eines Begriffs mit sprachgeschichtlichen Angaben erläutert wird.

(11) Isobronte: Verbindungslinie zwischen Orten, an denen man gleichzeitig Donner hört [zu griechisch *isos „gleich“* + *bronte „Donner“*] (nach WAHRIG 1972:1913)

Da aus der Geschichte eines Begriffs seine aktuelle Bedeutung nicht eindeutig gefolgert werden kann, sind etymologische Erläuterungen nur als Ergänzung zu einer anderen Methode der Begriffsbestimmung sinnvoll (wie im obigen Beispiel).

Diese Methoden werden in der Praxis oft kombiniert, indem man zum Beispiel eine Definition durch Analysieren von Musterbeispielen gewinnt (siehe auch Fallbeispiel „Begriffsbestimmung“, S. 149).

Fallbeispiel Mehrdeutigkeit klären

Der Begriff des Natürlichen spielt in verschiedenen Zusammenhängen eine wichtige Rolle, etwa wenn darüber gestritten wird, ob wir das Natürliche dem Nichtnatürlichen vorziehen sollten. Prominent sind Argumente mit Bezug auf die Natürlichkeit beispielsweise in Diskussionen über die Gentechnik. Es ist allerdings nicht einfach, den Gegensatz zwischen Natürlichem und Nichtnatürlichem genau zu erklären. Stark vereinfachend kann man zwei Bedeutungen von „natürlich“ unterscheiden, die in der Debatte über Gentechnik wichtig sind (angelehnt an BIRNBACHER 2006: Kap. 1):

(12) Genetische Natürlichkeit: Ein Objekt ist *natürlich entstanden,* falls es ohne menschliche Einflussnahme entstanden ist.

(13) Qualitative Natürlichkeit: Ein Objekt ist *natürlich beschaffen,* falls seine Eigenschaften an natürlich entstandenen Objekten vorkommen.

Diese Unterscheidung kann man nun für eine kontextuelle Begriffsklärung mit der Methode der Begriffskontraste verwenden. Immer wenn man auf den Ausdruck „natürlich" stößt, kann man prüfen, ob es in diesem Kontext mehr Sinn macht, „entstanden" oder „beschaffen" zu ergänzen. In der Debatte um den gentechnisch veränderten, sogenannten Bt-Mais finden sich zum Beispiel folgende Äußerungen:

(14) „In der Natur kommt das Bt-Gift in Bodenbakterien vor. Dennoch bestehen einige grundlegende Unterschiede zwischen dem natürlich vorkommenden Bt-Gift, das sogar in der ökologischen Landwirtschaft verwendet wird, und dem von der Gen-Pflanze produzierten Gift. Für die Genmanipulation wurde ein deutlich verkürztes Gen benutzt, so dass auch das gebildete *Protein* kleiner ist. Dadurch können sich die Eigenschaften des Giftes verändern, z. B. das Wirkungsspektrum." (BRENDEL 2007)

(15) „Durch gentechnisch induzierte Apomixis, einer Form der vegetativen Vermehrung, die natürlicherweise bei einigen Gräsern vorkommt, eröffnet sich nun die Perspektive, vorteilhafte Eigenschaften wichtiger Kulturpflanzen, vor allem Hybriden, über Generationen hinweg zu erhalten." (SAEDLER/SCHUCHERT 2001:251)

In (14) ist die zentrale Behauptung, das durch Gen-Mais produzierte Bt-Gift habe andere Eigenschaften als das Bt-Gift, das ohne menschliches Zutun von Bodenbakterien produziert wird. Die Autorin dieser Textstelle macht also geltend, dass Gen-Mais-Bt-Gift qualitativ nicht natürlich ist. Allerdings bezieht sich das Wort „natürlich", das in (14) vorkommt, nicht auf die qualitative, sondern auf die genetische Natürlichkeit („natürlich vorkommend"), die, wie aus (13) hervorgeht, im Zusammenhang mit der qualitativen Natürlichkeit immer eine Rolle spielt. Ähnlich ist es in Zitat (15), wo die Autoren die Praxis rechtfertigen wollen, Nutzpflanzen genetisch so zu verändern, dass sie sich in anderer Form fortpflanzen. Die betreffenden Pflanzen verlieren dadurch zwar ihre genetische Natürlichkeit, da diese Fortpflanzungsform bei anderen Pflanzen jedoch genetisch natürlich ist, können sie immer noch als qualitativ natürlich gelten. In beiden Zitaten betrifft der Streitpunkt also die qualitative Natürlichkeit, obschon nur die genetische Natürlichkeit explizit als solche angesprochen ist. Das mag den Eindruck erwecken, im Zusammenhang mit der Gentechnik wäre vor allem die qualitative Natürlichkeit von Interesse. Es gibt aber auch Forderungen nach dem Erhalt der genetischen Natürlichkeit:

(16) „Das Recht auf nicht manipuliertes, natürliches Erbgut ist ein ethischer Wert von höchstem Rang, [...]. Dieses Recht kann nur in den Menschenrechten verankert werden [...]. Eine solche Erweiterung der Menschenrechte, [...] könnte konkret lauten: ‚Jeder Mensch hat das Recht auf natürliches Erbgut. Niemand darf durch gentechnische Eingriffe seines natürlichen Erbguts beraubt werden. [...]' " (KEKULÉ 2002)

Wie der Zusatz „nicht manipuliert" klarmacht, bezieht sich das Wort „natürlich" hier auf die genetische Natürlichkeit. Kekulé plädiert gegen Eingriffe ins menschliche Erbgut, unabhängig davon, ob das Resultat qualitativ identisch mit genetisch natürlichem Erbgut ist oder nicht. Könnte man zum Beispiel das Erbgut eines Menschen so verändern, dass eine bestimmte Erbkrankheit vermieden wird, wäre das nicht zulässig, obschon das resultierende Erbgut qualitativ natürlich ist. (Nebenbei bemerkt zeigt dieses Beispiel auch, dass die Definition der genetischen Natürlichkeit in 12 nicht wirklich zufriedenstellend ist, weil das Erbgut eines Menschen nie ohne menschliches Einwirken entsteht.)

Fallbeispiel Begriffsbestimmung

Die folgende Textpassage über den Begriff der Natur zeigt, wie verschiedene Methoden der Begriffsbestimmung in wirksamer Weise kombiniert werden können:

[1] Natur als Gegenstand der Naturethik kann weder als alles, was kausalen Gesetzen untersteht, noch als dasjenige, in dem die gesunde Kraft der Natur wirkt[2], noch als das „Unverfügbare"[3] verstanden werden. Auch [2] Autos und Kernkraftwerke stehen unter *Kausalgesetzen.* Naturschützern geht es aber nicht um den Schutz von Autos und Kernkraftwerken. Ob es so etwas wie *eine gesunde Kraft der Natur* gibt, ist zweifelhaft und darf daher nicht Ausgangspunkt der ökologischen Ethik sein. Das *Unverfügbare* umschließt mehr, als sinnvollerweise Gegenstand der ökologischen Ethik ist, zum Beispiel die Vergangenheit.

[3] Folgt man der Etymologie von „Natur" (als abgeleitet aus lateinisch „nasci" = geboren werden, *entstehen*, sich entwickeln), dann [4] kann

man „Natur" bestimmen als *dasjenige in unserer Welt, das nicht vom Menschen gemacht wurde,* sondern das (weitgehend) aus sich selbst entstanden ist, neu entsteht und sich verändert ([5] so wie Tiere, Pflanzen, Steine, Flüsse, Berge und Planeten). [6] Der Gegenbegriff zu „Natur" in diesem Sinne ist der Begriff des Artefaktes. [2] Beispiele für Artefakte sind Möbel, Autos, Statuen.[7][4]

[2] Vgl. Meyer-Abich (1984), S. 128 ff.
[3] Vgl. Mittelstraß (1987), S. 54.
[4] Vgl. zum Beispiel Passmore (1975), S. 251, oder auch schon Aristoteles, Physik 192 b 8 ff.

Beispiel 17: Begriffsbestimmungen (KREBS 1997:340; © Suhrkamp Verlag)

In diesem kurzen Abschnitt kommen alle in der Box „Methoden der Begriffsbestimmung" (S. 145) erwähnten Methoden der Begriffsbestimmung vor:

1 Abgrenzung gegen drei andere Begriffe (was Kausalgesetzen untersteht, worin die gesunde Kraft der Natur wirkt und das Unverfügbare)
2 Musterbeispiele: Gegenstände, die nicht unter den Begriff der Natur fallen
3 Etymologische Angaben
4 Definition
5 Musterbeispiele: Gegenstände, die unter den Begriff der Natur fallen
6 Begriff mit entgegengesetzter Bedeutung („Artefakt")
7 Delegierte Begriffsbestimmung: Passmore und Aristoteles verwenden den Begriff der Natur ähnlich

7.4.2 Verwendungsanalyse

Oft ist es sinnvoll, für sogenannte „Schlüssel-" oder „Kernbegriffe" eine Übersicht über ihre Verwendung anzufertigen. Darunter sind Begriffe zu verstehen, die für das Verständnis des ganzen Textes oder eines erheblichen Abschnittes eine wichtige Rolle spielen. Um solche Begriffe identifizieren zu können, muss man also im Allgemeinen den Text bereits einmal vollständig gelesen haben. Man kann dann wie folgt vorgehen (vgl. Fallbeispiel „Verwendungsanalyse", S. 152):

Vorgehen bei der Verwendungsanalyse

1. Schlüsselbegriffe und relevante Stellen ermitteln:
   - Text diagonal oder wenn nötig kursorisch lesen;
   - dabei eine Liste von Schlüsselbegriffen erstellen und Abschnitte notieren, in denen sie in einer wichtigen Weise verwendet werden.
2. Ermittelte Stellen genauer analysieren:
   - In welcher Bedeutung wird der Begriff an dieser Stelle verwendet?
   - Welche Rolle nimmt der Begriff an dieser Stelle ein, was wird mit ihm „gemacht"?
3. Diese Arbeit lässt sich gut in einer Tabelle dokumentieren.

Begriff (ggf. mit Kontext)	Verweis (Seite o. Ä.)	Bedeutung	Rolle	Notizen (eigene Gedanken, Unklarheiten, Information aus Nachschlagewerken)
...	...	...	...	...

Wenn Sie bereits Exzerpte erstellt haben, können Sie von diesen ausgehen und sie gezielt ausbauen (Kap. 4.3).

Die Fragestellung, unter der Sie den Text lesen, bestimmt mit, was als wichtige Verwendungsweise eines Begriffs gilt, und damit auch, welche Stellen zu berücksichtigen sind. Dazu können zum Beispiel Passagen zählen, in denen

- ein Begriff erstmals vorkommt,
- definiert wird,
- durch Beispiele erläutert wird,
- von anderen Begriffen unterschieden wird,
- die Verwendungsweise gegenüber anderen Bedeutungen abgegrenzt wird,
- der Begriff in einem wichtigen Argument vorkommt,
- in einer unklaren oder neuen Verwendungsweise vorkommt (oder vorzukommen scheint),
- die Verwendung des Begriffs kritisiert wird.

Verwendungsanalysen können in verschiedener Hinsicht dienlich sein. Zunächst kann man sie zur Begriffsklärung einsetzen, um herauszufinden, mit welcher Bedeutung ein Begriff wo im Text verwendet wird. Wenn Begriffe in mehr als einer Bedeutung verwendet werden, kann man anschließend prüfen, ob die Bedeutung an allen verzeichneten Stellen aus dem Kontext eindeutig hervorgeht. Schließlich sind Verwendungsanalyse-Tabellen ein unentbehrliches Hilfsmittel, wenn man in einem längeren Text eine Übersicht über die Schlüsselbegriffe gewinnen will, und auch, wenn mehrere Texte aufeinander bezogen gelesen werden.

Fallbeispiel Verwendungsanalyse

Zur Illustration der Verwendungsanalyse wenden wir die Methode auf einen kurzen Zeitungsartikel an. In diesem Text werden die Begriffe „Sanierung“, „saniert“, „sanieren“ und „sanierungsbedürftig“ in einer Weise verwendet, die auf den ersten Blick nicht leicht zu durchschauen ist.

Beim Erstellen der Verwendungsanalyse (vgl. Beispiel 18, S. 153 und Beispiel 19, S. 154) fällt zunächst auf, dass der Begriff der Sanierung (bzw. das Verb „sanieren“ und die dazugehörenden Adjektive „saniert“ und „sanierungsbedürftig“) nirgends explizit bestimmt wird. Man muss also aus dem Kontext erschließen, was damit genauer gemeint ist. Betrachtet man alle Stellen, an denen der Begriff der Sanierung vorkommt, so zeigt sich, dass er in zwei verschiedenen Bedeutungen verwendet wird: ausbauen und den Umweltvorschriften anpassen. Es gibt zwei Stellen, an denen nicht klar ist, welche Bedeutung beabsichtigt ist, weil beide Interpretationen Sinn machen. Eine Möglichkeit zur weiteren Klärung ist, die Originaltexte – das Urteil des Bundesgerichts und die Gesetzestexte – beizuziehen. Tut man dies, so kann man feststellen, dass die Doppeldeutigkeit nicht auf das Konto der Zeitungsredaktion geht, sondern bereits im Gerichtsurteil zu finden ist.

Aus dem Bundesgericht

Verzicht auf Strassenausbau der Umwelt zuliebe?

① **Auch wenn von einem neuen oder sanierten Autobahnteilstück dereinst übermässige Immissionen ausgehen werden, darf das Projekt genehmigt werden, bevor zusätzliche verkehrslenkende und -beschränkende Massnahmen angeordnet sind. Dies meint das Bundesgericht in einem Leiturteil, welches auch klarmacht, dass der Verzicht auf den Ausbau einer stau- und unfallträchtigen Strasse – entgegen der Auffassung des Buwal – offensichtlich nicht der Verbesserung der Luftqualität dienen kann.**

kb. Lausanne, 29. Juni

Bei dem Entscheid aus Lausanne handelt es sich um die in grosser Klarheit verfasste schriftliche Begründung des Urteils, mit welchem das Bundesgericht am 11. Dezember 1991 dem Ausbau der *Grauholzautobahn* bei Bern von derzeit vier auf sechs Fahrspuren zugestimmt hatte (vgl. NZZ Nr. 289). Obwohl das 5,5 km lange Teilstück der N 1 heute chronisch überlastet ist, was zu überdurchschnittlich vielen Staus, Unfällen und Immissionen führt, haben der Verkehrsclub der Schweiz (VCS), die Schweizerische Gesellschaft für Umweltschutz (SGU) und der World Wildlife
② Fund Schweiz (WWF) die Sanierung der Grauholzautobahn bekämpft. Die Umweltverbände machten geltend, dass die Stickstoffoxide (NO_2) mit aller Wahrscheinlichkeit auch nach einer
③ Sanierung der Autobahn die Immissionsgrenzwerte überschreiten werden. Deshalb stehe Artikel 18 des Umweltschutzgesetzes (USG) dem geplanten Ausbau entgegen, welcher den Umbau
④ oder die Erweiterung einer sanierungsbedürftigen Anlage nur zulässt, wenn diese dadurch gleich-
⑤ zeitig saniert wird.

Dem hält das Bundesgericht in seinem schriftlichen Urteil nun entgegen, eine solche Interpretation von Artikel 18 USG sei schon deshalb abwegig, weil so an den «Um»bau einer sanierungs-
⑥ bedürftigen Strasse strengere Voraussetzungen geknüpft würden als an den «Neu»bau einer Strasse. Der Umweltgesetzgeber habe aber *Alt- und Neuanlagen* grundsätzlich *gleich behandeln* wollen und Ausnahmen von dieser Gleichbehandlung höchstens zugunsten bestehender Objekte zugelassen. Im Zusammenhang mit Arbeiten an unzulässig immissionsträchtigen Verkehrsanlagen fällt indes die Antwort des Gesetzgebers für neue wie bestehende Objekte gleich aus: «Dass die Umweltvorschriften den Bau von neuen Verkehrsanlagen in stark oder übermässig belasteten Gebieten nicht ausschliessen», hat das Bundesgericht bereits entschieden (BGE 117 Ib 306), und dasselbe gilt laut dem nun vorliegenden neuen Entscheid auch für den Ausbau bestehender Strassen, die mutmasslich auch nach der
Sanierung zu unzulässigen Immissionen führen ⑦
dürften.

Allerdings ist bei der Bewilligung und Genehmigung solcher Verkehrsanlagen genau darauf zu achten, dass «alle zur Verfügung stehenden, für den Bauherrn *zumutbaren baulichen und technisch Mittel ausgeschöpft* worden sind, um die Emissionen zu reduzieren». Und «soweit auch die Anordnung betrieblicher Massnahmen in die Zuständigkeit des Bauherrn oder der Plangenehmigungsbehörde fällt», sind auch diese bereits im Baubewilligungsverfahren vorzusehen. Ist trotz all diesen Massnahmen damit zu rechnen, dass der künftige Verkehr zu unzulässigen Immissionen führt, dann muss die fragliche Strassenanlage in eine *Massnahmenplanung* im Sinne von Artikel 31 der Luftreinhalteverordnung (LRV) einbezogen werden. Erst in diesem Rahmen – und entgegen der Auffassung des Buwal nicht schon bei der Projektgenehmigung! – sind dann weitere einschränkende Massnahmen gegenüber Fahrzeugen und Verkehr vorzusehen, um die übermässigen Immissionen weiter zu senken. Und sollten auch die im Massnahmenplan vorgesehenen Vorkehren noch nicht zu einer Einhaltung der Immissionsgrenzwerte führen, dann sind die Behörden auf Grund der Artikel 19 und 31 ff. der LRV zu weiteren Massnahmen verpflichtet. *Keine Massnahme* zur Emissionsbegrenzung ist dagegen nach Auffassung des Bundesgerichtes der vom Buwal angeregte *Verzicht auf den Strassenausbau:* Ein über fünf Kilometer langes stau- und unfallträchtiges Teilstück einer der wichtigsten schweizerischen Nationalstrassenverbindung einfach
nicht zu sanieren, könne «offensichtlich nicht das ⑧
geeignete Mittel zur Verbesserung der Luftqualität sein». (Urteil E.26/1990)

Beispiel 18: Zeitungsbericht über ein Urteil des Schweizerischen Bundesgerichts, eine Einsprache gegen einen Autobahnausbau betreffend (NZZ, 30.6.1992, S. 23)

Begriff	Verweis	Bedeutung	Rolle	Notizen
saniertes Autobahnteilstück	Lead ①	(A) sanieren = aus- oder umbauen, instandstellen, sicherer machen	Einführen der Problemstellung	Bedeutung aus Kontext erschlossen (Titel!)
Sanierung der (Grauholz-) Autobahn	Absatz 1 ②, ③	(A)	Argumentation der Umweltverbände wiedergeben	„Sanierung" statt „Ausbau" suggeriert dessen Notwendigkeit und betont mögliche positive Auswirkungen (weniger Staus und Unfälle).
sanierungsbedürftige Anlage	④	(A) oder (B)?		USG 18: Bedeutung (B)
sanierte Anlage	⑤	(B) sanieren = an Umweltvorschriften anpassen		Schlüsselstelle für Doppelbedeutung von „saniert". Bedeutung (A) macht hier keinen Sinn, weil resultieren würde: USG 18 lässt den Umbau oder die Erweiterung einer sanierungsbedürftigen Anlage nur zu, wenn diese dadurch gleichzeitig umgebaut (?) wird.
sanierungsbedürftige Straße	Absatz 2 ⑥	(A) oder (B)?	Argumentation des Bundesgerichts wiedergeben	beide Bedeutungen möglich, auch im Originaltext des Urteils nicht eindeutig
Sanierung von Straßen	⑦	(A)		
Sanieren einer Nationalstraßenverbindung	Absatz 3 ⑧	(A)	Pointe des Entscheids formulieren	„Sanieren" klingt dringender als „ausbauen".

Beispiel 19: Verwendungsanalyse zum Begriff „sanieren" im Artikel „Verzicht auf Straßenausbau der Umwelt zuliebe?" (NZZ, 30.6.1992, S. 23)

Literatur zu 7.4

Begriffsgeschichte. Zentrale Hilfsmittel für begriffsgeschichtliche Auskünfte sind sprachgeschichtliche Nachschlagewerke. Für den Alltagsgebrauch eignen sich KLUGE 2011 und DUDEN 2014, für ausführlichere und speziellere Auskünfte auch GRIMM 1984, für Englisch OED 1989 und für Französisch TRÉSOR 1982–1994 und LITTRÉ 1999. Für allgemeine wissenschaftliche Begriffe sind auch RITTER 1974–2007 und MITTELSTRASS 1984–1996 beziehungsweise MITTELSTRASS 2005 oft sehr nützlich (RITTER ist ohne Vorkenntnisse gelegentlich schwierig zu verwerten).

7.5 Definieren und Explizieren

Definitionen sind Aussagen, mit denen die Bedeutung eines Begriffs bestimmt wird. Daneben gibt es andere Formen der Begriffsbestimmung wie die Angabe von Musterbeispielen, die wir nicht zu den Definitionen rechnen, obschon sie gelegentlich „Definitionen" genannt werden (vgl. Box „Methoden der Begriffsbestimmung", S. 145). Für die Textanalyse sind Definitionen aus zwei Gründen interessant: Erstens enthalten wissenschaftliche Texte häufig Definitionen und andere Begriffsbestimmungen, und diese spielen oft eine zentrale Rolle für das Verständnis des Textes. Es ist deshalb wichtig, Definitionen erkennen, analysieren und beurteilen zu können. Zweitens kommt es auch in wissenschaftlichen Texten sehr häufig vor, dass zentrale Begriffe nicht definiert werden. Dann muss man die Bedeutung der betreffenden Begriffe daraus erschließen, wie sie im Zusammenhang mit bekannten Ausdrücken verwendet werden. In solchen Fällen ist es oft sinnvoll, selbst Definitionen zu verfassen.

Wir präsentieren im Folgenden die Grundzüge der Definitionslehre, soweit ihre Kenntnis für die Textanalyse erforderlich ist. Es gibt auch ausgefeilte Theorien des Definierens, die hier nicht angemessen diskutiert werden können. Dazu gehören die Definitionstheorien der Mathematik und der Theorie formaler Sprachen sowie die wissenschaftstheoretischen Definitionslehren, die auch besondere Probleme verschiedener Einzelwissenschaften behandeln.

Wir beginnen mit der Frage, wie sich Definitionen von anderen Aussagen unterscheiden und welchen Zielen sie dienen können (Kap. 7.5.1). Dann betrachten wir den Aufbau von Definitionen genauer (Kap. 7.5.2) und diskutieren die Kriterien, nach denen man die Angemessenheit von Definitionen beurteilen kann (Kap. 7.5.3). Kapitel 7.5.4 schließlich diskutiert die Methode der Explikation, die eng mit dem Definieren verwandt ist und in der Wissenschaft eine besonders wichtige Rolle spielt. Als Zusammenfassung präsentieren wir eine Checkliste für das Analysieren von Definitionen und Explikationen (Kap. 7.5.5).

7.5.1 Grundlegende Unterscheidungen

Definitionen und andere Aussagen. Für eine genauere Erklärung, was man unter einer „Definition" versteht, können wir von folgender Definition ausgehen:

> **Definitionen** sind Aussagen, die die Bedeutung eines Begriffs so bestimmen, dass jemand, der diesen Begriff nicht kennt, aus der Definition erfahren kann, was seine Bedeutung ist.

Definitionen gehören also zu einer besonderen Klasse von Aussagen, die sich dadurch auszeichnen, dass sie etwas über die Bedeutung eines Begriffs sagen. Damit unterscheiden sie sich von Aussagen, in denen derselbe Begriff verwendet wird, um etwas über die Gegenstände zu sagen, die unter diesen Begriff fallen. Zum Beispiel ist (1) eine Definition des Begriffs „Säure", während (2) eine Aussage über Säuren ist:

(1) „Säuren" heißen chemische Verbindungen, die Protonen abspalten können.

(2) Säuren färben Indikatorpapier rot.

Der Unterschied zwischen (1) und (2) wird durch die Anführungszeichen in (1) deutlich gemacht. Sie zeigen an, dass (1) eine Aussage über einen Begriff ist und nicht eine Aussage über die Gegenstände, die unter den Begriff „Säure" fallen. In (1) wird etwas *über* den Begriff „Säure" ausgesagt, in (2) wird etwas *mithilfe* des Begriffs „Säure" ausgesagt, nämlich dass jede Substanz, die eine Säure ist, Indikatorpapier rot färbt.

Es gibt sehr viele Formulierungen, die grundsätzlich sowohl als Definition wie auch als Sachbehauptung verwendet werden können:

(3) Säuren sind chemische Verbindungen, die Protonen abspalten können.

Diese Aussage ist doppeldeutig. Man kann sie als Begriffserklärung verstehen, das heißt als Antwort auf eine Frage vom Typ „Was ist die Bedeutung dieses

Begriffs?“. Oder man interpretiert sie als Tatsachenerklärung, das heißt als Antwort auf eine Frage vom Typ „Weshalb ist das und das der Fall?“. Im ersten Fall fasst man sie als Definition auf, im zweiten hingegen als Sachbehauptung. Ob es sich bei Aussage (3) um eine Definition handelt oder um eine Aussage über Säuren, muss anhand des Gebrauchs, der von dieser Aussage gemacht wird, entschieden werden. Kennzeichnend für Definitionen ist, dass sie darauf abzielen, die Bedeutung eines Begriffes anzugeben. Sie liefern eine Antwort auf die Frage „Was bedeutet der Begriff B?“ oder „Was soll der Begriff B bedeuten?“, wobei es bei der Bedeutung sowohl um die Intension wie um die Extension gehen kann (vgl. Box „Zeichen und Bedeutung“, S. 106). Nicht definitorische Aussagen behaupten hingegen typischerweise (aber nicht immer) nichts über die Bedeutung von Begriffen. Um zwischen Definitionen und anderen Aussagen zu unterscheiden, kann man sich also fragen, mit welcher Art von Argument man die fragliche Aussage angreifen oder verteidigen könnte. Bei Definitionen wird man sich immer darauf berufen, dass ein Begriff in einer bestimmten Weise verwendet wird oder verwendet werden soll. Bei anderen Aussagen wird man sich typischerweise auf nicht begriffliche Tatsachen berufen. Ob zum Beispiel Aussage (3) korrekt ist, ist eine Frage der Chemie, wenn (3) als Sachbehauptung verstanden wird, und eine Frage der empirischen Linguistik, wenn (3) als Definition verstanden wird.

Allerdings ist auch nicht jede Aussage über die Bedeutung eines Begriffs eine Definition. Zunächst sind Definitionen nicht irgendwelche Aussagen über die Bedeutung eines Begriffs, sondern Aussagen, in denen diese Bedeutung bestimmt wird. Beispielsweise ist (4) keine Definition:

(4) Was „enharmonische Verwechslung“ bedeutet, ist einfach zu erklären.

Aber nicht jede Bedeutungsbestimmung ist eine Definition, sondern nur Begriffsbestimmungen, die beanspruchen, die Intension oder Extension eines Begriffs vollständig zu bestimmen (mehr dazu im Kap. 7.5.3). Oftmals wird die Bedeutung eines Begriffes in weniger anspruchsvoller Weise charakterisiert. Zum Beispiel mit Erläuterungen, die lediglich eine Beziehung zu anderen Begriffen (5) oder sprachgeschichtliche Hinweise (6) angeben (vgl. „Etymologische Begriffsbestimmung“, S. 146):

(5) „Intension“ bedeutet etwas anderes als „Intention“.

(6) „Intension“ und „Intention“ gehen beide auf das lateinische Verb „intendere“ zurück, was unter anderem so viel wie „anspannen“, „ausstrecken“ und „sich auf etwas richten“ bedeutet.

Solche Aussagen sagen zwar etwas über die Bedeutung von „Intension“ und „Intention“ aus, wir erfahren aber nicht, was die Bedeutung dieser beiden Wörter nun ist. Deshalb sind (5) und (6) zwar Aussagen über die Bedeutung von Begriffen, aber keine Definitionen.

Elemente von Definitionen: Definiendum und Definiens. Definitionen können in sehr unterschiedlicher Weise formuliert werden (in Kapitel 7.5.2 werden wir einige Möglichkeiten näher ansehen). Zwei Elemente kann man immer unterscheiden:

Die beiden grundlegenden Elemente einer Definition

Definiendum:	nennt den Begriff, der definiert werden soll
Definiens:	bestimmt die Bedeutung des Definiendums

Definiendum und Definiens sind beides sprachliche Ausdrücke. In einer Definition wird somit die Bedeutung eines sprachlichen Ausdrucks mithilfe von anderen sprachlichen Ausdrücken bestimmt. Damit dieses Vorgehen erfolgreich sein kann, muss das Definiens aus sprachlichen Ausdrücken bestehen, die eine bekannte, verständliche und gebräuchliche Bedeutung haben. Das Definiendum kann hingegen ein Begriff sein, dessen Bedeutung unbekannt, unverständlich oder neu ist. Es ist aber auch sinnvoll, Begriffe zu definieren, die bestens bekannt sind. Die Definition dient dann dem Zweck, die Bedeutung des betreffenden Begriffs explizit zu machen und gegebenenfalls von Begriffen mit ähnlicher Bedeutung abzugrenzen. Solche Definitionen kommen besonders häufig in der Philosophie vor, wo zum Beispiel diskutiert wird, wie man „wahr“, „wissen“, „freiwillig“ oder „Verantwortung“ definieren kann. Auch in anderen Wissenschaften spielen Definitionen bekannter Begriffe eine bedeutende Rolle. Es stellt sich nämlich häufig heraus, dass altbekannte Begriffe außerordentlich schwierig zu definieren sind und dass es für wissenschaftliche Zwecke sinnvoll ist, sie durch einen oder mehrere neue, klar definierte Begriffe zu ersetzen (mehr dazu in Kap. 7.5.4). So gibt es zum Beispiel Definitionen von „Gefühl“ in der Psychologie, von „Arbeit“ in der Ökonomie, von „Kraft“ in der Physik und von „Übergewicht“ in der Medizin.

Ziele von Definitionen: feststellen und/oder festsetzen. Weitere grundlegende Unterscheidungen betreffen die Ziele, die mit einer Definition verfolgt werden. Man unterscheidet in dieser Hinsicht traditionell zwischen feststellenden und festsetzenden Definitionen. Die Sache ist freilich etwas komplizierter, weil es nicht genügt, zwei Klassen von Definitionen zu unterscheiden. Sehr viele Definitionen werden sowohl mit feststellendem wie auch festsetzendem Anspruch vorgebracht.

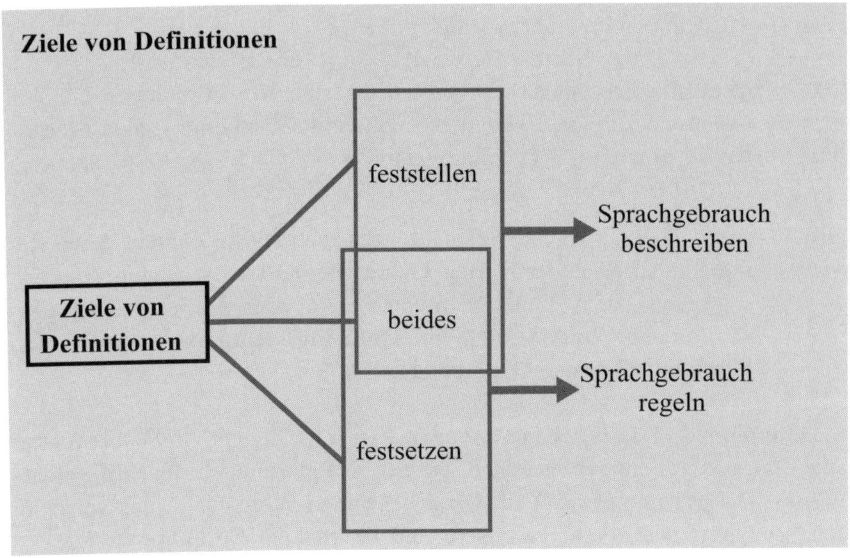

Das Ziel feststellender Definitionen ist es, die Bedeutung des Definiendums anzugeben. Solche Definitionen wollen also etwas beschreiben, nämlich mit welcher Bedeutung das Definiendum in einer bestimmten Sprachgemeinschaft verwendet wird. Das setzt voraus, dass das Definiendum bereits in Gebrauch ist. Feststellende Definitionen machen eine wahre oder falsche Aussage, je nachdem, ob sie den Sprachgebrauch treffen. Sie werden auch „Bedeutungsanalysen" oder, weil sie in Wörterbüchern zu finden sind, „lexikalische" Definitionen genannt:

(7) Koog: „Polder, eingedeichtes Marschland." (WAHRIG 1972:2125)

(8) „Was bedeutet eigentlich ‚Humanismus'? Ganz allgemein gesprochen, versteht man darunter die Ansicht, gemäß welcher der Mensch (lateinisch: homo) etwas sehr Wertvolles ist." (BOCHEŃSKI 1987:149)

Bei festsetzenden Definitionen ist das Ziel, die Verwendungsweise des definierten Begriffes zu regeln. Solche Definitionen formulieren also eine Entscheidung, nämlich das Definiendum in einer bestimmten Bedeutung zu verwenden. Insofern eine Definition eine Festsetzung ist, ist sie also nicht wahr oder falsch, sondern formal korrekt und zweckmäßig oder eben nicht. Man nennt solche Definitionen auch „präskriptiv" oder „stipulativ". Definitionen, die ausschließlich einen festsetzenden Anspruch erheben, findet man, wenn ein neues Wort (9) oder eine neue Verwendungsweise für ein bekanntes Wort (in 10 „Ring") eingeführt wird:

(9) „Veganismus ist die Lebensweise, sich von Früchten, Nüssen, Gemüse, Getreide und anderen vollwertigen nichttierischen Produkten zu ernähren." (Donald Watson in *Vegan News* 1944, zit. nach OED 1989: Artikel „vegan")

(10) „Sind θ, η, … irgend welche ganze algebraische Zahlen, deren Rationalitätsbereich der Körper *k* vom *m*ten Grade ist, so wird das System aller ganzen Functionen von θ, η, …, deren Coefficienten ganze rationale Zahlen sind, ein **Zahlring, Ring** oder **Integritätsbereich** […] genannt." (HILBERT 1894/95:237)

Definitionen in festsetzender Absicht können nicht nur für neue Wörter oder Wortverwendungen gegeben werden, sondern auch für altbekannte Wörter. Dies ist immer der Fall, wenn bei einem Wort, für das es verschiedene etablierte Verwendungsweisen gibt, durch eine Definition festgesetzt werden soll, in welcher Weise es verwendet wird. Solche Definitionen erheben dann gleichzeitig einen feststellenden und festsetzenden Anspruch. In einem Buch über Mathematik findet man zum Beispiel folgende Definition:

(11) „Eine Relation, die asymmetrisch und transitiv ist, heißt eine *(strikte) Ordnungsrelation* oder kurz eine *Ordnung.*" (BASIEUX 2000:31)

Damit wird einerseits klargemacht, dass in diesem Buch „Ordnung" in einer spezifisch mathematischen Bedeutung verwendet werden soll. Da der Begriff der Ordnung in der Mathematik schon längst in Gebrauch ist, lässt sich diese Definition auch daraufhin beurteilen, ob sie diese Bedeutung korrekt angibt. Das bedeutet, dass die Definition auch den Anspruch hat, einen mathematischen Sprachgebrauch korrekt wiederzugeben. Sie ist also auch feststellend.

Eine weitere Möglichkeit ist, dass ein Begriff, der bereits in Gebrauch ist, durch eine festsetzende Definition geändert wird. Dies ist zum Beispiel mit dem astronomischen Begriff des Planeten geschehen, als die Internationale Astronomische Union eine entsprechende Resolution verabschiedet hat:

(12) „Ein Planet ist ein Himmelskörper, der (a) sich auf einer Umlaufbahn um die Sonne bewegt, der (b) genügend Masse hat, so dass seine Eigengravitation die starren Körperkräfte überwinden kann und er eine Gestalt des hydrostatischen Gleichgewichts (nahezu rund) annimmt und der (c) die Umgebung seiner Umlaufbahn geräumt hat." (IAU 2006)

Diese Definition ist ebenfalls nicht rein festsetzend, sondern hat auch einen feststellenden Aspekt. Es geht ja nicht darum, eine Verwendung des Wortes „Planet" einzuführen, die vollständig unabhängig ist vom herkömmlichen Begriff des Planeten. Andererseits ist eine gewisse Abweichung vom herkömmlichen Begriff beabsichtigt und soll nicht dazu führen, dass die Definition allein deshalb als inadäquat gilt, wie das bei einer rein feststellenden Definition der Fall wäre. Es handelt sich also um eine Definition, in der die Ziele des Feststellens und Festsetzens in eigentümlicher Weise miteinander kombiniert sind. Solche Definitionen kommen in den Wissenschaften häufig im Zusammenhang mit sogenannten „Explikationen" vor, die in Kapitel 7.5.4 diskutiert werden.

Wenn man Texte analysiert, ist es oft nicht einfach, herauszufinden, ob eine Definition in feststellender oder festsetzender Absicht vorgebracht wird. Das Problem ist analog zur Schwierigkeit, zwischen Definitionen und anderen Aussagen zu unterscheiden. Man kann sich vielfach nicht auf die Formulierung der Definition verlassen, weil diese mehrere Interpretationen zulässt. Stattdessen muss man aus dem Textzusammenhang erschließen, was das Ziel der Definition ist. Man kann sich zum Beispiel fragen, wie man die Definition angreifen oder verteidigen könnte. Nur insofern eine Definition feststellend ist, macht es Sinn, sich zu fragen, ob sie wahr oder falsch ist. Bei rein festsetzenden Definitionen ist diese Frage hingegen verfehlt; solche Definitionen sind mehr oder weniger zweckmäßig.

Grundsätzlich sind für die Textanalyse alle Arten von Definitionen wichtig, weil man im analysierten Text auf jede Form von Definition stoßen kann. Feststellende Definitionen spielen in der Textanalyse eine besondere Rolle, weil man solche Definitionen immer dann formulieren muss, wenn man mithilfe einer Definition festhalten möchte, wie ein bestimmter Begriff im analysierten Text verwendet wird. Dabei bedient man sich am besten einer Form der expliziten Definition, wie sie in Kapitel 7.5.2 diskutiert wird.

Aus historischer Sicht muss an dieser Stelle ergänzt werden, dass es eine traditionelle Auffassung gibt, wonach Definitionen nicht Begriffsbestimmungen, sondern Sacherklärungen sind (vgl. Box unten, „Traditionelle Definitionstheorie“). Auf dieses Verständnis des Definierens, die Theorie der so genannten Realdefinitionen, gehen wir nicht näher ein.

Box Traditionelle Definitionstheorie

Nominal- und Realdefinitionen. Nominaldefinitionen sind Definitionen, die die Bedeutung eines Begriffs angeben, das heißt feststellen oder festsetzen. Realdefinitionen wollen hingegen angeben, was eine Sache ihrem Wesen nach ist. Das klassische Beispiel einer Realdefinition ist: „Der Mensch ist ein vernunftbegabtes Lebewesen.“ Demgegenüber galten in der Tradition „Der Mensch ist der federlose Zweifüßler“ oder „Der Mensch ist das Lebewesen, das lachen kann“ als Beispiele für missglückte Realdefinitionen, weil sie keine Wesensmerkmale von Menschen nennen, selbst wenn man annimmt, dass sie auf alle und nur auf Menschen zutreffen. Mit Realdefinitionen ist also ein Erkenntnisanspruch verbunden; sie sind wahr oder falsch. Dafür müssen Annahmen gemacht werden, auf welche Weise es das Wesen einer Sache gibt und wie wir es erkennen können. Während von der Antike bis in die Neuzeit Definitionen meistens als Realdefinitionen verstanden worden sind, ist es heute nicht mehr üblich, unter einer „Definition“ eine Wesensbestimmung zu verstehen. In diesem Buch ist mit „Definition“ immer eine Nominaldefinition gemeint.

Traditionelle Standardform. In traditionellen Realdefinitionen nennt das Definiens die nächsthöhere Gattung und die spezifische Differenz, das heißt den unmittelbaren wesentlichen Oberbegriff und ein Wesensmerkmal, das innerhalb der Gattung genau diejenigen Gegenstände auszeichnet, die unter das Definiendum fallen. Das klassische Beispiel ist wiederum: „Der Mensch ist ein vernunftbegabtes Lebewesen.“ Mit dieser Definitionsmethode lässt sich eine Hierarchie von Definitionen aufbauen. Sie wird in der Tradition „Porphyrischer Baum“ genannt (vgl. Abb. 9, S. 163).

Aus moderner Perspektive kann man die traditionelle Standardform als einen Spezialfall der konjunktiven Standardform interpretieren: Die traditionelle Standardform definiert einen einstelligen Begriff, nennt immer genau zwei notwendige und zusammen hinreichende Bedingungen und erhebt überdies den Anspruch, damit das Wesen der Gegenstände, die unter den definierten Begriff fallen, zu erfassen. Die Frage der Wesensmerkmale wird heute üblicherweise nicht mehr zur Definitionstheorie gerechnet.

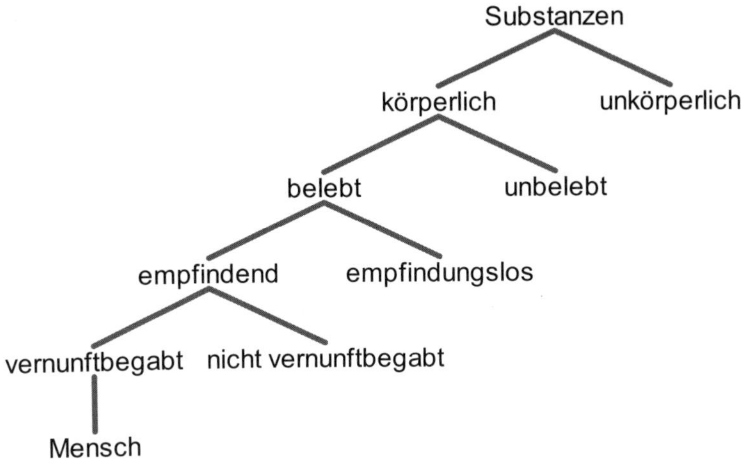

Abbildung 9: Porphyrischer Baum für die Definition von Mensch (adaptiert von EISLER 1910:Bd. 2, 1039)

7.5.2 Standardformen der expliziten Definition

Die Struktur von Definitionen ist in der modernen Definitionstheorie ausführlich untersucht worden. Eine besondere Rolle spielen die sogenannten „expliziten" Definitionen. Sie können durch die folgenden drei Eigenschaften charakterisiert werden, die anschließend näher erläutert werden (vgl. Abb. 10, S. 164):

Explizite Definitionen

- Das Definiendum ist ein ausdrücklich genannter Begriff und seine logische Form ist deutlich gemacht.
- Die Definition ist insgesamt eine Äquivalenzaussage.
- Die logische Form des Definiens entspricht derjenigen des Definiendums, insofern als alle Leerstellen des Definiendums im Definiens auftauchen und keine weiteren.

Zwei Standardbeispiele sind:

(13) x ist ein Junggeselle $=_{df}$ x ist unverheiratet und x ist erwachsen und x ist ein Mann

(14) x ist ein Bruder von y $=_{df}$ x ist männlich, x und y haben dieselben Eltern und x ist nicht identisch mit y

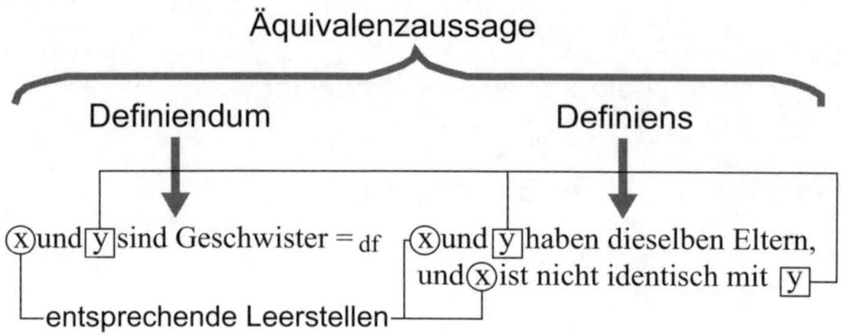

Abbildung 10: Struktur einer expliziten Definition

Die Form des Definiendums. Bei Definitionen, die man in der Literatur findet, ist fast immer Interpretationsarbeit erforderlich, um genau zu bestimmen, was das Definiendum ist. Außer in formalen und mathematischen Kontexten ist es nämlich nicht üblich, die logische Form des Definiendums deutlich zu machen. Definitionen in Nachschlagewerken charakterisieren normalerweise die Form des Definiendums mit den Kategorien der traditionellen Grammatik (Substantiv, Verb usw.), falls überhaupt. Das wirft die Frage auf, wie der zu definierende Begriff genau lautet und wie viele Leerstellen er hat. Bei Kant findet sich zum Beispiel folgende Stelle (vgl. auch das Fallbeispiel „Logische Form von Begriffen“, S. 115):

(15) „Das Erste, was uns gegeben wird, ist Erscheinung, welche, wenn sie mit Bewußtsein verbunden ist, Wahrnehmung heißt, […]“ (KANT 1976:A 120)

Wenn man diese Passage als Definition auffasst, stellt sich die Frage, welcher Begriff das Definiendum ist. Einige Möglichkeiten sind:

(15.1) jemand (x) nimmt etwas (y) wahr

(15.2) jemand (x) hat eine Wahrnehmung

(15.3) etwas (x) ist eine Wahrnehmung

Vielleicht sollte man diese Textstelle als Hinweis lesen, was „Wahrnehmung“ respektive „wahrnehmen“ in verschiedenen Kontexten wie (15.1)–(15.3) heißt. Die betreffenden Definitionen könnte man zum Beispiel so rekonstruieren:

(15.1.1) x nimmt y wahr $=_{df}$ y erscheint x auf mit Bewusstsein verbundene Weise

(15.2.1) x hat eine Wahrnehmung $=_{df}$ es gibt etwas, das von x wahrgenommen wird

(15.3.1) x ist eine Wahrnehmung $=_{df}$ x ist ein Zustand eines Objekts, der dadurch verursacht ist, dass dieses Objekt etwas wahrnimmt

Dieses Beispiel zeigt auch, das es oft sinnvoll ist, nicht bloß einen Begriff zu definieren, sondern eine Reihe zusammenhängender Begriffe. Es wäre unbefriedigend, bloß eine Definition von „x ist eine Wahrnehmung“ zu haben und den Begriff „x nimmt y wahr“ unbestimmt zu belassen. In dieser Situation ist es meistens günstig, vom Verb auszugehen und anschließend substantivische Begriffe auf dieser Grundlage einzuführen wie in (15.1.1)–(15.3.1).

Ein weiteres Problem, das sich gelegentlich beim Bestimmen des Definiendums stellt, ist die Frage, ob ein klassifikatorischer oder ein komparativer Begriff definiert werden soll, zum Beispiel „x ist teuer“ oder „x ist teurer als y“ (vgl. Box „Begriffstypen“, S. 136). Im Allgemeinen ist es sinnvoll, vom komparativen Begriff auszugehen:

(16) x ist teurer als y $=_{df}$ der Preis von x ist höher als der Preis von y

Der klassifikatorische Begriff „x ist teuer“ lässt sich nun als eine verkürzte Redeweise deuten. Dazu gibt es viele Möglichkeiten, wobei man „teuer“ mit absoluter (17 und 18) oder relativer Bedeutung (19) einführen kann:

(17) x ist teuer $=_{df}$ der Preis von x ist höher als der Durchschnittspreis der mit x vergleichbaren Gegenstände

(18) x ist teuer $=_{df}$ x ist teurer als die meisten der mit x vergleichbaren Gegenstände

(19) x ist teuer $=_{df}$ x ist teurer als ein Gegenstand, der … Euro kostet

Definitionen als Äquivalenzaussagen. Dass eine Definition eine Äquivalenzaussage ist, bedeutet: Die Definition sagt insgesamt aus, dass für jeden Gegenstand die Aussage, dass er unter das Definiendum fällt, mit der Aussage äquivalent ist, dass er unter das Definiens fällt. Eine analoge Erklärung kann für zwei- und mehrstellige Begriffe gegeben werden. Der Begriff der Äquivalenz wird in Kapitel 7.5.3 ausführlicher diskutiert. Äquivalenzaussagen können sprachlich ganz unterschiedlich formuliert werden. Neben technischen Definitionssymbolen wie „$=_{df}$“ sind auch die etwas umständlichen Formulierungen „genau dann, wenn“ und „dann und nur dann, wenn“ üblich:

(13.1) x ist genau dann ein Junggeselle, wenn x unverheiratet, erwachsen und ein Mann ist

Umgangssprachlich formulierte Definitionen erfüllen oft die drei oben genannten Bedingungen für explizite Definitionen nicht. Zum Beispiel können die folgenden drei Sätze als umgangssprachliche Formulierungen von (13) interpretiert werden:

(13.2) Jemand ist dann und nur dann ein Junggeselle, wenn er unverheiratet und erwachsen und ein Mann ist.

(13.3) Ein Junggeselle zu sein bedeutet, ein unverheirateter, erwachsener Mann zu sein.

(13.4) Junggesellen sind unverheiratete erwachsene Männer.

Im Vergleich mit (13), (13.1) und (13.2) zeigen die Formulierungen (13.3) und (13.4) weniger deutlich, dass es sich um Äquivalenzaussagen handelt. Noch wichtiger ist, dass die verschiedenen Beispiele in unterschiedlich klarer Weise zeigen, welche Leerstellen an welcher Stelle im Definiendum und im Definiens auftreten. Zwar kann man zum Anzeigen der Leerstellen auch Pronomina wie „jemand“ oder „etwas“ anstelle der technischen Zeichen „x“, „y“ usw. verwenden, das Resultat ist aber weniger explizit. Bei mehrstelligen Begriffen resultieren zudem schnell umständliche Formulierungen, wie ein Versuch, (14) ohne „x“ und „y“ zu formulieren, zeigt.

(14.1) Eine erste Person ist ein Bruder einer zweiten Person, wenn die erste Person männlich ist, dieselben Eltern wie die zweite Person hat und mit der zweiten Person nicht identisch ist.

Aus all diesen Gründen ist es bei der Textanalyse oft sehr lohnend, für zentrale Begriffe eine explizite Definition zu formulieren, wenn der Text nicht selbst eine solche angibt. Es ist aber umstritten, ob sich alle Begriffe mithilfe einer Äquivalenzaussage definieren lassen (vgl. Box „Ist jeder Begriff mit einer Äquivalenzaussage definierbar?“, unten).

Box Ist jeder Begriff mit einer Äquivalenzaussage definierbar?

Gegen die These, dass jeder Begriff mit einer Äquivalenzaussage definiert werden kann, ist von philosophischer Seite eine wichtige Kritik vorgebracht worden (WITTGENSTEIN 1984:§§ 66–71). Die Tatsache, dass ein Begriff auf eine Reihe von Gegenständen zutrifft, impliziert nicht, dass es etwas – ein Merkmal oder eine Kombination von Merkmalen – gibt, das genau diesen Gegenständen gemeinsam ist. Vielmehr ist es bei vielen Begriffen so, dass zwischen den Gegenständen, auf die sie zutreffen, Ähnlichkeiten in verschiedenster Hinsicht bestehen, so wie sich die Mitglieder einer Familie in unterschiedlichster Hinsicht gleichen. Wittgenstein hat deshalb solche Ähnlichkeiten „Familienähnlichkeiten“ genannt. Als Beispiel nennt er den Begriff des Spiels. Man kann viele Merkmale nennen, die einer Anzahl von Spielen zukommen (es geht um Gewinnen oder Verlieren, sie eignen sich zur Unterhaltung usw.), aber nicht Merkmale, die allen Spielen und nur Spielen zukommen, außer dass sie alle „Spiele“ genannt werden. Andere Autoren haben zum Beispiel argumentiert, dass „Wissenschaft“, „Kunst“ oder „Autonomie“ undefinierbare Familienähnlichkeitsbegriffe seien. Um die Verwendung solcher Begriffe zu charakterisieren, muss man das komplexe Netz der Ähnlichkeiten aufzeigen und kann nicht einfach darauf bestehen, dass es notwendige und hinreichende Bedingungen dafür geben müsse, dass ein Gegenstand unter den Begriff fällt. Das bedeutet, dass solche Begriffe nicht mit Äquivalenzaussagen definiert werden können. Man muss sie mit anderen Methoden bestimmen. Dazu gehören besonders die Angabe von Musterbeispielen und partielle Begriffsbestimmungen, die lediglich einen Teil der Bedeutung des Begriffes erfassen.

Die Form des Definiens. Für die logische Struktur des Definiens gibt es eine Reihe verschiedener Möglichkeiten. Im einfachsten Fall ist das Definiens einfach ein Synonym für das Definiendum. Solche Definitionen finden sich zum Beispiel in Wörterbüchern. Im folgenden Beispiel ist eine Definition per Synonym (7.1) mit einer zweiten Definition (7.2) kombiniert:

(7) Koog: „Polder, eingedeichtes Marschland." (WAHRIG 1972:2125)

(7.1) x ist ein Koog $=_{df}$ x ist ein Polder

(7.2) x ist ein Koog $=_{df}$ x ist eingedeicht und x ist ein Marschland

Die zweite Definition hat eine konjunktive Standardform.

Konjunktive Standardform

- Das Definiens nennt Bedingungen, die einzeln notwendig und zusammen hinreichend dafür sind, dass ein Gegenstand (bei mehrstelligen Begriffen: ein Paar oder Tripel usw. von Gegenständen) unter das Definiendum fällt.
- Das Definiens kann als eine Reihe von mit „und" verknüpften Bedingungen formuliert werden.

Was das heißt, sei an Beispiel (13) erläutert:

(13) x ist ein Junggeselle $=_{df}$ x ist unverheiratet und x ist erwachsen und x ist ein Mann

Erstens ist gemäß (13) jede der drei Bedingungen „x ist unverheiratet", „x ist erwachsen" und „x ist ein Mann" für sich genommen notwendig dafür, dass „x ist ein Junggeselle" wahr ist. Das heißt, wenn ein Gegenstand eine der drei Bedingungen nicht erfüllt, so ist es kein Junggeselle. Andersherum gilt auch, dass jeder Junggeselle alle drei Bedingungen erfüllt. Zweitens ist laut (13) die Konjunktion der drei Bedingungen – ihre Verknüpfung mit „und" – hinreichend dafür, dass „x ist ein Junggeselle" wahr ist. Das bedeutet, dass kein Gegenstand die drei Bedingungen erfüllen kann, ohne ein Junggeselle zu sein. Und es gilt auch, dass was kein Junggeselle ist, nicht alle drei Bedingungen erfüllen kann.

Ein weiteres Beispiel ist:

(20) „Im Sinne dieses Übereinkommens [...] bedeutet ‚Drittstaat' einen Staat, der nicht Vertragspartei ist." (WÜV 2012:Art. 2, Abs. 1.h)

(20.1) Im Kontext des *Wiener Übereinkommens über das Recht der Verträge* gilt: x ist ein Drittstaat $=_{df}$ x ist ein Staat und x ist nicht Vertragspartei.

Konjunktive Standardformen, die einstellige Begriffe mit genau zwei Bedingungen definieren, haben in der philosophischen Tradition eine besondere Rolle gespielt (vgl. Box „Traditionelle Definitionstheorie", S. 162). Beispiel (7.2) hat diese Form.

Disjunktive Standardform

- Das Definiens nennt Bedingungen, die einzeln hinreichend, aber nicht notwendig dafür sind, dass ein Gegenstand (bei mehrstelligen Begriffen: ein Paar oder Tripel usw. von Gegenständen) unter das Definiendum fällt; notwendig ist bloß, dass mindestens eine der genannten Bedingungen erfüllt ist.
- Das Definiens kann als eine Reihe von mit „oder" verknüpften Bedingungen formuliert werden.

Zum Beispiel:

(21) x ist Britin $=_{df}$ x ist Engländerin oder x ist Schottin oder x ist Waliserin

Es genügt also, Engländerin zu sein, um Britin zu sein, und dasselbe gilt für Schottinnen und Waliserinnen. Andersherum kann niemand Britin sein, ohne Engländerin, Schottin oder Waliserin zu sein.

Es gibt zwei inhaltlich interessante Spezialfälle der Definition in disjunktiver Standardform, die „Definition durch Einteilung" und „Definition durch Aufzählung" genannt werden. Definitionen durch Einteilung liefern eine Einteilung der Gegenstände, die unter das Definiendum fallen, in Klassen ohne gemeinsame Elemente (wie im obigen Beispiel). Definitionen durch Aufzählung zählen alle Gegenstände auf, die unter das Definiendum fallen:

(22) Unter den Baltischen Staaten versteht man Estland, Lettland und Litauen.

(22.1) x ist ein Baltischer Staat $=_{df}$ x ist Estland oder x ist Lettland oder x ist Litauen

Man kann noch eine Reihe weiterer Definitionsformen unterscheiden, wie zum Beispiel die sogenannten „impliziten“, „rekursiven“ und „kontextuellen“ Definitionen. Diese Definitionsformen sind hauptsächlich im Zusammenhang mit formalen Sprachen wichtig. Da die Kenntnis dieser Definitionstechniken ein spezifisches Fachwissen darstellt, werden sie hier nicht näher erläutert (vgl. Literaturhinweise, S. 187).

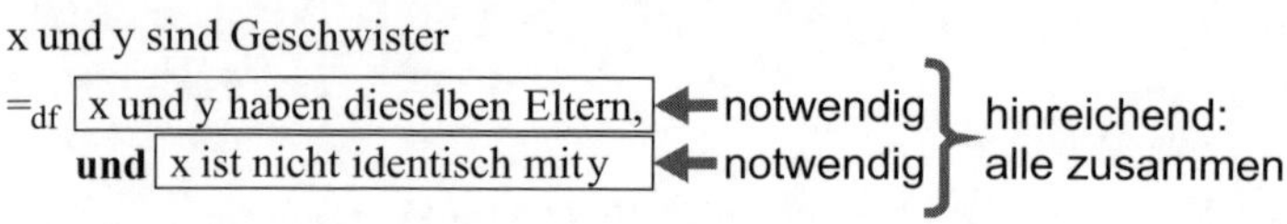

Abbildung 11: Konjunktive Standardform

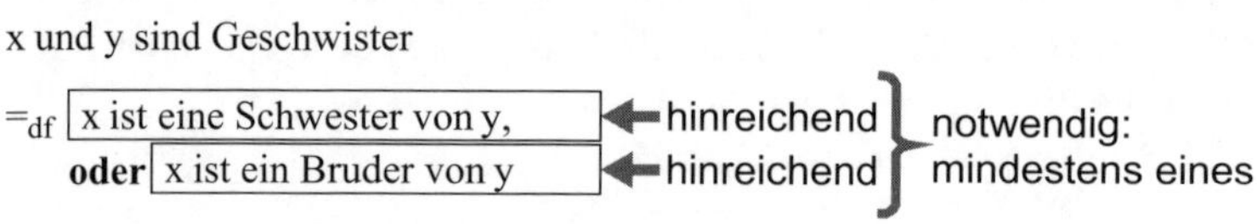

Abbildung 12: Disjunktive Standardform

7.5.3 Adäquatheit von Definitionen beurteilen

Was die Adäquatheit einer Definition ausmacht, hat verschiedene Aspekte und hängt davon ab, ob die Definition mit einem feststellenden und/oder festsetzenden Anspruch vorgebracht wird. Bei feststellenden Definitionen ist die grundlegende Forderung, dass Definiendum und Definiens äquivalent sein sollen. Bei festsetzenden Definitionen ist hingegen gefordert, dass das Definiendum zweckmäßig gewählt ist. Dazu kommen allgemeine Regeln, die Klarheit verlangen sowie überflüssige Elemente und zirkuläre Definitionen verbieten. Gelegentlich wird zusätzlich noch gefordert, dass das Definiens bestimmte inhaltliche Eigenschaften aufweist (vgl. Boxen „Traditionelle Definitionstheorie“, S. 162, und „Operationale Definitionen“, S. 176).

Adäquatheitsbedingungen für Definitionen

Definitionsziel:	grundlegende Adäquatheitsbedingung:	weitere Regeln:
feststellen	Definiens extensional / intensional äquivalent zu Definiendum	Klarheit Zirkelfreiheit Knappheit
festsetzen	Definiens zweckmäßig gewählt	

Extensionale und intensionale Äquivalenz. Insofern eine Definition mit feststellendem Anspruch formuliert wird, ist die zentrale Anforderung die Äquivalenz von Definiendum und Definiens. Gerade der Anspruch, eine wahre Äquivalenzaussage zu formulieren, macht es aus, dass eine Definition als feststellend gilt: Sie soll den Sprachgebrauch korrekt beschreiben. Im Hinblick auf einen festsetzenden Anspruch macht es hingegen keinen Sinn, eine Äquivalenz von Definiendum und Definiens zu fordern. Weil festsetzende Definitionen den Sprachgebrauch regeln wollen, kann man stattdessen verlangen, dass sie dies in zweckmäßiger Weise tun. Was das im Einzelnen bedeutet, muss mit Bezug auf die konkreten Zwecke, denen die Definition dienen soll, erläutert werden. Einige allgemeine Gesichtspunkte diskutieren wir im Zusammenhang mit der Methode der Explikation in Kapitel 7.5.4. Im Moment konzentrieren wir uns auf die Adäquatheit feststellender Definitionen. Es gibt zwei unterschiedlich starke Versionen der Äquivalenzforderung:

In der schwächeren Variante ist verlangt, dass Definiendum und Definiens auf dieselben Gegenstände zutreffen. Das heißt genauer: Bei einstelligen Begriffen müssen Definiendum und Definiens auf die gleiche Menge von Gegenständen zutreffen, bei zweistelligen Begriffen auf die gleiche Menge von Paaren von Gegenständen und so weiter für drei- und mehrstellige Begriffe. Kurz, Definiendum und Definiens müssen die gleiche Extension haben oder, wie man auch sagt, „extensional äquivalent" sein beziehungsweise den „gleichen Begriffsumfang" haben. Definitionen, die mit dem Anspruch auf extensionale Äquivalenz vorgebracht werden, sind häufig anzutreffen. Zum Beispiel:

(23) x ist extrem arm $=_{df}$ x lebt von weniger als 1 Dollar pro Tag (1.08 Dollar im Jahr 1993, kaufkraftkorrigiert für das entsprechende Land) (vgl. WORLD BANK 2008)

Will man diese Definition kritisieren, so muss man zeigen, dass es Gegenbeispiele tatsächlich gibt oder unter plausiblen Bedingungen mit Gegenbeispielen gerechnet werden muss. Das könnten bei (23) Personen sein, die über mehr als 1 Dollar pro Tag verfügen, aber doch extrem arm sind. Oder auch Personen, die über weniger als 1 Dollar pro Tag verfügen, ohne extrem arm zu sein.

Meistens wird von einer akzeptablen Definition mehr als extensionale Äquivalenz verlangt. Weshalb das so ist, sieht man am besten anhand von Standardbeispielen:

(24) x ist ein Lebewesen mit Herz $=_{df}$ x ist ein Lebewesen und x hat eine Niere

(25) x ist ein gleichseitiges Dreieck $=_{df}$ x ist ein Dreieck mit drei gleichen Winkeln

Diese Definitionen würde man wohl als falsch erachten, egal ob es eine biologische Tatsache ist, dass (24) eine extensionale Äquivalenz angibt, dass also Tiere mit Herz auch Tiere mit Nieren sind und umgekehrt. (25) ist ebenfalls keine akzeptable Definition, obschon die in (25) ausgedrückte extensionale Äquivalenz bewiesen werden kann. Die naheliegende stärkere Anforderung an Definitionen ist deshalb, dass eine Definition nicht nur angeben soll, worauf das Definiendum zutrifft, sondern auch, was es bedeutet; genauer: Das Definiens muss die Intension des Definiendums angeben. Wenn das der Fall ist, bezeichnet man Definiendum und Definiens als „intensional äquivalent". Angewendet auf das Beispiel der extremen Armut bedeutet das, dass die Definition nicht bloß sagen soll, welche Personen extrem arm sind, sondern was mit der Rede von „extrem arm" gemeint ist:

(26) x ist extrem arm $=_{df}$ x lebt in einem Haushalt, der die Grundbedürfnisse zum Überleben nicht decken kann (vgl. SACHS 2005:20)

Nebenbei sei bemerkt, dass hier nicht behauptet wird, dass (23) und (26) wahre Sätze sind – das ist umstritten –, sondern nur, dass von den beiden Definitionen bloß die zweite ernsthaft als intensionale Äquivalenz vertreten werden kann, während (23) nur als extensionale Äquivalenz infrage kommt.

Das alles bedeutet nicht, dass in jedem Fall Definitionen vorzuziehen sind, in denen Definiendum und Definiens intensional und nicht bloß extensional äquivalent sind. Ob man die stärkere Anforderung der intensionalen Äquivalenz tatsächlich einfordern will, hängt vom Ziel der Definition ab. Beispielsweise hat (23) gegenüber (26) den Vorteil, ein relativ einfach anwendbares Kriterium zu bieten, und im Zusammenhang mit statistischen Erhebungen wiegt das den Nachteil auf, dass (23) die Intension von „extrem arm“ nicht angibt (das gilt natürlich nur, wenn 23 tatsächlich wahr ist).

Intensionale Äquivalenz ist eine stärkere Anforderung als extensionale Äquivalenz. Wenn eine Definition das Kriterium der intensionalen Äquivalenz erfüllt, so auch das der extensionalen Äquivalenz, aber nicht unbedingt umgekehrt. Praktisch bedeutet das, dass man auch gegen die intensionale Äquivalenz mit Gegenbeispielen argumentieren kann. Man kann aber, anders als bei der extensionalen Äquivalenz, auch geltend machen, dass das Definiens nicht dieselbe Intension wie das Definiendum hat, so wie bei den Beispielen (24) und (25).

Weitere Definitionsregeln. Für die Adäquatheit einer Definition ist mehr erforderlich als bloß die Äquivalenz von Definiendum und Definiens. Nicht jede intensionale Äquivalenz stellt nämlich eine sinnvolle Definition dar. Zum Beispiel ist jeder Begriff trivialerweise intensional äquivalent zu sich selbst, aber das ergibt keine taugliche Definition:

(27) x ist ein Rabulist $=_{df}$ x ist ein Rabulist

Der traditionellen Definitionslehre lassen sich drei weitere Definitionsregeln entnehmen, die solche und andere wenig brauchbare Definitionen ausschließen. Im Gegensatz zur Äquivalenzforderung sind sie für alle Definitionen relevant, auch für solche mit rein festsetzendem Anspruch:

Definitionsregeln

Klarheit: Das Definiens muss klar verständlich, eindeutig formuliert und nach Möglichkeit frei von („lebendigen“) Metaphern sein.

Zirkelfreiheit: Das Definiendum darf weder direkt noch indirekt im Definiens vorkommen.

Knappheit: Das Definiens soll nichts enthalten, was nicht erforderlich ist, um die Bedeutung des Definiendums zu bestimmen.

Die Forderung der klaren Verständlichkeit kann unterschiedlich streng ausgelegt werden. Sicher sollte das Definiens klarer als das Definiendum sein. Eine in dieser Hinsicht missglückte Definition ist:

(28) „[Lernen ist] das Sich Verschieben von Bedeutungen innerhalb eines essentiell persönlichen Verständnissystems." (SALMON 2003:312)

Wenn man sich nicht auf einzelne Definitionen beschränkt, sondern ganze Definitionssysteme betrachtet, so kann man fordern, dass das Definiens nur Begriffe enthält, die entweder definiert oder so klar sind, dass sie als undefinierte Begriffe vorausgesetzt werden können.

Die Regel der Zirkelfreiheit mag zwar unmittelbar einleuchten, ihre Anwendung wirft aber einige Probleme auf. Einerseits ist nicht klar, ob für umgangssprachliche Definitionen allgemeine Kriterien angegeben werden können, die Zirkelfreiheit garantieren. Andererseits ist es oft schwierig, in konkreten Fällen zu beurteilen, ob eine Zirkularität vorliegt. Manche Fälle sind relativ klar:

(29) „**Rasse** […] Angehörige einer Art, die sich durch bestimmte erbliche Merkmale voneinander unterscheiden, mit Angehörigen anderer Rassen dieser Art aber fruchtbare Nachkommen zeugen können […]" (WAHRIG 1972:2855)

(30.1) „**Antigen** […] artfremder Eiweißstoff (z. B. Bakterien), der im Körper die Bildung von → Antikörpern bewirkt, die den Eiweißstoff selbst unschädlich machen."

(30.2) „**Antikörper** […] im Blutserum gebildeter Abwehrstoff gegen → Antigene […]" (DUDEN 1974:67)

Eine präzise Definition der Zirkelfreiheit ist wohl nur für formale Systeme möglich. Zirkelfreiheit ist besonders interessant im Zusammenhang mit einem System mehrerer Definitionen, wo eine Zirkularität darin bestehen kann, dass eine Definition über eine Kette weiterer Definitionen wieder zum Definiendum zurückführt.

Die Regel der Knappheit lässt sich zwar aus der Anforderung der intensionalen Äquivalenz ableiten, es ist aber für alle Definitionen sinnvoll, zu fordern, dass sie keine „überflüssigen" Teile enthalten. Bei vielen Definitionen, die man in Nachschlagewerken und anderer Literatur findet, ist zumindest zweifelhaft, ob sie nicht gegen diese Bedingung verstoßen:

(31) „**Regel:** […] im Unterschied zu Gesetz (besagt das, was ist, ist also Aussage) ist Regel eine Weisung über die Art des Vorgehens." (APEL/LUDZ 1976:239)

Für die Textanalyse kann die Regel der Knappheit genutzt werden, um die Frage zu beantworten, wo im Text eine Definition anfängt und aufhört. Im Sinne des Prinzips der wohlwollenden Interpretation rechnet man, soweit die Formulierung das zulässt, zur Definition keine Teile, die offensichtlich nichts dazu beitragen, die Intension oder Extension des Definiendums zu bestimmen. In Beispiel (31) kann man etwa die Bemerkung weglassen, die erklärt, was eine Regel nicht ist. Sie mag zwar sonst wie hilfreich sein, ist aber nicht erforderlich, um die Intension von „x ist eine Regel" zu bestimmen. Also ist es sinnvoll, aus dieser Textstelle Folgendes als Definition zu entnehmen:

(31.1) x ist eine Regel $=_{df}$ x ist eine Weisung über die Art des Vorgehens

Schwierigkeiten mit den Adäquatheitskriterien. Die hier erläuterten Adäquatheitskriterien sind charakteristisch für die klassische Theorie der Definitionen. Ihre Anwendung auf umgangssprachliche Begriffe ist allerdings auch kritisiert worden. Probleme entstehen, weil viele Alltagsbegriffe vage sind und weil sich ihre Bedeutung von Situation zu Situation verändern kann. Damit stellt sich die Frage, wie bei solchen Begriffen die Adäquatheitsbedingungen zu handhaben sind. Soll die Bedeutung des Definiens etwa in gleicher Weise veränderlich sein wie diejenige des Definiendums? Soll das Definiens in gleicher Weise vage sein wie das Definiendum? Wenn ja, wie lässt sich feststellen, ob das der Fall ist? Oftmals möchte man auch unklare Begriffe definieren – häufig gerade weil sie unklar sind. Was soll dann aus der Forderung werden, dass das Definiens nicht unklar sein darf? Für viele, insbesondere wissenschaftliche Zwecke scheint es jedenfalls nicht sinnvoll, ein Definiens anzugeben, dass ebenso vage, variabel und unklar ist wie das Definiendum. Was wäre damit gewonnen? Andererseits scheint es auch wenig sinnvoll zu sein, für wissenschaftliche Zwecke kurzerhand neue Begriffe mit rein festsetzenden Definitionen einzuführen, da damit der Zusammenhang zwischen alltäglichen Fragen und wissenschaftlichen Antworten einfach aufgegeben würde. Die Methode der Explikation ist eine mögliche Antwort auf diese Schwierigkeiten.

Box Operationale Definitionen

Als „operationale Definitionen" werden Definitionen bezeichnet, bei denen das Definiens die Anforderung erfüllt, dass es Kriterien für die Anwendung des Begriffs formuliert, die als Beobachtungsverfahren interpretiert werden können. Die Idee ist, dass es für alle im Definiens vorkommenden Begriffe klar spezifizierte Verfahren gibt, mit deren Hilfe intersubjektiv geprüft werden kann, ob ein Gegenstand unter den Begriff fällt. Ein klassisches Beispiel ist der Intelligenztest, wenn man ihn als festsetzende Definition von „Intelligenz" und nicht bloß als Messverfahren interpretiert.

Die Begriffe, die im Definiens einer operationalen Definition vorkommen, werden oft als „Indikatoren" bezeichnet. Gelegentlich werden operationale Definitionen als Alternative zu feststellenden Definitionen aufgefasst. Das ist besonders bei Begriffen der Fall, für die man über keine akzeptierte feststellende Definition verfügt, auf die man aber nicht verzichten kann oder will. Ein typisches Beispiel ist „nachhaltige Entwicklung". Unter den vielen Vorschlägen für eine Definition ist diejenige aus dem sogenannten „Brundtlandbericht" *Our common future* vielleicht die bekannteste:

(32) „Nachhaltige Entwicklung ist Entwicklung, die die Bedürfnisse der gegenwärtig Lebenden abdeckt, ohne die Möglichkeiten zukünftiger Generationen zu beeinträchtigen, ihre eigenen Bedürfnisse zu befriedigen." (WCED 1987:43)

Als festsetzende oder feststellende Definition ist (32) ebenso umstritten wie andere Definitionsvorschläge für „nachhaltige Entwicklung". Viele Autoren wollen deshalb auf eine Definition, die den Anspruch auf extensionale oder intensionale Äquivalenz erhebt, verzichten. Stattdessen verweisen sie auf Nachhaltigkeitsindikatoren, wie sie beispielsweise die UNO-Kommission für nachhaltige Entwicklung erarbeitet hat. Das ist ein hierarchisch organisiertes System von 96 zusammenhängenden Indikatoren (CSD 2007a:9–20; siehe Beispiel 33, unten) mit ausführlichen Beschreibungen, wie die einzelnen Indikatoren zu messen sind (CSD 2007b). Aus definitionstheoretischer Sicht stellt sich die Frage, ob man ein solches Indikatorsystem nicht doch als Skizze einer operationalen Definition ansehen sollte, die einfach mehr oder weniger offen lässt, wie die Indikatoren zusammenspielen. Es stellt sich nämlich nach wie vor die Frage, ob die Indikatoren adäquat sind, insbesondere, ob sie insgesamt die Extension von „nachhaltige Entwicklung“ korrekt beschreiben oder zweckmäßig festlegen.

Theme	Sub-theme	Core indicator	Other indicator
Poverty	Income poverty	Proportion of population living below national poverty line	Proportion of population below $1 a day
[...]			
Atmosphere	Climate change	Carbon dioxide emissions	Emissions of greenhouse gases
	Ozone layer depletion	Consumption of ozone depleting substances	
	Air quality	Ambient concentration of air pollutants in urban areas	
[...]			

Beispiel 33: Ausschnitt aus dem UNO-Indikatorsystem für „nachhaltige Entwicklung" (CSD 2007a:10, 12)

Fallbeispiel
Definitionen und Begriffsbestimmungen analysieren

In einem Artikel über Schüchternheit und Verlegenheit findet sich eine Passage, in der die Verwendung des Wortes *self-conscious* diskutiert wird:

> [a] It is argued that these two aspects of embarrassment – blushing and acute public self-awareness – are two sides of the same coin, integral features of a single experience. This is the experience entailed in the common-sense notion of "self-consciousness" (as in "feeling self-conscious"). It is this experience that is postulated to be the non-anxious arousal state underlying embarrassment and shame. Consequently, it is being proposed that self-consciousness is inherently affective. [...]
>
> [b] However, self-consciousness is deployed already in academic psychology to denote the disposition to become self-aware [...]. [c] As this marks something of a departure from its usage in ordinary language, it seems that we need to coin a new label for academic reference to the experience denoted by the everyday notion of self-consciousness.

> The principal feature of self-consciousness as understood in commonsense psychology appears to correspond to what psychologists might describe as an acute awareness of a negative discrepancy between a presumed or desired self-image and that projected. On the basis of this it appears that a reasonable label for this experience would be acute negative public self-attention (ANPS-A) [...]

Beispiel 34: Textausschnitt zum Begriff *self-conscious* (HARRIS 1990:67–68; © Cambridge University Press)

Der Gedankengang in diesem Textausschnitt lässt sich grob so zusammenfassen: Da *self-consciousness* im Alltag eine Erfahrung der Selbstaufmerksamkeit bezeichnet, in der wissenschaftlichen Psychologie hingegen eine Disposition zur Selbstaufmerksamkeit, sollte für die umgangssprachlich *self-consciousness* genannte Erfahrung ein neuer psychologischer Fachbegriff eingeführt werden: „akute negative öffentliche Selbstaufmerksamkeit", kurz „ANPS-A". Wir haben es also mit drei Begriffen zu tun und können den Text in drei Abschnitte (a)–(c) einteilen. Da sich im Text keine expliziten Definitionen finden, müssen diese rekonstruiert werden. Den Ausdruck *self-consciousness* lassen wir unübersetzt, weil ja gerade geklärt werden soll, was er in verschiedenen Zusammenhängen bedeutet.

Abschnitt (a). In diesem Abschnitt geht es um die Frage, wie *self-consciousness* in alltäglicher, nicht wissenschaftlicher Redeweise verwendet wird, also um eine Definition mit feststellender Zielsetzung. Als Erstes stellt sich das Problem, zwischen der Begriffsbestimmung von *self-consciousness* und weiteren Sachbehauptungen zu unterscheiden. Zentral für die Begriffsbestimmung ist der zweite Satz, der *self-consciousness* als diejenige Erfahrung charakterisiert, von der im ersten Satz zwei wesentliche Merkmale genannt wurden. Der dritte und vierte Satz hingegen formulieren weiter gehende Behauptungen über diese Erfahrung, dass sie nämlich Verlegenheit und Scham zugrunde liegt und inhärent affektiv ist. Wenn aus den ersten beiden Sätzen eine explizite Definition rekonstruiert werden soll, muss als Erstes das Definiendum näher bestimmt werden. Da *self-consciousness* in (a) eine Erfahrung einer Person bezeichnet, bietet sich „x is self-conscious" als Definiendum an. Für das Definiens nennt der erste Satz zwei Elemente: Erröten und akute öffentliche Selbstaufmerksamkeit. Mit Letzterem ist, wie Harris vor der oben zitierten Stelle erklärt, intensive Aufmerksamkeit einer Person auf öffentliche Aspekte ihrer selbst gemeint (HARRIS 1990:67). Weniger klar ist, wie sich mit diesen beiden Elementen eine adäquate explizite Definition angeben lässt.

Eine erste Möglichkeit wäre, eine Definition in konjunktiver oder disjunktiver Standardform zu formulieren:

(35.1) x *is self-conscious* $=_{df}$ x errötet und/oder x macht eine Erfahrung der akuten öffentlichen Selbstaufmerksamkeit *(self-awareness)*

Dagegen spricht, dass Erröten und akute öffentliche Selbstaufmerksamkeit als „zwei Seiten derselben Sache" bezeichnet werden. Damit wird gesagt, dass Erröten und akute öffentliche Selbstaufmerksamkeit zwar verschieden, aber untrennbar verbunden sind. Mit anderen Worten: „x errötet" und „x macht eine Erfahrung der akuten öffentlichen Selbstaufmerksamkeit" sind extensional, aber nicht intensional äquivalent. Im Gegensatz zu akuter öffentlicher Selbstaufmerksamkeit dürfte Erröten nicht zur Intension von *self-consciousness* gehören. Deshalb kann (35.1) verkürzt werden:

(35.2) x *is self-conscious* $=_{df}$ x macht eine Erfahrung der akuten öffentlichen Selbstaufmerksamkeit *(self-awareness)*

Dieses Resultat beruht auf der Annahme, dass die Erläuterungen zur Bedeutung von *self-consciousness* in Abschnitt (a) tatsächlich als Definition dieses Begriffs rekonstruiert werden können. Dagegen spricht, dass Harris nicht sagt, dass der alltägliche Begriff der *self-consciousness* eine Erfahrung der akuten öffentlichen Selbstaufmerksamkeit *bezeichne,* sondern nur, dass eine solche Erfahrung in diesem Begriff eingeschlossen ist *(entailed in).* Das lässt die Möglichkeit offen, dass (35.2) für eine adäquate Definition durch weitere Bedingungen ergänzt werden muss. Um das zu entscheiden, müssen weitere Textstellen beigezogen werden; wir kommen darauf zurück.

Abschnitt (b). Die Rekonstruktion der Begriffsbestimmung in (b) ist vergleichsweise unproblematisch. Harris erklärt, wie *self-conscious* in der akademischen Psychologie verwendet wird, was sich durch folgende feststellende Definition ausdrücken lässt:

(36) x *is self-conscious* $=_{df}$ x hat eine Disposition zur Selbstaufmerksamkeit *(self-awareness)*

Aus dem Kontext geht hervor, dass diese Definition gleichzeitig eine festsetzende Funktion erfüllt. Sie markiert den Entschluss, *self-conscious-*

ness im Folgenden in diesem Sinne zu verwenden und nicht mit der Bedeutung, die in Abschnitt (a) diskutiert wurde.

Abschnitt (c). Wie der erste Satz in (c) klarmacht, ist das Ziel der dritten Begriffsbestimmung festsetzend, nicht feststellend. Die Idee ist, in die psychologische Fachsprache einen Begriff einzuführen, der dasselbe bezeichnet wie der umgangssprachliche Begriff *self-consciousness*. Tatsächlich werden gleich zwei Begriffe eingeführt, der komplexe Ausdruck „akute negative öffentliche Selbstaufmerksamkeit" und das Kürzel „ANPS-A". Letzteres lässt sich problemlos als rein festsetzende Definition rekonstruieren:

(37.1) x macht eine Erfahrung der ANPS-A $=_{df}$ x macht eine Erfahrung der akuten negativen öffentlichen Selbstaufmerksamkeit *(self-attention)*

Die Adäquatheit dieser Definition ist primär eine Frage der Zweckmäßigkeit, für die vor allem spricht, dass „ANPS-A" platzsparender als das Definiens ist.

Was den neu geprägten Ausdruck „akute negative öffentliche Selbstaufmerksamkeit" anbelangt, stellt sich die Frage, ob das, was in (c) gesagt wird, sinnvoll als Definition interpretiert werden kann. Tut man dies, erhält man nämlich:

(37.2) x macht eine Erfahrung der akuten negativen öffentlichen Selbstaufmerksamkeit *(self-attention)* $=_{df}$ x macht eine Erfahrung der akuten Aufmerksamkeit *(awareness)* auf eine negative Diskrepanz zwischen vorausgesetztem oder erwünschtem und projiziertem Selbstbild

An dieser Definition ist einiges problematisch. Offensichtlich scheint sie gegen die Regel der Zirkelfreiheit zu verstoßen, da das Definiens einige Ausdrücke enthält, die auch im Definiendum vorkommen. Dieses Bedenken können wir hier nicht angemessen abklären. Man müsste analysieren, wie im Text von Harris die Begriffe verwendet werden, die in (37.2) vorkommen. Dabei wäre zum Beispiel abzuklären, ob er einen Unterschied zwischen *self-awareness* und *self-attention* (hier beides mit „Selbstaufmerksamkeit" übersetzt) macht; möglicherweise müsste auch die Literatur, auf die er sich stützt, berücksichtigt werden. Wir lassen deshalb die Frage offen, wie nach Harris „akute negative öffentliche Selbstaufmerksamkeit" definiert werden kann.

Abschnitt (a), nochmals. Wir können nun die Definition des umgangssprachlichen *self-conscious* in (a) mit dem fachsprachlichen „ANPS-A" in (c) vergleichen. Beide Definitionen, (37.1) und (35.2), haben ein ähnliches, aber nicht das gleiche Definiens, selbst wenn wir *attention* und *awareness* gleichsetzen. Der entscheidende Unterschied ist der Zusatz „negativ" in (37.1). Somit ist die Extension des definierten Begriffs in (37.1) wesentlich enger als in (35.2). Das steht im Gegensatz zur erklärten Absicht, „ANPS-A" als wissenschaftliches Gegenstück zum umgangssprachlichen *self-consciousness* einzuführen. Dafür bieten sich verschiedene Erklärungen an. Es könnte sein, dass in (a) „negative" versehentlich fehlt oder dass *self-conscious* in (a) mit neutraler, in (c) dagegen mit negativer Bedeutung verwendet wird. Da es in der analysierten Passage aber gerade darum geht, verschiedene Bedeutungen von *self-conscious* zu unterscheiden, sollte man gemäß dem Prinzip der wohlwollenden Interpretation dem Autor nach Möglichkeit nicht unterstellen, dass er sich durch die Mehrdeutigkeit von *self-conscious* zu einer inkonsistenten Darstellung hat verleiten lassen. Eine plausible Analyse ergibt sich, wenn man die oben genannten Bedenken ernst nimmt und davon ausgeht, dass in (a) tatsächlich keine vollständige Definition vorgelegt wird und das Definiens von (35.2) zwar Teil einer Begriffsbestimmung ist, jedoch nur eine notwendige Bedingung für *self-consciousness* nennt. Abschnitt (a) erwähnt den negativen Charakter der Selbstaufmerksamkeit nicht, sondern betont vor allem, dass es sich um eine Erfahrung handelt, im Gegensatz zu einer Disposition, wie sie durch den psychologischen Begriff der *self-consciousness* bezeichnet wird.

7.5.4 Die Methode der Explikation

Was ist eine Explikation? Das Explizieren ist eine Alternative zu den bisher dargestellten Methoden des Definierens, bei der es nicht nur darum geht, die Bedeutung eines Begriffs zu bestimmen, sondern auch darum, gegebenenfalls die Vagheit eines Begriffs zu reduzieren oder zu beseitigen. Explikationen sind zugleich Begriffsbestimmungen und Begriffsverbesserungen. Deshalb haben Explikationen zwar Gemeinsamkeiten mit feststellenden und festsetzenden Definitionen, zeichnen sich aber dadurch aus, dass bei einer Explikation ein Begriff im Kontext einer Theorie *ersetzt* wird:

Unter der **Explikation** eines Begriffs („Explikandum") im Kontext einer Theorie versteht man das Ersetzen dieses Begriffs durch einen exakteren Begriff („Explikat"), der für bestimmte Zwecke anstelle des Explikandums gebraucht werden kann.

Das bedeutet einerseits, dass Explikationen immer nur im Rahmen einer Theorie vorkommen können, und andererseits, dass extensionale und intensionale Äquivalenz weder das einzige noch das wichtigste Ziel einer Explikation sind. Eine Explikation orientiert sich zwar an einem gegebenen Begriff, aber sie führt doch einen neuen Begriff ein (dabei kann auch ein neues Wort eingeführt werden, aber dies ist nicht zwingend). Eine entscheidende Rolle spielen dabei Überlegungen, die sich auf die Brauchbarkeit des Begriffs in einer Theorie beziehen. Deshalb sind für dasselbe Explikandum verschiedene Explikate möglich, je nachdem, in welcher Theorie und zu welchem Zweck der Begriff expliziert werden soll. Explikationen sind also keine Begriffsanalysen, sondern „rationale Rekonstruktionen" oder „rationale Nachkonstruktionen" von Begriffen, wie das Carnap, der die Methode der Explikation wesentlich geprägt hat, ausdrückt.

In der Wissenschaft sind Explikationen außerordentlich häufig; sicher viel häufiger als rein feststellende Definitionen, die vor allem in Nachschlagewerken vorkommen. Einige Beispiele für Explikationen sind:

(38) Botanik: „Beerenfrucht: […] Schließfrucht mit fleischiger Fruchtwand (Exokarp häutig, Meso- und Endokarp fleischig […])." (BALTISBERGER 2003:65)

(39) Ökonomie: „Arbeit wird in der Volkswirtschaftslehre definiert als jede menschliche Tätigkeit, die auf die Befriedigung der Bedürfnisse anderer Personen gerichtet ist." (HANUSCH/KUHN/CANTNER 2002:12)

(40) Psychologie: „Motivation [ist] eine Tendenz zu einer bestimmten Art von Verhalten, Füttern beispielsweise." (TOATES 2002:234)

(41) Medizin: „Bei Erwachsenen beginnt Übergewicht ab einem Körpermasseindex (BMI) =25 kg/m^2." (WHO 2007:1)

Beispiel (39) illustriert, dass Explikationen oftmals auch als „Definitionen" bezeichnet werden. Dies ist einer der Gründe, weshalb es mitunter schwierig sein kann, zu entscheiden, ob eine Begriffsbestimmung als Explikation intendiert ist oder als Definition, die sowohl einen feststellenden wie auch einen festsetzenden Anspruch erhebt. Man kann sich an folgenden zwei Unterscheidungsmerkmalen orientieren: Erstens kommen Explikationen nur im Kontext einer Theorie vor. Beispiel (38) zeigt das besonders klar, weil da der Begriff der Beerenfrucht mithilfe von weiteren Fachbegriffen expliziert wird, die selbst Explikationen umgangssprachlicher Begriffe sind (Exo-, Endo- und Mesokarp sind die äußere, innere und mittlere Fruchtwand). Zweitens sind die Adäquatheitskriterien für Explikationen nicht einfach eine Kombination der Adäquatheitskriterien für feststellende und festsetzende Definitionen. Darauf kommen wir zurück, nachdem wir uns zuerst genauer angesehen haben, wie man beim Explizieren vorgeht.

Vorgehen und Beurteilungskriterien. Das Explizieren kann als eine Verfahrensweise dargestellt werden, die fünf Schritte umfasst:

Vorgehen beim Explizieren

1. Abklären, in welcher Theorie das Explikat verwendet werden soll.
2. Durch eine Begriffsbestimmung klären, in welcher Bedeutung das Explikandum expliziert werden soll.
3. Ähnlichkeitsbedingungen formulieren.
4. Explikat einführen, möglichst durch eine explizite Definition.
5. Adäquatheit der Explikation beurteilen.

Wenn man selbst eine Explikation entwickelt, ist der erste Schritt oft unproblematisch, weil ohnehin klar ist, was der theoretische Rahmen für die Explikation ist. Analysiert man hingegen die Verwendung von Begriffen in Texten, so ist es wichtig, sich den theoretischen Hintergrund einer Explikation klarzumachen, da man sonst die weiteren Schritte eventuell nicht nachvollziehen kann. Es kann beispielsweise einen großen Unterschied machen, ob der Begriff des Tons in einer physikalischen Theorie oder in einer Wahrnehmungstheorie expliziert wird.

Das Ziel des zweiten Schrittes ist es, sicherzustellen, dass keine mehrdeutigen Ausdrücke expliziert werden. Es wird eine Bedeutung des Explikandums herausgegriffen und gegen andere abgegrenzt. Dazu können die in Kapitel 7.4.1 beschriebenen Verfahrensweisen verwendet werden.

Auf dieser Grundlage kann man festlegen, inwiefern das Explikat dem Explikandum gleichen soll. Solche Ähnlichkeitsbedingungen können in unterschiedlicher Weise funktionieren. Eine erste Möglichkeit sind Listen mit positiven oder negativen Musterbeispielen. Damit gibt man zentrale Anwendungsfälle an, in denen das Explikat in gleicher Weise wie das Explikandum verwendet werden kann. Beispielsweise könnte man bei der Explikation von „Härte" fordern, dass Diamanten besonders hart und Talk besonders wenig hart sein sollen. Oder man fordert vom Explikat bestimmte strukturelle Eigenschaften. Zum Beispiel sollte „x ist härter als y" transitiv und asymmetrisch sein. Schließlich können auch Beziehungen zu anderen Begriffen eine wichtige Rolle spielen. Da „Beere" ein Unterbegriff zu „Frucht" ist, ist es sinnvoll, zu fordern, dass die Explikate der beiden Begriffe ebenfalls in diesem Verhältnis stehen. (In der Literatur werden die Ähnlichkeitsbedingungen meist als „Adäquatheitsbedingungen" bezeichnet. Das ist irreführend, weil für die Adäquatheit noch weitere Gesichtspunkte eine Rolle spielen.)

Im vierten Schritt werden Verwendungsregeln für das Explikat angegeben. Dies kann in Form einer expliziten Definition geschehen, aber man trifft in der Literatur öfters auf weniger streng ausgearbeitete Begriffsbestimmungen, etwa so wie in den Beispielen (38)–(41) (S. 182).

Schließlich muss die Explikation beurteilt werden. Explikationen sind nicht wahr oder falsch, sondern mehr oder weniger adäquat. Das lässt sich nur im Hinblick auf den Zweck, dem eine Explikation dienen soll, beurteilen. Man muss insbesondere berücksichtigen, wie das Explikat in einer Theorie oder in einem Begriffssystem verwendet werden soll. Abgesehen von den Definitionsregeln der Klarheit, Zirkelfreiheit und Knappheit (vgl. S. 173) gibt es vier Adäquatheitskriterien für Explikationen: Ähnlichkeit, Exaktheit, Fruchtbarkeit und Einfachheit. Sie sind wie folgt geordnet:

Adäquatheitskriterien für Explikationen

1. **Ähnlichkeit.** Das Explikat muss die Ähnlichkeitsbedingungen erfüllen. Extensionale oder intensionale Äquivalenz von Explikandum und Explikat sind hingegen nicht erforderlich.

2. **Exaktheit:** Der Gebrauch des Explikats soll
   - ausdrücklich geregelt sein,
   - eindeutig geregelt sein,
   - möglichst präzise geregelt sein, mindestens so präzise wie der Gebrauch des Explikandums.

3. **Fruchtbarkeit:**
   - Für das Explikat sollen möglichst viele Gesetzmäßigkeiten angegeben werden können.
   - Diese Gesetzmäßigkeiten sollen das Explikat mit möglichst vielen anderen Begriffen explizit verknüpfen.
   - Das Explikat soll es erlauben, möglichst viele Erklärungen formulieren zu können („Erklärung“ im Sinne von „Tatsachen-“, nicht „Begriffserklärung“; vgl. S. 156–157).
4. **Einfachheit:**
   - Die Gebrauchsregeln für das Explikat sollen möglichst einfach sein.
   - Die Gesetzmäßigkeiten, in denen das Explikat vorkommt, sollen möglichst einfach sein.
5. **Weiter gehende Ähnlichkeit.** Wenn zwei Explikate die Adäquatheitskriterien (2)–(4) gleichermaßen erfüllen, ist dasjenige vorzuziehen, das dem Explikandum ähnlicher ist.

Charakteristisch für Explikationen ist, dass das Adäquatheitskriterium der Ähnlichkeit nicht den absoluten und wichtigsten Maßstab darstellt. Die Konsequenz ist, dass Explikandum und Explikat im Allgemeinen nicht extensionsgleich sind und es also „Umklassifizierungen“ gibt. Zum Beispiel zählen nach der in (38) erwähnten Explikation von „Beere“ durch „Beerenfrucht“ Erdbeeren, Himbeeren und Brombeeren nicht zu den Beerenfrüchten, wohl aber Auberginen, Avocados, Bananen, Citrusfrüchte, Datteln, Feigenkakteen, Gurken, Heidelbeeren, Johannisbeeren, Kakipflaumen, Kiwis, Kürbisse, Melonen, Papayas, Paprikas, Stachelbeeren, Tomaten, Trauben, Wassermelonen und Zucchini (Baltisberger 2003:261–262). Der Nachteil solcher Abweichungen wird dadurch aufgewogen, dass der Begriff der Beerenfrucht in der Botanik viel exakter, fruchtbarer und einfacher ist als sein umgangssprachliches Gegenstück.

7.5.5 Checkliste zur Analyse von Definitionen und Explikationen

1. Handelt es sich überhaupt um eine Definition oder Explikation?

Kriterium: allgemeine Aussage über einen Begriff B, die als Antwort auf „Was bedeutet der Begriff B?“ oder „Was soll der Begriff B bedeuten?“ interpretiert werden kann

Gegensätze:

- nicht definitorische Begriffsbestimmung (z. B. mit Musterbeispielen)
- Aussage über Gegenstände, die unter Begriff B fallen (z. B. Sachbehauptung, Tatsachenerklärung)

2. Ziel

- feststellende Definition: Sprachgebrauch beschreiben
- festsetzende Definition: Sprachgebrauch regeln
- Explikation: Begriff für theoretische Zwecke ersetzen

3. Form

- Wie lautet die explizite Formulierung der Definition?
  - Was ist das Definiendum? Welche logische Form hat es?
  - Was ist das Definiens? Welche logische Form hat es?
- Welche Struktur hat das Definiens?
  - konjunktive Standardform (Liste notwendiger Bedingungen, die zusammen hinreichend sind)
  - disjunktive Standardform (Liste hinreichender Bedingungen, die zusammen notwendig sind)

4. Adäquatheit

- bei feststellenden Definitionen:
  - extensional äquivalent (gleicher Begriffsumfang)
  - intensional äquivalent (gleiche Bedeutung)
- bei festsetzenden Definitionen:
  - zweckmäßig
- bei Explikationen (relativ zu Verwendung in einer Theorie):
  - Ähnlichkeit
  - Exaktheit
  - Fruchtbarkeit
  - Einfachheit

- allgemein:
  - Klarheit: verständlich, eindeutig und möglichst nicht metaphorisch
  - Zirkelfreiheit
  - Knappheit: nichts Überflüssiges

Literatur zu 7.5

Definitionstheorie. Eine Übersicht über die Definitionstheorie und verschiedene Definitionsformen findet sich in HANSSON 2006 und OPP 2014:Kap. IV.2. Ein ausführliches Lehrbuch, das Standardformen und Definitionsregeln diskutiert, ist VON SAVIGNY 1980. Eine genaue Darstellung mit praktischen Hinweisen ist DORN 2014:Kap. 4.

Operationale Definition. Eine ausführlichere Darstellung ist OPP 2014:Kap. IV.2.26.

Explikation. Für eine anschauliche Erläuterung der Methode der Explikation ist die klassische Darstellung in CARNAP 1971:§§ 2–3 (dt. S. 12–20) lesenwert. Über weitere Einzelheiten und die neuere Entwicklung der Theorie der Explikation kann man sich bei GREIMANN 2007 und SIEGWART 1997 informieren.

7.6 Metaphorische Formulierungen klären

Was sind Metaphern? In metaphorischen Formulierungen werden Ausdrücke in einer übertragenen, nicht wörtlichen Bedeutung verwendet. In ihrer Funktion weisen Metaphern eine gewisse Ähnlichkeit mit Vergleichen auf (vgl. Box „Metaphern und Vergleiche“, S. 188). Metaphorische Formulierungen kommen nicht nur in großer Zahl in populären und journalistischen Texten vor. Sie spielen auch in wissenschaftlichen Texten aller Fachrichtungen eine wichtige Rolle. Oft werden Metaphern nicht auf den ersten Blick als solche erkannt, weil sie zur Standardterminologie einer Disziplin oder eines Autors gehören. Hier sind einige typische Beispiele:

(1) bösartige Tumore
Bürgerplattform
Datentunnel
egoistische Gene (nach dem Buchtitel *The Selfish Gene* von Richard Dawkins)
eiserner Käfig der Rationalität (Max Weber)
feuernde Neuronen
mentales Abbild

Molekularsieb
ökologischer Fußabdruck
Ozonloch
Patchwork-Familie
poröse Ich-Struktur
schwarzes Loch
Wasserstoffbrücke
Zwerggalaxie

Box Metaphern und Vergleiche

Metaphern haben einige Gemeinsamkeiten mit Vergleichen. Üblicherweise werden zwei Faktoren genannt, die Metaphern von Vergleichen unterscheiden. Metaphern enthalten kein Vergleichswort („wie", „gleich wie", „gleichen" usw.) und sie nennen nicht explizit eine Vergleichshinsicht:

(2) Metapher: Annas Nerven sind Drahtseile.

(3) Mit Vergleichswort: Annas Nerven sind wie Drahtseile.

(4) Vergleich mit expliziter Hinsicht: Annas Nerven sind belastungsfähig wie Drahtseile.

Ein weiterer Unterschied ist, dass ein Ausdruck, der metaphorisch gebraucht wird, in einer Bedeutung verwendet wird, die er sonst nicht hat. Dies muss bei Vergleichen nicht der Fall sein. „Drahtseile" wird in (2) für Nerven statt wie in den Beispielen (3) und (4) für Seile aus Metalldrähten verwendet. Die Beispiele zeigen auch, dass sich die Bedeutung einer metaphorischen Formulierung nicht unbedingt in einfacher Weise mithilfe eines nicht metaphorischen Vergleichs angeben lässt. Formulierung (3) lässt offen, in welcher Hinsicht Annas Nerven wie Drahtseile sind, und in (4) wird „belastungsfähig" metaphorisch verwendet, da die Belastungsfähigkeit von Nerven ja nicht als Zugfestigkeit zu verstehen ist. Aus diesen Gründen können Metaphern im Allgemeinen nicht durch metaphernfreie Vergleiche ersetzt werden, ohne dass sich dabei die Bedeutung der betreffenden Aussage ändert. Ähnliches gilt für Vergleiche ohne explizite Angabe der Vergleichshinsicht, weil bei solchen Vergleichen die Vergleichshinsicht oft nicht ohne Metaphern ausbuchstabiert werden kann.

> Für die Textanalyse ist der entscheidende Punkt deshalb nicht, ob ein Vergleichswort vorliegt, sondern ob die Vergleichshinsicht spezifiziert ist. Vergleiche ohne explizite Angabe der Vergleichshinsicht bieten ähnliche Schwierigkeiten für die Textanalyse wie Metaphern.

Besondere Aufmerksamkeit in der Textanalyse verdienen Metaphern nur, wenn sie noch „lebendig" sind, das heißt, wenn die Tatsache, dass es sich um eine Metapher handelt, für das Verständnis der betreffenden Formulierung noch eine Rolle spielt. Das ist bei sogenannten toten oder erstarrten Metaphern wie „Fahrstuhl" und „Stuhlbein" nicht mehr der Fall. Lebendige Metaphern können zum Beispiel im interdisziplinären Dialog für Verwirrung sorgen und erfordern dann eine vertiefte Analyse. Andererseits können Metaphern auch ein Keim für theoretische Innovationen sein. Wenn bisher wenig erforschte Phänomene metaphorisch charakterisiert werden, kann die Metapher eine Hilfe sein, um ein besseres Verständnis des betreffenden Phänomens zu entwickeln. So sind zum Beispiel in der kognitiven Psychologie bewusst Metaphern aus der Computertechnik eingesetzt worden, um auszutesten, wieweit der menschliche Geist in Analogie zu Computern und Software verstanden werden kann.

Die metaphorische Verwendung eines Begriffs betrifft nie nur diesen allein. Erstens müssen metaphorisch verwendete Begriffe mit anderen Begriffen kombiniert werden, um eine Aussage zu machen. Diese weiteren Begriffe werden dann oft von der metaphorischen Bedeutung „infiziert", das heißt, sie müssen ebenfalls metaphorisch verwendet werden, und diese metaphorischen Verwendungsweisen müssen zusammenpassen. Sätze enthalten also häufig nicht nur eine, sondern mehrere, zusammenspielende Metaphern. Wenn davon die Rede ist, dass die „innere Uhr" eines Menschen durch den Jetlag „aus dem Takt gerät", so ist auch das Aus-dem-Takt-Geraten metaphorisch zu verstehen.

Zweitens ist die metaphorische Verwendung eines Begriffes ein Phänomen, das sich immer auch auf der Ebene des Wortschatzes abspielt. Sie impliziert, dass andere semantisch verwandte Begriffe ebenfalls metaphorisch verwendet werden könnten, und legt bis zu einem gewissen Grad auch fest, welche Bedeutung diese anderen Begriffe in metaphorischer Verwendung haben. Damit sind zwei wichtige Punkte angesprochen. Erstens wird durch die metaphorische Verwendung eines Ausdrucks nicht bloß die Bedeutung eines einzelnen Begriffs verschoben, sondern implizit wird ein Begriffsschema, ein Wortfeld oder ein Teil eines Wortfeldes auf ein neues Anwendungsgebiet übertragen (vgl. Box „Wortfelder", S. 190). Wenn zum Beispiel von der „Geburt eines Sternes" die Rede ist, werden damit implizit Begriffe aus dem Wortfeld um „Leben", „Altern" und „Sterben" zur Anwendung auf Sterne übertragen. Man kann auch vom „Tod“ eines Sterns oder von seinem „Altern“ sprechen, und es ist einigermaßen klar, was damit gemeint ist. Typischerweise bleibt die Übertragung von Wortfeldern eingeschränkt. Weniger klar ist, was mit der „Zeugung“ oder der „Pubertät“ eines Sterns gemeint sein könnte.

Box Wortfelder

Ein Wortfeld ist eine Menge von alternativen Begriffen. Zum Beispiel bilden die Bezeichnungen für verschiedene Möbelstücke ein Wortfeld:

(5) „x ist ein Bett / eine Couch / ein Sofa / ein Sessel / ein Hocker / ein Stuhl / ein Wandschrank / eine Ständerlampe / …“

Auch zwei- und mehrstellige Begriffe können in Wortfeldern organisiert sein:

(6) „x ist der Vater / der Bruder / die Schwester / die Schwiegermutter / … von y“

Zwei charakteristische Eigenschaften von Wortfeldern sind, dass die Begriffe eines Wortfeldes unter einem Oberbegriff zusammengefasst werden können. Und zweitens, dass diese Begriffe alle die gleiche logische Form haben respektive – wenn man von der traditionellen Grammatik ausgeht – zur selben Wortart gehören (vgl. Kap. 7.1.2 über Begriffsformen).

Derselbe Begriff kann im Allgemeinen verschiedenen Wortfeldern zugeordnet werden, je nachdem, welcher Oberbegriff gewählt wird. Zwei Möglichkeiten für „x ist rot“ sind:

(7) Farben: „x ist rot / orange / gelb / grün / blau / …“

(8) Verkehrslichtsignale: „x ist rot / gelb / grün“

Wortfelder können unterschiedliche Strukturen aufweisen. Im Gegensatz zu (7) ist (8) ein Beispiel eines geschlossenen Wortfeldes, weil es aus einer ganz bestimmten Anzahl von Begriffen besteht, wobei allfällige Synonyme nicht eingerechnet werden (wenn etwa das gelbe Signal umgangssprachlich als „orange“ bezeichnet wird). Schließlich können sich, anders als in den Beispielen oben, die Extensionen der verschiedenen Begriffe eines Wortfeldes auch überschneiden:

(9) Staatsformen: „x ist eine (absolute / konstitutionelle / parlamentarische) Monarchie / eine Republik / eine Demokratie / …“

Zweitens sprechen wir nur dann von einer (lebendigen) Metapher, wenn die metaphorische Bedeutung von der nicht metaphorischen abhängig ist, durch sie „geleitet" wird. Ist das nicht oder nicht mehr der Fall, liegt eine schlichte Mehrdeutigkeit oder eine stehende Redewendung vor. Weil „Hering" als Bezeichnung für einen Zeltbauteil keine metaphorische Verwendung des Namens gewisser Fische ist, macht die Frage, welcher Teil des Zeltes denn die Forelle sei, keinen Sinn. Und es ist weder notwendig noch hilfreich, zu wissen, was „Handtuch" bedeutet, um den Ausdruck „das Handtuch werfen" zu verstehen.

Oft wird überdies in einem viel weiteren Sinne von Metaphern gesprochen, wenn die für Metaphern charakteristische implizite Übertragung eines Begriffsschemas in einem weiteren Sinne verstanden wird und nicht, wie bei Metaphern im engeren Sinne, bloß ein Wortfeld (oder einen Teil davon) umfasst, sondern ganze Ideenkomplexe, Problemstrukturen und Denkweisen betrifft. Dazu gehören typischerweise Begriffe unterschiedlicher logischer Form, die nicht durch einen gemeinsamen Oberbegriff, sondern durch inhaltliche Assoziationen verbunden sind. Zur deutlicheren Unterscheidung werden solche Metaphern im weiteren Sinne auch als „Modelle" bezeichnet.

Es kann schwierig sein zu entscheiden, ob eine Textpassage im Sinne einer Metapher (im engeren Sinne) oder eines Modells zu interpretieren ist. Wenn in der kognitiven Psychologie von „Modulen" die Rede ist, kann man das als eine Metapher im engeren Sinne verstehen und als Übertragung aus der Informatik analysieren, die implizit weitere Ausdrücke wie „Programm" oder „Subroutine" aus dem Wortfeld „Softwareeinheiten" involviert. Man kann die Rede von „Modulen" aber auch als Metapher im weiteren Sinne verstehen, das heißt als Teil einer umfassenden Strategie, die versucht, unser Verständnis von Computern zu nutzen, um den menschlichen Geist zu verstehen. In diesem Sinne spricht man von der „Computermetapher" oder vom „Computermodell" des Geistes. Das beinhaltet sowohl die umfassende Analogie von Hirn und Geist zu Hardware und Software als auch viele spezifische metaphorische Begriffsverwendungen wie „Zugriffspfad", „Algorithmus", „implementieren", „speichern", „deklarativ" und „prozedural". Hier zeigt sich besonders eindrücklich die außerordentliche Produktivität metaphorischer Übertragungen, da ein großer Teil der Begriffe der Computertechnik und Informatik selbst Metaphern sind (z. B. „Speicher"), viele davon sind ihrerseits Übertragungen aus dem Bereich des Mentalen (z. B. *memory*).

Metaphern analysieren. Metaphern können bei der Textanalyse einige Probleme verursachen. In jedem Falle gilt, dass Metaphern nicht unbesehen übernommen werden sollten. Vielmehr geht es darum, möglichst genau zu klären, was die Metapher leistet. Dabei sind folgende Vorgehensweisen hilfreich:

Vorgehen zum Klären von Metaphern

- Metaphorische Formulierung mit nicht metaphorischen Paraphrasen vergleichen.
- Metaphern im engeren Sinne: Übertragung von Begriffsschemata (Wortfelder oder Teile davon) ausloten.
- Metaphern im weiteren Sinne (Modelle): Übertragung von Ideenkomplexen, Problemstrukturen und Denkweisen ausloten.

Die erste Methode ist die wichtigste. Sie konzentriert sich auf die Frage, wie dasselbe in nicht metaphorischer Rede ausgedrückt werden könnte. Oft gibt es mehrere Möglichkeiten, und man muss versuchen, anhand des restlichen Textes festzustellen, welche Paraphrasen plausibel sind. Ein Beispiel für eine nicht metaphorische Paraphrase ist:

(10) „Bei astronomischen Beobachtungen spricht man von einem Signal-Rausch-Verhältnis. Das *Signal* ist das Licht, das das Objekt aussendet, das man beobachten möchte; *Rauschen* steht für die Unsicherheit im Signal (und im *Hintergrund*) […] und stellt so eine Präzisionsgrenze für das Bestimmen des Signals dar. Mit der Metapher des Rauschens ist eine Analogie zu akustischen Signalen verbunden […]. Als Hörer […] sind wir sehr geschickt darin, all diese zufälligen Frequenzen herauszufiltern, die uns daran hindern könnten, das Signal zu ermitteln, das uns interessiert. In der Astronomie wäre eine vergleichbare Fähigkeit für optische Wellen nötig." (Bailer-Jones 2002:114)

Meistens verspricht ein nicht metaphorischer Ersatz einen Gewinn an Präzision und Eindeutigkeit. Im Allgemeinen gehen aber auch Nuancierungen verloren, manchmal gerade solche, die für das Funktionieren der Metapher entscheidend sind. Man muss also sorgfältig beurteilen, welche Bedeutungsaspekte durch eine nicht metaphorische Paraphrase eingefangen werden können und welche nicht. Besonders nützlich kann es sein, mit verschiedenen nicht metaphorischen Formulierungen zu experimentieren und diese mit der Metapher zu vergleichen. In (11.1)–(11.3) sind beispielsweise einige nicht metaphorische Alternativen zur metaphorischen Verwendung von „anschweißen" in (11) formuliert (die Anführungszeichen im Zitat signalisieren die metaphorische Verwendung von „anschweißen"):

(11) „Wenn sich die [tektonischen] Platten trennen, steigt teilweise geschmolzenes Mantelmaterial auf und füllt die Lücke zwischen den beiden Platten. Dieses Material wird damit zu neuer Lithosphäre, die den wegdriftenden Rändern der divergierenden Platten ‚angeschweißt' wird." (PRESS/SIEVER 2003:537)

(11.1) Dieses Material wird damit zu neuer Lithosphäre, die sich an den wegdriftenden Rändern der divergierenden Platten ansetzt/anlagert.

(11.2) Dieses Material wird damit zu neuer Lithosphäre und verbindet/vereint sich mit den wegdriftenden Rändern der divergierenden Platten.

(11.3) Dieses Material wird damit zu neuer Lithosphäre an den wegdriftenden Rändern der divergierenden Platten.

Alle Formulierungen bringen zum Ausdruck, dass sich das neue Material mit den divergierenden Platten verbindet. In den Paraphrasen geht aber verloren, dass die Verbindung von Mantelmaterial und Platte durch Hitze und Anschmelzen der Platte zustande kommt.

Die zweite Analyse-Methode wurde oben im Zusammenhang mit der „Geburt eines Sterns" bereits erwähnt. Sie stützt sich darauf, dass bei der metaphorischen Verwendung von Ausdrücken implizit Begriffsschemata auf neue Anwendungsbereiche übertragen werden. Indem man der Frage nachgeht, wie andere Ausdrücke des Begriffsschemas metaphorisch verwendet werden könnten, lässt sich genauer bestimmen, wie die buchstäbliche Verwendung die metaphorische leitet.

Zum Beispiel könnte man sich bei (11) fragen, was es heißen würde, dass das Mantelmaterial an die Ränder der Platte gelötet, geklebt, geschraubt, gekittet oder mit ihr verknüpft wird. Ein anderes Beispiel ist:

(12) „Die lebende Zelle ist eine chemische Fabrik im Miniaturformat, in der Tausende von Reaktionen auf mikroskopisch kleinem Raum ablaufen." (CAMPBELL/REECE 2003:103)

Die geläufige Metapher der Zelle als Fabrik ist dem Wortfeld der Produktionsstätten entnommen. Relevante Alternativen zu „Zellen sind Fabriken" wären deshalb:

(13) „Zellen sind Manufakturen / Werkstätten / Ateliers / …"

Bezeichnete man Zellen als „Werkstätten" oder „Ateliers", so würde das andere Produktionsformen nahelegen. Man könnte dann denken, dass Zellen tendenziell Einzelprodukte anfertigen, nicht besonders arbeitsteilig organisiert, weniger spezialisiert und weniger auf Massenproduktion ausgerichtet sind. Dass Zellen als „Fabriken" und nicht als „Manufakturen" bezeichnet werden, betont, dass die zellinternen Prozesse maschinell (in metaphorischem Sinne) ablaufen und nicht wie eine handwerkliche Tätigkeit durch einen Organismus mit Absichten und Bewusstsein ausgeführt werden.

Metaphern im weiteren Sinne sind Modelle, bei denen Ideenkomplexe, Problemstrukturen oder Denkweisen übertragen werden. Man kann sie analysieren, indem man untersucht, welche Elemente von der Übertragung betroffen sind und wie sie übertragen werden. Dabei ist auch aufschlussreich, welche Aspekte des betreffenden Ideenkomplexes sich nicht übertragen lassen, ohne dass absurde oder falsche Aussagen resultieren. Im Beispiel der Zelle als Fabrik:

(14) In einer Fabrik werden Rohstoffe (z. B. Zucker, Aminosäuren) von Maschinen (z. B. Enzymen) zu Produkten (z. B. ATP, Zucker, Proteine) verarbeitet. Aufseher (mRNA) steuern die Produktion und vermitteln Information. Es gibt Sortier- und Versandzentralen (Golgi-Apparat) und eine Abteilung für externe Kommunikation *(gap junctions)*. Eine Fabrik produziert auch Abfälle und Emissionen (CO_2), die entsorgt werden müssen. Für verschiedene Produkte gibt es angepasste Lagerhallen (z. B. Vakuole, Amyloplasten). Ist die Fabrik zu unproduktiv, muss sie geschlossen werden, ein Insolvenzverwalter entscheidet, welche Teile an anderen Produktionsstätten weiterverwendet werden können (Lysosomen, Apoptose). Allerdings gibt es für die Arbeiter in der Fabrik und die damit zusammenhängenden sozialen, psychologischen und ökonomischen Aspekte keine Entsprechung in einer Zelle. Sie stellt eher ein vollautomatisches Produktionswerk dar.

Literatur zu 7.6

Metapherntheorie. Eine Übersicht zu verschiedenen Theorien der Metapher findet sich in HAGBERG 2005. Einige textanalytisch relevante Anwendungen und Beispiele diskutiert WALTHER 1990:Kap. 13.

Wortfelder. Ausführlicher über die Theorie der Wortfelder informiert GLONING 2002.

8 Vertieft analysieren: Wie wird argumentiert?

Wenn Sie einen Text lesen, unterstellen Sie – dem Prinzip der wohlwollenden Interpretation folgend – zunächst einmal, dass stimmt, was darin steht. Häufig machen Sie aber die Erfahrung, dass Sie kaum mit allem, was im Text steht, ohne Weiteres einverstanden sein können. In der Regel werden Sie Texte nicht aus Interesse an bloßen Meinungen lesen, sondern wissen wollen, ob zutrifft, was im Text steht. Daher können Sie Meinungen nicht ungeprüft übernehmen und Meinungsverschiedenheiten nicht einfach so stehen lassen. Ob richtig ist, was im Text steht, ist somit eine zweite wichtige Frage, die sich stellt, sobald Sie geklärt haben, was genau im Text steht. Gute Texte enthalten nicht nur interessante Inhalte, sondern auch schlüssige Begründungen für diese Inhalte. Ob zutrifft, was im Text gesagt wird, lässt sich mindestens ein Stück weit mit einer vertieften Analyse der Argumentation beantworten. Eine solche vertiefte Analyse untersucht, ob und wie Aussagen im Text begründet werden.

Wenn es sich um eine starke Argumentation handelt, müssen Sie im Text Aussagen finden können, die als unbestritten vorausgesetzt werden können und eine begründete Entscheidung darüber erlauben, ob die für Sie fraglichen Aussagen wahr sind. Bei einer vertieften Analyse identifizieren Sie die für die Argumentation relevanten Passagen im Text, analysieren den Aufbau der Argumentation und beurteilen, ob diese eine starke Begründung liefert. Dazu müssen Sie die Argumentation möglicherweise reformulieren oder in eigenen Worten wiedergeben und abklären, ob Sie Bedarf und Möglichkeiten sehen, wie die Argumentation stärker gemacht werden könnte.

Um vertieft zu analysieren, wie im Text argumentiert wird, brauchen Sie logische und argumentationstheoretische Techniken. Damit können Sie Argumente in Texten ermitteln, rekonstruieren (Kap. 8.2) und beurteilen (Kap. 8.3 und 8.4). Zuerst betrachten wir aber etwas näher, was Argumente sind und welche Funktionen sie erfüllen.

8.1 Grundbegriffe: Argumentation, Aussage und Argumentationsanalyse

Funktion von Argumentationen. Für die Textanalyse spielt das Analysieren von Argumenten eine zentrale Rolle, sobald es um mehr geht als bloß um die Frage, welche Informationen ein Text enthält. Das ist der Fall, wenn man wissen möchte, welche Gründe die Autorin für ihre Aussagen hat, und erst recht, wenn man das Geschriebene beurteilen möchte. Dann ist wichtig, ob der Text darüber Auskunft gibt, wieso die Autorin gewissen Aussagen zustimmt und andere ablehnt (vgl. Abschnitt „Sechs Stufen der Auseinandersetzung mit einem Text“, S. 24). In der Wissenschaft spielt das eine zentrale Rolle, weil Wissen nach Gründen verlangt. Wer den Anspruch erhebt, etwas zu wissen, übernimmt die Verpflichtung, über seine Gründe für diesen Anspruch Auskunft geben zu können. So genügt es in der Wissenschaft nicht, einfach etwas zu behaupten oder zu glauben, auch wenn dies wahr sein sollte. Man ist aufgefordert, Gründe für die Wahrheit der Aussagen, die man vorbringt, zu formulieren. Auch wenn man überzeugt ist, dass ein bestimmter Satz nichts Zutreffendes aussagt, sind Gründe anzuführen, die diese Aussage widerlegen, das heißt zeigen, dass er falsch ist. Wer versucht, für eine Aussage eine Begründung oder Rechtfertigung zu formulieren, argumentiert.

Von ihrer Funktion her kann man Argumentationen ganz allgemein wie folgt charakterisieren:

Funktion des Argumentierens

- Argumentationen zielen darauf ab, sich auf vernünftige Weise über strittige Aussagen zu einigen, indem geklärt wird, ob diese wahr sind.
- Argumentationen leisten diese Klärung, ausgehend von gemeinsam anerkannten Aussagen.

Diese Rede von „strittigen Aussagen“ und „Einigung“ bezieht sich darauf, dass das Argumentieren als eine Diskussion zwischen realen oder fiktiven Diskussionspartnern verstanden werden kann. Das heißt, wir sprechen bereits dann davon, dass eine Aussage strittig ist, wenn sich jemand fragt, ob sie wahr ist. Eine solche Situation kann insofern als Diskussion verstanden werden, als die fragliche Person Gründe für und gegen die Wahrheit erwägt. Die Einigung, auf die das Argumentieren abzielt, ist eine Entscheidung über die Wahrheit der strittigen Aussage auf der Grundlage von bereits als wahr akzeptierten Aussagen. Selbstverständlich sind Diskussionen nicht immer (nur) auf dieses Ziel ausgerichtet, sondern dienen auch der Unterhaltung, Selbstdarstellung und vielen andern Zielen. Wir sprechen deshalb gelegentlich von „argumentativen Diskussionen", wenn betont werden soll, dass es sich um Diskussionen handelt, in denen mithilfe von Argumenten eine Einigung über strittige Aussagen erzielt werden soll.

Wir unterstellen im Alltag den größten Teil unserer Aussagen als unstrittig. Es wäre auch nicht sinnvoll, für sämtliche Aussagen eine Begründung durch ein Argument zu fordern, auch wenn man verlangen kann, dass die Wahrheit oder Falschheit jeder einzelnen Aussage, die als wahr oder als falsch vorgebracht wird, im Prinzip durch eine Argumentation begründbar sein muss. Mit anderen Worten: Man kann zwar für jede Aussage argumentieren, aber nicht alle Aussagen zugleich als strittig betrachten. Einerseits ist das Argumentieren auf gemeinsam akzeptierte Voraussetzungen angewiesen; andererseits kann eine Gesellschaft oder ein Individuum nicht zu viel gleichzeitig als strittig betrachten, ohne handlungsunfähig zu werden.

Das Ziel, sich über die Wahrheit einer Aussage zu einigen, kann nicht nur mit Argumentieren, sondern auch mit ganz anderen Methoden verfolgt werden. So kann zum Beispiel jemand mit Drohungen, mit Versprechen, mit Hinweisen auf persönliche Vorteile oder durch Geltendmachen von Autorität dazu gebracht werden, einer Aussage zuzustimmen. Solches funktioniert sogar sich selbst gegenüber, wie das Phänomen des sogenannten Wunschdenkens zeigt. Und nicht alles, was als Argumentation – etwa im Parlament oder an einer wissenschaftlichen Konferenz – vorgebracht wird und auf den ersten Blick überzeugt, hält einer Analyse und Beurteilung stand und kann als rational gelten. Dagegen stützt sich eine vernünftige Übereinstimmung, wie sie die Methode des Argumentierens beansprucht, auf die Einsicht, dass man eine bestimmte Aussage als wahr oder falsch akzeptieren muss, weil man bereits gewisse andere Aussagen als wahr akzeptiert hat.

Die Einigung, auf die das Argumentieren abzielt, ist in gesellschaftlichen und zwischenmenschlichen Angelegenheiten immer dann wichtig, wenn ein Entscheidungsbedarf besteht und man nicht einfach Traditionen oder Autoritäten entscheiden lassen will. In einer demokratischen Gesellschaft sind daher zum Beispiel Aussagen über Umweltschutzmaßnahmen, die medizinische Versorgung, die Verteilung der Steuerlasten und vieles mehr Gegenstand von Argumentationen. Diese Aussagen können sowohl theoretische oder empirische Aspekte betreffen, wie zum Beispiel die Auswirkungen der Verbrennung fossiler Energieträger auf Natur und Gesellschaft, als auch praktische Aspekte, zum Beispiel Maßnahmen zur Reduktion der Nutzung fossiler Energieträger.

Aussagen. Weil sich das Argumentieren immer auf die Wahrheit respektive Falschheit von Sätzen bezieht, kann man nicht für alle Sätze argumentieren, sondern nur für solche, die wahr oder falsch sind. Diese nennen wir im Folgenden „Aussagen".

Kennzeichen von Aussagen

- Aussagen sind Sätze und somit grammatisch wohlgeformte Ausdrücke.
- Aussagen sind wahr oder falsch (genau eines von beidem).

Dass nur für und gegen Aussagen argumentiert werden kann, bedeutet inhaltlich keine Beschränkung, weil Aussagen sich auf das Bestehen beliebiger Sachverhalte beziehen können. Zum Beispiel darauf, dass ein Ereignis stattgefunden hat (1), dass ein Prozess von einer Größe beeinflusst wird (2), dass eine Person in bestimmter Weise handelt (3) oder ein begrifflicher Zusammenhang besteht (4):

(1) Das Klima hat sich in den letzten dreißig Jahren erheblich verändert.

(2) Der Klimawandel wird durch die Verbrennung fossiler Treibstoffe verstärkt.

(3) Mein Nachbar heizt mit Holzpellets.

(4) Holz ist ein Pflanzenprodukt.

Zu den Aussagen zählen auch Normsätze, in denen ausgesagt ist, dass gewisse Normen in Kraft sind, und solche, die ausdrücken, dass bestimmte Handlungsweisen gemäß gewissen Normen ge- oder verboten sind. Demnach lässt sich auch für die moralische Unzulässigkeit einer Handlungsweise (5) argumentieren oder für rechtliche Bestimmungen (6) und wissenschaftliche Anforderungen an Messverfahren (7):

(5) Es ist ungerecht, wenn die Industrienationen auf Kosten zukünftiger Generationen Treibhausgase emittieren.

(6) Die Gesetzgebung schreibt vor, dass Holzpellets DIN 51731 erfüllen müssen.

(7) Wissenschaftlich zuverlässige Schadstoffmessungen erfordern kalibrierte Geräte.

Neben den Aussagen gibt es viele andere Arten von Sätzen und Äußerungen, wie beispielsweise Befehle, Fragen und Gebete. Weil solche Sätze nicht wahr oder falsch sind, kann man für sie auch nicht argumentieren, wohingegen man selbstverständlich dafür argumentieren kann, dass eine Frage sinnvoll, ein Befehl unzweckmäßig oder ein Ausruf unhöflich ist, denn dies stellt jeweils eine Aussage dar.

Zwei wichtige Punkte sind außerdem zu beachten. Erstens ist die Frage, welche konkreten Aussagen wahr sind, im Allgemeinen keine argumentationsanalytische Frage, sondern muss durch fachspezifische Untersuchungen, Alltagserfahrung oder Wahrnehmung beantwortet werden. Bei den Aussagen (1) und (2) sind beispielsweise klimawissenschaftliche Untersuchungen nötig, während bei (5) eine ethische Theorie erforderlich ist und bei (3) eine Auskunft des Nachbars genügen mag.

Zweitens gehören zu den Aussagen auch Sätze, von denen nicht bekannt ist, ob sie wahr sind (8), und solche, bei denen wir nicht wissen, wie wir ihre Wahrheit praktisch feststellen könnten (9).

(8) Die Anzahl der Solarstromanlagen wird sich innerhalb von zwanzig Jahren weltweit verdoppeln.

(9) Auf anderen Planeten leben intelligente Lebewesen, die uns technologisch weit überlegen sind.

Dass eine Aussage wahr oder falsch ist, bedeutet nämlich nicht, dass wir wissen, ob sie wahr ist oder wie wir das herausfinden könnten. Somit sind wissenschaftliche Hypothesen (10) oder Vermutungen über vergangene Ereignisse (11) auch dann Aussagen, wenn wir über ihre Wahrheit oder Falschheit nicht definitiv Bescheid wissen:

(10) Jede ganze gerade Zahl > 2 ist als Summe von zwei Primzahlen darstellbar.

(11) „Niemals zuvor [vor der Nachkriegszeit] wurde [in Deutschland] so viel und so jung geheiratet, niemals zuvor wurden so viele junge Paare Eltern, niemals zuvor war die Scheidungsrate so gering, niemals zuvor waren so wenige Menschen ledig." (STIELER 2000:12)

Definition von „Argumentation" und „Argument". Argumentieren bedeutet, anerkannte Aussagen zu identifizieren, die die Wahrheit oder Falschheit von strittigen Aussagen begründen können, und zu zeigen, wie sie dies tun. Man muss angeben, in welcher Weise eine Aussage, deren Wahrheit man beansprucht, auf Aussagen zurückgeführt werden kann, die bereits anerkannt sind. So setzt sich zum Beispiel der Computerpionier Alan Turing in einem einflussreichen Artikel mit der Frage auseinander, ob Computer denken können. Dabei untersucht er verschiedene Argumente, die von Leuten vorgebracht werden, die beanspruchen zu wissen, dass Computer nicht denken können. Darunter ist das Folgende:

(12.1) „Denken ist eine Funktion der unsterblichen Seele des Menschen.

(12.2) Gott hat jedem Mann und jeder Frau eine unsterbliche Seele gegeben, aber keinem anderen Tier und keiner Maschine.

(12.3) Somit kann kein Tier und keine Maschine denken." (TURING 1950: 443)

Wer so argumentiert, beansprucht, dass (12.3) wahr ist – dass also Computer nicht denken können –, und begründet dies mit den beiden Aussagen (12.1) und (12.2). Unabhängig davon, ob (12.3) tatsächlich wahr ist, ist das eine schwache Verteidigung von (12.3), weil sie die höchst umstrittenen Behauptungen (12.1) und (12.2) voraussetzt. Andererseits scheint die Argumentation insofern vernünftig aufgebaut, als mindestens für diejenigen, die bereit sind, (12.1) und (12.2) zu akzeptieren, diese Aussagen tatsächlich einen guten Grund nennen, (12.3) zu akzeptieren. Strittig respektive begründungsbedürftig kann somit sein, *ob* eine bestimmte Aussage wie (12.3) wahr ist oder auch, *warum* sie wahr respektive falsch ist.
Diese Überlegungen können wie folgt in eine Definition gefasst werden (adaptiert von THIEL 2005):

> Eine **Argumentation** ist ein Text (Rede, Schreibe usw.) mit dem Ziel, die Zustimmung oder den Widerspruch von (wirklichen oder fiktiven) Gesprächspartnern zu einer Aussage (für beziehungsweise gegen deren Wahrheit argumentiert wird) durch den schrittweisen Rückgang auf bereits gemeinsam anerkannte Aussagen zu erreichen.
> Im einfachsten Fall, wenn eine Aussage unmittelbar durch andere Aussagen begründet wird, handelt es sich um ein **Argument.** Eine komplexe Argumentation besteht aus mehreren Argumenten.

Argumentationsanalyse. Argumentieren erfordert, einen geeigneten Zusammenhang zwischen den gemeinsam anerkannten Aussagen und der strittigen Aussage herzustellen. Solche „geeigneten" Zusammenhänge, das heißt Formen des Argumentierens, sowie auch Voraussetzungen des vernünftigen Argumentierens werden in der Argumentationstheorie untersucht. Weil dies ein sehr weitläufiges Forschungsgebiet ist, konzentrieren wir uns in dieser Einführung auf diejenigen Grundbegriffe, Techniken und Kriterien, welche beim Rekonstruieren und Beurteilen von Argumentationen in der Textanalyse besonders nützlich sind.

Wenn Sie einen Text gliedern, stellen Sie fest, ob und in welchem Zusammenhang in diesem Text argumentiert wird. Wenn Sie eine Argumentation im Text identifiziert haben, ist aber oftmals noch nicht ersichtlich, wie die Argumentation im Einzelnen aufgebaut ist und wie gut sie ist. Unmittelbar einleuchtend oder offensichtlich schlecht sind Argumentationen nur, wenn sie sehr einfach aufgebaut sind und ein direkter Zusammenhang zwischen den gemeinsam anerkannten Aussagen und der strittigen Aussage hergestellt wird. Oft sind Argumentationen aber kompliziert aufgebaut und in ihrer Struktur nicht sofort durchsichtig. Das ist der Fall, wenn eine Argumentation aus vielen einzelnen Argumenten besteht, in denen jeweils aufgrund anerkannter Aussagen andere Aussagen akzeptiert oder abgelehnt werden, die dann wieder die Grundlage für den nächsten Argumentationsschritt bilden, sodass der Zusammenhang zwischen den akzeptierten Aussagen und der strittigen Aussage über viele „Zwischenresultate" läuft. Dazu kommt, dass fast immer einzelne Teile der Argumentation nicht explizit formuliert, sondern einfach vorausgesetzt sind. Dann gilt es, diese Elemente zu bestimmen und ausdrücklich anzugeben. In all diesen Fällen braucht es eine vertiefte Analyse, das heißt, die Argumentation muss rekonstruiert werden.

Das Rekonstruieren von Argumentationen erfordert einerseits, die Elemente der Argumentation zu bestimmen, das heißt diejenigen Aussagen, welche als begründende oder begründete Aussagen zur Argumentation gehören. Andererseits geht es darum, die logischen Beziehungen zwischen diesen Elementen zu klären und sie entsprechend zu ordnen. Eine Rekonstruktion kann erfordern, dass Sie selbst knapp und klar formulieren, was in den einzelnen Aussagen behauptet wird, um feststellen zu können, ob die Argumentation unvollständig oder fehlerhaft ist und wie sie gegebenenfalls ergänzt oder verbessert werden kann. Der Übergang vom Rekonstruieren zum Beurteilen ist daher fließend. Bereits beim Rekonstruieren ist es nützlich, wenn Sie verschiedene Formen des rationalen und unlauteren Argumentierens kennen.

Das Beurteilen einer Argumentation kann nicht auf die Elemente und die Struktur der einzelnen Argumente beschränkt bleiben. Es gilt vielmehr, Argumente auch im Diskussionskontext zu betrachten. In welcher Weise bezieht sich die Argumentation auf die umstrittene These und auf unstrittige Prämissen? Wird die Argumentation in einer Weise eingesetzt, die es ermöglicht, tatsächlich Klarheit über die Wahrheit einer strittigen Aussage zu erhalten? Wir nennen die Art und Weise, wie eine Argumentation auf eine Diskussion Bezug nimmt und darin verortet ist, den „Diskussionsbeitrag" der Argumentation.

Das vertiefte Analysieren von Argumentationen hat also drei Aspekte:

- Wie lassen sich Argumentationen rekonstruieren? (Kap. 8.2)
- Unter welchen Bedingungen liefert ein Argument eine Begründung für die Wahrheit einer Aussage mithilfe anderer Aussagen? (Kap. 8.3)
- Wie beurteilt man den Diskussionsbeitrag einer Argumentation? (Kap. 8.4)

Diese drei Aufgaben können nicht stur in dieser Reihenfolge erledigt werden, sondern müssen in flexibler Reihenfolge angegangen werden. Wie das Prinzip des hermeneutischen Zirkels es erwarten lässt, gibt die Beurteilung einzelner Argumentationsschritte oft Anlass dazu, die Rekonstruktion der Argumentation zu überarbeiten. Auch können Gesichtspunkte aus dem Diskussionszusammenhang dafür sprechen, die ganze Argumentation anders zu rekonstruieren.

Literatur zu 8.1

Argumentationstheorie. Ausführlich über die in diesem Kapitel angesprochenen Punkte kann man in VAN EEMEREN 2001a nachlesen, wo unterschiedliche theoretische Auffassungen systematisch dargestellt sind. Ein knapper Überblick über verschiedene Strömungen der Argumentationstheorie findet sich in GETHMANN 2005.

Zur Argumentationstheorie gibt es eine Unmenge von Lehrbüchern in englischer und auch einige in deutscher Sprache. In vielen Punkten stützen wir uns auf die Argumentationstheorie von van Eemeren und Grootendorst, die kompakt und verständlich in VAN EEMEREN/GROOTENDORST/SNOECK HENKEMANS 2002 und theoretischer in VAN EEMEREN/GROOTENDORST 2004 dargestellt ist. Nützliche deutschsprachige Lehrbücher sind beispielsweise BAYER 2007, der besonders den Zusammenhang mit der formalen Logik zeigt, und KIENPOINTNER 1996, der einen Schwerpunkt bei plausiblen Argumenten in öffentlichen Diskussionen legt.

8.2 Argumentationen rekonstruieren

Argumentationen werden rekonstruiert, um zu klären, wie genau argumentiert wird. Dafür gilt es zu bestimmen, welche Sätze im Text für die Argumentation relevant sind und wie sie sich zu einer Argumentation zusammenfügen. Wenn Sie dies versuchen, werden Sie bei den meisten Argumentationen feststellen, dass bestimmte Elemente der Argumentation ergänzt werden müssen, weil sie nicht ausdrücklich formuliert sind, sondern stillschweigend vorausgesetzt werden. „Rekonstruieren" bedeutet, die Argumentation in einer standardisierten Form wiederzugeben, die die argumentative Struktur deutlich zeigt und alle Elemente der Argumentation explizit anführt. Haben Sie eine Argumentation auf diese Weise rekonstruiert, können Sie die Qualität der Argumentation beurteilen. Decken Sie dabei Schwächen auf, können Sie im Sinne des Prinzips der wohlwollenden Interpretation prüfen, ob sich nicht eine stärkere Argumentation rekonstruieren lässt. Dies beinhaltet zumeist, die für die Argumentation relevanten Textpassagen sowie die eigenen Reformulierungen nochmals zu lesen, alternative Analysen zu prüfen und Ergänzungen oder Modifikationen an den reformulierten Aussagen vorzunehmen.

Im Kapitel 8.2.1 wird zunächst die Idee der Rekonstruktion näher erklärt. Anschließend stellen wir in Kapitel 8.2.2 eine Methode vor, wie man bei der Rekonstruktion praktisch vorgehen kann. Weil das Vervollständigen von Argumenten ein ebenso wichtiger wie schwieriger Aspekt der Rekonstruktion ist, behandeln wir das Ergänzen von Prämissen gesondert in Kapitel 8.2.3. Wie am Schluss von Kapitel 8.2.1 erklärt wird, sind Rekonstruieren und Beurteilen von Argumentationen so eng miteinander verwoben, dass wir in diesem Kapitel an einigen Stellen auf Punkte vorgreifen müssen, die erst in Kapitel 8.3 eingehender diskutiert werden. Es mag deshalb nützlich sein, diese Stellen nach der Lektüre von Kapitel 8.3 nochmals zu lesen.

8.2.1 Worin besteht die Rekonstruktion einer Argumentation?

Beim Rekonstruieren gehen Sie von der Argumentation aus, so wie Sie diese im Text vorfinden, den Sie gerade lesen. Das ist gewöhnlich ein Fließtext, der die Argumentation in einer Weise präsentiert, die ihre Struktur nicht explizit macht. Wenn Sie den Text gegliedert haben, haben Sie bereits notiert, welche These mit der Argumentation verteidigt oder angegriffen werden soll und welche Gründe für sie ins Feld geführt werden. Der leitende Zweck des

Rekonstruierens ist nun, die „Mechanik“ des Argumentierens übersichtlich, eindeutig und lückenlos sichtbar zu machen. Das Produkt einer Rekonstruktion ist eine Wiedergabe der Argumentation in standardisierter Form. Wie das konkret aussehen kann, illustrieren wir anhand eines Arguments, das aus dem 19. Jahrhundert stammt (das Beispiel wird auf S. 215 ausführlicher diskutiert):

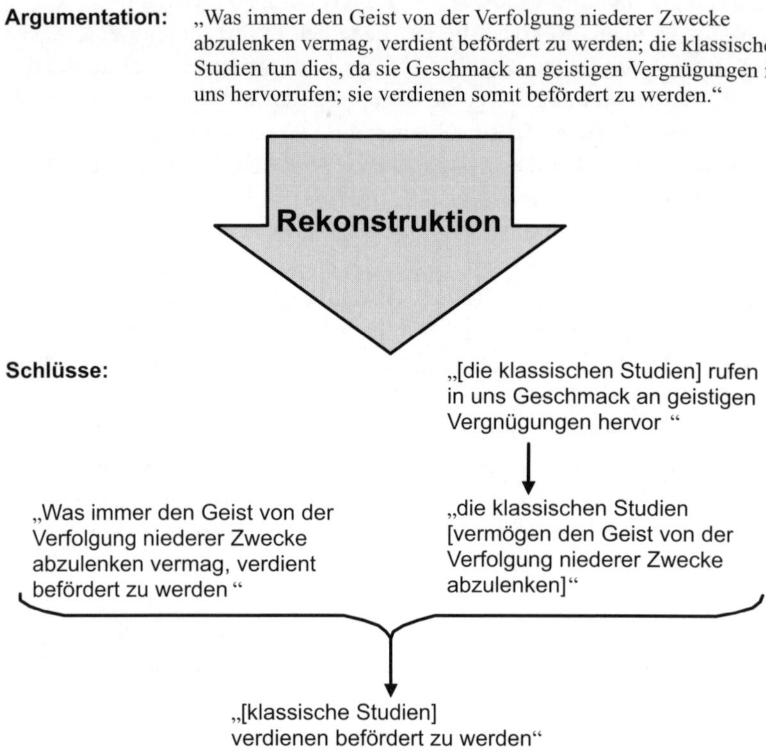

Beispiel 1: Rekonstruktion einer einfachen Argumentation aus einem Logiklehrbuch des 19. Jahrhunderts (nach MOTT 1989; vgl. JEVONS 1875:313, dt. 161)

Argumente. Argumentationen können mehr oder weniger komplex aufgebaut sein. Sie können aber immer in einzelne Argumentationsschritte zerlegt werden, in denen je eine Aussage direkt mithilfe weiterer Aussagen begründet oder widerlegt wird. Solche direkten Argumentationsschritte werden „Argumente“

genannt. Eine Argumentation besteht demnach aus einem oder mehreren zusammenhängenden Argumenten. Diese Charakterisierung lässt sich weiter vereinfachen, wenn man berücksichtigt, dass das Begründen und Widerlegen nicht als zwei grundsätzlich verschiedene Weisen des Argumentierens behandelt werden müssen. Man kann das Widerlegen einer Aussage als das Begründen einer dieser Aussage entgegengesetzten Aussage deuten. Damit lässt sich der Begriff des Arguments wie folgt bestimmen:

Ein **Argument** ist ein Text(stück), in dem eine Aussage unmittelbar durch andere Aussagen begründet wird.

An jedem Argument lassen sich also drei Aspekte unterscheiden:

- die **Konklusion:** die zu begründende Aussage
- die **Prämissen:** die begründenden Aussagen
- die **Beziehung** zwischen Prämissen und Konklusion: das Begründen

Zwei Argumente sind genau dann identisch, wenn sie dieselben Prämissen (gegebenenfalls in anderer Reihenfolge) und dieselbe Konklusion haben. Es ist also möglich, dass eine Argumentation mehrere Argumente mit derselben Konklusion und verschiedenen Prämissen enthält. Es kommt zudem vor, dass aus denselben Prämissen mehrere Konklusionen abgeleitet werden. Auch in diesem Fall liegen mehrere Argumente vor.

Bei den Aussagen, die ein Argument bilden (also Prämissen und Konklusion), unterscheidet man wahre von falschen Aussagen. Dagegen bezeichnet man die Beziehung zwischen Prämissen und Konklusion und entsprechend auch das Argument selbst als „(nicht) gültig“ oder „(nicht) korrekt“. (Korrektheit und Gültigkeit werden in Kapitel 8.3 diskutiert). In einer Übersicht:

Terminologie: „wahr“, „korrekt“ und „gültig“

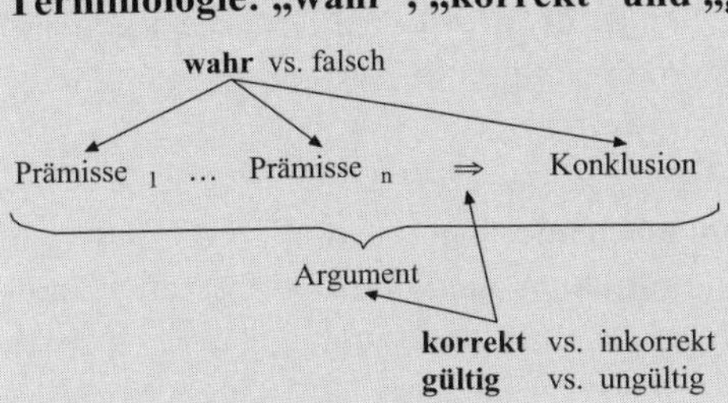

Insgesamt unterscheidet sich die hier eingeführte Terminologie in vier Punkten von der umgangssprachlich üblichen Redeweise. Erstens ist „Argument“ für Argumentationen reserviert, die nur einen einzigen Begründungsschritt enthalten. Umgangssprachlich werden hingegen „Argument“ und „Argumentation“ nicht deutlich verschieden verwendet. Zweitens besteht ein Argument immer aus mindestens zwei Aussagen (einer Konklusion und einer Prämisse). Umgangssprachlich bezeichnet man aber oft auch die Prämissen allein als „Argumente“. Drittens sind „Prämisse“ und „Konklusion“ Bezeichnungen für Aussagen, die eine bestimmte Rolle in einem Argument spielen. Somit ist keine Aussage für sich genommen eine Prämisse oder eine Konklusion, sondern nur im Kontext eines Arguments und nur insofern sie in diesem Kontext in einer bestimmten Weise verwendet wird. Schließlich werden „wahr“ und „falsch“ nur für Aussagen verwendet; „(in)korrekt“ und „(un)gültig“ sind dagegen für die Beziehung zwischen Prämissen und Konklusion (und das Argument als Ganzes) reserviert. Es gibt also weder „gültige“ oder „korrekte“ Konklusionen noch „wahre“ Argumente. Umgangssprachlich werden dagegen „korrekt“, „gültig“ und „wahr“ oft als austauschbar behandelt.

Sind mehrere Argumente zu einer komplexen Argumentation zusammengefügt, ist es manchmal praktisch, eine besondere Bezeichnung für die „ersten“ Prämissen und die „letzte“ Konklusion zu verwenden: Eine Prämisse, die in einer Argumentation nicht die Konklusion eines Arguments ist, nennen wir „Hauptprämisse“, und eine Konklusion, die nicht Prämisse eines Arguments ist, ist eine „Hauptkonklusion“ der betreffenden Argumentation.

Schlüsse. Argumente können ganz unterschiedlich formuliert sein, und mitunter ist es nicht einfach, die einzelnen Prämissen und die Konklusion zu bestimmen. Das Ziel der Rekonstruktion sind Argumente, bei denen keine solchen Probleme auftreten. Wir nennen solche standardisierten Argumente „Schlüsse“:

> Ein **Schluss** ist ein Argument in Standardform, in dem alle Prämissen ausdrücklich formuliert sind; die Standardform ist eine Folge von Aussagen, wobei die letzte Aussage die Konklusion, die übrigen Aussagen die Prämissen sind.

Da Schlüsse Argumente sind, unterscheidet man ebenfalls zwischen „gültigen“ und „ungültigen“ respektive „korrekten“ und „nicht korrekten“ Schlüssen. Es gibt ebenso wenig „wahre“ oder „falsche“ Schlüsse, wie es solche Argumente gibt.

Standarddarstellung für Schlüsse

$$\begin{array}{l} \text{Prämisse}_1 \\ \quad\vdots \\ \underline{\text{Prämisse}_n} \\ \text{Konklusion} \end{array} \qquad \text{oder:} \qquad \text{Prämisse}_1; \ldots; \text{Prämisse}_n \Rightarrow \text{Konklusion}$$

Argumentationen, die aus mehreren Argumenten bestehen, werden als „Gefüge“ von Schlüssen rekonstruiert. Um sich eine Übersicht über kompliziertere Argumentationen zu verschaffen, sind netzwerkartige grafische Darstellungen geeignet, die zeigen, welche Beziehungen zwischen den Prämissen und Konklusionen der einzelnen Schlüsse bestehen (wie in Beispiel 1, S. 204). Eine praktische Methode wird in Kapitel 8.2.2 eingeführt.

Wenn man in Texten Argumente findet, so sind sie in aller Regel nicht als Schlüsse formuliert. In dreierlei Hinsicht weichen Argumente typischerweise von der Standardform des Schlusses ab: Erstens ist oft nicht ausdrücklich bezeichnet, welche Aussage die Konklusion ist. Zweitens sind die verschiedenen Prämissen und die Konklusion vielfach nicht als selbstständige vollständige Sätze formuliert. Schließlich sind in den meisten Argumenten einzelne Prämissen oder die Konklusion überhaupt nicht ausdrücklich formuliert. Schlüsse sind demgegenüber wohlgeordnet, ausformuliert und vollständig. Um Argumente in Standardform zu bringen, sind also verschieden Arbeiten notwendig. Es gilt, die Konklusion unmissverständlich als solche zu kennzeichnen, Prämissen und Konklusion als einzelne Aussagen zu formulieren und implizite Prämissen oder, wenn nötig, auch die Konklusion zu ergänzen. Diese Arbeiten werden als „Rekonstruktion“ bezeichnet.

Rekonstruktion. Beim „Rekonstruieren“ einer Argumentation geht es darum, die Argumentation nach der Vorgabe im analysierten Text selbst zu formulieren. Das Ziel dabei ist, die Argumentation so übersichtlich und vollständig darzustellen, dass ihr Aufbau eindeutig erkennbar ist und alle Elemente ausdrücklich und angemessen genau formuliert sind. Dazu werden vier Grundtechniken der Textveränderung verwendet:

Grundtechniken der Argument-Rekonstruktion

- Weglassen von Elementen, die zur Argumentation nichts beitragen (z. B. Einschübe oder rein illustrative Beispiele)

- Reformulieren von unklaren, unvollständigen und uneinheitlichen Aussagen
- Ordnen der verschiedenen Teile der Argumentation: alle Prämissen als einzelne Aussagen, gefolgt von der Konklusion
- Ergänzen von stillschweigend vorausgesetzten Prämissen und Konklusionen

Die Formulierung einer Argumentation kann beim Rekonstruieren also erheblich verändert werden. Trotzdem ist sie eng an die Vorgabe im Text gebunden. Gilt es doch, Argumente zu rekonstruieren, auf die der Autor durch seine Äußerungen verpflichtet ist, und nicht, was er eventuell gemeint, aber nicht gesagt hat, oder was er vielleicht besser gesagt hätte. Wenn dabei Interpretationsspielraum bleibt, orientiert man sich am Prinzip der wohlwollenden Interpretation (vgl. S. 11). Man wählt also unter den mit dem Wortlaut verträglichen Rekonstruktionen diejenige, die eine möglichst starke Argumentation ergibt.

Die drei wichtigsten Schwierigkeiten beim Rekonstruieren von Argumentationen sind: Erstens trifft man oft auf komplexe Argumentationen, an denen verschiedene Argumente beteiligt sind. Dann muss man sowohl klären, wie die einzelnen Argumente aufgebaut sind, als auch wie sie in der Argumentation zusammenspielen. Dabei kann dieselbe Aussage zugleich Konklusion eines Arguments und Prämisse eines anderen Arguments sein. Wie man praktisch vorgehen kann, wird in Kapitel 8.2.2 erläutert.

Zweitens sind in so gut wie allen Argumentationen gewisse Elemente nicht ausdrücklich genannt, sondern werden stillschweigend vorausgesetzt. Das kann die Konklusion sein oder auch eine oder mehrere Prämissen. Zum Beispiel fehlt in „Wale sind Säugetiere. Folglich sind sie keine Fische" die Prämisse „Kein Säugetier ist ein Fisch". In solchen Fällen müssen die nicht genannten Elemente des Arguments selbst formuliert werden. Das Ergänzen von Prämissen wird in Kapitel 8.2.3 diskutiert.

Schließlich sind das Rekonstruieren und das Beurteilen von Argumenten zwei Aufgaben, die sich nicht streng voneinander trennen lassen. Einerseits müssen Argumente fast immer rekonstruiert werden, bevor man sie beurteilen kann. Andererseits ist es oft angezeigt, eine Rekonstruktion im Lichte einer möglichen Beurteilung zu revidieren. Das Prinzip der wohlwollenden Interpretation verlangt, möglichst starke Argumentationen zu rekonstruieren und insbesondere bei der Ergänzung nicht ausdrücklich genannter Prämissen so vorzugehen, dass möglichst ein korrektes Argument resultiert. Dazu ist es aber erforderlich, das Argument zu beurteilen.

Die Rekonstruktion von Argumentationen erfordert vor allem auch Übung, da es dafür keine einfachen Rezepte gibt. Trotzdem kann man methodisch vorgehen. Wir stellen im nächsten Kapitel eine Arbeitsweise vor, die sich in der Praxis bewährt hat. Abbildung 13 zeigt eine Übersicht über die verschiedenen Schritte.

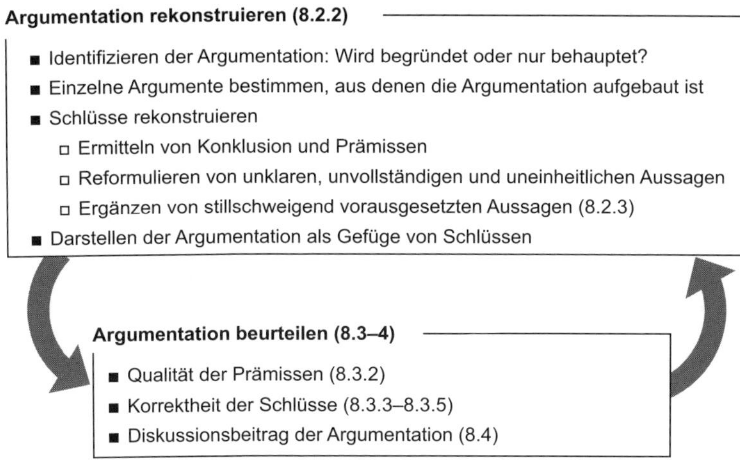

Abbildung 13: Aktivitäten bei der Rekonstruktion von Argumentationen

8.2.2 Anleitungen zum Rekonstruieren von Argumentationen

Argumentationen in Texten identifizieren. Die erste Aufgabe beim Analysieren von Argumentationen besteht darin, festzustellen, ob und gegebenenfalls wo genau in einem Text argumentiert wird. In Grundzügen sollte sich das der Gliederung des Textes entnehmen lassen. Für eine Rekonstruktion, die eine begründete Beurteilung der Argumentation erlaubt, ist aber meistens eine genauere Analyse erforderlich. Dies wirft nochmals die Frage auf, wie sich Argumentationen von anderen Textelementen unterscheiden. Eine Argumentation ist da zu erwarten, wo jemand nicht nur Äußerungen produziert, sondern Anstalten macht, diese zu begründen oder jemanden von diesen zu überzeugen. Es gibt jedoch keine syntaktischen oder semantischen Merkmale, anhand derer man Argumentationen immer von anderen Sprechhandlungen unterscheiden könnte. Zwar zeigen Wörter wie „also“, „weil“ und „aufgrund“ oft eine Argumentation an, sie sind aber keine untrüglichen Zeichen. Letztlich muss man Argumentationen immer nach pragmatischen Kriterien identifizieren, das heißt anhand der Rolle, die die fraglichen Sätze im Text oder in einer Diskussion spielen. Es verhält sich mit dem Begriff der Argumentation wie mit dem Begriff der Antwort: Ob eine Äußerung eine Antwort ist, hängt davon ab, ob sie eine bestimmte Rolle spielt, nämlich auf eine Frage erwidert. Ob eine Menge von Äußerungen eine Argumentation ist, hängt davon ab, ob sie Aussagen enthält, die dazu dienen, eine weitere Aussage zu begründen. Dies ist nicht immer einfach zu entscheiden. Drei Punkte verdienen besondere Beachtung:

Erstens ist eine bloße Aneinanderreihung von Aussagen und anderen Sätzen noch keine Argumentation. Auch wissenschaftliche Texte enthalten Passagen, in denen etwas erzählt, Fakten aufgelistet, Fragen gestellt und vieles andere getan, aber nicht argumentiert wird. Eine Argumentation liegt nur vor, wenn eine Aussage als Begründung für eine andere Aussage vorgebracht wird. Grundsätzlich umfasst eine Argumentation also mindestens zwei Aussagen: Die eine wird begründet und die andere liefert den Grund. Probleme entstehen, weil die begründende Funktion nicht explizit angezeigt zu sein braucht, weil das Begründete und die Begründung in einem einzigen Satz formuliert sein können und weil Teile des Arguments möglicherweise nicht explizit genannt sind und aus dem Kontext erschlossen werden müssen.

Zweitens liegt nicht immer eine Argumentation vor, wenn ein Motiv oder eine Ursache genannt wird. Motive deuten Handlungen, indem sie angeben, weshalb die betreffende Person so gehandelt hat. Ursachen erklären, weshalb sich etwas ereignet. Oft wird in einer Textpassage bloß konstatiert, dass eine bestimmte Ursache oder ein bestimmtes Motiv vorliegt. Dann liegen zwar Aussagen vor, aber kein Argument:

(1) A: „Wieso bist du nicht mit dem Fahrrad gekommen?“ B: „Weil es regnet.“

Hier geht es nicht darum, A von der Wahrheit der Aussage „Ich bin nicht mit dem Fahrrad gekommen“ zu überzeugen. A hat in seiner Frage ja bereits vorausgesetzt, dass B nicht mit dem Fahrrad gekommen ist. Der weil-Satz nennt vielmehr den Grund, weshalb B so gehandelt hat, gibt also ein Motiv an.

Andererseits kann eine Aussage über eine Ursache oder ein Motiv durchaus Konklusion oder Prämisse eines Arguments sein, wenn nämlich begründet wird, weshalb diese Aussage wahr ist, oder wenn diese Aussage verwendet wird, um zu begründen, weshalb eine andere Aussage wahr ist:

(2) Watson: „Weshalb glaubst du, dass B nicht mit dem Fahrrad gekommen ist?" Holmes: „Weil es regnet."

Hier kann eine Argumentation rekonstruiert werden, weil „Es regnet" nicht nur ein Handlungsmotiv andeutet, sondern von Holmes als Grund dafür präsentiert wird, die Aussage „B ist nicht mit dem Fahrrad gekommen" als wahr zu akzeptieren. Damit das überzeugend ist, muss eine implizite Prämisse wie „Wenn es regnet, fährt B nicht Fahrrad" vorausgesetzt werden. Das Argument von Holmes lautet dann:

(2.1) Wenn es regnet, fährt B nicht Fahrrad.
Es regnet.
____
B ist nicht mit dem Fahrrad gekommen.

Drittens besteht eine Versuchung, Wenn-dann-Aussagen mit Argumenten zu verwechseln. Obschon Wenn-dann-Aussagen häufig Teil von Argumenten sind, drücken sie für sich genommen nur ein Bedingungsverhältnis aus, kein Argument. Zum Beispiel:

(3) A: „Wird die Exkursion stattfinden?" B: „Ich weiß es nicht. Wenn das Wetter ungünstig ist, wird die Exkursion verschoben."

B behauptet weder, dass das Wetter ungünstig ist, noch dass die Exkursion verschoben wird. Es liegt auch kein Argument für die Aussage „Die Exkursion wird verschoben" vor. Vielmehr ist bloß behauptet, dass ein bestimmter Zusammenhang zwischen Wetterlage und Verschieben der Exkursion besteht. Anders hingegen in:

(4) A: „Wird die Exkursion stattfinden?" B: „Das Wetter ist ungünstig. Also wird die Exkursion verschoben."

Hier präsentiert B einen Grund dafür, die Aussage „Die Exkursion wird verschoben" zu akzeptieren, nämlich dass das Wetter ungünstig ist. Man kann also ein Argument für die These „Die Exkursion wird verschoben" rekonstruieren. Dabei spielt die Aussage „Wenn das Wetter ungünstig ist, wird die Exkursion verschoben" insofern eine Rolle, als es plausibel ist, dass B sie stillschweigend voraussetzt und man sie also als Prämisse ergänzen kann.

Prämissen und Konklusionen ermitteln. Um eine Argumentation im Einzelnen nachvollziehen und rekonstruieren zu können, gilt es, zunächst herauszufinden, aus welchen Argumenten sie aufgebaut ist und welches ihre Prämissen und Konklusionen sind. Das heißt, es müssen jeweils die Sätze identifiziert werden, die eine Begründung formulieren, und man muss ermitteln, welches die begründete Aussage ist. Folgende Grundsätze haben sich bei dieser Arbeit bewährt:

Arbeitsgrundsätze für das Ermitteln von Prämissen und Konklusionen

- Von der Konklusion her arbeiten.
- Sprachliche Signale beachten.
- Prämissen gezielt suchen.

Meistens ist es am besten, mit der Frage anzufangen, was die Konklusion der gesamten Argumentation ist. Die Konklusion steht im Text häufiger vor den Prämissen als danach. Manchmal findet sie sich bloß im Titel eines Textes, oder sie ist überhaupt nicht ausdrücklich genannt und muss erschlossen werden.

Als sprachliche Signale, die anzeigen, dass in einem Text argumentiert wird, kommen viele Wörter und Redewendungen infrage. Einige Beispiele für solche „Argumentations-Anzeiger":

– Konklusions-Anzeiger:

also …	das zeigt, dass …
daher …	demzufolge …
daraus folgt, dass …	deshalb …
daraus kann man schließen, dass …	ergo …
das beweist, dass …	folglich …
das impliziert, dass …	so …
das rechtfertigt …	somit …

– Prämissen-Anzeiger:

aufgrund von …	erstens …, zweitens …, usw.
aus … kann man schließen	folgt aus der Tatsache, dass …
da …	wegen …
denn …	weil …

Solche Hinweise sollte man beachten, aber auch kritisch prüfen, da sie keine Garantie dafür sind, dass tatsächlich ein Argument, beziehungsweise eine Prämisse oder eine Konklusion, vorliegt. „Weil“ beispielsweise kann – wie in (1), S. 210 – auch einfach anzeigen, dass eine Ursache oder ein Motiv genannt wird. Und es kommt vor, dass mit der Verwendung von Ausdrücken wie „daraus folgt, dass“ bloß der Anschein des Argumentierens erzeugt wird.

Andererseits enthalten argumentative Texte vielfach nur wenig explizite Hinweise auf die Struktur der Argumentation. In solchen Fällen kann man Konklusions- und Prämissen-Anzeiger selbst in den Text einsetzen, um die Argumentationsstruktur zu klären (vgl. Fallbeispiel „Argumentation rekonstruieren“, S. 222).

Vielmals ist es ohnehin nötig, selbst gezielt nach Prämissen zu suchen – nicht zuletzt, weil man immer damit rechnen muss, dass nicht alle Prämissen ausdrücklich formuliert sind. Bei der Suche nach Prämissen fragt man sich zuerst, welche Gründe der Text dafür anbietet, die Konklusion zu akzeptieren. Prämissen-Anzeiger können dabei eine Hilfe sein. Bisweilen lässt die Formulierung aber einigen Interpretationsspielraum zu, und man muss auf inhaltliche Überlegungen zurückgreifen. Dann ist es hilfreich, sich zu fragen, welche Prämissen für eine starke Argumentation infrage kommen könnten – „Wie ließe sich die Konklusion begründen?“ –, und zu prüfen, ob sich passende Sätze im Text finden lassen und ob der Wortlaut es zulässt, sie als Prämissen für die fragliche Konklusion zu rekonstruieren.

Methode zum Rekonstruieren von Argumentationen. Im Folgenden stellen wir eine Methode vor, die sowohl für das Identifizieren von Argumentationen als auch für das Analysieren ihrer Struktur geeignet ist. Sie verwendet ein Notationssystem, das so konzipiert ist, dass die Argumentationsstruktur im Allgemeinen direkt in die Textvorlage notiert werden kann. Hier ist die allgemeine Anleitung:

Arbeitsanleitung zum Rekonstruieren von Argumentationen

1. Text auf Argumentations-Anzeiger durchlesen und diese (einkreisen). Diese Hinweise in den folgenden Schritten nutzen.
2. Klar erkennbare <u>Konklusionen</u> unterstreichen; klar erkennbare ⟨Prämissen⟩ mit Klammern kennzeichnen.
3. Hauptkonklusion suchen und mit „K“ kennzeichnen. Gegebenenfalls gibt es mehrere Hauptkonklusionen („K_1“, „K_2“, …), wenn verschiedene unabhängige Argumentationen vorliegen.

4. Prämissen suchen, die „K“ begründen, und diese mit einer Nummer (ohne „P“) versehen. Wenn zwei Prämissen dasselbe besagen, erhalten sie die gleiche Nummer.
5. Prüfen, ob es Prämissen gibt, die ihrerseits wieder begründet werden. ⟨Solche Prämissen, die gleichzeitig Konklusionen sind, werden unterstrichen⟩. Für solche Zwischen-Konklusionen Schritte 4 und 5 wiederholen.
6. Argumentationsstruktur diagrammatisch notieren (siehe unten).
7. Fehlende Prämissen ergänzen, mit eingeklammerter [Nummer] versehen und in das Diagramm integrieren. (Zur Prämissenergänzung vgl. Kap. 8.2.3.)
8. Unklare Prämissen und Konklusion reformulieren.

Wenn eine Argumentation eine Aussage und deren Negation enthält, kann man zur Vereinfachung beide Aussagen durch dieselbe Nummer repräsentieren und die negierte Aussage durch „nicht“ kennzeichnen (vgl. das Beispiel 11.1, S. 221).

Elemente von Argumentationsdiagrammen

[1] Ergänzte Prämisse 1.

Ein Argument mit einer Prämisse 1 und der Konklusion K.

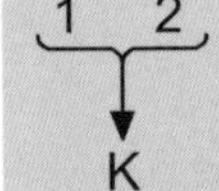

Ein Argument mit zwei Prämissen 1 und 2, die zusammen Konklusion K begründen.

Zwei Argumente mit derselben Konklusion K und Prämisse 1 respektive Prämisse 2.

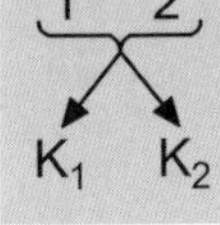

Zwei Argumente mit denselben beiden Prämissen 1 und 2, die zusammen je Konklusion K_1 und K_2 begründen.

Diese Elemente können kombiniert werden, um komplexe Argumentationen darzustellen. Ein einfaches Beispiel ist (nach MOTT 1989; vgl. JEVONS 1875:313, dt. 161):

(5.1) **1** ⟨Was immer den Geist von der Verfolgung niederer Zwecke abzulenken vermag, verdient befördert zu werden⟩; **2** ⟨die klassischen Studien tun dies,⟩ da **3** ⟨sie Geschmack an geistigen Vergnügungen in uns hervorrufen⟩; sie verdienen somit befördert zu werden.**K**

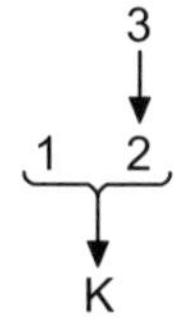

Diese Notationsmethode ist sehr praktisch, wenn man anfängt eine Argumentation zu analysieren, weil man die Analyse direkt in den Text hineinschreiben kann. Für eine eingehendere Analyse muss man aber fast immer Prämissen und Konklusion genauer reformulieren oder ergänzen, und dafür fehlt im Text dann der Platz. Eine Möglichkeit ist, in einer Tabelle zu jedem Kürzel (Nummern oder „K“) den vollständigen Wortlaut zu notieren, wobei Zitate mit Anführungszeichen, Änderungen und Ergänzungen mit [eckigen Klammern] gekennzeichnet werden. So erhält man eine vollständige Rekonstruktion, die unabhängig vom Originaltext verwendet werden kann. Oder man verwendet anstelle der Kürzel die vollständigen Formulierungen. Solche Diagramme eignen sich nur für einfache Argumente, da sie weniger kompakt und übersichtlich sind. Zum Beispiel:

(5.2)

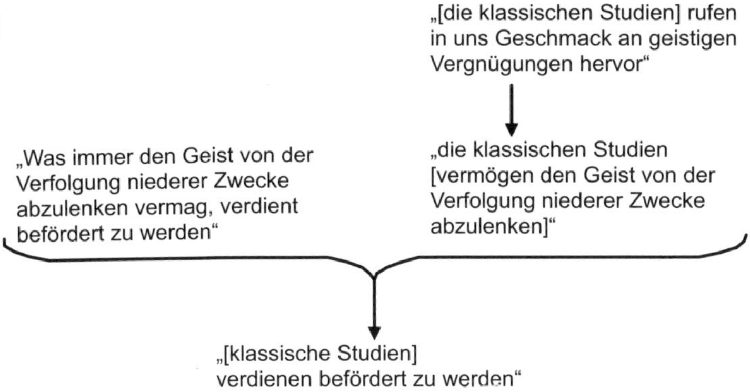

Prämissen und Konklusion reformulieren. Wenn eine Argumentation unklare Aussagen enthält, ist es grundsätzlich sinnvoll, die in Kap. 7 beschriebenen Methoden anzuwenden und die betreffenden Aussagen für die Zwecke der Argumentationsanalyse durch klare Formulierungen zu ersetzen. Beim Rekonstruieren von Argumenten gilt es aber, noch weitere Ziele im Auge zu behalten:

Ziele beim Reformulieren von Prämissen und Konklusion

- Klarheit: Die Bedeutung der einzelnen Aussagen ist problemlos erkennbar.
- Vollständigkeit: Jede Aussage ist grammatisch korrekt und ihre Bedeutung kann möglichst unabhängig von den anderen Aussagen erfasst werden.
- Einheitliche Formulierung: Dasselbe soll möglichst durch gleiche Formulierungen ausgedrückt werden. Gegebenenfalls sind Standardformulierungen zu verwenden.

Reformulierungen im Hinblick auf Vollständigkeit sind besonders deshalb wichtig, weil beim Rekonstruieren eines Arguments oft Sätze „auseinandergebrochen" werden müssen, nämlich dann, wenn in ihnen mehrere Elemente des Arguments (Prämissen oder Konklusion) formuliert sind. Zwei Punkte gilt es zu beachten: Erstens müssen die einzelnen Prämissen und die Konklusion, da sie ja Aussagen sind, als vollständige und grammatisch korrekte Sätze formuliert werden. Das wichtigere Problem ist, dass beim Aufteilen einer Aussage in mehrere Aussagen Textbezüge unklar werden können, weil Pronomina oder andere Ausdrücke mit Verweisfunktion von ihren Bezugswörtern getrennt werden. Damit die einzelnen Prämissen und die Konklusion in sich verständlich bleiben, muss man in solchen Fällen die aufgelösten Textbezüge durch ausdrückliche Formulierungen ersetzen. Als Illustration kann nochmals das eben dargestellte Beispiel dienen. Würde man die bei der Aufteilung in einzelne Aussagen aufgebrochenen Textbezüge nicht wiederherstellen, erhielte man anstelle der oben dargestellten Rekonstruktion (5.2) Folgendes:

(5.3)

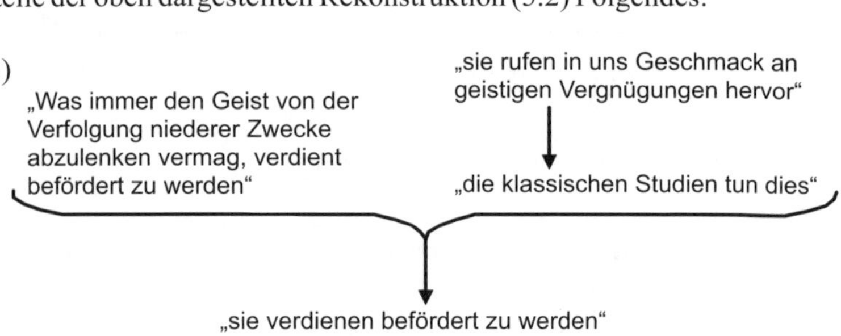

Das ist, im Gegensatz zu (5.2), keine verständliche Wiedergabe des ursprünglichen Arguments.

Der dritte für die Reformulierung von Prämissen und Konklusion relevante Punkt ist die Einheitlichkeit. Hier geht es vor allem darum, Argumente so zu rekonstruieren, dass der Aufbau der Argumentation möglichst einfach erkennbar ist. Das wird vereinfacht, wenn unterschiedliche Ausdrücke mit derselben Bedeutung durch eine gleiche Formulierung ersetzt werden. Wie Beispiel (6) zeigt, kann das zu erheblichen Umformulierungen führen, und man muss also sorgfältig prüfen, dass dabei nicht die Bedeutung von Prämissen oder Konklusion in unzulässiger Weise verändert wird.

(6) Olivia Obermüller erscheint nicht zur Verhandlung, also muss das Gericht die Verhandlung aussetzen, weil die Gesetze verlangen, dass das Gericht bei Absenz des Angeklagten die Verhandlung suspendiert.

(6.1) [Die angeklagte] Olivia Obermüller erscheint nicht zur Verhandlung.
Die Gesetze verlangen, dass das Gericht die Verhandlung [aussetzt, wenn eine angeklagte Person nicht zur Verhandlung erscheint].
[Die Gesetze verlangen, dass] das Gericht die Verhandlung [gegen Olivia Obermüller] aussetzt.

Eine weitere Maßnahme, die das Beurteilen von Argumenten wesentlich erleichtert, besteht darin, für die wichtigsten logischen Strukturen Standardformulierungen zu verwenden. Das Ziel ist, Argumente so zu rekonstruieren, dass sich möglichst leicht und sicher feststellen lässt, ob sie einem bekannten Muster für korrekte oder inkorrekte Schlüsse folgen. So empfiehlt es sich zum Beispiel, bei Aussagen, die eine Negation enthalten, die sich auf die Aussage als Ganzes bezieht (7.1), die Negation an den Beginn der Aussage zu verschieben (7.2). Damit wird deutlich, wie die unnegierte Aussage lautet, und Verwechslungen mit Negationen, die nicht die ganze Aussage betreffen (7.3), werden vermieden:

(7.1) Die Nachricht ist nicht erfreulich.

(7.2) Es ist nicht der Fall, dass die Nachricht erfreulich ist.

(7.3) Die Nachricht ist unerfreulich.

Die Aussagen (7.1) und (7.2) unterscheiden sich von (7.3) dadurch, dass sie die Möglichkeit nicht ausschließen, dass die Nachricht neutral, also weder erfreulich noch unerfreulich, ist.
In Kap. 8.3.4 finden sich eine Reihe weiterer Standardformulierungen für logische Konstruktionen (siehe auch Box „Normsätze rekonstruieren“, S. 218).

Box Normsätze rekonstruieren

Normsätze sind Aussagen darüber, welche Normen gelten oder welche Handlungen, Ereignisse oder Gegenstände welchen Normen entsprechen. Zum Beispiel:

(8) Margarine darf höchstens 2% Trans-Fettsäuren enthalten.

Damit dieser Satz wahr ist, muss es eine Norm geben, die bestimmt, dass für Margarine ein Trans-Fettsäuren-Gehalt bis zu 2% erlaubt ist.

Beim Rekonstruieren von Argumenten ist als Erstes zu beachten, dass Normsätze nicht immer einen Ausdruck wie „darf", „verboten" oder „soll" enthalten, der explizit den Bezug zu einer Norm herstellt. Auch Aussagen ohne solche Formulierungen können Normsätze sein, wenn dies aus dem Kontext hervorgeht. Beispielsweise kann in einem Text über gesetzliche Bestimmungen für Lebensmittel das, was (8) ausdrückt, einfach so formuliert werden:

(8.1) Margarine enthält höchstens 2% Trans-Fettsäuren.

In solchen Fällen sollte bei der Rekonstruktion des Arguments unbedingt eine Formulierung gewählt werden, die klarmacht, dass es sich um einen Normsatz handelt und um welche Art von Norm es sich handelt. Am besten wählt man eine Standardformulierung (vgl. auch Abb. 15, S. 234):

Typen von Normsätzen und Standardformulierungen

$$\text{Gemäß} \;\ldots\; \text{ist es} \left\{ \begin{array}{l} \text{geboten,} \\ \text{erlaubt,} \\ \text{fakultativ,} \\ \text{nicht geboten,} \\ \text{verboten,} \end{array} \right\} \text{dass} \;\ldots$$

Aus diesem Schema geht hervor, dass bei einer vollständigen Rekonstruktion eines Normsatzes berücksichtigt werden sollte, gemäß welcher Instanz die fragliche Norm in Kraft ist. Diese Information muss meistens aus dem Kontext erschlossen werden, falls sie sich überhaupt zuverlässig ermitteln lässt. Damit erhält man für (8) beispielsweise:

(8.2) Gemäß der dänischen Gesetzgebung ist es geboten, dass Margarine höchstens 2% Trans-Fettsäuren enthält.

Das ausdrückliche Erwähnen der Instanz ist besonders wichtig, wenn innerhalb derselben Argumentation mehrere Instanzen eine Rolle spielen. Es kann nämlich durchaus sein, dass die folgenden beiden Aussagen wahr sind:

(9.1) Die Moral verbietet, dass Noah sein Versprechen bricht.

(9.2) Die Klugheit gebietet, dass Noah sein Versprechen bricht.

Daraus folgt nun nicht, dass Noah vor dem Problem steht, dass sowohl verboten wie auch geboten ist, das Versprechen zu brechen. Es stellt sich vielmehr die Frage, in welchem Verhältnis moralische Gebote zu Klugheitsgeboten stehen (vgl. auch Box „Besonderheiten beim Beurteilen von Argumenten mit Normsätzen“, S. 234).

Argumentstrukturen mit mehreren Prämissen. Wenn zu derselben Konklusion mehrere Prämissen vorliegen, kann man drei grundlegende Strukturen von Argumentationen unterscheiden:

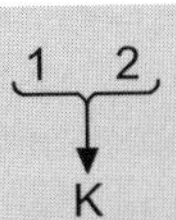

Ein Argument mit mehreren Prämissen.

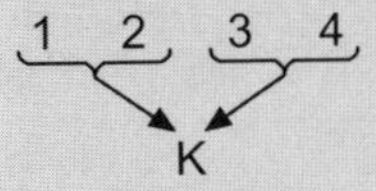

Multiple Argumentation: mehrere (unabhängige) Argumente mit verschiedenen Prämissen und derselben Konklusion.

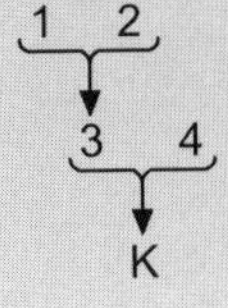

Hierarchische Argumentation: ein Argument mit zwei Prämissen, wovon die eine die Konklusion eines weiteren Arguments mit zwei anderen Prämissen ist.

Vor allem die Unterscheidung zwischen einem Argument mit mehreren Prämissen und mehreren Argumenten mit derselben Konklusion ist bisweilen schwierig. Manchmal gibt die Formulierung einen mehr oder weniger klaren Hinweis. Zum Beispiel deuten Wendungen wie „abgesehen davon, dass …“, „dabei haben wir noch gar nicht berücksichtigt, dass …“ und „ganz zu schweigen von …“ auf eine multiple Argumentation hin. Lässt die Formulierung beide Deutungen zu, verlangt das Prinzip der wohlwollenden Interpretation, dass eine möglichst starke Argumentation rekonstruiert wird. Betrachten wir als Beispiel die beiden folgenden Argumentationen für respektive gegen die Behauptung, dass der niederländische Postdienst vorbildlich sei:

(10) „Der niederländische Postdienst ist vorbildlich. Man kann sicher sein, dass die Briefe am nächsten Tag ankommen, dass sie an die richtige Adresse geliefert werden und dass sie morgens früh geliefert werden." (VAN EEMEREN/GROOTENDORST 1992:77)

(11) „Der niederländische Postdienst ist nicht vorbildlich. Man kann nicht sicher sein, dass die Briefe am nächsten Tag ankommen, dass sie an die richtige Adresse geliefert werden und dass sie morgens früh geliefert werden." (VAN EEMEREN/GROOTENDORST 1992:73)

Diese beiden Beispiele sind sprachlich ganz analog aufgebaut, der einzige Unterschied ist, dass in (11) beide Aussagen eine Negation enthalten. Da es keine Wendungen gibt, die Hinweise auf die Struktur des Arguments geben, stellt sich die Frage, ob es sich jeweils um ein Argument mit drei Prämissen oder drei Argumente mit je einer Prämisse handelt. Diese Frage muss für (10) und (11) unterschiedlich beantwortet werden, wenn möglichst starke Argumentationen rekonstruiert werden sollen. Bei (10) ergibt sich eine Interpretation mit einem Argument, das drei ausdrücklich formulierte und eine implizite Prämisse hat:

(10.1) (K) „Der niederländische Postdienst ist vorbildlich."

(2) „[Beim niederländischen Postdienst kann man] sicher sein, dass die Briefe am nächsten Tag ankommen."

(3) „[Beim niederländischen Postdienst kann man sicher sein, dass die Briefe] an die richtige Adresse geliefert werden."

(4) „[Beim niederländischen Postdienst kann man sicher sein, dass die Briefe] morgens früh geliefert werden."

[5] Ein Postdienst ist vorbildlich, wenn man sicher sein kann, dass die Briefe am nächsten Tag ankommen, dass sie an die richtige Adresse geliefert werden und dass sie morgens früh geliefert werden.

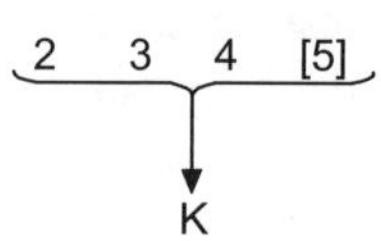

Diese Interpretation hat den Vorteil, dass die ergänzte Prämisse (5) relativ einfach zu verteidigen ist. Ginge man davon aus, dass drei Argumente vorliegen, müsste man drei stillschweigend vorausgesetzte Prämissen annehmen. Für (2) wäre das: „Ein Postdienst ist vorbildlich, wenn man sicher sein kann, dass die Briefe am nächsten Tag ankommen." Diese Aussage ist aber viel weniger plausibel als (5). Man könnte sofort einwenden, dass ein Postdienst nicht vorbildlich ist, wenn er die Briefe an die falsche Adresse liefert. Für die Argumente mit den Prämissen (3) und (4) erhielte man ein analoges Resultat und insgesamt keine starke Argumentation für (K).

Bei Beispiel (11) hingegen ergibt sich eine stärkere Argumentation, wenn man davon ausgeht, dass es sich um drei Argumente mit je einer ausdrücklich formulierten und einer impliziten Prämisse handelt:

(11.1) (K), (2), (3) und (4) wie bei (10.1)

[6] Ein Postdienst ist nicht vorbildlich, wenn man nicht sicher sein kann, dass die Briefe am nächsten Tag ankommen.

[7] Ein Postdienst ist nicht vorbildlich, wenn man nicht sicher sein kann, dass die Briefe an die richtige Adresse geliefert werden

[8] Ein Postdienst ist nicht vorbildlich, wenn man nicht sicher sein kann, dass die Briefe morgens früh geliefert werden.

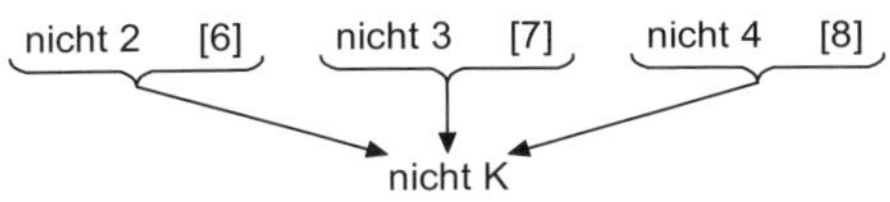

Gemäß dieser Interpretation bietet (11) eine starke Argumentation gegen (K), weil sie gleich drei Argumente mit unterschiedlichen Prämissen anbietet und diese drei Argumente zudem je nur die Ergänzung einer relativ schwachen Prämisse erfordern (vgl. Box „Stärkere und schwächere Aussagen", unten).

Box **Stärkere und schwächere Aussagen**

In Bezug auf Aussagen ist das Verhältnis stärker–schwächer mithilfe des Begriffs der logischen Folge (vgl. Kap. 8.3.3) definiert:

Aussage A ist genau dann **stärker** als Aussage B (bzw. B **schwächer** als A), wenn B aus A logisch folgt, aber A nicht aus B.

Weiterhin bezeichnet man zwei Aussagen A und B genau dann als „gleich stark", wenn sie je auseinander logisch folgen. Zum Beispiel ist (12.1) stärker als (12.2), das gleich stark ist wie (12.3):

(12.1) Einige Marsbewohner sind rot.

(12.2) Einige Marsbewohner sind nicht grün.

(12.3) Nicht alle Marsbewohner sind grün.

Dieser Begriff der Stärke respektive Schwäche bezieht sich auf ein Verhältnis zwischen zwei einzelnen Aussagen, die beispielsweise die Rolle einer Prämisse oder Konklusion spielen können. Man muss davon die Verwendung von „stärker" und „schwächer" im Zusammenhang mit Argumentationen, Argumenten und Schlüssen unterscheiden (vgl. Kap. 8.3.1).

Fallbeispiel
Argumentation rekonstruieren

Von Nelson Goodman wurde eine einflussreiche Argumentation gegen die Idee vorgebracht, ein Bild stelle dann etwas dar, wenn es ähnlich aussieht wie das Dargestellte:

„Die naivste Auffassung von Repräsentation [= bildliche Darstellung, z. B. in der Malerei] könnte man vielleicht folgendermaßen charakterisieren: ‚A repräsentiert B dann und nur dann, wenn A B deutlich ähnlich ist', beziehungsweise: ‚A repräsentiert B in dem Maße, in dem A B ähnelt'. Spuren dieser Auffassung, mit entsprechenden Verfeinerungen, halten sich hartnäckig in den meisten Veröffentlichungen zur Repräsentation. Und doch könnten kaum mehr Irrtümer in eine solch kurze Formel gepreßt werden. } **K**

Einige der Mängel liegen auf der Hand. **Erstens** **2** ⟨Ein Gegenstand ist sich selbst in höchstem Maße ähnlich, repräsentiert sich jedoch selten selbst⟩; **2** ⟨Ähnlichkeit ist, anders als Repräsentation, reflexiv⟩. **Zweitens** **3** ⟨Ähnlichkeit ist jedoch im Unterschied zu Repräsentation auch symmetrisch⟩: **weil** **4** ⟨*B* ist *A* ebensosehr ähnlich, wie *A B* ähnlich ist⟩; **5** ⟨zwar kann ein Gemälde den Herzog von Wellington repräsentieren, aber der Herzog repräsentiert nicht das Gemälde⟩. Ferner **6** ⟨repräsentiert in vielen Fällen keiner von zwei einander sehr ähnlichen Gegenständen den anderen⟩: **weil z. B.** **7** ⟨Keines der Autos, die vom Montageband kommen, ist ein Bild irgendeines der übrigen⟩; und **8** ⟨ein Mann ist normalerweise keine Repräsentation eines anderen Mannes, nicht einmal seines Zwillingsbruders⟩. **Also** ~~Es~~ ist klar, daß **1** ⟨kein Grad der Ähnlichkeit eine hinreichende Bedingung für Repräsentation ist⟩."

Beispiel 13: Struktur einer Argumentation aus Goodmans *Sprachen der Kunst* (GOODMAN 1998:15–16; © Suhrkamp Verlag)

Dieser Text enthält überhaupt keine der üblichen sprachlichen Anzeiger für Prämissen und Konklusion; einzig „ferner" kann als Hinweis auf eine multiple Argumentation gedeutet werden. Man muss also die einzelnen Argumente weitgehend aufgrund inhaltlicher Überlegungen bestimmen. Das ist am einfachsten, wenn man die grobe Argumentationslinie vom Ende des Textes her analysiert. Die Formulierung „Es ist klar, daß …" leitet die Konklusion (1) ein, für die im zweiten Absatz argumentiert wird:

(1) „[K]ein Grad der Ähnlichkeit [ist] eine hinreichende Bedingung für Repräsentation."

Gleichzeitig ist diese Konklusion die Prämisse, mit der gezeigt wird dass die im ersten Abschnitt erwähnte Auffassung falsch ist. Das wiederum ist die Konklusion der ganzen Argumentation und kann wie folgt formuliert werden (zur Vereinfachung sehen wir davon ab, dass die angegriffene Auffassung im ersten Abschnitt in zwei Versionen formuliert wird):

(K) „*A* repräsentiert *B* dann und nur dann, wenn *A B* deutlich ähnlich ist“ ist falsch.

Der restliche Text im zweiten Absatz besteht aus drei Argumenten für Aussage (1); eines bezieht sich auf die Reflexivität der Ähnlichkeit, eines auf die Symmetrie und das dritte arbeitet direkt mit Beispielen. (Eine Beziehung ist reflexiv in einem Bereich, wenn jeder Gegenstand aus dem Bereich diese Beziehung zu sich selbst hat; sie ist symmetrisch, wenn daraus, dass x diese Beziehung zu y hat, folgt, dass auch y diese Beziehung zu x hat.) Zur Verdeutlichung der drei Argumente und der jeweiligen Prämissen und Konklusionen kann man explizite sprachliche Anzeiger ergänzen. Insgesamt erhält man folgende Struktur:

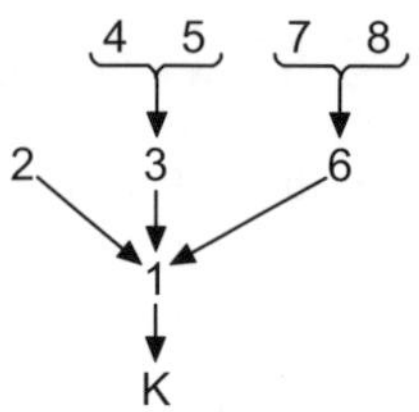

Beispiel 14: Struktur von Goodmans Argumentation

8.2.3 Prämissen ergänzen

Enthymeme. Argumente, die man in Texten findet, sind fast immer in dem Sinne unvollständig, als sie nicht ausdrücklich genannte Prämissen voraussetzen. Zum Beispiel:

(1) Die Grubenarbeiter sind nicht mehr am Leben. Sie haben nämlich schon seit 20 Tagen kein Wasser mehr.

Dass in diesem Beispiel gewisse Prämissen nicht ausdrücklich genannt sind, bedeutet, dass das Argument, so wie es dasteht, zwar kein korrektes Argument ist, aber problemlos zu einem korrekten Argument ergänzt werden kann und auch so intendiert ist. (Was genauer die Korrektheit eines Arguments ausmacht, wird in Kap. 8.3 näher erläutert; wir gehen im Moment von einem intuitiven Verständnis aus.) Als Prämissen könnte man in (1) zum Beispiel ergänzen:

(1.1) Kein Mensch kann ohne Wasser länger als 3–10 Tage überleben.
20 Tage sind länger als 3–10 Tage.
Grubenarbeiter sind Menschen.

Häufig fehlen Normsätze in den Prämissen einer Argumentation. Solche Fälle sind oft besonders interessant, wenn sich nämlich hinter den nicht ausgesprochenen Prämissen wichtige Streitpunkte verbergen:

(2) Traditionelle Automotoren sind Verbrennungsmotoren und Verbrennungsmotoren sind nicht nachhaltig. Also sollten Autos mit traditionellen Motoren steuerlich belastet werden.

Als Prämissen könnte man zum Beispiel ergänzen:

(2.1) Die Verwendung nicht nachhaltiger Technologien ist gesellschaftlich unerwünscht.
Gesellschaftlich unerwünschte Verhaltensweisen sollten steuerlich belastet werden.

Solche unvollständigen Argumente werden als Enthymeme bezeichnet:

Ein **Enthymem** ist ein Argument, das nur deshalb nicht korrekt ist, weil eine (oder mehrere) Prämissen als selbstverständlich vorausgesetzt und deshalb nicht ausdrücklich genannt werden.

In dieser Formulierung spielt die Einschränkung „als selbstverständlich" eine wichtige Rolle. Man kann nämlich jedes Argument durch Prämissenergänzung zu einem korrekten Argument machen. Es genügt, eine Aussage nach dem Muster „Wenn die genannten Prämissen, dann die genannte Konklusion" zu ergänzen. Im Beispiel (1) wäre das

(1.2) Wenn die Grubenarbeiter seit 20 Tagen kein Wasser mehr haben, sind sie nicht mehr am Leben.

Als Enthymeme sollen aber nicht alle inkorrekten Argumente gelten, sondern nur solche, bei denen man plausibel begründen kann, dass die fehlenden Prämissen deshalb nicht ausdrücklich genannt sind, weil sie als selbstverständlich vorausgesetzt werden. Ist das nicht der Fall, handelt es sich schlicht um ein inkorrektes Argument.

Andersherum heißt das nun nicht, dass alles Selbstverständliche, das in einem Argument nicht ausdrücklich gesagt ist, eine implizite Prämisse darstellt. Als implizite Prämisse eines Arguments sollen nur solche nicht ausdrücklich genannten Aussagen gelten, die als selbstverständlich vorausgesetzt werden können und die das betreffende Argument zu einem korrekten Argument ergänzen. Bei den meisten Argumenten kann man eine ganze Menge weiterer impliziter Voraussetzungen angeben, zum Beispiel sogenannte Präsuppositionen einer Prämisse. Damit sind Sätze gemeint, die etwas formulieren, das vorausgesetzt werden muss, damit die betreffende Prämisse wahr sein kann. Beispielsweise präsupponiert die erste Prämisse von (3) die Aussage (3.1), doch diese Aussage muss nicht als Prämisse ergänzt werden, damit aus (3) ein korrektes Argument wird, weil (3) bereits korrekt ist:

(3) Das finnische Forscherteam hat ein neues Enzym, die Dingsdase, entdeckt.
Wer ein neues Enzym entdeckt, wird in die Annalen der Biochemie eingehen.
____
Das finnische Forscherteam wird in die Annalen der Biochemie eingehen.

(3.1) Dingsdase war bisher unbekannt.

Um zu zeigen, dass ein unvollständiges Argument ein Enthymem ist, muss man also drei Aufgaben erledigen: Erstens muss man eine Rekonstruktion des Arguments mit ergänzten Prämissen angeben. Zweitens muss man zeigen, dass das rekonstruierte Argument korrekt ist. Und schließlich muss man die Selbstverständlichkeit der ergänzten Prämissen begründen. Dazu muss man plausibel machen können, dass die ergänzten Prämissen im relevanten Kontext akzeptiert werden und als unkontrovers gelten können. Insbesondere dürfen die ergänzten Prämissen nicht zu Inkonsistenzen führen (vgl. Kap. 8.3.2 und 8.4). Die Formulierung „im relevanten Kontext" soll darauf hinweisen, dass die Selbstverständlichkeit der ergänzten Prämissen relativ zur argumentativen Position, in der das Enthymem eingebettet ist, beurteilt werden muss. Dies ist nicht immer die Position, die die Verfasserin des

Textes selbst vertritt. Es kann sich auch um eine Position einer anderen Autorin handeln, die bloß referiert wird, oder um eine Position, die diskutiert, aber keiner Person zugeschrieben wird. Und selbstverständlich ist es möglich, dass eine Aussage, die die Autorin eines Arguments für selbstverständlich hält, für andere Personen alles andere als selbstverständlich ist.

Für die praktische Arbeit der Textanalyse sei daran erinnert, dass es wichtig ist, deutlich zwischen ergänzten und vorgefundenen Prämissen zu unterscheiden und dies in der Rekonstruktion des Arguments zu dokumentieren (z. B. durch [Klammern] für ergänzte Prämissen).

Wie Prämissen ergänzen? Obwohl es darum geht, Selbstverständliches explizit zu machen, ist das Ergänzen von Prämissen manchmal der schwierigste Teil der Analyse eines Arguments. Der Kern des Problems ist, dass beim Rekonstruieren von Argumenten zwei gegenläufige Prinzipien berücksichtigt werden müssen:

Rekonstruktionsprinzipien

(a) Respektiere die tatsächliche Formulierung des Arguments!

(b) Rekonstruiere das Argument möglichst so, dass es eine korrekte Begründung liefert und eine plausible Position resultiert!

Prinzip (a) verlangt, den analysierten Text im Wortlaut ernst zu nehmen (vgl. Prinzip der Textbezogenheit, S. 9). Prinzip (b) folgt aus dem Grundsatz der wohlwollenden Interpretation (S. 11). Immer wenn man beim ersten Prinzip Abstriche machen muss, um eine Rekonstruktion des Arguments zu erhalten, die dem zweiten Prinzip genügt, stellt sich die Frage, ob das Argument als Enthymem aufgefasst werden kann. Ist das der Fall, muss man näher untersuchen, welche Prämissen die beste Ergänzung darstellen.

Es gibt so gut wie immer verschiedene Möglichkeiten zur Ergänzung von Prämissen, was nicht heißt, dass sie alle gleich angemessen sind. Man kann zwar versuchen, diejenigen Prämissen zu identifizieren, die der Autor tatsächlich bewusst oder unbewusst vorausgesetzt hat oder mindestens akzeptieren würde, wenn man sie ihm vorschlägt. Für die Textanalyse ist dieses Vorgehen aber problematisch, weil es ja darum geht, den vorliegenden Text zu analysieren, nicht die Überzeugungen, die der Autor bei anderen Gelegenheiten möglicherweise äußert. Sinnvoller ist es, erst einmal die schwächste Prämisse (vgl. Box „Stärkere und schwächere Aussagen", S. 221) zu identifizieren, die notwendig ist, um ein korrektes Argument zu erhalten. Welche Prämisse dieses logische Minimum darstellt, hängt davon ab, ob man das Argument als deduktiven oder nichtdeduktiven Schluss zu rekonstruieren beabsichtigt (diese Unterscheidung wird in Kapitel 8.3.3 diskutiert). Bei deduktiven Schlüssen ist das logische Minimum immer eine Aussage der Form „Wenn … [Prämissen], dann … [Konklusion]“; bei nichtdeduktiven Schlüssen ergänzt man das fehlende Element eines nichtdeduktiven Schlussmusters. Manchmal erhält man so allerdings Aussagen, die kurios wirken oder vom Autor kaum so geäußert würden. Zum Beispiel erhält man bei (4) als logisches Minimum (4.1):

(4) Die Verurteilung des angeklagten Ulrich U. ist unrechtmäßig. Das Gericht hat sich nämlich geweigert, ihn anzuhören.

(4.1) Wenn das Gericht sich geweigert hat, Ulrich U anzuhören, dann ist die Verurteilung des angeklagten Ulrich U. unrechtmäßig.

Als ergänzte Prämisse wirkt (4.1) abwegig, weil man wohl eher erwarten würde, dass die ergänzte Prämisse ein allgemeines Prinzip nennt. Zwar ist, wer (4) als korrektes Argument vorbringt, auf die Ergänzung (4.1) verpflichtet, aber (4.1) kann wohl nur dann als selbstverständlich gelten, wenn man diese Aussage als Spezialfall eines allgemeineren Prinzips auffasst. Zum Beispiel könnte man folgende Prämissen ergänzen:

(4.2) Der angeklagte Ulrich U. ist ein Mann. Es ist nicht rechtmäßig, Männer ohne Anhörung gerichtlich zu verurteilen.

Auch diese Ergänzung ergibt ein korrektes Argument. Sie suggeriert aber, dass die Person, die das Argument vorbringt, der Meinung ist, es wäre durchaus rechtmäßig, Frauen oder Kinder ohne Anhörung zu verurteilen. Diese Unterstellung kann je nach Kontext gerechtfertigt oder höchst irreführend sein. Wenn Argument (4) in einem Text steht, der ansonsten die Bedeutung der Menschenrechte und fairerer Rechtsgrundsätze betont, sollte man davon ausgehen, dass Argument (4) die entsprechenden für alle Menschen geltenden Normen voraussetzt, sodass resultiert:

(4.3) Das Gericht hat sich geweigert, Ulrich U. anzuhören.
Es ist nicht rechtmäßig, jemanden ohne Anhörung gerichtlich zu verurteilen.

Die Verurteilung des angeklagten Ulrich U. ist unrechtmäßig.

Diese Überlegungen lassen sich mit folgender Anleitung zusammenfassen:

Anleitung zum Ergänzen von Prämissen

1. Minimale Ergänzung formulieren.
   - Bei deduktiven Argumenten: „Wenn … [Prämissen], dann … [Konklusion]".
   - Bei nicht deduktiven Argumenten eine möglichst schwache Prämisse, die den Schluss korrekt macht.
2. Ist es plausibel, die Ergänzung dem Vertreter des Arguments zu unterstellen?
3. Führt die Ergänzung nicht zu Inkonsistenzen?
4. Kann die Ergänzung als selbstverständlich gelten?
   - Wenn nein: Gibt es eine stärkere Prämisse, die Kriterien (2)–(4) erfüllt?

Fallbeispiel
Unvollständige Argumentation

In einer Inseratenkampagne findet sich folgende Argumentation:

Verstellt die Diskussion über Nachteile von gentechnisch veränderten Pflanzen den Blick auf die Vorteile?

Das zeigt sich am vorhin erwähnten Bt-Mais. Da diese Sorte den Maiszünsler abwehrt, ist sie viel weniger mit Pilzgiften belastet, denn durch die Bisswunden der Raupen dringen immer auch gefährliche Schimmelpilze in die Pflanze ein. Eines dieser Pilzgifte ist das Fumonisin. Es ruft Fehlgeburten und Missbildungen an Kleinkindern hervor. In Entwicklungsländern wie etwa Guatemala ist die Fehlgeburtenrate 20-mal größer als in den USA. Dort könnte Bt-Mais also segensreich wirken. Solche erheblichen Vorteile gentechnisch veränderter Pflanzen sind allgemein zu wenig bekannt.

Beispiel 5: Inseratenkampagne des *Verbands der Chemischen Industrie e.V.* in der Süddeutschen Zeitung (Saedler 2007)

Diese Passage enthält ein Argument, das in folgender Weise als Schluss rekonstruiert werden kann:

(6) Bt-Mais ist weniger mit dem Pilzgift Fumonisin belastet [als konventioneller Mais].
Fumonisin ruft Fehlgeburten und Missbildungen an Kleinkindern hervor.
In Guatemala ist die Fehlgeburtenrate 20-mal größer als in den USA.
—
Bt-Mais könnte für Guatemala segensreich sein.

Ein Problem dieser Rekonstruktion ist, dass die Konklusion eine derart anspruchslose Behauptung ist, dass sie der Stützung durch die Prämissen kaum bedarf. Wer würde die bloße Möglichkeit, dass eine neue Getreidesorte Guatemala unter irgendwelchen Umständen Nutzen bringt, bestreiten wollen? Das spricht dafür, eine stärkere Konklusion anzunehmen. Zwei Möglichkeiten sind:

(6.1) Bt-Mais ist segensreich für Guatemala.

(6.2) Bt-Mais senkt in Guatemala die Fehlgeburtenrate.

Bei einer solchen Rekonstruktion sind nun die in (6) genannten Prämissen sicherlich nicht hinreichend, um Konklusion (6.1) oder (6.2) zu begründen. Das wird deutlich, wenn man sich fragt, ob (6.1) und (6.2) nicht falsch sein könnten, selbst wenn man davon ausgeht, dass die Prämissen wahr sind. Das könnte in der Tat so sein, zum Beispiel, wenn es in Guatemala keine mit Mais-Anbau oder -Konsum zusammenhängende Belastung durch Fumonisin gibt. Oder wenn lediglich ein geringfügiger Zusammenhang zwischen Fumonisin und Fehlgeburtenrate besteht und die höhere Fehlgeburtenrate in Guatemala auf einen anderen Umstand zurückgeht. Oder wenn auch in den USA mit Fumonisin behandelter Mais gegessen wird und die 20-mal größere Fehlgeburtenrate in Guatemala ganz andere Gründe hat.

Diese Überlegungen zeigen auch, dass die Vervollständigung von (6) zu einem korrekten Argument mit Konklusion (6.1) oder (6.2) Prämissen erfordert, die sicherlich nicht als selbstverständlich gelten können. Es ist beispielsweise vollkommen unplausibel, dass die Leser und Leserinnen der Süddeutschen Zeitung *selbstverständlich* denken, das Ersetzen von konventionellem Mais durch Bt-Mais führe in Guatemala zu einer geringeren Fehlgeburtenrate. Somit ist (6) kein Enthymem, sondern ein inkorrektes Argument (was weder bedeutet, dass 6.1 und 6.2 keine wahren Aussagen sind, noch dass sich dafür keine korrekten Argumente beibringen lassen).

Literatur zu 8.2

Rekonstruktion von Argumentationen. Die hier vorgestellte Methode der Argumentationsdiagramme ist in der Literatur in vielen Varianten beschrieben. Wir orientieren uns an FISHER 2006. Eine ausführliche Darstellung mit vielen Beispielen ist THOMAS 1997. Eine vereinfachte Version findet sich in COPI/COHEN 2002:Kap. 1.4, COPI 1998:28–47. Diese Darstellungen berücksichtigen teilweise auch Aspekte von Argumenten, auf die wir hier nicht näher eingegangen sind.

Es gibt auch Programme zur computergestützten Argumentanalyse. Ein guter Einstiegspunkt ist die Homepage von Maralee Harrell: http://www.hss.cmu.edu/philosophy/faculty-harrell.php.

Enthymeme. Die Ergänzung von Prämissen bei der Rekonstruktion von Argumenten ist eines der schwierigen und viel diskutierten Probleme der Argumentationstheorie. Wer sich eingehender über die wichtigsten Schwierigkeiten und theoretischen Ansätze informieren möchte, findet eine Übersicht in GERRITSEN 2001.

8.3 Schlüsse beurteilen

In der Textanalyse interessieren wir uns dafür, wie mithilfe von Argumenten Aussagen so begründet werden können, dass sich eine vernünftige Einigung über strittige Aussagen erzielen lässt. In Kapitel 8.3 beschäftigen wir uns mit der Frage, wie man beurteilen kann, ob und wie gut eine Argumentation die Funktion des Begründens erfüllt. Wir geben in Kapitel 8.3.1 eine Übersicht über die verschiedenen Beurteilungsgesichtspunkte und den Aufbau der folgenden Kapitel.

Neben der Funktion, eine vernünftige Einigung über strittige Aussagen zu erzielen, kann eine Argumentation auch zu ganz anderen Zwecken eingesetzt und dementsprechend beurteilt werden: Was ist ihr Unterhaltungswert? Geht sie konform mit einer bestimmten Ideologie? Weist sie ihren Autor als geistreich aus? Auf solche Aspekte gehen wir zwar im Folgenden nicht ein, aber man sollte sich doch bewusst sein, dass sie in gewissen Situationen eine wichtige Rolle spielen, sodass die genuin argumentative Funktion in den Hintergrund treten kann.

8.3.1 Gesichtspunkte zur Beurteilung von Argumentationen

Um sich vernünftig über eine strittige Aussage einigen zu können, braucht es eine starke Argumentation. Wie stark eine Argumentation ist, hängt von verschiedenen Faktoren ab, wobei sich die einzelnen Beurteilungskriterien auf unterschiedliche Elemente und Aspekte der Argumentation beziehen. Hier ist eine Liste der Gesichtspunkte, die wir im Folgenden diskutieren (vgl. auch Abb. 14, S. 233):

Beurteilungsgesichtspunkte für Argumentationen und ihre Elemente

Argumentationen:
Wie **stark** eine Argumentation ist, hängt davon ab, ob sie aus starken Argumenten besteht. Ein zweiter Gesichtspunkt ist, welchen Diskussionsbeitrag sie erbringt (Kap. 8.4).

Argumente und Schlüsse:
Wie **stark** ein Argument oder ein Schluss ist, hängt von der Qualität der Prämissen und der Beziehung zwischen Prämissen und Konklusion ab.

Prämissen:
Für die Prämissen ist gefordert, dass sie **wahr** und **akzeptabel** sind (Kap. 8.3.2).

Beziehung Prämissen-Konklusion:
Zur Beurteilung der Frage, ob ein Schluss **korrekt** ist, müssen verschiedene Typen von Schlüssen unterschieden werden:

- Deduktive Schlüsse sind **gültig,** wenn die Konklusion wahr sein muss, falls die Prämissen wahr sind (Kap. 8.3.3–8.3.4).
- Ein nichtdeduktiver Schluss kann **induktiv stark, ein starker Autoritätsschluss** oder eine **starke Analogie** sein (Kap. 8.3.5).

Wir diskutieren zuerst diejenigen Beurteilungsgesichtspunkte, die sich auf einzelne Argumente beziehen. Dabei setzen wir voraus, dass die Argumente rekonstruiert sind und also in Form von Schlüssen vorliegen. Grundsätzlich kann man bei Schlüssen zwischen zwei Beurteilungsgesichtspunkten unterscheiden: Der eine betrifft die Qualität der Prämissen, der andere die Beziehung zwischen Prämissen und Konklusion. Beim ersten geht es um die Frage, ob die Prämissen wahr und akzeptabel sind (Kap. 8.3.2). Beim zweiten um die Frage, ob diese Eigenschaften der Prämissen auf die Konklusion übertragen werden können. Dafür gibt es ausgearbeitete logische Theorien (vgl. Literaturhinweise, S. 300). Da wir diese hier nicht vermitteln können, beschränken wir uns auf intuitive Überlegungen. Konkrete Beurteilungskriterien formuliert man am besten mit Bezug auf eine Einteilung der Schlüsse in verschiedene Typen (Kap. 8.3.3–8.3.5). Die besonderen Schwierigkeiten, die Argumente mit Normsätzen bieten, sind in der Box „Besonderheiten beim Beurteilen von Argumenten mit Normsätzen", S. 234 kurz angesprochen. Neben dieser Beurteilung, die auf einzelne isoliert betrachtete Schlüsse fokussiert, gilt es zu berücksichtigen, wie ein Argument auf die Diskussion Bezug nimmt, zu der es einen Beitrag leisten soll. Auf die daraus resultierenden Anforderungen gehen wir in Kap. 8.4 ein.

Man kann das Folgende als Kriterien-Katalog zur Beurteilung von Schlüssen lesen. Bei der Beurteilung von konkreten Argumentationen muss man aber berücksichtigen, dass Argumente nach unterschiedlichen Maßstäben beurteilt werden können. Zwei Faktoren spielen eine wichtige Rolle: Erstens werden in verschiedenen Zusammenhängen unterschiedlich strenge Anforderungen an Argumente gestellt. Während man in der Mathematik Beweise erwartet, gibt man sich in politischen Debatten gewöhnlich mit plausiblen Begründungen oder mit noch weniger zufrieden. Zweitens kann man bei der Beurteilung eines Arguments auch in folgendem Sinne von verschiedenen Perspektiven ausgehen: Erfüllt das Argument den Anspruch, den seine Autorin geltend macht? Oder: Erfüllt das Argument einen vorgegebenen Anspruch? Für die Textanalyse ist vor allem wichtig, sich selbst bewusst zu machen, aus welcher Perspektive und nach welchen Maßstäben man eine Argumentation beurteilt und dies in seinen Notizen zu dokumentieren.

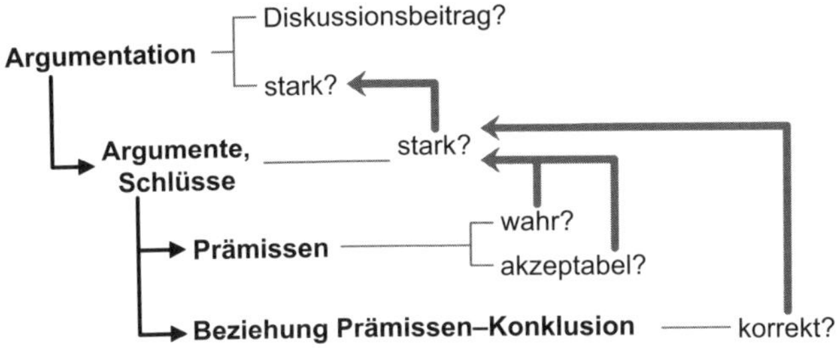

Abbildung 14: Beurteilungsgesichtspunkte für Argumentationen und ihre Elemente

Box: Besonderheiten beim Beurteilen von Argumenten mit Normsätzen

Beim Beurteilen von Argumenten mit Normsätzen gibt es einige Besonderheiten. Wir beschränken uns darauf, zwei grundlegende Punkte wenigstens zu erwähnen, nämlich logische Beziehungen und Prioritätsverhältnisse zwischen Normsätzen. Wenn Sie sich für eine ausführlichere Diskussion interessieren, müssen Sie spezialisierte Literatur konsultieren (vgl. Hinweise, S. 300).

Zwischen verschiedenen Typen von Normsätzen gibt es logische Beziehungen. Die einfachsten sind in Abbildung 15 veranschaulicht.

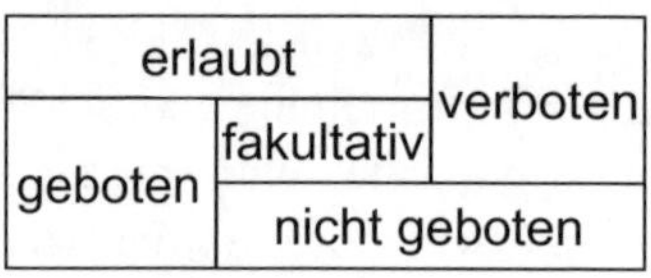

Abbildung 15: Logische Beziehungen zwischen verschiedenen Typen von Normsätzen

Beispielsweise gilt also, dass alles Gebotene und alles Fakultative erlaubt ist, und dass genau das erlaubt ist, was nicht verboten ist. Die systematische Theorie solcher Verhältnisse zwischen Normsätzen und allgemein der Argumente, die Normsätze enthalten, wird in der sogenannten deontischen Logik entwickelt.

Die eben erwähnten Beziehungen zwischen verschiedenen Typen von Normsätzen gelten nur, wenn es sich um Normsätze handelt, die auf dieselbe Instanz Bezug nehmen. Daraus, dass die deutschen Verkehrsregeln gebieten, rechts zu fahren, kann man nicht schließen, dass das Rechtsfahren gemäß den englischen Verkehrsregeln erlaubt oder dass es moralisch geboten ist.

Neben den logischen Beziehungen kann es außerdem Prioritätsverhältnisse zwischen Normen geben. Dazu gehören Grundsätze wie „Moral geht vor Klugheit", die das Verhältnis zwischen zwei Norm-Instanzen regeln und es damit erlauben, Konflikte zwischen Normen unterschiedlicher Normsysteme zu entscheiden. Es gibt überdies Normsysteme, die so organisiert sind, dass es geregelte Beziehungen zwischen Normen des gleichen Typs gibt, also beispielsweise eine Hierarchie von Geboten.

Solche Strukturen spielen zum Beispiel in juristischen Argumentationen eine wichtige Rolle. Ihre Analyse erfordert in der Regel entsprechende Spezialkenntnisse.

8.3.2 Qualität der Prämissen

Da Schlüsse immer dazu dienen, eine Konklusion mithilfe von Prämissen zu begründen, kann ein Schluss insgesamt höchstens so gut sein wie seine Prämissen. Der zentrale Punkt ist die Wahrheit der Prämissen, weil nur wahre Prämissen die Wahrheit der Konklusion garantieren können. Man muss aber auch berücksichtigen, ob die Prämissen als wahr akzeptiert werden können, weil sie sonst ihre Funktion, Gründe für das Akzeptieren der Konklusion zu liefern, nicht erfüllen können.

Wahre Prämissen. Ob die Prämissen eines Arguments wahr sind, ist vielfach schwierig herauszufinden und lässt sich nicht immer zuverlässig entscheiden. Auf jeden Fall sind dafür im Allgemeinen die Einzelwissenschaften und nicht die Logik zuständig. Logisch lässt sich nur die Minimalanforderung klären, ob die Prämissen mindestens konsistent, das heißt widerspruchsfrei, sind. Darauf kommen wir noch ausführlicher zu sprechen (S. 237). Die tatsächliche Prüfung der Wahrheit geht also weit über die Textanalyse hinaus. Im Rahmen der Textanalyse sollten jedoch folgende Fragen geklärt werden: Werden im Text Gründe für die Wahrheit der Prämissen angegeben? Sind diese Gründe hinreichend? Als Grundsatz gilt: Ein wissenschaftlicher Text muss mindestens für all diejenigen Behauptungen Belege nennen, die nicht als allgemeines Wissen der Adressaten vorausgesetzt werden können.

Belege können in verschiedener Form präsentiert werden. Eine Möglichkeit ist, dass ein Text selbst Material enthält, das die Wahrheit einer Prämisse verbürgen soll. Dazu gehören zum Beispiel Zitate, die belegen, dass eine Person einen bestimmten Wortlaut geäußert hat, oder Resultate von empirischen Untersuchungen, die in Tabellen, Diagrammen, sprachlichen Beschreibungen, Fotografien oder in anderer Form präsentiert werden. Oft werden Belege indirekt beigebracht, indem angegeben wird, wo die Belege oder nähere Angaben zu den Belegen zu finden sind. Das erfolgt typischerweise in Form von Literaturhinweisen; es sind aber beispielsweise auch Verweise auf Archive möglich. Diese Form des indirekten Belegens ist in allen Wissenschaften mehr oder weniger allgegenwärtig: Ein Autor bürgt im Allgemeinen nur für einen verschwindend kleinen Teil seiner Aussagen selbst, alle anderen sind durch Autoritäten, das heißt durch Bezug auf andere Autoren abgestützt, wobei deren Aussagen meist nicht zitiert, sondern nur durch entsprechende Angaben identifizierbar gemacht werden. In vielen Fällen kann man die Beziehung zwischen Belegen und den Aussagen, die sie belegen, wiederum als Argument rekonstruieren. Oftmals macht dies aber nur wenig Sinn (abgesehen von der grundsätzlichen Frage, ob eine Rekonstruktion als Argument immer möglich ist), so zum Beispiel, wenn die eigene Wahrnehmung als Beleg fungiert.

Wichtig ist zu beachten, dass Belege eine Aussage in unterschiedlichem Maße absichern können. Manchmal zeigen Belege, dass eine Aussage wahr oder falsch ist, manchmal auch nur, dass ihre Wahrheit gut gesichert oder ziemlich plausibel ist. Fairness gegenüber der Autorin verlangt, dass man bei der Beurteilung von Prämissen nicht nur berücksichtigt, welche Belege sie dafür gibt, sondern auch, welches Maß an Absicherung durch Belege die Autorin geltend macht.

Akzeptable Prämissen. Prämissen können ihre Funktion, einen Grund für das Akzeptieren einer Konklusion zu liefern, nur erfüllen, wenn sie selbst akzeptiert werden. Analysiert man Argumente, muss man also folgende Fragen stellen: Kann man davon ausgehen, dass die Adressaten des Arguments die Prämissen akzeptieren? Gibt es besondere Bedingungen, von denen die Akzeptanz der Prämissen abhängen dürfte? Werden diese Gründe und Bedingungen im Text ausreichend berücksichtigt?

Prämissen können aus unterschiedlichen Gründen akzeptiert werden. Zum Beispiel, weil sie einer Überzeugung entsprechen, die man ohnehin schon hat, oder weil sie von ausgewiesenen Experten vorgebracht werden. Im Idealfall werden sie aber akzeptiert, wenn und weil sie wahr sind. In sehr vielen Fällen kann man nicht voraussetzen, dass dieses Ideal erfüllt ist. Deshalb hängen Wahrheit und Akzeptabilität zwar zusammen, können aber trotzdem auseinanderklaffen. Man kann bei der Analyse von Argumenten also nicht einfach davon ausgehen, dass sich die Akzeptanz auf Wahrheit reduziert.

Einerseits kommt es oft vor, dass Prämissen nicht akzeptiert werden, obschon sie wahr sind. Das kann viele Gründe haben. Manche Prämissen sind zwar wahr, aber niemand weiß das. Deshalb kann man beispielsweise die goldbachsche Vermutung (jede gerade Zahl größer 2 ist als Summe von zwei

Primzahlen darstellbar) zurzeit nicht als Prämisse in einem mathematischen Beweis einsetzen, auch wenn sie wahr sein sollte. Oder die Gründe, die für die Wahrheit sprechen, sind nicht allen relevanten Personen bekannt. In diesem Fall muss man für die Prämissen Argumente vorbringen, die sich ihrerseits auf akzeptable Prämissen berufen. Deshalb ist es bei wissenschaftlichen Arbeiten problematisch, sich bei der Begründung von Prämissen auf unpublizierte Ergebnisse zu berufen. Zu Recht werden die Leserinnen in solchen Fällen darauf bestehen, dass die betreffenden Prämissen für sie so lange inakzeptabel sind, als sie nicht Gründe für ihre Wahrheit präsentiert bekommen, selbst dann, wenn die Prämissen tatsächlich wahr sein sollten.

Andererseits können sich akzeptable Prämissen als falsch herausstellen. Das kann man zum Beispiel feststellen, indem man zeigt, dass sie zu Konklusionen führen, die falsch sind. Während es offensichtlich unvernünftig ist, bekanntermaßen falsche Aussagen als wahr zu akzeptieren, kann es vernünftig sein, Aussagen als wahr zu akzeptieren, wenn starke Gründe für ihre Wahrheit sprechen, auch wenn nicht abschließend klar ist, ob sie wahr sind. Allerdings lässt sich mit solchen Prämissen keinesfalls die Wahrheit einer Konklusion definitiv begründen.

Konsistenz. Konsistenz ist eine grundlegende Forderung, die die Verträglichkeit mehrerer Aussagen betrifft. Dass eine Menge von Aussagen konsistent ist, bedeutet, dass sie zugleich wahr sein können. Je nachdem, wie man „können" im letzten Satz versteht, resultieren unterschiedliche Begriffe der Konsistenz und Inkonsistenz. Für die Argumentationsanalyse ist besonders die stärkste Variante wichtig, die logische Konsistenz. Eine Menge von Aussagen ist logisch inkonsistent, wenn durch die logische Form oder die Bedeutung der betreffenden Aussagen ausgeschlossen ist, dass sie alle zugleich wahr sein können. Anders gesagt, die Annahme, sie seien alle wahr, führt auf einen Widerspruch (vgl. Box „Logische Beziehungen zwischen Aussagen", S. 248). Zum Beispiel:

(1) Wasser ist H_2O. Die Raumforscher finden auf dem Mars Wasser. Nach der Rückkehr stellen Chemiker fest, dass es sich dabei nicht um H_2O handelt.

Manchmal werden Aussagen auch als inkonsistent bezeichnet, weil es faktisch nicht möglich ist, dass sie alle wahr sind, obschon dies rein logisch gesehen denkbar wäre. Dabei kann die Unmöglichkeit verschiedener Natur sein:

(2) Methusalem ist 238 Jahre alt. Methusalem ist ein Mensch.

(3) Das Raumschiff der Ypsilonier bewegt sich annähernd mit Lichtgeschwindigkeit. Das Raumschiff der Ixisten ist doppelt so schnell wie das Raumschiff der Ypsilonier.

Die Unverträglichkeit der beiden Aussagen hat in (2) biologische, in (3) physikalische Gründe. Das zeigt sich darin, dass (2) mit einer biologischen Gesetzmäßigkeit („Menschen können nicht länger als 150 Jahre leben") zu einer logischen Inkonsistenz erweitert werden kann, während (3) physikalischen Gesetzmäßigkeiten widerspricht. Schließlich gibt es noch einen praktischen Sinn von Inkonsistenz, der sich auf inkompatible Handlungsweisen bezieht.

Logische Konsistenz spielt bei der Beurteilung von Prämissen eine wichtige Rolle, weil inkonsistente Prämissen insgesamt niemals wahr sein können und weil sie, wenn die Inkonsistenz bekannt ist, auch nicht akzeptabel sind. Somit können Schlüsse mit widersprüchlichen Prämissen keinen Grund liefern, die Konklusion zu akzeptieren. Wenn die Prämissen nämlich aus logischen Gründen nicht alle wahr sein können, so ist es völlig irrelevant, zu erfahren, dass die Konklusion wahr sein müsste, wenn die Prämissen alle wahr wären. Praktisch bedeutet das, dass Überlegungen zur Konsistenz der Prämissen eine Möglichkeit bieten können, einen Schluss zu beurteilen, ohne dass man die Akzeptabilität und Wahrheit aller Prämissen einzeln prüfen muss. Manchmal ist es einfacher, Inkonsistenz festzustellen, als zu entscheiden, welche Prämisse falsch ist.

Argumente, in denen die Inkonsistenz der Prämissen eindeutig und offensichtlich ist, sind selten. In der Regel zeigt sich die Inkonsistenz erst in der Analyse. Wegen des Prinzips der wohlwollenden Interpretation (S. 11) ist eine solche Analyse in jedem Fall sorgfältig zu begründen. Ein klassisches Beispiel für eine Überlegung, die immer wieder als inkonsistent angegriffen und in verschiedenen Formen verteidigt wurde, ist:

(4) (a) Es gibt keine absolute Wahrheit. Also (b) ist jede Wahrheit relativ.

Für die Inkonsistenz von (a) und (b) spricht: Nimmt man an, dass (a) absolut wahr ist, so folgt zwar (b) aus (a), aber diese Konklusion widerspricht (a). Nimmt man dagegen an, dass (a) nicht absolut wahr ist, verschwindet zwar die Inkonsistenz, dafür folgt nun (b) nicht mehr aus (a).

Besondere Bedeutung erlangen Konsistenzüberlegungen, wenn es nicht mehr nur um einzelne Argumente, sondern ganze Argumentationen geht. Auf diesen Punkt kommen wir in Kapitel 8.4 zurück.

8.3.3 Deduktive Schlüsse: Garantiert die Wahrheit der Prämissen die Wahrheit der Konklusion?

Für eine umfassende Beurteilung von Argumenten reicht es nicht aus, nur die Qualität der Prämissen zu untersuchen. Eine entscheidende Rolle spielt auch, ob die Prämissen einen zwingenden oder zumindest starken Grund dafür liefern, die Konklusion als wahr zu akzeptieren (vgl. Box „Erkenntnisgründe und Realgründe", S. 241). Oder wie man metaphorisch sagt, ob sie die Konklusion „stützen". Das ist keine Eigenschaft, die den Prämissen allein zukommt, sondern vielmehr eine Frage der Beziehung zwischen Prämissen und Konklusion. Eine solche Stützung kann unterschiedlich stark ausfallen. Entsprechend können mit einem Schluss verschiedene Ansprüche geltend gemacht beziehungsweise Maßstäbe bei seiner Beurteilung angelegt werden. Darauf beruht die Unterscheidung zwischen deduktiven und nichtdeduktiven Schlüssen, die weiter in verschiedene Typen eingeteilt werden (die einzelnen Typen werden in Kapitel 8.3.3–8.3.4 [deduktive] und 8.3.5 [nichtdeduktive] erklärt):

Verschiedene Typen von korrekten Schlüssen

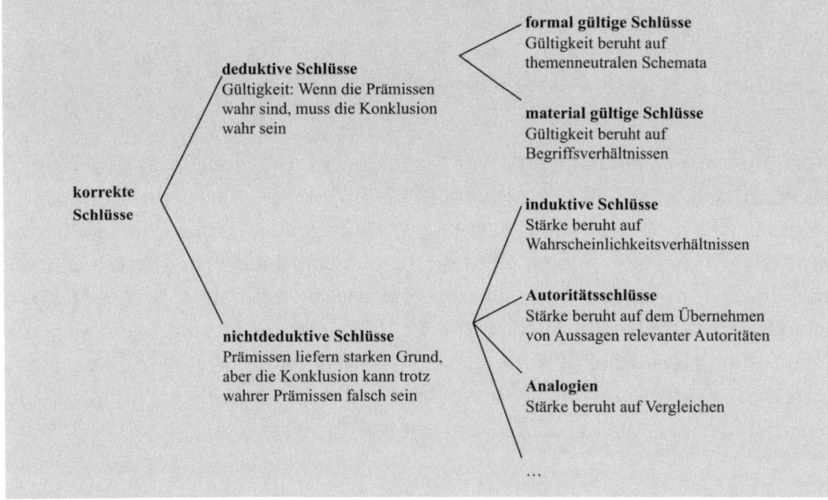

Deduktive und nichtdeduktive Schlüsse. Diese grundlegende Unterscheidung orientiert sich am Anspruch, der mit einem Schluss verbunden wird:

> **Deduktive Schlüsse.** Schlüsse werden „deduktiv“ genannt, wenn sie mit dem Anspruch verbunden werden, gültig zu sein.
>
> Ein Schluss ist genau dann **gültig,** wenn er folgende Bedingung erfüllt: Wenn die Prämissen wahr sind, muss die Konklusion wahr sein.

Das bedeutet, dass gültige Schlüsse in folgendem Sinne „narrensicher“ sind: Die Wahrheit der Prämissen garantiert für die Wahrheit der Konklusion, weil es schlicht nicht möglich ist, dass die Prämissen wahr sind, die Konklusion aber falsch. „Gültig“ ist ein Terminus, der solche Schlüsse auszeichnet, die „zwingend“ von wahren Prämissen zu einer wahren Konklusion führen. Zum Beispiel:

(1) Wer über 2000 Elo-Punkte hat, spielt außerordentlich gut Schach.
Anna hat über 2000 Elo-Punkte.
____
Anna spielt außerordentlich gut Schach.

> **Nichtdeduktive Schlüsse.** Schlüsse werden „nichtdeduktiv“ genannt, wenn sie lediglich mit dem Anspruch verbunden werden, korrekt zu sein, aber nicht mit dem Anspruch, gültig zu sein.
>
> Ein Schluss ist genau dann **korrekt,** wenn seine Prämissen einen starken Grund dafür liefern, seine Konklusion als wahr zu akzeptieren.

Liegt ein korrekter nichtdeduktiver Schluss vor, so bedeutet das also: Wenn die Prämissen wahr sind, ist es vernünftig, anzunehmen, dass die Konklusion wahr ist. Da nichtdeduktive Schlüsse korrekt sein können, ohne gültig zu sein, ist nicht ausgeschlossen, dass die Konklusion falsch ist, selbst wenn der fragliche Schluss korrekt ist und seine Prämissen wahr sind. Nichtdeduktive Schlüsse sind „riskant“: Auch wenn die Prämissen wahr sind, kann sich die Konklusion als falsch herausstellen. Trotzdem bieten die Prämissen eines korrekten nichtdeduktiven Schlusses zumindest einen starken Grund für die Wahrheit der Konklusion. Zum Beispiel:

(2) Bisher hat noch niemand ohne viel Übung gut Schach gespielt.
Anna spielt außerordentlich gut Schach.
___
Anna hat schon viele Schachspiele gespielt.

Box Erkenntnisgründe und Realgründe

In jedem korrekten Argument liefern die Prämissen Gründe, die Konklusion zu akzeptieren. Nicht immer sind diese Gründe auch die Ursache für den in der Konklusion genannten Sachverhalt. Das kann man auch so ausdrücken: Die Prämissen eines korrekten Arguments nennen immer einen Erkenntnisgrund, aber nicht unbedingt einen Realgrund für die Konklusion. Zum Beispiel sind die beiden folgenden Argumente korrekt, aber nur in (4) nennen die Prämissen einen Realgrund für den in der Konklusion erwähnten Sachverhalt:

(3) Wenn das Barometer sinkt, ist schlechtes Wetter zu erwarten.
Das Barometer sinkt.
___
Es ist schlechtes Wetter zu erwarten.

(4) Wenn der Luftdruck sinkt, ist schlechtes Wetter zu erwarten.
Der Luftdruck sinkt.
___
Es ist schlechtes Wetter zu erwarten.

Erkenntnisgründe. Es werden Informationen angegeben, anhand derer man entscheiden kann, ob etwas der Fall ist oder nicht:

(5) Sie spielt gut Schach. Grund: Sie gewinnt häufig.

(6) Sie spielt gut Schach. Grund: Mein Schachlehrer hat sich über sie bewundernd geäußert.

Realgründe. Es wird ein Kausalzusammenhang angegeben, also eine Ursache, weshalb sich etwas so verhält, wie es sich verhält:

(7) Sie spielt gut Schach. Grund: Sie kennt viele Eröffnungen.

(8) Die Schachuhr ist kaputtgegangen. Grund: Sie ist zu Boden gefallen.

Vorausgesetzt, der fragliche Kausalzusammenhang ist bekannt, so ist ein Realgrund immer auch ein Erkenntnisgrund, nicht jedoch umgekehrt. Das heißt, wer über einen Realgrund verfügt und weiß, dass es sich um einen Realgrund handelt, verfügt immer auch über einen Erkenntnisgrund.

Die Grundlage für diese Unterscheidung ist das Ideal, dass ein Schluss möglichst von wahren Aussagen (Prämissen) zu wahren Aussagen (Konklusion) führen soll. Es ist aber oft nicht möglich, einen Schluss anzugeben, der mit Sicherheit von wahren Prämissen zu einer wahren Konklusion führt und also gültig ist. Dann wird man sich mit weniger anspruchsvollen Schlüssen zufriedengeben müssen, mit Schlüssen, bei denen die Wahrheit der Prämissen die Wahrheit der Konklusion lediglich wahrscheinlich oder wenigstens plausibel macht. Diese „Stützungskraft" ist eine Eigenschaft der Beziehung zwischen Prämissen und Konklusion. Davon zu unterscheiden sind andere Qualitäten von Schlüssen, wie zum Beispiel Überzeugungskraft, Situationsangemessenheit, und auch die Plausibilität oder Wahrheit der Konklusion. All das kann mit der Beziehung der „Stützung" zusammenhängen, ist aber nicht darauf reduzierbar.

Wie entscheidet man, ob ein Argument als deduktiver oder nichtdeduktiver Schluss rekonstruiert werden soll? Um diese Frage beantworten zu können, muss man sich klarmachen, aus welcher Perspektive man das Argument analysieren und beurteilen möchte. Man kann vom Text ausgehen und fragen, mit welchem Anspruch das Argument vorgebracht wird beziehungsweise auf welchen Anspruch die Autorin verpflichtet ist. Man kann aber auch von einem vorgegebenen Anspruch ausgehen und beispielsweise prüfen, ob ein Argument gültig ist, unabhängig davon, ob es vielleicht mit dem Anspruch einer bloß plausiblen Begründung vorgebracht wurde. Beide Beurteilungsperspektiven sind bei der Textanalyse gleichermaßen sinnvoll; entscheidend ist, dass man sich bewusst ist, aus welcher Perspektive man ein Argument rekonstruiert und beurteilt, und dass man dies klar dokumentiert.

Will man ein Argument daraufhin beurteilen, ob es den Anspruch einlöst, auf den die Autorin verpflichtet ist, muss man herausfinden, welchen Typ von Argument die Autorin für sich in Anspruch nimmt. Zunächst kann man versuchen, im Text explizite Indikatoren zu finden. So deuten zum Beispiel „daraus folgt" und „somit muss auch … der Fall sein" auf ein deduktives Argument hin, „daher ist es plausibel, dass" auf ein nichtdeduktives Argument. Auch wenn es keine expliziten Formulierungen gibt, ergeben sich aus weiteren Textstellen fast immer Hinweise. Beispielsweise deuten weitere Argumente für dieselbe Konklusion darauf hin, dass die Autorin das Argument als nichtdeduktiv oder seine Prämissen als nicht unbedingt wahr einstuft. Schließlich kann man sich auf das Prinzip der wohlwollenden Interpretation stützen und versuchen, ein möglichst starkes Argument zu rekonstruieren. Das kann bedeuten, dass man ein Argument einfach deshalb als deduktiv einstuft, weil es gültig ist.

Deduktive Schlüsse beurteilen. Für die Gültigkeit eines Schlusses ist erforderlich, dass die Konklusion wahr sein muss, wenn die Prämissen wahr sind. Gültige Schlüsse sind also „zwingend“: Jede vernünftige Person, die die Prämissen akzeptiert, muss die Konklusion akzeptieren; es besteht kein Risiko, dass die Konklusion falsch ist, wenn die Prämissen wahr sind. Das erfordert nun einige Erläuterungen.

Erstens ist zu beachten, dass das „muss“ in „Die Konklusion muss wahr sein, wenn die Prämissen wahr sind“ sich auf die Beziehung zwischen Prämissen und Konklusion bezieht, nicht auf die Konklusion allein. Zum Beispiel ist die Aussage „Erik Satie muss am 15.4.1913 einen Samtanzug tragen“ falsch, weil Satie nicht gezwungen war, einen Samtanzug zu tragen. Er hat dies vielmehr freiwillig getan. Daran ändert auch nichts, dass er in diesen Jahren immer einen Samtanzug getragen hat; auch das hat er freiwillig getan. Trotzdem kann man argumentieren:

(9) Satie trug im Jahr 1913 immer einen Samtanzug. Also muss er am 15.4.1913 einen Samtanzug getragen haben.

Aufgrund der obigen Überlegung drückt das „muss“ in (9) lediglich aus, dass es sich um ein gültiges Argument handelt, und ist nicht Teil der Konklusion. Also ist (9) mit (9.1), nicht mit zu (9.2) rekonstruieren:

(9.1) Satie trug im Jahr 1913 immer einen Samtanzug.
Satie trug am 15.4.1913 einen Samtanzug.

(9.2) Satie trug im Jahr 1913 immer einen Samtanzug.
Satie musste am 15.4.1913 einen Samtanzug tragen.

Im Gegensatz zu (9.1) ist (9.2) kein gültiger Schluss. Es ist durchaus möglich, dass Satie immer einen Samtanzug trägt, obschon er immer etwas anderes tragen könnte, also keinen Samtanzug tragen *muss*.

Zweitens bedeutet, dass ein Schluss gültig ist, weder, dass seine Prämissen wahr sind, noch dass seine Konklusion wahr ist. Gültigkeit schließt nur die Kombination von wahren Prämissen mit falscher Konklusion aus. Dieser Punkt lässt sich am besten an Beispielen erklären. Folgende Schlüsse sind gültig:

(10)	Napoleon ist ein Franzose.	wahr
	Alle Franzosen sind Europäer.	wahr
	Napoleon ist ein Europäer.	wahr
(11)	Napoleon ist ein Afrikaner.	falsch
	Alle Afrikaner sind Franzosen.	falsch
	Napoleon ist ein Franzose.	wahr
(12)	Napoleon ist ein Afrikaner.	falsch
	Kein Afrikaner ist ein Franzose.	falsch
	Napoleon ist kein Franzose.	falsch

Gültigkeit allein garantiert also noch nicht, dass die Konklusion wahr ist (Beispiele 11 und 12). Diese Garantie hat man nur, wenn überdies die Prämissen wahr sind wie in Beispiel (10).

Drittens: Weil in gültigen Schlüssen die Konklusion wahr sein muss, wenn die Prämissen wahr sind, kann in solchen Schlüssen die Konklusion nur dann falsch sein, wenn eine der Prämissen falsch ist. Wenn zum Beispiel eine Penizillin-Behandlung den Patienten Ferdinand nicht heilt, so kann aufgrund der Gültigkeit von

(13) Patient Ferdinand hat eine Streptokokken-Infektion.
Penizillin-Behandlung heilt Patienten mit Streptokokken-Infektion.
Penizillin-Behandlung heilt den Patienten Ferdinand.

geschlossen werden, dass eine der beiden Prämissen in (13) falsch ist. (Tatsächlich sind Streptokokken oft resistent gegen Penizillin und deshalb ist die zweite Prämisse falsch.)

Schließlich sind Schlüsse mit wahren Prämissen und falscher Konklusion sicher *nicht* gültig (der Stern und die unterbrochene Linie zeigen die Ungültigkeit an):

(*14)	Napoleon lebte auf St. Helena.	wahr
	St. Helena ist eine afrikanische Insel.	wahr
	Napoleon ist ein Afrikaner.	falsch

Es sind aber nicht nur solche Schlüsse ungültig. Nicht gültig ist auch folgender Schluss mit einer wahren Konklusion:

(*15)	Napoleon ist ein Europäer.	wahr
	Alle Franzosen sind Europäer.	wahr
	Napoleon ist ein Franzose.	wahr

Die einfachste Möglichkeit, Ungültigkeit nachzuweisen, ist demnach, zu zeigen, dass die Prämissen wahr, die Konklusion aber falsch ist, so wie in (*14). Es reicht allerdings auch, zu zeigen, dass es eine mögliche Situation gibt, in der die Prämissen wahr sind, die Konklusion aber falsch. Wäre Napoleon ein Italiener gewesen, wäre die Konklusion von (*15) falsch, die Prämissen aber immer noch wahr.

Aus dem letzten Punkt ergibt sich folgende Methode zum Nachweis von *Un*gültigkeit mithilfe von Gegenbeispielen (für Schlüsse mit Normsätzen gibt es eine zweite einfache Methode; vgl. Box „Naturalistischer Fehlschluss", unten):

Ungültigkeit nachweisen

Ein Schluss kann als ungültig erwiesen werden, indem man eine mögliche Situation angibt, in der die Prämissen wahr und die Konklusion falsch ist.

Schwieriger ist es, nachzuweisen, dass ein Schluss gültig ist, weil man dazu ja zeigen muss, dass es keine Situation geben *kann,* in der die Prämissen wahr sind und die Konklusion falsch. Beispiele reichen für diesen Zweck nicht aus und man kann auch nicht einfach alle möglichen Situationen der Reihe nach durchgehen. Grundsätzlich unterscheidet man zwei verschiedene Weisen, wie Gültigkeit zustande kommen kann, formale und materiale Gültigkeit.

Box **Naturalistischer Fehlschluss**

Unter der Bezeichnung „naturalistischer Fehlschluss" ist folgende Regel für Schlüsse mit Normsätzen bekannt:

Kein Schluss mit einem Normsatz als Konklusion, aber ohne Normsätze in den Prämissen ist korrekt.

Trifft man auf Schlüsse, die in diesem Sinne inkorrekt sind, so sollte man auf jeden Fall prüfen, mit welcher Prämissenergänzung der Schluss gültig gemacht werden kann und ob er nicht als Enthymem rekonstruiert werden kann (vgl. Beispiel 2, S. 225).

(Anmerkung für Leserinnen und Leser, die es genau nehmen: Der Grundsatz gilt streng genommen nur für Schlüsse mit konsistenten Prämissen und einer Konklusion, die nicht bereits aus logischen Gründen wahr ist. Schlüsse mit inkonsistenten Prämissen sind trivialerweise immer gültig und Sätze wie „Gemäß Reglement XY ist das Fußballspielen erlaubt oder verboten" können mit beliebigen Prämissen begründet werden, da sie gar keiner Begründung bedürfen.)

Formal gültige Schlüsse. Bei formal gültigen Schlüssen beruht die Gültigkeit auf einer logischen Form, das heißt auf der Art und Weise, wie der Schluss aus Aussagen, Begriffen und singulären Termen aufgebaut ist (vgl. Box „Prädikate und logische Form", S. 113). Die Bedeutung dieser Elemente ist hingegen irrelevant für die formale Gültigkeit. Logische Formen können als Schemata dargestellt werden, die themenneutral sind und also in keiner Weise festlegen, wovon die Aussagen handeln, die sich aus diesem Schema gewinnen lassen. Zum Beispiel:

(16) Anna spielt gut Schach, weil sie Russin ist und alle Russinnen gut Schach spielen.

Dieses Argument lässt sich so als Schluss rekonstruieren:

(16.1) Anna ist Russin.
<u>Alle Russinnen sind gute Schachspielerinnen.</u>
Anna ist eine gute Schachspielerin.

Als Erstes können wir uns davon überzeugen, dass dieser Schluss tatsächlich gültig ist. Dass wir nicht wissen, wer Anna ist, und dass die zweite Prämisse ein Pauschalurteil formuliert, das sicher falsch ist, spielt keine Rolle. Entscheidend ist nur, dass die Konklusion tatsächlich wahr sein muss, falls die beiden Prämissen wahr sind. Wenn Anna eine Russin ist und alle Russinnen gut Schach spielen, so schließt das einfach aus, dass Anna nicht gut Schach spielt. Um aufzuzeigen, dass dieser Schluss *formal* gültig ist, sind zwei weitere Schritte erforderlich. Zuerst gilt es, das für die Gültigkeit verantwortliche Schema, die logische Form des Schlusses, zu ermitteln:

(16.2) a ist F
Alle F sind G
a ist G

In einem zweiten Schritt könnte man nun nachweisen, dass alle Schlüsse, die diese logische Form haben, gültig sein müssen. Für beide Schritte braucht man eine logische Theorie. Wir werden nun freilich keine solche Theorie einführen, sondern uns damit zufriedengeben, die formale Gültigkeit intuitiv zu beurteilen. Das ist bei (16.2) relativ unproblematisch, insofern kaum Zweifel daran bestehen, dass jeder Schluss gültig ist, der sich durch Einsetzen von Begriffen und singulären Termen in (16.2) gewinnen lässt. Zum Beispiel:

(16.3) Ferdinand ist ein Trüffelschwein.
Alle Trüffelschweine sind Feinschmecker.
Ferdinand ist ein Feinschmecker.

Ein zweites Beispiel eines formal gültigen Schlusses entnehmen wir Bieris *Das Handwerk der Freiheit,* wo die Überlegungen eines Kapitels gelegentlich in Form eines Schlusses zusammengefasst sind:

(17) „Wenn sich jemand als Person versteht, muss er sich in seinem Willen für unbedingt frei halten. Wir verstehen uns als Personen. Also müssen wir uns in unserem Willen für unbedingt frei halten.“ (BIERI 2002:182; vgl. auch 187, 192, 199, 211, 222)

In der Standarddarstellung:

(17.1) Wenn sich jemand als Person versteht, muss er sich in seinem Willen für unbedingt frei halten.
Wir verstehen uns als Personen.
Wir müssen uns in unserem Willen für unbedingt frei halten.

Wiederum können wir uns davon überzeugen, dass der Schluss gültig bleibt, wenn man einen oder mehrere Begriffe austauscht. Dabei müssen alle Vorkommen eines Begriffs durch denselben Begriff ersetzt werden:

(17.2) Wenn sich jemand als gebildet versteht, muss er *Ulysses* gelesen haben.
Wir verstehen uns als gebildet.
Wir müssen *Ulysses* gelesen haben.

(17.3) Wenn jemand lügt, muss er ehrlich sein.
Wir lügen.
Wir müssen ehrlich sein.

Beide Beispiele zeigen nochmals, dass es keine Rolle spielt, ob aus der Ersetzung wahre Aussagen resultieren. Weitere Beispiele für Schemata formal gültiger Schlüsse werden in Kapitel 8.3.4 diskutiert; im Fallbeispiel „Rekonstruieren und Beurteilen eines deduktiven Schlusses" (S. 256) zeigen wir, wie Überlegungen zur formalen Gültigkeit das Zusammenspiel von Rekonstruieren und Beurteilen eines Schlusses anleiten können.

In der Logik sind spezielle Methoden entwickelt worden, um die formale Gültigkeit von Schlüssen zu beurteilen. Dazu gehört die „Formalisierung", das heißt das Darstellen von Schlüssen mithilfe von logischen Formeln, das dazu dient, logische Formen von Schlüssen in einer präzisen, eindeutigen und übersichtlichen Weise zu bestimmen und darzustellen. Auf dieser Grundlage lassen sich mithilfe logischer Theorien Gültigkeitsbeweise führen. Wer diese Methoden erlernen will, muss eine Einführung in die Logik durcharbeiten (vgl. die Literaturhinweise auf S. 300).

Box Logische Beziehungen zwischen Aussagen

Mithilfe des Begriffs des gültigen Schlusses können eine Reihe weiterer logischer Eigenschaften von Aussagen und Aussagenmengen definiert werden. Wir geben jeweils ein Beispiel für eine formallogische und eine materiallogische Beziehung an:

Eine Aussage K **folgt logisch** aus der Menge der Aussagen $P_1, \ldots, P_n$ genau dann, wenn der Schluss von $P_1, \ldots, P_n$ auf K gültig ist (man sagt auch: $P_1, \ldots, P_n$ *implizieren* K).

(18) P_1: Kreise sind Figuren.
K: Wer einen Kreis zeichnet, zeichnet eine Figur.

(19) P_1: London ist größer als Berlin.
K: Berlin ist kleiner als London.

Zwei Aussagen A und B sind **logisch äquivalent** genau dann, wenn Aussage A aus Aussage B und Aussage B aus Aussage A logisch folgt. Äquivalente Aussagen unterscheiden sich nicht in ihrem Wahrheitswert. Sie sind aus logischen Gründen entweder beide wahr oder beide falsch.

(20) A: Wenn Albert das Zimmer nicht aufgeräumt hat, darf er nicht fernsehen.
B: Wenn Albert fernsehen darf, hat er das Zimmer aufgeräumt.

(21) A: Der Gebrauch einer Computermaus kann einen Tennisellbogen verursachen.
B: Der Gebrauch einer Computermaus kann eine Epicondylitis humeri radialis verursachen.

Zwei Aussagen A und B **widersprechen** sich **kontradiktorisch** (oder: stehen in kontradiktorischem Gegensatz) genau dann, wenn aus der Wahrheit von A die Falschheit von B und aus der Falschheit von A die Wahrheit von B logisch folgt. Da die Kontradiktion eine symmetrische Beziehung ist, kann man in dieser Definition A und B vertauschen. Wenn zwei Aussagen in kontradiktorischem Widerspruch stehen, so ist immer eine der beiden Aussagen wahr, die andere falsch.

(22) A: Alle Shakespeare zugeschriebenen Dramen stammen von Francis Bacon.
B: Mindestens ein Shakespeare zugeschriebenes Drama stammt nicht von Francis Bacon.

Beispiele für Aussagen, die sich aus materiallogischen Gründen kontradiktorisch widersprechen, sind schwierig beizubringen. Am vielversprechendsten sind Beispiele, in denen ein Begriff mithilfe der logischen Negation konstruiert ist:

(23) A: Diese Handlung ist moralisch zulässig.
B: Diese Handlung ist moralisch unzulässig.

Statt von „Kontradiktion" spricht man oft einfach davon, dass sich zwei Aussagen „widersprechen". Es gibt aber auch andere Formen des Widerspruchs:

Zwei Aussagen A und B stehen in **konträrem Widerspruch** (oder: stehen in konträrem Gegensatz) genau dann, wenn aus der Wahrheit von A die Falschheit von B folgt, aber aus der Falschheit von B nicht die Wahrheit von A. Da die Kontrarietät eine symmetrische Beziehung ist, kann man A und B in dieser Definition vertauschen. Kontrarietät bedeutet so viel wie, dass zwar beide Aussagen falsch, aber nicht beide wahr sein können.

(24) A: Alle Shakespeare zugeschriebenen Dramen stammen von Francis Bacon.
B: Kein Shakespeare zugeschriebenes Drama stammt von Francis Bacon.

(25) A: Fritz ist ein Junggeselle.
B: Fritz ist ein Witwer.

Eine Menge von Aussagen A ist **inkonsistent** genau dann, wenn aus ihr zwei Aussagen logisch folgen, die sich kontradiktorisch widersprechen. Das bedeutet, dass in einer inkonsistenten Menge von Aussagen gilt, dass nicht alle diese Aussagen wahr sein können.

(26) A: Vögel können fliegen. Pinguine sind Vögel. Pinguine können nicht fliegen.

(27) A: Anna ist größer als Berta. Berta ist größer als Carla. Carla ist größer als Anna.

Eine Menge von Aussagen ist **konsistent** genau dann, wenn sie nicht inkonsistent ist.

Zwei Aussagen sind **logisch abhängig** genau dann, wenn aus einer der beiden Aussagen die Wahrheit oder die Falschheit der anderen logisch folgt. Zwei Aussagen sind **logisch unabhängig** genau dann, wenn sie nicht logisch abhängig sind.

Material gültige Schlüsse. Die Gültigkeit von material gültigen Schlüssen beruht auf begrifflichen Verhältnissen, genauer gesagt auf Beziehungen zwischen der Extension von Begriffen, die durch die Bedeutung der Begriffe determiniert sind (zu Extension und Intension vgl. Box „Zeichen und Bedeutung“, S. 106). Zwei Beispiele:

(28) Anna spielt Schach. Also spielt sie ein Brettspiel.

(29) Das Lackmuspapier hat sich gänzlich rot verfärbt. Also hat es sich nicht blau verfärbt.

Bei (28) beruht die Gültigkeit darauf, dass Schach ein Brettspiel ist. Oder genauer: dass „Brettspiel“ ein „Oberbegriff“ von „Schachspiel“ ist. Die Gültigkeit von (29) ist darin begründet, dass „rot“ und „blau“ inkompatible Begriffe sind (vgl. Box „Logische Beziehungen zwischen Begriffen“, S. 252). Material gültige Schlüsse können auch als Enthymeme behandelt werden, indem man einen formal gültigen Schluss rekonstruiert, in dem das entsprechende Begriffsverhältnis als weitere Prämisse explizit formuliert ist:

(28.1) Anna spielt Schach.
Schach ist ein Brettspiel.
Anna spielt ein Brettspiel.

Rekonstruiert man in dieser Weise, wird aus der Frage, ob (28) ein material gültiger Schluss ist, die Frage, ob die zweite Prämisse von (28.1) eine Aussage ist, die eine begriffliche Wahrheit ausdrückt. So oder so ist für die materiale Gültigkeit vorausgesetzt, dass Schach aus begrifflichen Gründen ein Brettspiel ist. Das setzt einen bestimmten Begriff von „Brettspiel“ voraus, wonach dieses Wort eine Klasse von Spielen bezeichnet, unabhängig davon, ob das Spiel tatsächlich auf einem Brett gespielt wird. In diesem Sinne ist Schach ein Brettspiel, selbst wenn es mit dem Computer oder im Kopf gespielt werden kann. Die materiale Gültigkeit eines Schlusses zu beurteilen, setzt also voraus, dass man für die relevanten Begriffe geklärt hat, in welchem Sinne sie verwendet werden (vgl. Kap. 7.4 und 7.5).

Es ist nicht immer einfach, materiale Gültigkeit von anderen inhaltlichen Zusammenhängen abzugrenzen. Die Schwierigkeit entsteht, wenn man entscheiden muss, ob ein Schluss tatsächlich aufgrund von Begriffsverhältnissen gültig ist. Zum Beispiel:

(30) Anna spielt Schach. Also ist sie älter als 5 Monate.

Auch bei (30) kann man sagen, dass es unmöglich ist, dass die Prämisse wahr und die Konklusion falsch ist. Diese Unmöglichkeit ist aber keine logische, sondern eine psychologische. Das sieht man, wenn man (30) als Enthymem auffasst und folgendermaßen als deduktiv gültigen Schluss rekonstruiert:

(31.1) Anna spielt Schach.
Wer Schach spielt, ist älter als 5 Monate.
Anna ist älter als 5 Monate.

Es mag wohl klar sein, dass „Schach ist ein Brettspiel" im Gegensatz zu „Wer Schach spielt, ist älter als 5 Monate" eine begriffliche Wahrheit ist. Oft ist diese Unterscheidung aber weniger einfach zu ziehen, und man sollte nicht davon ausgehen, dass es sich um eine Unterscheidung handelt, die immer scharf gezogen werden kann.

Box Logische Beziehungen zwischen Begriffen

Von einer „logischen Beziehung" zwischen zwei (oder mehreren) Begriffen spricht man, wenn die Intensionen der Begriffe ein bestimmtes Verhältnis ihrer Extensionen garantieren. Solche Beziehungen beruhen also auf den semantischen Eigenschaften der betroffenen Begriffe und sind nicht bloß eine Folge der tatsächlichen Verhältnisse in der Welt. Es ist zum Beispiel eine begriffliche Tatsache, dass sich „x ist eine Sonate" auf eine Teilmenge der durch „x ist eine musikalische Komposition" bezeichneten Gegenstände bezieht, wohingegen die analoge Frage bei „x ist ein Apfelbaum" und „x ist ein Fremdbefruchter" durch biologische, nicht durch begriffliche Untersuchungen entschieden werden muss.

Für einige wichtige Beziehungen sind spezielle Bezeichnungen üblich:

Äquivalenz. Zwei Begriffe A und B sind genau dann äquivalent, wenn die Intensionen von A und B garantieren, dass die Extension von A mit der Extension von B identisch ist. Zum Beispiel:

(32) x ist eine männliche Ente – x ist ein Erpel

(33) x ist ein Sohn von y – x ist ein direkter männlicher Nachkomme von y

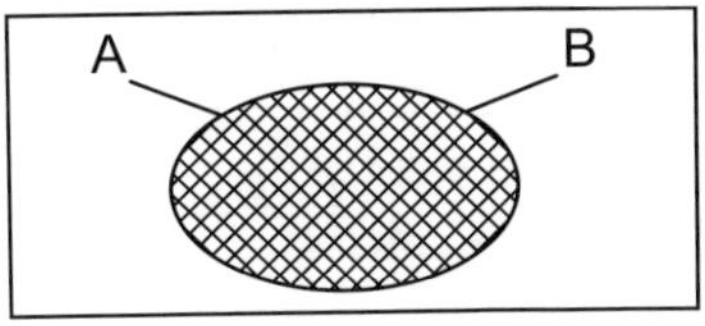

Abbildung 16: Veranschaulichung von „Die beiden einstelligen Begriffe A und B sind äquivalent"

Die Äquivalenz wird gelegentlich auch als „Synonymie" bezeichnet. Genau genommen spricht man aber nur von synonymen Begriffen, wenn sie nicht nur gleiche Extension, sondern vollständig identische Bedeutung haben.

Unterordnung. Der Begriff A ist dem Begriff B genau dann untergeordnet (B ist A übergeordnet), wenn die Intensionen von A und B garantieren, dass die Extension von A eine echte Teilmenge der Extension von B ist. Beispiele:

(34) x ist ein Erpel – x ist eine Ente

(35) x ist eine Tochter von y – x ist verwandt mit y

Der untergeordnete Begriff wird auch als „Unterbegriff" oder „Hyponym", der übergeordnete als „Oberbegriff" oder „Hyperonym" bezeichnet.

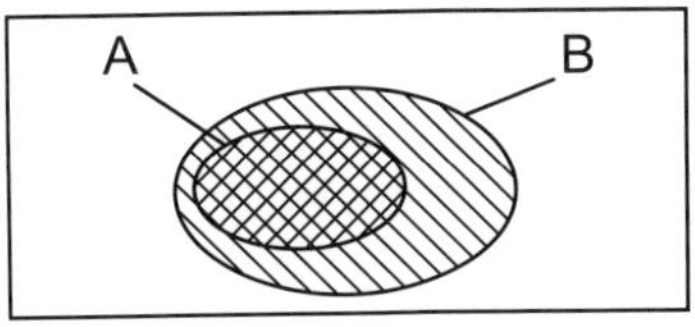

Abbildung 17: Veranschaulichung von „Der einstellige Begriff A ist dem einstelligen Begriff B untergeordnet"

Inkompatibilität. Zwei Begriffe A und B sind genau dann inkompatibel, wenn die Intensionen von A und B garantieren, dass die Extensionen von A und B disjunkt sind, das heißt keine gemeinsamen Elemente haben. Zum Beispiel:

(36) x ist grün – x ist durch 27 teilbar

(37) x ist geizig – x ist verschwenderisch

(38) x ist dümmer als y – y ist dümmer als x

Wenn zwei einstellige Begriffe inkompatibel sind, so ist es nicht möglich, dass sie auf einen Gegenstand beide zutreffen; sie können aber beide auf denselben Gegenstand *nicht* zutreffen. Bei zwei- und mehrstelligen Begriffen gilt Analoges für Paare resp. n-Tupel von Gegenständen.

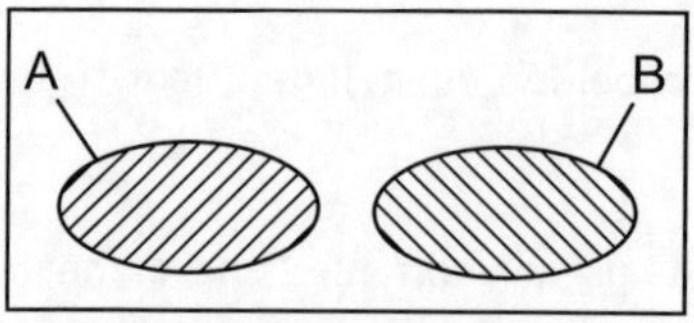

Abbildung 18: Veranschaulichung von „Die zwei einstelligen Begriffe A und B sind inkompatibel"

Komplement. Zwei Begriffe A und B sind genau dann komplementär, wenn die Intensionen von A und B garantieren, dass die Extension von A die Komplementmenge der Extension von B ist, das heißt, wenn die Extension von A aus allem besteht, was nicht zur Extension von B gehört. Die Komplementbeziehung wird meist mit Bezug auf ein Begriffsverhältnis innerhalb einer eingeschränkten Menge von Gegenständen, des sogenannten Bereichs, verwendet:

(39) x ist gestempelt – x ist ungestempelt [Briefmarken]

Bildet man Begriffe mithilfe der logischen Negation, kann man auch Komplementbeziehungen erhalten, die nicht auf einen eingeschränkten Bereich bezogen sind:

(40) x ist essbar – x ist nicht essbar

(41) x und y sind in der Bibel gleich häufig erwähnt – x und y sind in der Bibel nicht gleich häufig erwähnt

Wenn zwei Begriffe komplementär sind, sind sie immer auch inkompatibel (aber im Allgemeinen nicht umgekehrt).

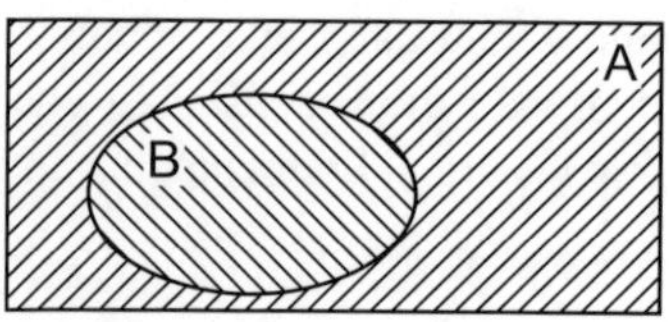

Abbildung 19: Veranschaulichung von „Der einstellige Begriff A ist das Komplement des einstelligen Begriffs B". Das Rechteck symbolisiert den Bereich.

Die Idee der Komplementarität kann wie folgt für mehr als zwei Begriffe verallgemeinert werden: Eine Klassifikation (oder „Einteilung“) in einem Bereich ist eine Menge von Begriffen $A_1, \ldots, A_n$, sodass gilt: Erstens sind A_i und A_j inkompatibel für alle $i \neq j$ und zweitens ist die Vereinigungsmenge der Extensionen von $A_1, \ldots, A_n$ mit dem Bereich identisch. Zwei verschiedene Begriffe aus einer Klassifikation in einem Bereich werden als „heteronym“ bezeichnet. Beispiele:

(42) Der Bereich der Wochentage wird eingeteilt in: x ist ein Montag, x ist ein Dienstag, x ist ein Mittwoch, x ist ein Donnerstag, x ist ein Freitag, x ist ein Samstag, x ist ein Sonntag.

(43) Heteronymie: x ist ein Donnerstag – x ist ein Dienstag

Abbildung 20: Veranschaulichung von „Die einstelligen Begriffe $A_1, \ldots, A_n$ sind eine Einteilung des Bereichs D“

Konversität. Ein zweistelliger Begriff A ist genau dann die Konverse eines zweistelligen Begriffs B, wenn die Intensionen von A und B garantieren, dass zur Extension von A alle und nur diejenigen Paare $\langle x, y \rangle$ gehören, für die gilt, dass $\langle y, x \rangle$ zur Extension von B gehört. Zum Beispiel:

(44) x ist reicher als y – y ist ärmer als x

(45) x ist ein Onkel von y – y ist ein Neffe oder eine Nichte von x

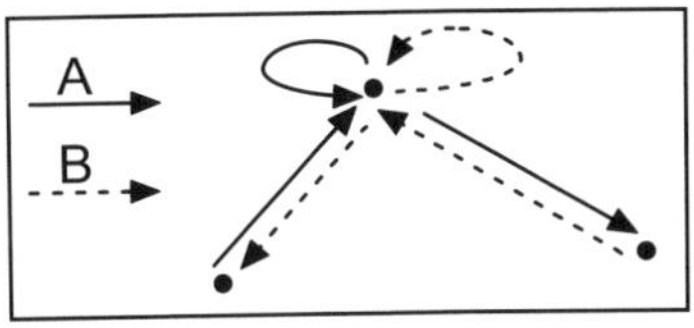

Abbildung 21: Veranschaulichung eines Beispiels von zwei konversen zweistelligen Begriffen A und B

Fallbeispiel
Rekonstruieren und Beurteilen eines deduktiven Schlusses

Der folgende Artikel ist ein relativ seltenes Beispiel für einen Zeitungstext, der ein Argument enthält, das beinahe schon als Schluss formuliert ist (Ende zweite, Anfang dritte Spalte). Trotzdem ist die Analyse nicht ganz einfach. Das Beispiel zeigt, wie Überlegungen zur Gültigkeit verwendet werden können, um zu entscheiden, wie das Argument im Einzelnen rekonstruiert werden soll.

TransALPedes

Förstergilde auf dem Holzweg

Hä? Was häsch gseit? Non capisco. Parle plus fort! Wie bitte?

Endlich: Der Wanderweg wird drei Meter breit. Wir gehen nebeneinander und nicht hintereinander. Jetzt kann diskutiert werden, ohne nach vorne und nach hinten zu rufen. Jetzt können Fragen gestellt werden. Etwa diese: Warum ist dieser Weg eigentlich so breit?

Wenn uns keine vorbeibrausenden Autos am Gespräch hindern,

Mont Blanc
(28. August – 1. September)
4807 M.ü.M.

dürfte es sich entweder um eine Alpmeliorationsstrasse oder um eine Forststrasse handeln.

Im Nanztal oberhalb Brig stellt uns Raimund Rodewald, Geschäftsführer der Schweizerischen Stiftung für Landschaftsschutz und Landschaftspflege, interessante Überlegungen und Zahlen vor: «Heute existieren in unserem Land 26 000 Kilometer für Lastwagen befahrbare Forststrassen. Dies entspricht mehr als der Hälfte des Erdumfangs. Pro Jahr werden für 50 Millionen Franken 350 Kilometer neue Waldstrassen gebaut.» Um Rendite für die Forstwirtschaft kann es dabei nicht gehen. Denn Holznutzung ist in der Schweiz unrentabel, vor allem im Berggebiet. Vielmehr sind es Ingenieure und die Bauwirtschaft, die nach den Bergwäldern greifen, nachdem sie im Flachland beinahe alles erschlossen haben. Gegen die Einwände von UmweltschützerInnen, ÖkologInnen oder WanderInnen lassen sich immer neue Begründungen für die Strassen finden. Bei unserem Beispiel im Nanztal soll die Strasse dazu dienen, im Falle eines Hochwassers mit Maschinen aufzufahren, um Stauungen im Fluss zu beheben. Doch vor einem Hochwasser regnet es meistens. Welcher Chauffeur fährt dann mit einem schweren Fahrzeug über diese Schlammstrasse?

Die beliebteste Rechtfertigung der Förstergilde beruht auf folgender Logik: «Nur ein gepflegter Wald ist ein gesunder Wald, und nur ein erschlossener Wald kann gepflegt werden. – Also: Nur ein erschlossener Wald ist ein gesunder Wald.»

Dieses Dogma der Forstwirtschaft kommt von einer Generation von Technokraten, die uns und die Natur vor allem Unnützen, wild Wuchernden schützen will. Noch heute sind ihre Vertreter davon überzeugt, dass sie dabei nicht auf dem Holzweg sind. Für Konzepte einer nachhaltigen, naturverträglichen Holznutzung, die heute bereits an den Hochschulen gelehrt werden, zeigen sie kein Interesse.

Ich versuche mich an andere Beispiele von Forststrassen aus unserer Wanderung zu erinnern: fürchterliche Schneisen in den Bundesforsten in Oberösterreich und in der Steiermark. Immerhin sind sie wirtschaftlich begründbar: Die Fichtenmonokulturen rentieren dort wenigstens noch.

Der Ort Curaglia am Fuss des Lukmanierpasses verdankt laut Kreisförster Alexi Sialm sein Überleben einer Forststrasse. Sie wurde gerade rechtzeitig fertiggestellt, bevor der Orkan Vivian 1990 den ganzen Schutzwald oberhalb der Siedlung umgelegt hatte. Ohne die Strasse, meint Sialm, hätten sie es unmöglich geschafft, bis zum Winter den ganzen Berghang mit Lawinenverbauungen zu bestücken. Bevor ich weiterwandere, komme ich zufällig mit einem Dorfbewohner ins Gespräch, der die Geschichte etwas anders sieht: «Die Forststrasse ist derart unsanft in den Berghang gesprengt worden, dass die Hälfte der Bäume durch herunterfallende Steine schwerverletzt waren. Vivian hatte ein leichtes Spiel …»

Im Nanztal wandern wir taleinwärts auf der neu angelegten Forststrasse. Mit dem Aushubmaterial sind ganze Querrinnen bis 100 Meter Tiefe in der Nanztal-Schlucht zugeschüttet worden. Was nach einigen starken Regenfällen passiert, sehen wir in der übernächsten Kurve: Ein Drittel der Strasse ist bereits abgebrochen und in die Tiefe gerutscht.

Harry Spiess

TransALPedes ist unterwegs von Wien nach Nizza – «zu Fuss durch den Lebensraum Alpen». In unserer Kolumne berichten abwechselnd die sieben Mitglieder der Kerngruppe.

WIEN

NIZZA

Beispiel 46: Aus WOCHENZEITUNG, 28.8.1992, S. 4.

Was als „Logik" der Förstergilde bezeichnet wird, ist folgender Schluss:

(47) Nur ein gepflegter Wald ist ein gesunder Wald.
<u>Nur ein erschlossener Wald kann gepflegt werden.</u>
Nur ein erschlossener Wald ist ein gesunder Wald.

Ist dieser Schluss gültig? Das hängt davon ab, wie man die einzelnen Aussagen genau versteht. Am besten fängt man mit der Konklusion an.

Zwei Lesarten sind:

(48.1) Nur erschlossene Wälder sind gesund (aber nicht unbedingt auch umgekehrt).

(48.2) Nur erschlossene Wälder sind gesund (diese jedoch sicher).

Laut (48.1) sind die gesunden Wälder eine Teilmenge der erschlossenen Wälder, laut (48.2) ist die Menge der gesunden Wälder gleich der Menge der erschlossenen Wälder. Die zweite Version ist eine wesentlich stärkere Behauptung und sie ist offenkundig falsch. Kein Förster würde wohl behaupten, dass jeder erschlossene Wald gesund ist. Das Prinzip der wohlwollenden Interpretation verlangt deshalb, die einfacher zu verteidigende erste Rekonstruktion (48.1) zu wählen. Eine analoge Überlegung kann man bei der ersten Prämisse anstellen. Zur Verdeutlichung kann man das Argument wie folgt rekonstruieren:

(47.1) Jeder Wald, der gesund ist, ist gepflegt.
Jeder Wald, der gepflegt werden kann, ist erschlossen.
Jeder Wald, der gesund ist, ist erschlossen.

Für die formale Gültigkeit von (47.1) ist offensichtlich noch die Prämisse „Jeder Wald, der gepflegt ist, kann gepflegt werden“ vorausgesetzt. Diese Prämisse kann als selbstverständlich gelten, da sie eine Behauptung formuliert, die unmittelbar durch ein material gültiges Argument begründet werden kann. Daraus, dass etwas der Fall ist, folgt immer, dass es der Fall sein kann:

(47.2) Jeder Wald, der gesund ist, ist gepflegt.
[Jeder Wald, der gepflegt ist, kann gepflegt werden.]
Jeder Wald, der gepflegt werden kann, ist erschlossen.
Jeder Wald, der gesund ist, ist erschlossen.

Das ist ein formal gültiger Schluss. Er bleibt gültig, wenn man die Begriffe ersetzt. Zum Beispiel (Wald → Sitzplatz, ist gesund → bietet gute Sicht, ist gepflegt → ist reserviert, ist erschlossen → ist ein Logenplatz):

(49) Jeder Sitzplatz, der gute Sicht bietet, ist reserviert.
[Jeder Sitzplatz, der reserviert ist, kann reserviert werden.]

Jeder Sitzplatz, der reserviert werden kann, ist ein Logenplatz.
Jeder Sitzplatz, der gute Sicht bietet, ist ein Logenplatz.

Insgesamt ergibt diese Rekonstruktion, dass das Argument der Förstergilde formal gültig ist. Will man es angreifen, muss man also bei den Prämissen ansetzen. Zum Beispiel kann man auf Urwälder oder gewisse Naturschutzgebiete verweisen und bestreiten, dass die Gesundheit eines Waldes voraussetzt, dass er gepflegt ist.

8.3.4 Schemata formal (un)gültiger Schlüsse

Beim Analysieren von deduktiven Schlüssen gilt es zu untersuchen, ob der Schluss einem Schema formal gültiger Schlüsse folgt. Ist dies nicht der Fall, handelt es sich zwar um einen formal ungültigen Schluss, aber das bedeutet nicht, dass der betreffende Schluss nicht korrekt ist. Er kann immer noch material gültig oder zumindest nichtdeduktiv stark sein. Um sicher zwischen formal gültigen und formal ungültigen Schlüssen unterscheiden zu können, ist es wichtig, auch Schemata zu kennen, die zwar ähnlich wie gültige Schemata aussehen, aber ungültig sind. Man bezeichnet die (absichtliche oder unabsichtliche) Verwechslung von gültigen und ungültigen Schemata als „formale Argumentationsfehler“:

Ein **formaler Argumentationsfehler** *(non sequitur)* liegt vor, wenn ein formal ungültiges Argument als formal gültig präsentiert wird.

In diesem Kapitel besprechen wir die in der folgenden Übersicht aufgeführten Schemata, von denen einige traditionelle Namen haben. (Es gibt viele weitere Schlussschemata. Systematische Übersichten finden Sie in Logiklehrbüchern; vgl. die Literaturhinweise, S. 300.)

Übersicht der Schemata formal (un)gültiger Schlüsse

Schlüsse mit Disjunktion und Kontravalenz	Schemata mit Alternativen: – Disjunktive Syllogismen – Kontravalenz – Disjunktiver Fehlschluss – Dilemma – Schwarz-Weiß-Fehlschluss	S. 259
Schlüsse mit Konditional	Schemata mit notwendigen bzw. hinreichenden Bedingungen: – Modus ponens – Modus tollens – Affirming the Consequent – Denying the Antecedent – Kontraposition – Kontrapositionsfehlschluss	S. 263
Schlüsse mit Bikonditional	Schemata mit notwendigen und zugleich hinreichenden Bedingungen	S. 267
Reductio ad Absurdum	Strategie der indirekten Argumentation	S. 272

Schlüsse mit Disjunktion und Kontravalenz. In disjunktiven Aussagen wird behauptet, dass mindestens eine von zwei oder mehr alternativen Aussagen wahr ist. (Zur Vereinfachung beschränken wir uns auf zwei Aussagen; die Verallgemeinerung auf drei und mehr Aussagen ist unproblematisch.) Disjunktionen werden umgangssprachlich typischerweise mit „oder" ausgedrückt:

(1) Der Patient hat eine Pilz- oder Salmonellenvergiftung.

(2) Entweder ist die Leber geschädigt oder es ist beim Bestimmen des Blutbildes ein Fehler unterlaufen.

Eine einfache Möglichkeit, mit solchen Aussagen formal gültige Schlüsse zu bilden, sind die sogenannten „disjunktiven Syllogismen":

(Disjunktiver Syllogismus 1)	A oder B	oder:	A oder B
	Nicht A		Nicht B
	B		A
(Disjunktiver Syllogismus 2)	Nicht A oder B		A oder nicht B
	A		B
	B		A

Zum Beispiel:

(1.1) Der Patient hat eine Pilz- oder Salmonellenvergiftung.
Der Patient hat keine Pilzvergiftung.
Der Patient hat eine Salmonellenvergiftung.

Die formale Gültigkeit solcher Schlüsse beruht darauf, dass in der ersten Prämisse zwei Alternativen genannt werden, von denen behauptet wird, dass mindestens eine wahr ist. Wenn dann eine der beiden Alternativen ausgeschlossen werden kann, muss die andere wahr sein.

Eine Schwierigkeit bei der Analyse solcher Argumente ist die Frage, ob mitbehauptet ist, dass sich die beiden in den Prämissen genannten Alternativen gegenseitig ausschließen. Bei einfachen oder-Formulierungen ist das nicht der Fall. In vielen Fällen wissen wir allerdings, dass sich die beiden Alternativen aus sachlichen Gründen gegenseitig ausschließen. Will man das berücksichtigen, sollte man die entsprechende Aussage bei der Rekonstruktion ergänzen: „A oder B [aber nicht beides]“. Andere Formulierungen, mit denen ausdrücklich behauptet wird, dass eine von zwei sich ausschließenden Alternativen zutrifft, sind zum Beispiel „p oder sonst q“ und „entweder p oder dann nur q“:

(3) „Entweder trägt Aluminium zum Ausbruch der Alzheimer-Krankheit bei oder sein Vorkommen in den Narben ist nur eine Folgeerscheinung der Krankheit.“ (TAGES-ANZEIGER, 27.10.1990, S. 21)

Die ausschließende Disjunktion wird als „Kontravalenz“ bezeichnet.

Für die disjunktiven Syllogismen spielt es keine Rolle, ob sich die Alternativen gegenseitig ausschließen. Hingegen entscheidet die Differenz zwischen einschließenden und ausschließenden Alternativen darüber, ob Schlüsse nach dem Schema „A oder B; A; also nicht B“ formal gültig sind:

(Kontravalenz)	A oder B (nicht beides) A ——————— Nicht B
(*Disjunktiver Fehlschluss)	A oder B (evtl. beides) A - - - - - - - - - - - - Nicht B

Zum Beispiel:

(3.1) Entweder trägt Aluminium zum Ausbruch der Alzheimer-Krankheit bei oder sein Vorkommen in den Narben ist nur eine Folgeerscheinung der Krankheit.
Aluminium trägt zum Ausbruch der Alzheimer-Krankheit bei.
———————————————————
Das Vorkommen von Aluminium ist keine Folgeerscheinung der Alzheimer-Krankheit.

(*1.2) Der Patient hat eine Pilz- oder Salmonellenvergiftung.
Der Patient hat eine Pilzvergiftung.
- -
Der Patient hat keine Salmonellenvergiftung. [Falsch, wenn er beides hat.]

Etwas kompliziertere Argumentationsschemata sind die sogenannten „Dilemmata“. Damit sind Argumentationsstrategien gemeint, bei denen man von einer disjunktiven Aussage oder einer Kontravalenz ausgeht und dann zeigt, dass man mit beiden Alternativen für dieselbe Aussage argumentieren kann. Zum Beispiel kann man eine Argumentation von Peter Singer vereinfacht (wenn man die eingeklammerten Begründungen der Prämissen weglässt) wie folgt rekonstruieren (vgl. SINGER 2002:52, dt. 99):

(4) [Das Tier ist, wie wir sind, oder es ist nicht, wie wir sind.]
Wenn das Tier ist, wie wir sind, gibt es gute Gründe gegen das Experiment (weil es moralisch verwerflich ist).
Wenn das Tier nicht ist, wie wir sind, gibt es gute Gründe gegen das Experiment (weil es nicht die gewünschte Erkenntnis liefert).
———————————————————
Es gibt gute Gründe gegen das Experiment.

Die Form dieses Schlusses ist ein besonders einfaches Dilemma:

(Dilemma 1)	A oder nicht A
	Wenn A, dann B
	Wenn nicht A, dann B
	B

Das ist eine spezielle Version des allgemeineren Schemas:

(Dilemma 2)	A oder B
	Wenn A, dann C
	Wenn B, dann D
	C oder D

Bei allen Argumenten, die man nach einem dieser Schemata rekonstruiert, sollte man unbedingt die disjunktive Prämisse respektive die Kontravalenz genauer prüfen, um sicherzugehen, dass nicht folgender Argumentationsfehler vorliegt:

Ein **Schwarz-Weiß-Fehlschluss** liegt vor, wenn die Prämissen eines Schlusses eine disjunktive Aussage (oder Kontravalenz) „A oder B" enthalten, die falsch ist, weil A und B beide falsch sein können, da es neben A und B weitere Möglichkeiten gibt.

In Bezug auf Beispiel (1.1) bedeutet das, dass man prüfen sollte, ob neben Pilz- oder Salmonellenvergiftung keine weiteren Erklärungen für die fraglichen Symptome möglich sind. Bei Beispiel (4) scheint die Sache einfacher, da „das Tier ist nicht, wie wir sind" schlicht die Negation von „das Tier ist, wie wir sind" ist. Dies gilt jedoch nur unter der Voraussetzung, dass „ist, wie wir sind" zweimal in derselben Bedeutung verwendet wird, das heißt, dass die Hinsicht, in der Menschen wie Tiere sind oder eben nicht, in beiden Aussagen dieselbe ist. Dies sollte man am Text überprüfen, bevor man das Argument als formal gültig akzeptiert (vgl. Box „Äquivokation", S. 306).

Schlüsse mit Konditional. Im Folgenden diskutieren wir die einfachsten Schemata von formal gültigen und ungültigen Argumenten, die sich mithilfe von Konditionalaussagen bilden lassen. Konditionalaussagen drücken ein Bedingungsverhältnis aus und erfordern einige Sorgfalt bei der Klärung, welches Bedingungsverhältnis genau behauptet wird (vgl. Box „Konditionalaussagen", S. 269). Die ersten vier der folgenden Schemata sind besonders wichtig, weil sie als eine Definition des Begriffs „Konditionalaussage" interpretiert werden können: Als Konditionalaussagen gelten genau diejenigen Aussagen, die sich so verhalten, wie in diesen vier Schemata beschrieben. Die ersten beiden Schemata beschreiben die beiden grundlegenden Möglichkeiten, mit einer konditionalen Aussage einen gültigen Schluss zu bilden:

(Modus ponens)

Wenn A, dann B
A
____
B

In der ersten Prämisse wird A als hinreichende Bedingung für B behauptet, und die zweite Prämisse behauptet das Vorliegen dieser Bedingung:

(5) Wenn Atman ein Pudel ist, so ist er ein Hund.
Atman ist ein Pudel.
____
Atman ist ein Hund.

(Modus tollens)

	Wenn A, dann B	oder:	Wenn A, dann nicht B
	Nicht B		B
	______________		______________
	Nicht A		Nicht A

Wenn die für A notwendige Bedingung B nicht erfüllt ist, ist A nicht wahr:

(6) Wenn Atman ein Pudel ist, so ist er ein Hund.
Atman ist kein Hund.
____
Atman ist kein Pudel.

Die Pointe der zweiten Variante ist, dass es keine Rolle spielt, ob B in der ersten oder in der zweiten Prämisse negiert ist; entscheidend ist nur, dass der

„dann"-Teil der ersten Prämisse und die zweite Prämisse sich kontradiktorisch widersprechen (vgl. Box „Logische Beziehungen zwischen Aussagen", S. 248).

Modus tollens ist eine Strategie, die sich besonders dazu eignet, eine Aussage zu widerlegen:

(7) Wenn Verbrennung darin besteht, dass eine Substanz Phlogiston freisetzt, dann gilt für jede Substanz, dass sie nach der Verbrennung leichter ist.
Nicht für jede Substanz gilt, dass sie nach der Verbrennung leichter ist.
Verbrennung besteht nicht darin, dass eine Substanz Phlogiston freisetzt.

Die nächsten beiden Schemata stellen ungültige Schlussweisen dar:

(*Affirming the Consequent) Wenn A, dann B
B - - - - - - - - - -
A

Wenn die für A bloß notwendige Bedingung B erfüllt ist, so ist damit noch nicht gewährleistet, dass A wahr ist.

(*8) Wenn Atman ein Pudel ist, so ist er ein Hund.
Atman ist ein Hund. -
Atman ist ein Pudel. [Falsch z. B., wenn Atman ein Boxer ist.]

(*9) „Ein Champion bist du aber nur, wenn du am Ende den Pokal in die Höhe stemmst. Das habe ich getan, also bin ich ein Champion." (Roger Federer im TAGES-ANZEIGER, 8.7.2003, S. 37)
[Falsch: Wenn z. B. ein Fan den Pokal schnappt und stemmt, ist er kein Champion.]

(*Denying the Antecedent) Wenn A, dann B
Nicht A - - - - - - -
Nicht B

Wenn die für B hinreichende Bedingung A nicht erfüllt ist, so kann B trotzdem wahr sein, z. B., wenn andere hinreichende Bedingungen für B erfüllt sind.

(*10) Wenn Atman ein Pudel ist, so ist er ein Hund.
Atman ist kein Pudel.
- -
Atman ist kein Hund. [Falsch z. B., wenn Atman ein Spitz ist.]

Diese Überlegungen lassen sich auf weitere Formen von Aussagen übertragen, wenn man berücksichtigt, dass man allgemeine Aussagen wie folgt als Konditionalaussagen rekonstruieren kann:

> **Allgemeine Aussagen** der Form „Alle F sind G", „Jedes F ist ein G", „Was F ist, ist G" sind äquivalent zu Aussagen der Form „Für alle x gilt, wenn x F ist, dann ist x G".

Damit lassen sich folgende Analogien zu Modus ponens und Modus tollens bilden:

(11) Für alle x: Wenn x F ist, dann ist x G
Fa
___
Ga

(12) Für alle x: Wenn x F ist, dann ist x G.
a ist nicht G
___
a ist nicht F

Zum Beispiel:

(13) Jeder Pudel ist ein Hund.
Atman ist ein Pudel.
___
Atman ist ein Hund.

(14) Jeder Pudel ist ein Hund.
Atman ist kein Hund.
___
Atman ist kein Pudel.

Argumente, in denen solche allgemeine Aussagen eine zentrale Rolle spielen, werden sehr häufig verwendet. Wir diskutieren im Fallbeispiel „Notwendige und hinreichende Bedingungen" (S. 274), wie man sie mithilfe der vier bisher dargestellten Schlussschemata analysieren kann.

Eine weitere wichtige Klasse von Schlüssen mit Konditionalaussagen sind die sogenannten „Umkehrschlüsse“. Charakteristisch für solche Schlüsse ist, dass in ihnen aus einer Konditionalaussage eine andere Konditionalaussage gefolgert wird. Ein formal gültiges Schlussschema ist:

(Kontraposition)	Wenn A, dann B ——————— Wenn nicht B, dann nicht A

Wenn B eine notwendige Bedingung für A ist, so folgt: Wenn B nicht wahr ist, ist auch A nicht wahr:

(15) Wenn Atman ein Pudel ist, dann ist er ein Hund.
———————
Wenn Atman kein Hund ist, dann ist er kein Pudel.

Hingegen sind die folgenden Schlussschemata nicht formal gültig:

(*Kontrapositions-fehlschluss)	Wenn A, dann B - - - - - - - Wenn nicht A, dann nicht B	oder:	Wenn A, dann B - - - - - - - Wenn B, dann A

Wenn A eine hinreichende Bedingung für B ist, folgt daraus weder, dass B nicht wahr ist, wenn diese hinreichende Bedingung nicht erfüllt ist (*16), noch dass B eine hinreichende Bedingung für A ist (*17):

(*16) Wenn Atman ein Pudel ist, dann ist er ein Hund.
- - - - - - -
Wenn Atman kein Pudel ist, dann ist er kein Hund.

(*17) Wenn Atman ein Pudel ist, dann ist er ein Hund.
- - - - - - -
Wenn Atman ein Hund ist, dann ist er ein Pudel.

Diese Schlussschemata können ebenfalls auf allgemeine Aussagen übertragen werden:

(18) Für alle x: Wenn x F ist, dann ist x G.
———————
Für alle x: Wenn x nicht G ist, dann ist x nicht F.

(*19) Für alle x: Wenn x F ist, dann ist x G.
Für alle x: Wenn x nicht F ist, dann ist x nicht G.

(*20) Für alle x: Wenn x F ist, dann ist x G.
Für alle x: Wenn x G ist, dann ist x F.

So schreibt zum Beispiel der Möbelhersteller IKEA:

(21) „Man glaubt schnell einmal, teuer bedeute gleichzeitig auch gut. Dies heisst aber auch, was günstig ist, muss von minderer Qualität sein.“ (IKEA 2008:370)

Es scheint, dass die Werbetexter den ungültigen Schluss (*22) mit der Kontraposition (23) verwechseln:

(*22) Für alle x: Wenn x teuer ist, dann ist x gut.
Für alle x: Wenn x nicht teuer ist, dann ist x nicht gut.

(23) Für alle x: Wenn x teuer ist, dann ist x gut.
Für alle x: Wenn x nicht gut ist, dann ist x nicht teuer.

Schlüsse mit Bikonditional. Bikonditionalaussagen sind mit den Konditionalaussagen eng verwandt. Sie unterscheiden sich von diesen dadurch, dass jede der beiden Teilaussagen eine hinreichende und gleichzeitig notwendige Bedingung für die andere Teilaussage nennt. Das bedeutet nichts anderes, als dass eine Bikonditionalaussage wahr ist, wenn beide Teilaussagen wahr oder beide Teilaussagen falsch sind; sie ist falsch, wenn eine der beiden Teilaussagen wahr, die andere falsch ist.

Ausdrückliche Behauptungen von Bikonditionalen finden sich selten außerhalb der Rechts- und Wissenschaftssprache, wo sie in der Form „... dann und nur dann, wenn —“ und „... genau dann, wenn —“ gebräuchlich sind. Als praktische Abkürzung ist „gdw.“ (engl. *iff* für *if and only if*) gebräuchlich. Zum Beispiel:

(24) „Genetisch bedingte Sprachstörungen sind genau dann ein Beleg dafür, dass eine bereichsspezifische Fähigkeit angeboren ist, wenn wir zeigen können, dass der genetische Defekt Sprache *isoliert* beeinträchtigt.“ (BATES ET AL. 1998:596)

Logisch gesehen ist der entscheidende Unterschied zu den Konditionalaussagen, dass bei Bikonditionalaussagen zusätzlich diejenigen Schlussschemata formal gültig sind, die oben bei den Konditionalaussagen als Fehlschlüsse beschrieben wurden. Mit Bikonditionalaussagen sind also (unter anderem) folgende Schlussschemata formal gültig:

(Bikonditional)

A gdw. B; A	⇒ B	(vgl. Modus ponens)
A gdw. B; B	⇒ A	(vgl. *Affirming the Consequent)
A gdw. B; nicht A	⇒ Nicht B	(vgl. *Denying the Antecedent)
A gdw. B; nicht B	⇒ Nicht A	(vgl. Modus tollens)
A gdw. B	⇒ Nicht A gdw. nicht B	(vgl. *Kontrapositionsfehlschluss)
A gdw. B	⇒ B gdw. A	
A gdw. B; B gdw. C	⇒ A gdw. C	

Für formal Interessierte: Die letzten beiden Schemata drücken aus, dass Bikonditionalaussagen symmetrisch und transitiv sind. Somit sind sie auch reflexiv, und die Verknüpfung von Aussagen mit dem Bikonditional ist eine Äquivalenzrelation.

Bei der Analyse von Argumenten entsteht gelegentlich die Schwierigkeit, dass man auf „(nur) wenn …, dann —“-Aussagen stößt, bei denen aufgrund von Weltwissen (25) oder aus begrifflichen Gründen (26) klar scheint, dass die umgekehrte „(nur) wenn …, dann —“-Beziehung auch gilt, obschon sie nicht ausdrücklich behauptet wird:

(25) Das Ei wird beim Kochen nur dann hart, wenn es genügend lange mindestens 70° heiß ist.

(26) Wenn heute Sonntag ist, dann ist morgen Montag.

Damit stellt sich die Frage, ob man bei der Rekonstruktion dieser Aussagen die nicht explizit genannte umgekehrte „wenn …, dann —“-Beziehung berücksichtigen soll. Soll man die Aussagen (25) und (26) wie folgt rekonstruieren?

(25.1) Das Ei wird beim Kochen genau dann hart, wenn es genügend lange mindestens 70° heiß ist.

(26.1) Heute ist genau dann Sonntag, wenn morgen Montag ist.

Als allgemeine Regel ist ein solches Vorgehen sicher nicht zulässig. Das zeigt folgendes Beispiel:

(27.1) Nur wenn Paul den Spinat isst, erlaubt ihm seine Mutter das Fernsehen.

(27.2) Genau dann, wenn Paul den Spinat isst, erlaubt ihm seine Mutter das Fernsehen.

Diese beiden Aussagen sind höchstens dann äquivalent, wenn man davon ausgeht, dass bestimmte nicht ausdrücklich genannte Bedingungen erfüllt sind.
Im Gegensatz zu Aussage (27.2) behauptet nämlich (27.1) keineswegs, dass sich Paul mit Spinatessen *garantiert* eine Erlaubnis zum Fernsehen erwerben kann. Besser ist es, sich beim Rekonstruieren von Argumenten an folgende Regeln zu halten:

Rekonstruktion als Konditional oder als Bikonditional?

1. Konditionalaussagen sind als solche und nicht als Bikonditionalaussagen zu rekonstruieren.
2. Hängt die formale Gültigkeit eines Arguments davon ab, dass eine Konditionalaussage als Bikonditionalaussage verstanden wird, so ist die nicht ausdrücklich genannte „wenn …, dann —"-Beziehung als ergänzte Prämisse zu rekonstruieren.

Box Konditionalaussagen

Konditionalaussagen sind Aussagen, die ein Bedingungsverhältnis ausdrücken. Zum Beispiel:

(28) Wenn Atman ein Pudel ist, dann ist er ein Hund.

(29) Die Olympischen Spiele 2028 finden in Afrika statt, wenn sie in Algerien stattfinden.

(30) Nur wenn die nächste Straßenbahn die Nummer 7 trägt, fährt sie ins Stadtzentrum.

Es gibt immer viele Möglichkeiten, dasselbe Bedingungsverhältnis zu formulieren. Zum Beispiel kann die Reihenfolge der Teilaussagen umgestellt werden:

(28.1) Wenn Atman ein Pudel ist, so ist er ein Hund.

(28.2) Atman ist ein Hund, wenn er ein Pudel ist.

Wie man sich selbst überzeugen kann, sind (28.1) und (28.2) äquivalent, wogegen die folgenden zwei Aussagen etwas anderes behaupten:

(31.1) Wenn Atman ein Hund ist, so ist er ein Pudel.

(31.2) Atman ist ein Pudel, wenn er ein Hund ist.

Inhaltlich kann man solche Aussagen als Ausdruck von notwendigen und hinreichenden Bedingungen verstehen:

Notwendige und hinreichende Bedingungen

In einer Aussage der Form „Wenn A, dann B“ ist A eine hinreichende Bedingung für B *und* B eine notwendige Bedingung für A. Die Teilaussage A wird als „Antezedens“, B als „Konsequens“ bezeichnet.

„A ist eine **hinreichende Bedingung** für B“ bedeutet: B ist mindestens dann wahr, wenn A wahr ist, aber es bleibt offen, ob B auch unter anderen Umständen wahr ist.

„B ist eine **notwendige Bedingung** für A“ bedeutet: A ist höchstens dann wahr, wenn B wahr ist, aber es bleibt offen, ob es neben B weitere Bedingungen gibt, die erfüllt sein müssen, wenn A wahr sein soll.

B ist notwendige Bedingung für A

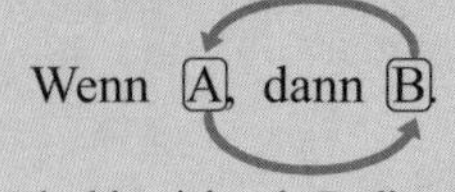

A ist hinreichende Bedingung für B

Im obigen Beispiel (28) nennt demnach „Atman ist ein Pudel“ eine hinreichende Bedingung dafür, dass „Atman ist ein Hund“ wahr ist. Kurz: Ein

Pudel zu sein, ist hinreichend dafür, ein Hund zu sein. Das bedeutet gleichzeitig, dass ein Hund zu sein, eine notwendige Bedingung dafür ist, ein Pudel zu sein. Die folgenden Formulierungen drücken das besonders deutlich aus:

(28.3) Nur wenn Atman ein Hund ist, ist er ein Pudel.

(28.4) Atman ist kein Pudel, ohne dass er ein Hund ist.

Auch diese beiden Aussagen sind äquivalent zu (28.1) und (28.2). Wiederum muss man einen klaren Unterschied machen zu den beiden folgenden Formulierungen, die etwas anderes, nämlich dasselbe wie (31.1) und (31.2), behaupten:

(31.3) Nur wenn Atman ein Pudel ist, ist er ein Hund.

(31.4) Atman ist kein Hund, ohne dass er ein Pudel ist.

Diese beiden Aussagen sind falsch, weil ein Hund zu sein, keine hinreichende Bedingung dafür ist, ein Pudel zu sein, und ein Pudel zu sein, nicht notwendig dafür, ein Hund zu sein. Es gibt auch Schnauzer.

Eine praktische Möglichkeit, um festzustellen, was als notwendige Bedingung behauptet ist, ist die Frage „Was nicht ohne was?“ Zum Beispiel:

(32) „Wir können nur ein stabiles Klassifikationssystem schaffen, wenn wir die Verwandtschaftsverhältnisse zum Gradmesser für die Gruppierung der Pflanzen nehmen.“ (NZZ am Sonntag, 24.4.2002, S. 104)

Die Antwort auf die Frage „Was nicht ohne was?“ lautet kurz formuliert: „Kein stabiles Klassifikationssystem ohne Verwandtschaftsverhältnisse als Gradmesser“. Mit anderen Worten, in (32) ist behauptet, dass die Verwandtschaftsverhältnisse zum Gradmesser zu nehmen, eine notwendige Bedingung dafür ist, ein stabiles Klassifikationssystem zu schaffen. Somit kann (32) auch so formuliert werden:

(32.1) Wenn wir ein stabiles Klassifikationssystem schaffen können, dann nehmen wir die Verwandtschaftsverhältnisse zum Gradmesser für die Gruppierung der Pflanzen.

Oftmals ist bei der Interpretation von Konditionalaussagen einige Sorgfalt erforderlich, um notwendige und hinreichende Bedingung korrekt zu identifizieren. Zum Beispiel in der folgenden Aussage des deutschen Außenministers Steinmeier:

(33) „Nur wenn wir [Deutschland] die doppelte Herausforderung aus Energiesicherheit und Klimaschutz annehmen, werden wir die Kraft für politische Weichenstellungen aufbringen, die globale Zusammenarbeit und ein nachhaltiges, klimaschonendes Wirtschaften bewirken." (DIE ZEIT, 6.9.2007, S. 30)

Analysiert man diese Aussage mithilfe der Unterscheidung zwischen notwendiger und hinreichender Bedingung, so ergibt sich, dass Steinmeier etwas in folgender Art behauptet: Dass Deutschland eine gewisse Herausforderung annimmt, ist eine notwendige Bedingung dafür, dass Deutschland die Kraft für bestimmte politische Weichenstellungen aufbringt. Das zeigt nochmals, wie wichtig der Unterschied zwischen notwendigen und hinreichenden Bedingungen ist. Das Annehmen der Herausforderungen im Bereich Energiesicherheit und Klimaschutz ist noch nicht hinreichend, um eine nachhaltige und klimaschonende Wirtschaft zu realisieren. Dafür braucht es geeignete Maßnahmen.

Reductio ad Absurdum. Die Reductio ad Absurdum ist genau genommen kein Schlussschema, sondern eine Argumentationsstrategie, das heißt eine Strategie, wie man aus mehreren Schlüssen eine Argumentation aufbauen kann. Sie ist in der Mathematik auch als „indirekter Beweis" bekannt. Die Grundlage dieser Strategie ist, dass sich aus dem Begriff des gültigen Schlusses unmittelbar folgende Konsequenz ziehen lässt:

Wenn ein gültiger Schluss eine falsche Konklusion hat, so ist mindestens eine der Prämissen dieses Schlusses falsch.

Diese Überlegung kann man folgendermaßen nutzen, um eine Konklusion aus gegebenen Prämissen abzuleiten: Wenn aus den Prämissen und der zusätzlichen Annahme, dass die Konklusion falsch ist, logisch ein Widerspruch folgt, so kann man daraus den formal gültigen Schluss ziehen, dass die Konklusion wahr ist. So funktionieren zum Beispiel die seit der Antike bekannten Beweise für den Satz, dass es keine größte Primzahl gibt, oder für den Satz, dass die Quadratwurzel von 2 keine rationale Zahl ist. Man leitet aus der Annahme, es gäbe eine größte Primzahl, einen Widerspruch ab und folgert daraus, dass es keine größte Primzahl gibt. Genau genommen handelt es sich also um zwei verschachtelte Schlüsse. Der erste zeigt, dass aus einer bestimmten Annahme ein Widerspruch folgt. Der zweite zieht daraus den Schluss, dass die fragliche Annahme falsch sein muss. Man spricht in diesem Zusammenhang von einer „Annahme" und nicht von einer „Prämisse", um deutlich zu machen, dass man nicht behaupten will, die betreffende Aussage sei wahr. Vielmehr wird die Annahme eingeführt, um zu zeigen, dass sie falsch ist. Es empfiehlt sich deshalb, in der Rekonstruktion Prämissen und Annahmen explizit als solche zu kennzeichnen (vgl. Beispiel 37, S. 274). Der allgemeine Aufbau einer Reductio ad Absurdum ist:

(Reductio ad Absurdum)	Prämissen:	$P_1, \ldots, P_n$	
	Hilfsschluss:	nicht K	← Annahme: negierte Konklusion
		…	
		A und nicht A	← Widerspruch
	Konklusion:	K	

Der rechteckige Rahmen dient dazu, den Hilfsschluss abzugrenzen und zeigt an, dass nur in diesem Bereich von der Annahme Gebrauch gemacht wird.

Die Reductio ad Absurdum liegt auch der sogenannten Falsifikation von Hypothesen zugrunde. Angenommen, man möchte prüfen, ob die Hypothese „Jede Substanz dehnt sich bei Erwärmung aus" ohne weitere Einschränkungen gilt. Vereinfacht könnte man so vorgehen: Als Erstes wird das Volumen eines Eisstücks gemessen:

(34) Bei –5°C beträgt das Volumen dieses Eisstücks 0,382 m^3.

Auf dieser Grundlage kann man folgenden Schluss bilden:

(35) Jede Substanz dehnt sich bei Erwärmung aus.
Bei –5°C beträgt das Volumen dieses Eisstücks 0,382 m^3.
———
Bei +4°C beträgt das Volumen dieses Eisstücks mehr als 0,382 m^3.

Die Konklusion dieses Schlusses kann man als Prognose interpretieren, die besagt, dass das geschmolzene Eis bei +4°C ein größeres Volumen haben wird. Eine weitere Messung ergibt nun:

(36) Bei +4°C beträgt das Volumen dieses Eisstücks weniger als 0,382 m^3.

Daraus ergibt sich ein Widerspruch zur Konklusion von (35), und man kann den Schluss ziehen, dass die in (35) verwendete Annahme, dass sich jede Substanz bei Erwärmung ausdehnt, falsch ist. Die gesamte Argumentation kann man wie folgt darstellen:

(37.1)	Bei –5°C beträgt das Volumen dieses Eisstücks 0,382 m^3.	Prämisse
(37.2)	Bei +4°C beträgt das Volumen dieses Eisstücks weniger als 0,382 m^3.	Prämisse
(37.3)	Jede Substanz dehnt sich bei Erwärmung aus.	Annahme
(37.4)	Bei –5°C beträgt das Volumen dieses Eisstücks 0,382 m^3.	aus (37.1)
(37.5)	Bei +4°C beträgt das Volumen dieses Eisstücks mehr als 0,382 m^3 und es beträgt nicht mehr als 0,382 m^3.	aus (37.3–4) aus (37.2)
(37.6)	Es ist nicht der Fall, dass sich jede Substanz bei Erwärmung ausdehnt.	

Fallbeispiel
Notwendige und hinreichende Bedingungen

In einem Bericht des *Bunds für Umwelt und Naturschutz e.V.* findet sich folgende Stelle:

(38) „Die Bioenergie leistet durch ihre CO_2-Neutralität einen wichtigen Beitrag zum Klimaschutz. Allerdings ist sie nur dann ökologisch sinnvoll, wenn umweltschonende, gentechnikfreie Anbau-

methoden für nachwachsende Rohstoffe gewählt werden. So ist der Import von indonesischem Palmöl als ‚Biokraftstoff' ein ökologisches Nullsummenspiel. Denn für dessen Anbau wird in Indonesien Regenwald abgeholzt." (BUND 2006:20)

In Bezug auf das Abholzen von Regenwäldern kann man Folgendes festhalten:

(39) Wenn für die Herstellung von Biokraftstoff Regenwald abgeholzt wird, hat der Biokraftstoff eine schlechte Ökobilanz.

Angenommen, wir möchten prüfen, ob Aussage (39) stimmt, und wir verfügen über folgende Informationen zu vier verschiedenen Bioenergie-Produkten:

(40.1) Biokraftstoff 1 wird in Indonesien auf zu diesem Zweck gerodetem Regenwaldgelände angepflanzt.

(40.2) Biokraftstoff 2 wird in Europa aus Raps hergestellt.

(40.3) Biokraftstoff 3 hat eine schlechte Ökobilanz.

(40.4) Biokraftstoff 4 hat eine günstige Ökobilanz.

Zu welchen Produkten *müssen* weitere Informationen beschafft werden, um zu entscheiden, ob (39) wahr oder falsch ist? Die Antwort lautet, dass nur über Produkte 1 und 4 Informationen beschafft werden müssen, weil für Produkte 2 und 3 aus (39) nichts folgt. Die Überlegungen sind:

- Für Biokraftstoff 1 muss abgeklärt werden, wie seine Ökobilanz ausfällt. Ist sie günstig, ist Behauptung (39) widerlegt.
- Biokraftstoff 2 kann in diesem Zusammenhang ignoriert werden, weil über Biokraftstoffe, für die kein Regenwald abgeholzt wird, in (39) nichts behauptet ist.
- Biokraftstoff 3 kann ebenfalls ignoriert werden, weil Behauptung (39) offenlässt, ob ein Biokraftstoff aus anderen Gründen als Regenwaldabholzung eine schlechte Ökobilanz haben kann. Wenn sich also herausstellen würde, dass für Biokraftstoff 3 kein Regenwald abgeholzt wird, würde das der Behauptung nicht widersprechen.

- Für Biokraftstoff 4 muss festgestellt werden, wie er hergestellt wird. Wenn für die Herstellung von Biokraftstoff 4 Regenwald abgeholzt wurde, ist (39) widerlegt.

Dieses Resultat lässt sich formal begründen. Für Biokraftstoff 1 zum Beispiel können wir als Erstes aus (39) diese Konditionalaussage folgern:

(41.1) Wenn für die Herstellung von Biokraftstoff 1 Regenwald abgeholzt wird, hat der Biokraftstoff 1 eine schlechte Ökobilanz.

Sodann stellen wir fest, dass aus (40.1) Folgendes folgt:

(41.2) Für die Herstellung von Biokraftstoff 1 wird Regenwald abgeholzt.

Aus diesen beiden Aussagen lässt sich nach dem Schema Modus ponens (vgl. S. 263) schließen:

(41.3) Biokraftstoff 1 hat eine schlechte Ökobilanz.

Würde sich diese Aussage als falsch erweisen, könnten wir also argumentieren, dass (41.1) und somit (39) falsch sein muss. Für Kraftstoffe 2, 3 und 4 kann man analoge Überlegungen mit den Schemata *Denying the Antecedent, Affirming the Consequent* und Modus tollens (in dieser Reihenfolge) anstellen.

Dieses Beispiel ist eine Version eines klassischen Problems, das als *Wason selection task* bekannt ist. Wenn Ihnen die obigen Antworten nicht einleuchten, hilft vielleicht ein anderes, logisch genau gleich aufgebautes Beispiel weiter:

(42) Sie betreten eine Bar, in der sich 4 Personen befinden. Sie können ohne Weiteres erkennen:
Person 1 trinkt Bier,
Person 2 trinkt Orangensaft,
Person 3 ist über 30,
Person 4 ist höchstens 16 Jahre alt.

Welche Personen *müssen* Sie kontrollieren, um herauszufinden, ob folgende Regel eingehalten wird?

(43) Wer alkoholische Getränke konsumiert, muss mindestens 18 Jahre alt sein.

Die Antwort lautet: Person 1 und Person 4. Gemäß (43) können über Achtzehnjährige trinken, was sie wollen, und Orangensaft ist immer erlaubt.

8.3.5 Nichtdeduktive Schlüsse: Liefern die Prämissen starke Gründe für die Konklusion?

Kennzeichen nichtdeduktiver Schlüsse. Der zentrale Unterschied zwischen gültigen deduktiven Schlüssen und korrekten nichtdeduktiven Schlüssen ist, dass bei Ersteren die Wahrheit der Prämissen die Wahrheit der Konklusion garantiert, während bei Letzteren die Wahrheit der Prämissen lediglich einen mehr oder weniger starken Grund, aber eben keine Garantie für die Wahrheit der Konklusion liefert. Das hat eine Reihe von wichtigen Konsequenzen, die sich am besten anhand eines abgedroschenen Beispiels erläutern lassen. Erstens kann die Konklusion eines korrekten nichtdeduktiven Schlusses wie (1) falsch sein, selbst wenn alle Prämissen wahr sind. Das ist bei gültigen deduktiven Schlüssen wie (2) nicht möglich:

(1) <u>Alle bisher beobachteten Raben sind schwarz.</u>
Alle Raben sind schwarz.

(2) Alle Raben sind schwarz.
<u>Edgar ist ein Rabe.</u>
Edgar ist schwarz.

Zweitens ist die deduktive Gültigkeit eine Alles-oder-nichts-Frage. Es gibt keine mehr oder weniger gültigen Schlüsse, sondern nur gültige und ungültige. Bei den korrekten nichtdeduktiven Schlüssen kann man dagegen unterschiedlich starke Schlüsse unterscheiden, je nachdem, in welchem Maße die Wahrheit der Prämissen die Wahrheit der Konklusion stützt. Der Schluss in (1) ist stärker als derjenige in (3):

(3) <u>Alle bisher in Schwaben beobachteten Raben sind schwarz.</u>
Alle Raben sind schwarz.

Drittens kann ein deduktiv gültiger Schluss um beliebige Prämissen ergänzt werden, ohne dass dies etwas an der deduktiven Gültigkeit ändern könnte. Hingegen kann bei nichtdeduktiven Schlüssen, wenn man eine Prämisse hinzufügt, ein wesentlich stärkerer oder ein wesentlich schwächerer Schluss resultieren. Die zusätzliche Prämisse macht (3.1) stärker als (3). In (3.2) jedoch resultiert ein Schluss, der nicht nur schwächer ist als (3); aus seiner zweiten Prämisse folgt sogar, dass die Konklusion falsch ist:

(3.1) Alle bisher in Schwaben beobachteten Raben sind schwarz.
Alle bisher außerhalb von Schwaben beobachteten Raben sind auch schwarz.
Alle Raben sind schwarz.

(3.2) Alle bisher in Schwaben beobachteten Raben sind schwarz.
In Durham wurde ein weißer Rabe beobachtet.
Alle Raben sind schwarz.

Eigenheiten nichtdeduktiver Schlüsse

Korrekte nichtdeduktive Schlüsse …

- … können eine falsche Konklusion haben, selbst wenn alle Prämissen wahr sind.
- … sind mehr oder weniger stark.
- … können durch Einfügen zusätzlicher Prämissen inkorrekt werden.

Die Theorie der nichtdeduktiven Argumente ist wesentlich weniger kanonisiert als die Theorie der deduktiven Argumente. Zum Beispiel ist es umstritten, ob eine einheitliche Theorie der nichtdeduktiven Schlüsse formuliert werden kann und wie weit sich für nichtdeduktive Schlüsse formale Korrektheitskriterien angeben lassen (deshalb sprechen wir von „Mustern“ statt von „Schemata“). Wir werden uns hier nicht mit den Einzelheiten einer Theorie nichtdeduktiver Schlüsse beschäftigen, sondern pragmatisch vorgehen. Wir unterscheiden einige häufig anzutreffende Muster nichtdeduktiver Schlüsse und diskutieren jeweils, wie sich die Stärke entsprechender Schlüsse beurteilen lässt. Dabei beschränken wir uns auf drei Typen nichtdeduktiver Schlüsse: induktive Schlüsse, Schlüsse aufgrund von Autorität und Analogieschlüsse. Daneben gibt es weitere Typen nichtdeduktiver Schlüsse, zum Beispiel kausale Schlüsse und Schlüsse auf die beste Erklärung, die wir nicht ausführlich behandeln. In der Frage, welche Typen von nichtdeduktiven Schlüssen man unterscheiden soll, werden ebenfalls verschiedene Positionen vertreten. So ist vorgeschlagen worden, alle nichtdeduktiven Schlüsse auf induktive zurückzuführen, und deshalb werden manchmal alle nichtdeduktiven Schlüsse „induktiv" genannt. Solche Vereinheitlichungsstrategien werfen jedoch Probleme auf und scheinen uns für die Praxis weniger hilfreich. Wir gehen deshalb von einer praktisch nützlichen Unterteilung der nichtdeduktiven Schlüsse in unterschiedliche Typen aus, setzen aber weder voraus, dass diese Einteilung vollständig ist noch dass sich die verschiedenen Typen gegenseitig ausschließen.

Typen nichtdeduktiver Schlüsse

Induktive Schlüsse	beruhen auf Wahrscheinlichkeitsverhältnissen: – Enumerative Induktion – Statistischer Syllogismus – Prädiktive Induktion	S. 279
Autoritätsschlüsse	übernehmen Aussagen von relevanten Autoritäten	S. 290
Analogieschlüsse	beruhen auf Vergleichen	S. 294
weitere	vgl. Literaturhinweise	S. 300

Wir beginnen mit den induktiven Schlüssen, zu denen die bekanntesten nichtdeduktiven Argumentationsmuster gehören.

Induktive Schlüsse. Zu den induktiven Schlüssen rechnen wir nichtdeduktive Schlüsse, bei denen mithilfe von Wahrscheinlichkeitstheorie und Statistik analysiert werden kann, in welchem Ausmaß die Prämissen die Konklusion stützen. Dazu gehören insbesondere nichtdeduktive Schlüsse, bei denen das Verhältnis von Stichprobe zu Grundgesamtheit eine zentrale Rolle spielt, wie beispielsweise (1), (3) und (3.1) auf S. 277–278. Das bedeutet nicht, dass jeder Schluss, in dem Wahrscheinlichkeit oder eine Grundgesamtheit und eine Stichprobe irgendeine Rolle spielen, induktiv ist. (2) ist ein Beispiel eines deduktiven Schlusses (vgl. S. 277), in dem von einer Grundgesamtheit auf eine Stichprobe geschlossen wird, und auch mathematische Berechnungen von Wahrscheinlichkeiten sind deduktive Schlüsse. Charakteristisch für induktive Schlüsse ist nicht, dass es in ihnen irgendwie um Wahrscheinlichkeit geht, sondern dass sich mithilfe von Überlegungen zur Wahrscheinlichkeit analysieren lässt, wie stark die Prämissen die Konklusion stützen.

Im einfachsten Fall – wie in Beispiel (1) – sind induktive Schlüsse nach folgendem Muster aufgebaut:

(4) Alle beobachteten F sind B
Alle F sind B

Das ist ein Spezialfall der enumerativen Induktion, der entsteht, wenn man im folgenden Muster n = 100 setzt:

(Enumerative Induktion) n% der beobachteten F sind G
n% aller F sind G

Dieser Schlussweise liegt das Prinzip zugrunde, dass vom Auftreten eines Merkmals in einer Stichprobe auf sein Auftreten in der Grundgesamtheit geschlossen werden kann. Solche Schlüsse spielen in unterschiedlichen Zusammenhängen eine große Rolle:

(5) Im Alltag gehen wir regelmäßig davon aus, dass es ausreicht, das Verhalten einer Person einige wenige Male zu beobachten, um auf entsprechende Charakterzüge oder Dispositionen – zum Beispiel Zuverlässigkeit, Pünktlichkeit oder Intelligenz – schließen zu können, das heißt auf eine Neigung, sich immer oder meistens so zu verhalten.

(6) Empirische Untersuchungen in den Wissenschaften dienen oft dazu, herauszufinden, in welchem Ausmaß in einer Grundgesamtheit ein bestimmtes Merkmal realisiert ist: Wie hoch ist der Anteil der mit der Krebspest infizierten Tiere in einem Gewässer? Wie viele Familien in Deutschland verfügen über weniger als die Hälfte des Durchschnittseinkommens?

(7) Meinungsumfragen, wie sie von Medien und Firmen durchgeführt werden, versuchen zu bestimmen, welcher Prozentsatz der Bevölke-

rung eine Gesetzesvorlage befürwortet, welche Wähleranteile eine Partei erwarten kann oder wie groß der Anteil zufriedener Kunden ist.

(8) Materialproben werden in der Industrie verwendet, um die Qualität eines Produktes zu überprüfen. Weil es ökonomisch keinen Sinn macht, jedes einzelne Zündholz einer Qualitätskontrolle zu unterziehen, schätzt man anhand von Stichproben ein, wie groß der Anteil von Hölzern ohne Zünder in der Gesamtproduktion ist.

(9) In der Medizin werden Blutproben verwendet, um den Anteil bestimmter Zellen oder Substanzen im Blut zu bestimmen. Wie viele Leukozyten sind im Umlauf? Wie hoch ist der Alkoholgehalt?

Ein zweites induktives Schlussmuster liegt Schlüssen zugrunde, die vom Auftreten eines Merkmals in einer Grundgesamtheit darauf schließen, dass ein einzelnes Element dieser Grundgesamtheit dieses Merkmal aufweist:

(Statistischer Syllogismus)	n% aller F sind G (50 < n < 100)
	a ist ein F
	a ist ein G

In statistischen Syllogismen kann die Wahrscheinlichkeitsangabe als Maß der Zuverlässigkeit, mit der man von der Wahrheit der Prämissen auf die Wahrheit der Konklusion schließen kann, interpretiert werden. Angenommen, wir wissen, dass in einem Dorf 58% der Einwohner „Abgottspon" heißen, so ist das ein – verhältnismäßig schwacher – Grund dafür, anzunehmen, dass eine beliebige Person, der älteste Bewohner zum Beispiel, so heißt. Wäre der Prozentsatz der Einwohner mit diesem Namen 50% oder kleiner, hätte man keinen Grund mehr, diesen Schluss zu ziehen. Es wäre dann nicht mehr vernünftig, darauf zu wetten, dass der älteste Bewohner „Abgottspon" heißt. Bei 100% hingegen wird aus dem statistischen Syllogismus ein deduktiv gültiger Schluss.

Weil die erste Prämisse eines statistischen Syllogismus meistens durch eine enumerative Induktion gewonnen wird, liegt es auf der Hand, enumerative Induktion (10.1) und statistischen Syllogismus (10.2) zu kombinieren; falls bei der enumerativen Induktion auf 100% geschlossen wird, kombiniert man die enumerative Induktion mit einem deduktiven Schluss (10.3):

(10.1) n% der beobachteten F sind G
n% aller F sind G

(10.2) n% aller F sind G ($50 < n < 100$)
a ist ein F
a ist ein G

(10.3) Alle F sind G
a ist ein F
a ist ein G

Das lässt sich zur sogenannten prädiktiven Induktion, einem Schluss nach folgendem Muster, vereinfachen:

(Prädiktive Induktion)	n% der beobachteten F sind G ($n > 50$) a ist ein F a ist ein G

Das Schema der prädiktiven Induktion sieht sehr ähnlich aus wie dasjenige des statistischen Syllogismus. Der Unterschied ist, dass bei der prädiktiven Induktion in der ersten Prämisse nicht auf *alle* F, sondern nur auf die *beobachteten* F Bezug genommen wird. Zum Beispiel:

(11) 98% der untersuchten Zecken im Bayerischen Wald sind nicht Borreliose-Träger.
Diese Zecke wurde im Bayerischen Wald gefangen.
Diese Zecke ist kein Borreliose-Träger.

Dieser Schluss scheint eindeutig induktiv stark zu sein. Wenn seine Prämissen wahr sind, scheint es vernünftig, auf die Konklusion zu wetten. (Ob es trotzdem klug ist, Zeckenbissen vorzubeugen, ist eine andere Frage.) Man darf die induktive Stärke von (11) aber nicht kurzerhand mit den 98%, die in der ersten Prämisse genannt sind, gleichsetzen. Das ist deshalb unzulässig, weil bei diesem Schluss zwei Unsicherheitsfaktoren im Spiel sind. Das sieht man, wenn man den Schluss als eine Kombination von enumerativer Induktion und statistischem Syllogismus rekonstruiert. Es gibt sowohl eine Irrtumsmöglichkeit beim Schließen von der Stichprobe auf die Grundgesamtheit (11.1) wie auch beim Schließen von der Aussage über die Grundgesamtheit auf ein einzelnes ihrer Elemente (11.2):

(11.1) 98% der untersuchten Zecken im Bayerischen Wald sind nicht Borreliose-Träger.
98% der Zecken im Bayerischen Wald sind nicht Borreliose-Träger.

(11.2) 98% der Zecken im Bayerischen Wald sind nicht Borreliose-Träger.
Diese Zecke wurde im Bayerischen Wald gefangen.
Diese Zecke ist kein Borreliose-Träger.

Bei der Rekonstruktion von induktiven Argumenten muss man berücksichtigen, dass induktive Argumente in der Umgangssprache sehr verschieden formuliert werden können. Eine erste Schwierigkeit resultiert daraus, dass sich anstelle von Prozentangaben oftmals ungenaue Ausdrücke finden, zum Beispiel „die meisten F sind G“, „nahezu alle F sind G“, „Fs sind überwiegend G“ oder „Fs sind mit großer Wahrscheinlichkeit G“. Diese Formulierungen bringen nicht grundsätzlich neue Schlussweisen ins Spiel, sondern stellen lediglich ungenauere Alternativen zur Angabe von Prozentzahlen dar. Für die Beurteilung der induktiven Stärke von Schlüssen sind sie aber ein Problem, weil sie einen sehr großen Interpretationsspielraum eröffnen. Empirische Untersuchungen haben zum Beispiel ergeben, dass die Autoren medizinischer Multiplechoiceprüfungen dem Adverb „frequently“ Prozentangaben zwischen 20% und 80% zuordnen (CASE 1994).

Zweitens gibt es manchmal Missverständnisse über die Rolle der Wahrscheinlichkeit im Zusammenhang mit induktiven Schlüssen. Beispielsweise kann man den Schluss (11) auch so formulieren:

(11.3) Diese Zecke ist wahrscheinlich kein Borreliose-Träger, weil sie im Bayerischen Wald gefangen wurde, wo 98% der untersuchten Zecken keine Borreliose-Träger sind.

Das klingt nun so, wie wenn mit denselben Prämissen wie in (11) eine andere Konklusion begründet würde: „Diese Zecke ist *wahrscheinlich* kein Borreliose-Träger.“ Tatsächlich macht diese Interpretation von (11.3) aber nicht viel Sinn. Entweder ist die fragliche Zecke Borreliose-Träger oder sie ist es nicht. Es gibt nicht zusätzlich die dritte Möglichkeit, dass die Zecke ein wahrscheinlicher Borreliose-Träger ist. Die Funktion des Ausdrucks „wahrscheinlich“ in (11.3) ist vielmehr, zu betonen, dass es sich bei (11.3) um einen starken induktiven Schluss handelt. Also kann man (11.3) mit (11) rekonstruieren.

Enumerative Induktion, statistischer Syllogismus und prädiktive Induktion sind nur die drei einfachsten Schemata für induktive Argumente. In den empirischen Wissenschaften werden meist wesentlich komplexere Argumentationen geführt, die deduktive und induktive Elemente kombinieren, zum Beispiel wenn es darum geht, eine Hypothese anhand von Prognosen zu prüfen. Die Rekonstruktion und Beurteilung solcher Argumentationen erfordert Kenntnisse in Statistik und Wahrscheinlichkeitstheorie, wie man sie im Studium einer empirischen Wissenschaft lernt. Wir beschränken uns hier darauf, einige grundlegende Fehlerquellen bei induktiven Schlüssen zu erläutern. Daher können die folgenden Ausführungen keine vertieften Kenntnisse in der Methodologie empirischer Wissenschaften ersetzen.

Dass induktive Schlüsse grundsätzlich immer riskant sind, illustriert der folgende klassische Witz:

(12) Ein Biologe, ein Physiker und ein Mathematiker reisen im Zug durch Schottland. Der Biologe sieht ein schwarzes Schaf und sagt: „Aha, in Schottland sind die Schafe schwarz." „Du meinst wohl", sagt der Physiker, „in Schottland sind einige Schafe schwarz." „Nein", sagt der Mathematiker, „wir wissen nur, dass es in Schottland mindestens ein Schaf mit mindestens einer schwarzen Seite gibt."

Offensichtlich reicht die Prämisse, die der Mathematiker nennt, nicht aus, um mit einer enumerativen Induktion die Aussage des Biologen zu stützen. Zwar ist die Aussage wahr, dass es in Schottland mindestens ein Schaf mit mindestens einer schwarzen Seite gibt. Aber diese Stichprobe ist sicher ungenügend, um auch nur einigermaßen zuverlässig schließen zu können, dass alle schottischen Schafe schwarz sind.

Allgemein gilt, dass die Prämissen bei enumerativen und bei prädiktiven Induktionen (aber nicht bei statistischen Syllogismen) eine Stichprobe nennen und dass deren Qualität eine entscheidende Rolle für die Zuverlässigkeit des Schlusses spielt. Zwei Faktoren müssen bei der Beurteilung einer Stichprobe berücksichtigt werden: Der erste ist die Größe der Stichprobe. Klar ist, dass zu kleine Stichproben zu voreiligen Generalisierungen führen, die sich oft als falsch erweisen. Zum Beispiel neigen wir dazu, Personen aufgrund sehr beschränkter Daten Charakterzüge zuzuschreiben:

(13) Ich habe mich bisher dreimal mit Alfons zum Mittagessen verabredet, jedes Mal ist er zu spät gekommen.

Alfons ist unpünktlich.

Das ist ein schwaches Argument, weil Alfons ja eine Pechsträhne haben könnte. Je mehr sich allerdings die Verspätungen wiederholen, desto unwahrscheinlicher ist es, dass sie nur ein Produkt des Zufalls sind. Leider gibt es keine einfache allgemeine Regel für die erforderliche Größe einer Stichprobe. Grundsätzlich kann man davon ausgehen, dass zuverlässigere Schlüsse eine größere Stichprobe erfordern. Oder anders ausgedrückt: Je kleiner die Irrtumswahrscheinlichkeit bei einem Schluss von einer Stichprobe auf die Grundgesamtheit sein soll, desto größer muss im Allgemeinen die Stichprobe sein. Die Größe der Stichprobe ist jedoch keineswegs der einzige Faktor.

Ein zweites Problem, das im Zusammenhang mit Stichproben auftritt, ist Einseitigkeit. Manchmal ist das offensichtlich:

(14) In keinem chinesischen Restaurant in Deutschland hat mir das Essen geschmeckt.
———
Chinesisches Essen schmeckt mir nicht.

Offensichtlich ist das, was in chinesischen Restaurants in Deutschland serviert wird, nicht für chinesisches Essen generell repräsentativ. Häufig ist die mangelnde Repräsentativität einer Stichprobe schwierig aufzudecken. Grundsätzlich gehen die Verfahren der Statistik davon aus, dass eine Stichprobe zufällig aus einer Grundgesamtheit ausgewählt wird. In der Praxis ist das aber in vielen Zusammenhängen nahezu unmöglich. Will man eine Befragung durchführen, fangen die Probleme typischerweise schon damit an, dass man für das Auswählen der Stichprobe nicht einfach auf ein vollständiges Verzeichnis der Grundgesamtheit zurückgreifen kann. Dann nehmen so gut wie nie alle ausgewählten Personen an der Umfrage teil. Oder es schleicht sich sonst wie eine Einseitigkeit in das Auswahlverfahren für die Stichprobe ein. In der Geschichte der Meinungsforschung gibt es deshalb viele Fälle von fehlerhafter enumerativer Induktion, die auf das Konto nicht repräsentativer Stichproben gehen. Repräsentativität meint grundsätzlich, dass die Eigenschaften der Elemente der Stichprobe gleich verteilt sind wie in der Grundgesamtheit. Als Beispiel kann man die Umfragen betrachten, die die Medien jeweils vor politischen Wahlen durchführen. Die Grundgesamtheit ist in diesem Falle die wahlberechtigte Bevölkerung zum Beispiel eines Staates. Nun ist klar, dass die Prognose wohl nicht besonders zuverlässig ausfallen wird, wenn man lediglich alleinerziehende Mütter oder Juristinnen befragt, egal wie viele das sind. Man wird also versuchen, dafür zu sorgen, dass in der Stichprobe verschiedene Bevölkerungsgruppen anteilsmäßig gleich wie in der Grundgesamtheit vertreten sind. Typische Merkmale, die berücksichtigt werden, sind Geschlecht, Alter, Einkommen, Wohnregion und Migrationshintergrund der Wahlberechtigten.

Bei genauerer Betrachtung findet man erstaunlich oft, dass induktive Schlüsse auf Stichproben beruhen, die für die fragliche Grundgesamtheit kaum repräsentativ sein dürften. Besonders klar ist das bei den Umfragen, die viele Massenmedien unter ihren Konsumentinnen und Konsumenten durchführen. Um eine Stichprobe zu erhalten, werden die Leser aufgefordert, einen Online-Fragebogen auszufüllen, oder man gibt Telefonnummern bekannt, die die Zuschauerinnen anrufen können. Bei solchen Umfragemethoden gibt es kaum Grund zur Annahme, dass die Stichprobe nur schon für die Leserschaft der fraglichen Zeitung repräsentativ ist, geschweige denn für eine andere Bevölkerungsgruppe. Solche Umfragen sind eine Form der Unterhaltung; sie liefern keinen nennenswerten Grund, die gezogenen Schlussfolgerungen für wahr zu halten.

Probleme mit der Repräsentativität von Stichproben gibt es aber auch in den Wissenschaften, wo für viele Untersuchungen Stichproben aus speziellen Grundgesamtheiten verwendet werden. Aus praktischen Gründen wird oft mit „Bequemlichkeitsstichproben" gearbeitet. Zum Beispiel wurde eine beachtliche Anzahl klassischer Studien in der Psychologie an Studierenden durchgeführt, in der Medizin sind viele Fragen nur an bestimmten Bevölkerungsgruppen untersucht worden, und im Zusammenhang mit Experimenten ist man aus ethischen Gründen auf Freiwillige angewiesen. Ob das zu falschen Resultaten führt, lässt sich nicht ohne Weiteres allgemein sagen. Die Frage, welche Merkmale entscheiden, ob eine Stichprobe als einseitig kritisiert werden muss, muss nämlich je nach Verwendungszweck der Stichprobe unterschiedlich beantwortet werden. Bei Erhebungen zu politischen Fragen kann die Körpergröße der Befragten vermutlich unberücksichtigt bleiben, nicht aber bei der Untersuchung von Bandscheibenschäden. Letztlich müssen aber solche Aussagen selbst wieder mit statistischen Untersuchungen untermauert werden.

Neben zu kleinen und einseitigen Stichproben gibt es weitere Fehlerquellen bei induktiven Schlüssen. Zwei sollen hier angesprochen werden: die Berücksichtigung aller relevanten Informationen und die richtige Behandlung von Wahrscheinlichkeiten. Der erste Punkt lässt sich gut am Beispiel statistischer Syllogismen mit inkompatiblen Konklusionen illustrieren:

(15.1) 80% aller Landwirte und Landwirtinnen verfügen über Grundbesitz.
Alberta ist eine Landwirtin.
____
Alberta verfügt über Grundbesitz.

(15.2) 70% aller Frauen verfügen nicht über Grundbesitz.
Alberta ist eine Frau.
Alberta verfügt nicht über Grundbesitz.

Allein aufgrund der in (15.1) und (15.2) genannten Prämissen lässt sich nicht entscheiden, welche der beiden Konklusionen tatsächlich wahr ist. Ohne zusätzliche Informationen bleibt völlig offen, wie häufig Landwirtinnen über Grundbesitz verfügen. Jede Annahme zwischen null und hundert Prozent ist mit den Prämissen kompatibel. Das bedeutet, dass *beide* Schlüsse (15.1) und (15.2) als schwach beurteilt werden müssen, wenn man davon ausgeht, dass die Prämissen beider Schlüsse alle wahr sind. Allgemein gilt, dass ein induktiver Schluss nur dann stark ist, wenn er dies unter Berücksichtigung *aller* relevanten Informationen ist. Um zu prüfen, ob ein induktiver Schluss diese Forderung erfüllt, kann man auch mögliche Gegenargumente prüfen (vgl. Box „Gegenargumente", unten). Die einfachste Möglichkeit wäre, im obigen Beispiel direkt die Besitzverhältnisse von Alberta abzuklären.

Box Gegenargumente

Unter einem „Gegenargument zu einem Argument mit der Konklusion K" versteht man ein Argument für die Auffassung, dass die fragliche Konklusion nicht wahr ist, mit anderen Worten, ein Argument, das eine mit K unverträgliche Konklusion K* stützt (sodass K und K* nicht gleichzeitig wahr sein können).

Bei deduktiven Argumenten sind Gegenargumente nur mit Prämissen möglich, die mit den ursprünglichen Prämissen inkonsistent sind. Das heißt, die Prämissen von Argument und Gegenargument können aus logischen Gründen nicht alle wahr sein (vgl. Box „Logische Beziehungen zwischen Aussagen", S. 248). Liegt zu einem deduktiven Argument ein Gegenargument vor, ist man deshalb gezwungen zu entscheiden, welche der inkompatiblen Prämissen akzeptiert werden sollen, und damit entscheidet man sich auch gegen eines der beiden sich gegenüberstehenden Argumente (oder gegen beide).

Bei nichtdeduktiven Argumenten spielen Gegenargumente eine wichtigere Rolle, weil es in diesem Falle möglich ist, dass zu einem Argument ein Gegenargument mit Prämissen existiert, die mit denjenigen des ursprünglichen Arguments logisch verträglich sind. Dann muss man die Situation im

Lichte aller verfügbaren relevanten Prämissen neu beurteilen. Dazu ist es meist erforderlich, weitere Informationen zu beschaffen (vgl. Beispiele 15.1 und 15.2 zu inkompatiblen statistischen Syllogismen, S. 286–287). Manchmal lassen sich auch deduktive Gegenargumente gegen ein induktives Argument vorbringen. Zum Beispiel (adaptiert von ROSENBERG 1996):

(*16) Das Gemälde „Mona Lisa“ von da Vinci könnte gefälscht sein.
Das Gemälde „Guernica“ von Picasso könnte gefälscht sein.
… (weitere Aussagen der Form „Das Gemälde x könnte gefälscht sein“)
- -
Alle Gemälde könnten gefälscht sein.

Dagegen kann man vorbringen, dass die Konklusion von (*16) aus begrifflichen Gründen falsch ist. Weil Fälschungen Originale voraussetzen, können nicht *alle* Gemälde Fälschungen sein. Damit ist klar, dass (*16) bloß den Anschein erweckt, ein starkes induktives Argument zu sein. Tatsächlich ist es gar nicht möglich, dass seine Konklusion wahr ist. Trifft man in einem Text auf ein solches Argument, sollte man sich fragen, ob es sich nicht anders rekonstruieren lässt. Vielleicht sollte die Konklusion nicht im Sinne von (16.1), sondern im Sinne von (16.2) interpretiert werden.

(16.1) Möglicherweise ist es wahr, dass für jedes Gemälde gilt, dass es eine Fälschung ist.

(16.2) Für jedes einzelne Gemälde gilt, dass es möglicherweise eine Fälschung ist.

Ersetzt man in (*16) die Konklusion durch (16.2), so kann man ein starkes induktives Argument konstruieren, gegen welches das erwähnte Gegenargument nicht mehr vorgebracht werden kann.

Der letzte Punkt zur Beurteilung von induktiven Schlüssen ist eine Warnung. Man muss sich bewusst sein, dass intuitive Überlegungen, in denen Wahrscheinlichkeit eine Rolle spielt, in mancher Hinsicht fehleranfällig sind. Zwei klassische Beispiele sind in der Box „Falsche Intuitionen zur Wahrscheinlichkeit“ (S. 289) erläutert. Die Erfahrung zeigt, dass viele dieser problematischen Intuitionen auch nach einer Ausbildung in Wahrscheinlichkeitstheorie und Statistik weiter bestehen. Daraus kann man die wichtige Lehre ziehen, dass man intuitiven Urteilen über Wahrscheinlichkeiten – besonders auch den eigenen – grundsätzlich mit einer gewissen Skepsis begegnen sollte.

Box Falsche Intuitionen zur Wahrscheinlichkeit

Empirische Forschungen zeigen, dass im intuitiven Umgang mit Informationen über Wahrscheinlichkeit häufig Fehlüberlegungen und Missverständnisse auftreten, und zwar nicht nur bei Laien, sondern auch bei Experten. Zwei klassische Fehler sind:

Wahrscheinlichkeit und unabhängige Ereignisse. Der vielleicht bekannteste Fehlschluss im Zusammenhang mit Wahrscheinlichkeiten ist der sogenannte „Spieler-Fehlschluss" *(gambler's fallacy)*. Davon gibt es viele Varianten. Zum Beispiel: „Nach viermal Kopf sollte man auf Zahl setzen, da es unwahrscheinlich ist, dass fünfmal hintereinander Kopf geworfen wird." Wer so argumentiert, behauptet, dass die Folge „Kopf – Kopf – Kopf – Kopf – Zahl" wahrscheinlicher ist als die Folge „Kopf – Kopf – Kopf – Kopf – Kopf". Ein strukturgleiches Beispiel soll den Fehler, der diesem Argument zugrunde liegt, illustrieren:

(17) Angenommen, die Wahrscheinlichkeit, dass ein Neugeborenes männlich oder weiblich ist, sei gleich groß und unabhängig vom Geschlecht der Geschwister. Eine Familie hat fünf Kinder. Welche der beiden folgenden Konstellationen ist wahrscheinlicher?
(a) Mädchen, Junge, Junge, Mädchen, Junge (in dieser Reihenfolge)
(b) Junge, Junge, Junge, Junge, Junge

Die Antwort lautet: (a) und (b) sind gleich wahrscheinlich, weil es sich einfach um zwei der insgesamt 32 Möglichkeiten handelt. (In Wirklichkeit ist (b) sogar wahrscheinlicher als alle anderen Konstellationen mit fünf Geschwistern, weil die Wahrscheinlichkeit für einen Jungen etwas über 50% liegt.) Der entscheidende Punkt ist: „in dieser Reihenfolge". Würde die Frage lauten „Ist es wahrscheinlicher, dass alle fünf Jungen sind oder dass es drei Jungen und zwei Mädchen sind?", so wäre die Antwort selbstver ständlich „drei Jungen und zwei Mädchen", was zehnmal so wahrscheinlich wie fünf Jungen ist, wie man leicht durch Auflisten aller 32 Möglichkeiten nachprüfen kann.

Bedingte Wahrscheinlichkeiten. Unter einer „bedingten" Wahrscheinlichkeit versteht man die Wahrscheinlichkeit eines Ereignisses, vorausgesetzt, ein anderes Ereignis ist bereits eingetreten. Ein Beispiel für einen Fehlschluss im Zusammenhang mit bedingten Wahrscheinlichkeiten ist der sogenannte „Fehlschluss des Anklägers" *(prosecutor's fallacy)*. Ein (fiktives) Standardbeispiel ist:

(18) Am Tatort werden Spuren des mutmaßlichen Täters sichergestellt und ausgewertet (Haarfarbe, Blutgruppe usw.). Albert ist eine Person, die zu allen Spuren passt. Die Wahrscheinlichkeit, dass eine beliebige Person zu allen Spuren passt, ist 1 zu 100'000. Also ist es extrem wahrscheinlich, dass die Spuren tatsächlich von Albert stammen, weil die Wahrscheinlichkeit, dass Spuren zu Unrecht Albert zugeordnet werden, bloß 1 zu 100'000 ist.

Das ist ein Schluss nach dem fehlerhaften Muster:

(*19) Die Wahrscheinlichkeit, dass P, ist n
- - - - - - - - - - - - - - - - - - - -
Die Wahrscheinlichkeit, dass Q, vorausgesetzt, dass P, ist n
P: Albert passt zu allen Spuren.
Q: Die Spuren stammen *nicht* von Albert.

Dass mit diesem Schluss etwas nicht stimmen kann, zeigt zum Beispiel folgende Überlegung: Angenommen, der Tatort befindet sich in einer Großstadt, sodass etwa eine Million Menschen für die Tat grundsätzlich infrage kommen, dann wäre damit zu rechnen, dass es zehn Personen gibt, die zu den Spuren passen. Wenn man nur diese Information berücksichtigt, wäre also die Wahrscheinlichkeit, dass die Spuren ausgerechnet von Albert stammen, bloß eins zu zehn. Um zu entscheiden, ob die Spuren von Albert stammen, muss man also weitere Informationen einbeziehen, zum Beispiel die Frage, wo sich Albert zur Tatzeit befunden hat, ob er einen eineiigen Zwillingsbruder hat oder seit Jahren kahlrasiert ist (vgl. GIGERENZER 2002:Kap. 9 und 10).

Autoritätsschlüsse. Als „Autoritätsargumente" werden alle Argumente bezeichnet, bei denen eine Aussage damit begründet wird, dass eine Person, eine Gruppe, eine Institution oder ein Text die fragliche Aussage vertritt. Es gibt unterschiedliche Gründe, weshalb Autoritätsargumente verwendet werden. Ein erster Grund ist die Tatsache, dass es aus praktischen Gründen nicht sinnvoll ist, alles selbst begründen zu wollen. In diesem Falle ist die Funktion des Autoritätsarguments, eine bereits akzeptierte Begründung gewisser Aussagen von einer Autorität zu übernehmen. Solche Argumente sind gerade auch in den Wissenschaften außerordentlich häufig. Wissenschaftliche Arbeit baut typischerweise zum allergrößten Teil auf der früheren Arbeit anderer Wissenschaftler auf und fügt dem bereits Erarbeiteten etwas mehr oder weniger Bedeutsames hinzu. Wissenschaftliche Texte bieten deshalb meist nur für einige wenige Aussagen selbstständige Begründungen an. Alles andere wird mit Verweis auf andere wissenschaftliche Arbeiten begründet oder als sogenanntes Lehrbuchwissen vorausgesetzt. Fußnoten und Literaturangaben sind in sehr vielen Fällen Teil von solchen Autoritätsargumenten.

Das Übernehmen akzeptierter Begründungen ist in der Wissenschaft legitim und praktisch unvermeidlich. Autoritätsargumente können jedoch auch anders eingesetzt werden. Beispielsweise werden sie von Personen verwendet, die der Auffassung sind, dass gewisse Aussagen allein durch die Autorität spezieller Personen, Institutionen oder Schriften begründet werden können. In solchen Fällen wird nicht eine Begründung von einer Autorität übernommen, sondern die Autorität macht die Begründung aus. Diese Argumentationsweise spielt in religiösen und anderen „autoritären" Überzeugungssystemen eine tragende Rolle. Außerdem werden Autoritätsargumente auch in der Absicht verwendet, das Prestige einer bestimmten Person, Institution oder Schrift zu nutzen. In solchen Argumenten soll also das Prestige einer Autorität die Begründung ersetzen. Autoritätsargumente in diesen Funktionen zu verwenden, ist in der Wissenschaft nicht zulässig, weil Wissenschaft den Anspruch erhebt, Wissen zu erarbeiten, das intersubjektiv und unabhängig von Prestige begründet ist. Mit anderen Worten: Autoritätsargumente, die Begründungen durch Autorität oder Prestige ersetzen, sind in der Wissenschaft immer schwache Argumente. Wir behandeln deshalb im Folgenden nur diejenigen Autoritätsargumente eingehender, bei denen es darum geht, akzeptierte Begründungen zu übernehmen, indem man fremde Äußerungen als Grund für die Wahrheit einer Aussage ins Feld führt.

Die einfachste Rekonstruktion wissenschaftlicher Autoritätsargumente ist:

(20) a behauptet, dass p
p

Macht man die Voraussetzung, dass a eine relevante Autorität ist, explizit, so kann man solche Argumente nach folgendem Schema rekonstruieren:

(Autorität) a behauptet, dass p
a ist für die Behauptung p eine relevante Autorität
p

Da Autoritäten sich irren können, handelt es sich um einen nichtdeduktiven Typ des Schließens. Soll ein Autoritätsschluss einen starken Grund für die fragliche Konklusion liefern, müssen vor allem zwei Bedingungen erfüllt sein: Die Autorität muss korrekt wiedergeben werden und man muss Gründe für die Annahme haben, dass sich die Autorität im vorliegenden Fall nicht irrt.

Die erste Bedingung bezieht sich auf die Wahrheit der ersten Prämisse. Sie hat zwei Aspekte: Die beanspruchte Autorität muss erstens die fragliche Aussage tatsächlich *behauptet* und nicht etwa bloß erwähnt oder erwogen haben, und zweitens muss sie tatsächlich *diese* Behauptung gemacht haben und nicht eine andere. Praktisch bedeutet das, dass man bei der Wiedergabe der Äußerung, auf die sich das Autoritätsargument stützt, die üblichen wissenschaftlichen Standards beachten muss. Dazu gehören insbesondere fehlerfreie und unveränderte wörtliche Zitate, inhaltstreue Paraphrasen und sinnbewahrende Auswahl der Äußerung aus ihrem ursprünglichen Kontext.

Schwieriger zu beurteilen ist die Bedingung, dass es gute Gründe gibt für die Annahme, dass die ins Feld geführte Autorität im vorliegenden Fall richtig liegt. Das sollte grundsätzlich genau dann der Fall sein, wenn letztlich andere Gründe als bloß Autorität für die fragliche Behauptung sprechen. Ob das tatsächlich so ist, könnte man im Prinzip nachprüfen, indem man ermittelt, mit welchen Argumenten die Autorität, auf die man sich stützen möchte, ihre Aussage stützt, und dann diese Argumente beurteilt. Falls es sich wieder um Autoritätsargumente handelt, müsste man diese Argumente so lange weiterverfolgen, bis man zu Argumenten gelangt, die nicht Autoritätsargumente sind. Insgesamt läuft dieses Verfahren zur Beurteilung von Autoritätsargumenten darauf hinaus, Autoritätsargumente durch andere Argumente zu ersetzen. Das ist aber gerade nicht die Pointe von Autoritätsargumenten. Autoritätsargumente benutzt man, weil man nicht selbst Gründe vorbringen will, sondern sie von einer Autorität übernehmen möchte. Vier Gesichtspunkte spielen eine Rolle, wenn man ein Autoritätsargument als solches beurteilen will:

Erstens muss man beachten, welche Zuverlässigkeit die Autorität für ihre Behauptung beansprucht. Damit ist eine Obergrenze für die Stärke von Autoritätsargumenten gegeben. Wenn die in Anspruch genommene Autorität etwa behauptet, dass einiges für die fragliche Konklusion spricht, so wäre es ein Fehler, mit Verweis auf diese Autorität zu behaupten, dass die Konklusion so gut wie sicher als wahr akzeptiert werden kann oder gar bewiesen sei. Da bei jedem Autoritätsargument weitere Unsicherheitsfaktoren im Spiel sind, ist der Grund, den ein Autoritätsargument für seine Konklusion liefert, schwächer als die Begründung, die es gemäß dem Urteil der fraglichen Autorität gibt.

Zweitens muss man sich vergewissern, dass die in Anspruch genommene Autorität tatsächlich eine Expertin auf dem relevanten Sachgebiet ist. Dazu gehört nicht nur, dass es sich um eine Person handelt, die auf dem fraglichen Fachgebiet arbeitet, sondern auch, dass sie als zuverlässige Informationsquelle ausgewiesen ist. Damit wird einiges ausgeschlossen, was gerne als Autorität auftritt oder beansprucht wird. Das sind Personen, die überhaupt nicht aufgrund von Expertise, sondern bloß aufgrund von Bekanntheit oder Popularität als Autoritäten auftreten. In den Wissenschaften mag das weniger üblich sein; im Alltag und insbesondere in den Medien sind wir ständig damit konfrontiert, dass uns Äußerungen bekannter Schauspieler, Politiker und Medienschaffender als Gründe präsentiert werden, weshalb wir Behauptungen akzeptieren sollten, von denen die fraglichen Personen keine spezielle Fachkenntnis besitzen. Autoritätsargumente sind auch schwach, wenn sie sich auf Wissenschaftler stützen, die nicht auf dem richtigen Gebiet Experten sind. Zu solchen Argumentationsfehlern kommt es zum Beispiel, wenn Wissenschaftler sich zu gesellschaftlichen Fragen äußern, ohne über die notwendige politische, soziologische oder ökonomische Expertise zu verfügen. Damit soll nicht gesagt sein, dass solche Äußerungen unerwünscht sind oder zwingend falsch liegen, sondern nur, dass sie keine starken Autoritätsargumente abgeben.

Drittens erfordert ein starkes Autoritätsargument, dass man davon ausgehen kann, dass sich die Expertin im vorliegenden Fall sachlich angemessen äußert. Das heißt, man muss Grund zur Annahme haben, dass die beanspruchte Expertin selbst über ein starkes Argument für ihre Auffassung verfügt. Das kann zwar wiederum ein Autoritätsargument sein, aber solche Ketten von Autoritätsargumenten müssen letztlich auf andere starke Argumente zurückgehen. Schwierigkeiten mit Autoritätsargumenten können zum Beispiel entstehen, weil relevante Experten manchmal aus fachfremden weltanschaulichen Gründen eine bestimmte Auffassung vertreten. Dazu gehören Biologen, die Positionen vertreten, für die weniger wissenschaftliche als vielmehr religiöse Gründe sprechen. Oder Ökonominnen, deren Äußerungen über globale Verteilungsfragen von politischen Auffassungen geprägt sind. Ein anderes Problem entsteht, wenn Experten zu einer Frage aus ihrem Kompetenzbereich eine bestimmte Position als *die* Antwort vertreten, obschon die Frage keine eindeutige Antwort zulässt oder höchst umstritten ist. Schließlich können fachliche Autoritäten voreingenommen sein, weil eine Frage ihre Interessen tangiert. Zum Beispiel, wenn die finanzielle Förderung bestimmter Forschungen auf dem Spiel steht. All dies sind Gründe, weshalb Autoritätsschlüsse schwach sein können. Man kann sie also gegen Autoritätsargumente ins Feld führen. Dabei darf man aber nicht den Fehler machen, die angebliche Autorität persönlich schlechtzumachen oder in anderer, nicht relevanter Weise zu kritisieren (vgl. Abschnitt „Redefreiheit", S. 302).

Viertens gilt es zu berücksichtigen, ob weitere Argumente für oder gegen die Konklusion eines Autoritätsschlusses vorliegen. Einerseits kommt es immer wieder vor, dass die relevanten Experten sich nicht einig sind und also auch Autoritätsargumente gegen die fragliche Konklusion vorgebracht werden können. In solchen Fällen sollte man nicht den Fehler machen, sich einseitig auf diejenigen Autoritäten zu stützen, deren Position einem besonders willkommen ist. Andererseits zeigt die Übereinstimmung der relevanten Experten zwar die Akzeptabilität ihrer Behauptungen, ist aber keine Garantie für ihre Wahrheit. All das spricht dafür, Aussagen, die mit Autoritätsargumenten verteidigt werden, mindestens dann selbst sorgfältig zu prüfen, wenn es sich nicht um Standardwissen handelt, das im aktuellen Zusammenhang als unproblematisch vorausgesetzt werden kann.

Analogieschlüsse. In Analogieargumenten spielen Vergleiche eine zentrale Rolle. Im einfachsten Fall sind Analogieargumente nach dem folgenden Muster aufgebaut:

(21) a ist wie b
b ist F
———
a ist F

Überlegungen mit der Struktur von Analogien stellen wir beinahe ununterbrochen an. Zum Beispiel, wenn wir ein Urteil über eine Neuerscheinung auf dem Buchmarkt fällen:

(22) Das neueste Buch des Erfolgsautors ist in vielerlei Hinsicht ähnlich wie sein Vorgänger: Es hat denselben Autor, ist ebenfalls ein Kriminalroman, im selben Verlag erschienen, und die Kritiker überbieten sich in Lobeshymnen.
Das letzte Buch des Erfolgsautors langweilt mich ungemein.
Das neueste Buch des Erfolgsautors langweilt mich ungemein.

Das ist ein nichtdeduktiver Schluss. Auch wenn die Prämissen wahr sind, kann die Konklusion falsch sein. Zum Beispiel, weil der Autor nun endlich Elemente eines Beziehungsdramas eingearbeitet hat.

Heftig diskutierte Analogieargumente findet man beispielsweise in der Kreationismus-Debatte, in der darüber gestritten wird, ob die Annahme, die Welt sei das Werk eines intelligenten Schöpfers, als wissenschaftliche Behauptung gelten kann und was für eine solche Behauptung sprechen könnte. Eine exemplarische Diskussion findet sich bereits bei David Hume:

(23) In den 1779 erschienenen *Dialogues concerning natural religion* (HUME 1998) diskutiert Hume die Frage, ob die Welt eher einem natürlichen Organismus – einem tierischen Körper oder einer Pflanze – gleicht oder einem von Menschen erfundenen Gegenstand, zum Beispiel einer Uhr oder einem Webstuhl. Je nachdem, für welche Analogie man sich entscheidet, kann man schließen, die Welt habe eine natürliche Ursache – Wachstum oder Zeugung – oder sie sei das Werk eines „Erfinders". Hume selbst lehnt beide Analogien ab, argumentiert aber, dass diejenigen, die mit solchen Analogien argumentieren wollen, akzeptieren müssen, dass der Vergleich mit einem natürlichen Organismus viel überzeugender ist.

Insbesondere der Vergleich zwischen der Welt und einem Uhrwerk ist zu einem Klassiker geworden. Wie man sich leicht durch eine Internet-Recherche überzeugen kann, erfreut sich diese Analogie in der gegenwärtig in den USA geführten Debatte über *intelligent design* ungebrochener Beliebtheit.

Um Analogieschlüsse beurteilen zu können, ist das Muster (21) zu simpel. Das Problem ist, dass die in der ersten Prämisse geforderte Ähnlichkeit in dieser Form trivial ist. Das zeigt sich, wenn man Aussagen der Form „x ist wie y“ mithilfe von „x und y haben eine gemeinsame Eigenschaft z“ analysiert. Es gilt nämlich, dass zwei beliebige Gegenstände immer unendlich viele gemeinsame Eigenschaften haben und also in unendlich vielen Hinsichten ähnlich sind. Dass das so ist, übersieht man nur deshalb, weil man an die meisten Eigenschaften nie denkt, da sie ohnehin uninteressant sind. Zum Beispiel haben Menschen und Mäuse die gemeinsame Eigenschaft, auf Deutsch mit einem Wort, das ein „e“ enthält, bezeichnet zu werden. Und zwei beliebige Gegenstände haben die gemeinsame Eigenschaft, dass ich am 1. April 2008 um 4 Uhr 07 in der Früh nicht an sie gedacht habe. Analogien sind also nur interessant, wenn die Vergleichshinsicht, auf die sie sich stützen, spezifiziert werden kann. Das folgende Muster erwähnt deshalb explizit die gemeinsamen Eigenschaften ($H_1, \ldots, H_n$) die dafür verantwortlich sind, dass zwei Objekte als ähnlich gelten. Berücksichtigt man zusätzlich, dass Analogien sich nicht nur auf zwei einzelne Gegenstände, sondern auch auf zwei Klassen von Gegenständen beziehen können, so erhält man folgendes Muster zur Rekonstruktion von Analogieargumenten:

(Analogie) Alle Gegenstände, die F sind, haben die Eigenschaften $H_1, \ldots, H_n$
Alle Gegenstände, die G sind, haben die Eigenschaften $H_1, \ldots, H_n$
<u>Alle Gegenstände, die G sind, haben die Eigenschaft Z</u>
Alle Gegenstände, die F sind, haben die Eigenschaft Z

Analogieschlüsse spielen in den Wissenschaften in verschiedenen Zusammenhängen eine wichtige Rolle. Einige Beispiele sind:

(24) In der Kunstgeschichte werden Methoden entwickelt, mit denen man feststellen kann, ob zwei Werke demselben Künstler zugeordnet werden können. Wenn zum Beispiel ein Werk auftaucht, das angeblich von Vermeer stammt, prüft man, ob Stil, Arbeitstechnik, Materialien, Entstehungszeit und Weiteres mit anerkannten Werken Vermeers übereinstimmen. Ist das der Fall, darf man schließen, dass es sich um einen Vermeer handelt.

(25) In der medizinischen und psychologischen Forschung werden Tierversuche verwendet, um Erkenntnisse über Menschen zu gewinnen.

Dabei wird vorausgesetzt, dass aufgrund der Ähnlichkeit zwischen Menschen und den betreffenden Tieren Aussagen über die Versuchstiere auf Menschen übertragen werden können.

(26) Experimente können mit physischen Modellen durchgeführt oder in anderer Weise simuliert werden, wenn sich ihre Ergebnisse anschließend mit Analogieschlüssen auf die „eigentlichen" Studienobjekte übertragen lassen. So kann man beispielsweise Wellenkanäle konstruieren, in denen das Verhalten von Wellen studiert werden kann, um abzuschätzen, welche Wirkungen abbrechendes Gletschereis, Lawinen oder Felsstürze in einem See entfalten können. (vgl. FRITZ/HAGER/MINOR 2003)

(27) Gedankenexperimente können oft als Analogien rekonstruiert werden. Ein bekanntes Beispiel aus der Ethik ist die Analogie zwischen einer schwangeren Frau und einer Person A, deren Blutkreislauf mit demjenigen einer anderen Person B zusammengeschlossen wurde, sodass sie unfreiwilligerweise als deren künstliche Niere dienen muss. Das Argument soll zeigen, dass das Lebensrecht eines Fötus nicht unbedingt höher zu werten ist als das Selbstbestimmungsrecht der Schwangeren, weil wir auch nicht sagen würden, dass das Lebensrecht von A auf jeden Fall Vorrang vor Bs Selbstbestimmungsrecht hat, wenn B verlangt, von A getrennt zu werden. (THOMSON 1972)

Sollen Analogieargumente beurteilt werden, muss man als Erstes feststellen, ob die Analogie wirklich als Argument gebraucht wird. Oft werden Analogien für andere Zwecke eingesetzt, beispielsweise als didaktische Illustrationen, um einen komplexen oder abstrakten Sachverhalt anhand einer einfacheren oder anschaulicheren Sachlage zu erklären. Ein offensichtliches Beispiel sind die Kunststoffmodelle atomarer Strukturen, die im Chemieunterricht eingesetzt werden. Bildliche Darstellungen in der Mathematik haben typischerweise ebenfalls solche Funktionen. Sie sollen nicht etwas beweisen, sondern einen Sachverhalt einfacher erfassbar darstellen. Ein möglicher Argumentationsfehler ist demnach, Analogien, die bloß der Erläuterung dienen, für Argumente auszugeben oder zu halten. Dennett (DENNETT 1980) hat dafür den Ausdruck „Intuitionspumpe" *(intuition pump)* geprägt. Damit will er betonen, dass solche Analogien zwar unsere Intuitionen in eine bestimmte Richtung leiten, dass es aber ein Fehler ist, wenn illustrative

Analogien mit Argumenten verwechselt werden. Wiederum bietet die Kreationismus-Debatte viele Beispiele:

(28) Der Biochemiker Michael Behe hat zur Erläuterung seiner These, dass es nicht reduzierbar komplexe biologische Strukturen gibt, einen Vergleich mit einer Mäusefalle gezogen: Lässt man einen Teil der Falle weg, resultiert nicht eine einfachere Falle, sondern ein funktionsunfähiges Gebilde. Als Einwand dagegen hat zum Beispiel der Biologe John H. McDonald vorgebracht, dass man sich durchaus vorstellen kann, dass Mäusefallen in einer darwinschen Entwicklungsgeschichte entstanden sein könnten. Ein Teil dieser Kontroverse ist die Frage, ob die Mäusefallen-Analogie nur den Begriff der nicht reduzierbaren Komplexität erläutert oder ob sie ein Argument für respektive gegen die Möglichkeit nicht reduzierbarer Komplexität darstellt. (BEHE 2000, MCDONALD 2002)

Um die Stärke eines Analogieschlusses zu beurteilen, setzt man am besten bei den ähnlichkeitskonstituierenden Eigenschaften $H_1, \ldots, H_n$ an: In welcher Hinsicht sind F-Gegenstände wie G-Gegenstände? Verwendet man das oben angegebene Muster zur Rekonstruktion von Analogien, so muss man diese Frage bereits bei der Rekonstruktion des Analogiearguments beantworten. Oftmals wird man feststellen, dass nicht besonders klar ist, aufgrund welcher gemeinsamen Eigenschaften die Analogie bestehen soll. In solchen Fällen sollte man versuchen, aus dem Textzusammenhang zu erschließen, wie die Analogie im Einzelnen genauer formuliert werden könnte. Tatsächlich werden häufig Analogieargumente vorgebracht, bei denen einfach unklar ist, auf welchen Eigenschaften die Analogie beruhen soll.

Ist die Frage nach der Vergleichshinsicht geklärt und das Analogieargument als Schluss rekonstruiert, so ist der entscheidende Punkt: Wie ist der Zusammenhang zwischen den Eigenschaften $H_1, \ldots, H_n$ und der Eigenschaft Z?

Analogieschlüsse sind besonders stark, wenn ein Argument vorliegt, das es erlaubt, von den Eigenschaften $H_1, \ldots, H_n$ deduktiv auf die Eigenschaft Z zu schließen. In diesem Fall kann das Analogieargument durch einen deduktiven Schluss nach folgendem Schema ersetzt werden:

(29) Alle Gegenstände, die F sind, haben die Eigenschaften $H_1, \ldots, H_n$
Alle Gegenstände, die die Eigenschaften $H_1, \ldots, H_n$ haben, haben die Eigenschaft Z
_____
Alle Gegenstände, die F sind, haben die Eigenschaft Z

Eine weitere Möglichkeit ist, das Analogieargument durch einen induktiven Schluss zu ersetzen. Dazu kann man ein Muster verwenden, das aus (29) entsteht, indem man „alle Gegenstände" durch „n% der Gegenstände" (mit n > 50) ersetzt.

Wenn eine solche Ersetzung nicht möglich ist, kann man sich fragen, ob es Analogieschlüsse mit entgegengesetzter Konklusion gibt. Gibt es Gegenstände G*, die ebenfalls die Eigenschaften H_1, …, H_n haben, aber nicht die Eigenschaft Z? Ist dies der Fall, ist das ein Hinweis darauf, dass der Analogieschluss nicht besonders stark ist. Ein weiterer Gesichtspunkt ist die Anzahl der gemeinsamen Eigenschaften H_1, …, H_n, auf denen die Analogie beruht. Wenn zum Beispiel die Urheberschaft eines Gemäldes beurteilt werden soll, kann man wie folgt argumentieren:

(30) Gemälde, die unumstritten Vermeer zugeschrieben werden, haben folgende Eigenschaften: Die Darstellung weist die und die Stilmerkmale auf (Einsatz von Farben, Behandlung des Lichts usw.), die abgebildeten Gegenstände sind mindestens so und so alt, das Bild trägt Vermeers Signatur, die Leinwand stammt aus dem 17. Jahrhundert, das Bild weist passende Altersspuren (Risse, Abdunkelung usw.) auf.
Die Jünger in Emmaus hat alle genannten Eigenschaften.
Gemälde, die unumstritten Vermeer zugeschrieben werden, stammen von Vermeer.
———
Die Jünger in Emmaus stammt von Vermeer.

Für die Stärke dieser Analogie spricht, dass die erste Prämisse eine große Zahl verschiedener und unabhängiger Vergleichshinsichten nennt, die für die Frage, wer das Gemälde hergestellt hat, relevant sind. Solange der Analogieschluss nicht durch einen deduktiven Schluss nach Schema (29) ersetzt werden kann, bleibt er nichtdeduktiv, und man muss damit rechnen, dass sich die Konklusion als falsch herausstellt. Das war bei *Die Jünger in Emmaus* tatsächlich so. Nachdem das Gemälde zuerst aufgrund von Argumenten in der Art von (30) für echt gehalten wurde, haben später ein Geständnis von Han van Meegeren und weitere Analysen die Experten überzeugt, dass es sich um eine Fälschung handelt (KREUGER 2007).

Literatur zu 8.3

Deduktive Schlüsse. Für ein vertieftes Verständnis deduktiver Schlüsse muss man eine Einführung in die Logik lesen und Übungsaufgaben durcharbeiten. Aus der kaum überschaubaren Vielfalt greifen wir vier Lehrbücher heraus, die sich für das Selbststudium eignen und auch die Analyse umgangssprachlicher Argumente behandeln:

HOYNINGEN-HUENE 1998 zeichnet sich durch seine Diskussion der grundlegenden Begriffe aus, zum Beispiel „formale Gültigkeit" (Kap. I) und die verschiedenen logischen Beziehungen zwischen Aussagen (Kap. II.2); enthält Aufgaben, teilweise mit kommentierten Lösungen.

KAMITZ 2007 bietet besonders ausführliche Erläuterungen, auch zu sonst wenig beachteten Einzelheiten; viele Übungsaufgaben, mit Lösungen.

LEPORE/CUMMING 2009 geht speziell auf das Verhältnis zwischen Umgangssprache und logischem Formalismus ein; Aufgaben teilweise mit Lösungen.

QUINE 1982 ist ein unverwüstlicher Klassiker, der auch anspruchsvollere Gebiete der Logik behandelt; Aufgaben, teilweise mit Lösungen (Lösungen nur in der 4. englischen Auflage).

Wer sich eingehender mit Fragen der logischen Formalisierung beschäftigen möchte, findet eine ausführliche Diskussion in BRUN 2004.

Deduktive vs. nichtdeduktive Schlüsse. Die Unterscheidung zwischen deduktiven und nichtdeduktiven Argumenten und Schlüssen wird in der Literatur in verschiedener Weise gezogen (wobei anstelle von „nichtdeduktiv" auch „induktiv" verwendet wird). Verschiedene Unterscheidungen zwischen deduktiven und nichtdeduktiven Argumenten diskutiert BOWLES 1994. Eine klassische Gegenüberstellung von deduktiver und induktiver Logik findet sich in CARNAP 1971:§ 43.

Nichtdeduktive Schlüsse. Knappe, aber informative Erläuterungen zu verschiedenen nichtdeduktiven Argumentationsweisen findet man in SALMON 1983:Kap. 3, und SINNOTT-ARMSTRONG/FOGELIN 2010:Kap. 8–12.

Eine gründliche Einführung in die induktive Logik ist SKYRMS 1989. Die Grundzüge der Wahrscheinlichkeitstheorie im Zusammenhang mit induktiven Schlüssen vermittelt zum Beispiel HACKING 2001. Über die empirische Forschung zur Frage, inwiefern unsere intuitiven Urteile zu den Resultaten der Wahrscheinlichkeitstheorie passen, kann man sich in BARON 2008:Teil II informieren. Eine unterhaltsame Diskussion von Intuitionen und Fehlern zu Wahrscheinlichkeiten, Risiken und statistischen Daten ist GIGERENZER 2002.

Kriterien, nach denen man Autoritäten und Belege besonders bei alltäglichen Argumenten beurteilen kann, diskutiert FISHER 2011:Kap. 7.

Eine ausführlichere Diskussion von Analogieargumenten findet sich in COPI/COHEN 2002:Kap. 11.

Kausale Schlüsse und Schlüsse auf die beste Erklärung. Diese Typen von nichtdeduktiven Schlüssen werden im vorliegenden Buch nicht behandelt. BAUMGARTNER/GRASSHOFF 2004 ist ein Lehrbuch über kausale Schlüsse, das sich zum Selbststudium eignet. MCKAY 2000 ist eine Einführung in die Argumentationsanalyse, die Schlüssen auf die beste Erklärung einen zentralen Platz einräumt. Kurz und informell sind kausale Schlüsse und Schlüsse auf die beste Erklärung in FISHER 2011:Kap. 10 behandelt.

Argumente mit Normsätzen. Über deontische Logik, Normkonflikte und Normhierarchien gibt es nur relativ technische Literatur. Als Einstieg kann der Handbuchartikel MORSCHER 2011 dienen oder die Einleitung in HILPINEN 1970. Ein Lehrbuch ist MORSCHER 2012.

Wer eine kürzere und stärker vereinfachte Einführung in die Fragen dieses Kapitels sucht, findet diese zum Beispiel in PFISTER 2013.

8.4 Den Diskussionsbeitrag von Argumentationen beurteilen

Die Beurteilung von Argumentationen erschöpft sich nicht in der Beurteilung einzelner Schlüsse, sondern verlangt auch eine umfassendere Perspektive. Wir präsentieren im Folgenden eine Reihe von Kriterien zur Beurteilung von Argumentationen, die berücksichtigen, wie eine Argumentation im Diskussionszusammenhang eingesetzt wird. Die Kriterien lassen sich aus der Voraussetzung motivieren, dass argumentative Diskussionen einer bestimmten Zielsetzung dienen: Es geht darum, sich in vernünftiger Weise über strittige Aussagen zu einigen. Aus dieser Perspektive hat die pragma-dialektische Argumentationstheorie eine Reihe von Anforderungen formuliert, an denen wir uns im Folgenden orientieren:

Regeln zum Beurteilen des Diskussionsbeitrags einer Argumentation

- Konsistenz: Es dürfen keine inkonsistenten Argumentationen vorgebracht werden.
- Redefreiheit: Die Freiheit, Aussagen zu begründen oder anzugreifen, darf nicht beschränkt werden.
- Beweislast: Man muss seine These begründen.
- Treffsicherheit: Man muss sich auf den Standpunkt des Gegners beziehen und diesen treffend wiedergeben.
- Relevanz: Eine Aussage darf nur mit Argumenten verteidigt werden, die sich auf diese Aussage beziehen.
- Nicht ausdrücklich formulierte Prämissen dürfen nicht willkürlich vorausgesetzt oder abgelehnt werden.

- Gemeinsam angenommene Prämissen müssen respektiert werden.
- Korrektheit: Es dürfen nur korrekte Argumente vorgebracht werden.
- Prämissen und Konklusion sollen möglichst klar und eindeutig formuliert werden.
- Das Ergebnis der Argumentation muss akzeptiert werden.

Diese Argumentationsregeln geben zugleich ein Raster für die Klassifikation der wichtigsten Argumentationsfehler an. Da die Regeln nicht unabhängig voneinander sind, ist es möglich, dass ein Argumentationsfehler gleichzeitig gegen mehrere Regeln verstößt. Wir erklären im Folgenden zuerst kurz die einzelnen Regeln und Argumentationsfehler und illustrieren dann ihre Anwendung anhand eines Fallbeispiels („Diskussionsbeitrag und Argumentationsfehler", S. 308).

Konsistenz. Konsistenz ist eine grundlegende Anforderung an einzelne Argumente, weil inkonsistente Prämissen insgesamt nicht wahr sein können und somit nie einen Grund liefern, die Konklusion zu akzeptieren (vgl. Kap. 8.3.2). Überlegungen zur Konsistenz sind aber auch wichtig, wenn es darum geht, komplexe Argumentationen zu beurteilen. Selbst wenn in einzelnen Argumenten keine Inkonsistenzen auftreten, kann es doch sein, dass die Prämissen der verschiedenen Argumente einer komplexen Argumentation insgesamt nicht konsistent sind. Man muss also versuchen, zusätzlich zur Beurteilung der einzelnen Argumente zu entscheiden, ob ein Autor insgesamt eine konsistente Position vertritt. Dabei ist zu berücksichtigen, dass eine Inkonsistenz nur zeigt, dass nicht alle Aussagen, auf die sich der Autor verpflichtet hat, wahr sein können. Allein daraus lassen sich keine Rückschlüsse darauf ziehen, welche seiner Aussagen falsch und welche seiner Argumente deshalb schwach sind.

Die folgenden vier Regeln sollen sicherstellen, dass die strittige These ausschließlich mit Argumenten angegriffen oder verteidigt wird, und zwar mit Argumenten, die sich auf diese These und nicht auf etwas anderes beziehen.

Redefreiheit. Das Ziel argumentativer Diskussionen – sich in vernünftiger Weise über strittige Aussagen zu einigen – kann nur erreicht werden, wenn man seinen argumentativen Gegnern das Recht zugesteht, mit Argumenten ihren Standpunkt zu verteidigen oder den eigenen Standpunkt anzugreifen. Diese Regel findet ihre Grenzen darin, dass man faktisch nicht für alles argumentieren kann und dass das Argumentieren nur möglich ist, wenn man von akzeptierten Aussagen ausgehen kann. In den Wissenschaften bedeutet das praktisch, dass es eines besonderen Anlasses bedarf, damit allgemein bekannte und triviale Aussagen („Die Erde bewegt sich um die Sonne“) zum Gegenstand von Argumentationen gemacht werden können.

Diese Regel wird oft verletzt. Eine Möglichkeit ist, dem Gegner mehr oder weniger offen zu drohen („Wer so argumentiert, muss damit rechnen, dass ...“) oder „auf die Tränendrüse zu drücken“ („Nach alldem, was die Unterdrückten durchgemacht haben, ist es nicht statthaft, sie für ... zu kritisieren“). Solche Attacken werden traditionell „Argumente *ad baculum*“ (lat. mit dem Stock) respektive *„ad misericordiam“* (lat. zum Erbarmen) genannt.

Oder man argumentiert nicht für oder gegen die Wahrheit einer Aussage, sondern greift stattdessen den Gegner selbst an, genauer: seine Glaubwürdigkeit, moralische Integrität oder Ähnliches. Das Ziel solcher Manöver ist es, die Argumente des Gegners grundsätzlich abzuwerten. Es gibt viele Varianten: Man behauptet, dass der Gegner schlecht informiert sei, dass er Überzeugungen habe, die von „anstößigen“ Personen geteilt werden, dass er in ähnlichen Fragen schon andere Positionen vertreten habe, dass er befangen sei, weil er ein persönliches Interesse am Ausgang der Diskussion habe, oder dass er Überzeugungen vertritt, die er in seinem Leben nicht umsetzt. Solche Regelverstöße werden „Argumente *ad hominem*“ (lat. in Bezug auf den Menschen) genannt, wie man beim Fußball vom Spiel auf den Mann statt auf den Ball spricht.

Allerdings ist es nicht immer ein Fehler, wenn gegen die Person des Opponenten argumentiert wird. Nämlich dann nicht, wenn seine Autorität oder Aufrichtigkeit relevant ist, weil er als Autorität oder Gewährsperson auftritt, zum Beispiel als Zeuge vor Gericht. Man muss sich aber bewusst sein, dass auch in solchen Fällen das *Ad-hominem*-Argument nicht direkt für die strittige Behauptung relevant ist, sondern höchstens für die Frage, ob man der Person gewisse Qualitäten zuschreiben kann. Gegebenenfalls wird man mit bestimmten Personen nicht weiter argumentieren wollen, da sie sich nicht an die Diskussionsvoraussetzungen halten. Das bedeutet aber nicht, dass die Thesen, die sie vertreten, falsch sind.

Ad hominem wird in der Literatur noch in einer anderen Bedeutung verwendet, für Argumente, bei denen eine Person Prämissen verwendet, die der Gesprächspartner zwar akzeptiert, aber sie selbst nicht. Dazu gehört zum Beispiel das „Herunterschrauben“ des Niveaus, wenn man etwa dem kleinen Max das Radio ohne Maxwellgleichungen erklärt. Dabei ist so lange nichts Unlauteres im Spiel, als Akzeptabilität nicht als Wahrheit ausgegeben wird.

Beweislast. In argumentativen Diskussionen müssen Behauptungen begründet werden. Wer eine strittige These aufstellt, übernimmt die Verpflichtung, sie durch Argumente zu verteidigen. Auch dieser Grundsatz gilt nicht uneingeschränkt, und zwar aus denselben Gründen, wie dies bei der Regel der Redefreiheit erklärt wurde. Es sind schon besondere Umstände erforderlich, damit man begründen muss, weshalb Sklaverei ethisch unzulässig ist.

Zwei Argumentationsstrategien, die gegen diesen Grundsatz verstoßen, sind in öffentlichen Diskussionen häufig zu beobachten: Man verschiebt die Beweislast, indem man, statt den eigenen Standpunkt zu verteidigen, denjenigen des Gegners angreift oder vom Gegner verlangt, dass er seinen Standpunkt begründet. Zweitens kann man versuchen, der Beweislast auszuweichen, indem man seine These schlicht für offensichtlich wahr erklärt („Es zweifelt ohnehin niemand mehr daran, dass …") oder sich selbst als unantastbare Autorität ausgibt („Da ich selbst … bin, weiß ich, wovon ich spreche").

Treffsicherheit. Man darf nur Aussagen angreifen, die der Gegner tatsächlich vertritt. Insbesondere darf man den Standpunkt des Gegners nicht verändern. Der häufigste Verstoß gegen diese Regel besteht darin, die Thesen des Gegner so zu übertreiben oder zu verändern, dass sie einfacher anzugreifen sind. Oder man unterschiebt dem Gegner einfach eine andere These, zum Beispiel indem man eine These angreift, die von einer Gruppe, zu der er gehört, vertreten wird. Diese Argumentationsfehler werden deshalb als „Strohmann" bezeichnet.

Relevanz. Man muss seine These mit Argumenten verteidigen, und zwar mit solchen, die sich tatsächlich auf diese These beziehen. Der Unterschied zur Regel der Treffsicherheit ist, dass es bei der Relevanz nicht um das Treffen der gegnerischen These geht, sondern darum, die eigne These nicht zu verfehlen. Die Regel der Relevanz kann auf zwei Weisen verletzt werden: Einerseits, indem man anderes als Argumente zu seinen Gunsten vorbringt, zum Beispiel an das Mitleid der Gegnerin oder des Publikums appelliert, seine persönliche Autorität ausspielt oder lediglich eine „Intuitionspumpe" anbietet (vgl. S. 297). Andererseits, indem man Argumente vorbringt, die nicht wirklich die strittige These, sondern eine andere Aussage, oftmals eine erheblich schwächere These, stützen (traditionell *ignoratio elenchi,* „den Streitpunkt verkennen", genannt).

Die nächsten beiden Regeln verlangen, dass beim Argumentieren respektiert werden muss, welche Prämissen tatsächlich zugestanden worden sind, egal ob dies ausdrücklich oder stillschweigend geschehen ist.

Angemessener Umgang mit impliziten Prämissen. Einerseits darf man der Gegnerin keine Prämissen unterschieben, auf die sie nicht verpflichtet ist. Andererseits muss man Prämissen, auf die man selbst verpflichtet ist, als solche akzeptieren, auch wenn man sie nicht explizit formuliert hat. Einzelheiten zur Rekonstruktion impliziter Prämissen finden sich in Kapitel 8.2.3.

Gemeinsam angenommene Prämissen respektieren. Vernünftige Einigung über strittige Aussagen ist nur möglich, wenn es gemeinsam angenommene Aussagen gibt, von denen aus man für oder gegen eine strittige These argumentieren kann. Eine wichtige Aufgabe beim Argumentieren ist es deshalb, Aussagen ausfindig zu machen, die von allen Beteiligten für die Zwecke des Arguments als Prämissen anerkannt werden können. Das bedeutet nicht, dass diese Aussagen unbedingt wahr sein müssen, wohl aber, dass man sie als wahr akzeptiert (vgl. Kap. 8.3.2). Argumentationsfehler liegen vor, wenn eine Partei sich weigert, bereits zugestandene Prämissen weiter zu akzeptieren, oder wenn Aussagen als gemeinsame Prämissen ausgegeben werden, obschon sie nicht als solche akzeptiert werden. Insbesondere ist es nicht zulässig, Aussagen als gemeinsame Prämissen auszugeben, aus denen ohne Weiteres die Wahrheit oder Falschheit der strittigen Aussage hervorgeht (oft als *petitio principii* oder *begging the question* bezeichnet).

Es folgen zwei Regeln, die wir nur kurz erwähnen, weil sie sich wesentlich auf die in den letzten Kapiteln ausführlich diskutierten Aspekte von Argumenten und Aussagen beziehen.

Korrektheit. Diese Regel betrifft die Beziehung zwischen Prämissen und Konklusion in den einzelnen Argumenten. Sie verlangt, dass nur Argumente vorgebracht werden, in denen die Konklusion aus den Prämissen logisch folgt oder mindestens durch die Prämissen ausreichend gestützt wird. Diese Anforderung ist in Kapitel 8.3.3–8.3.5 ausführlicher diskutiert. Ein typischer Verstoß gegen diese Regel liegt vor, wenn die Meinung der Zuhörerschaft als Begründung für eine strittige Aussage benützt wird, indem man zum Beispiel vorbringt, dass ohnehin niemand bestreitet, dass x, oder dass ja alle wollen, dass y. Aus solchen Aussagen folgt mitnichten, dass x der Fall oder y geboten ist.

Klare und eindeutige Formulierungen verwenden. Unklare und mehrdeutige Formulierungen können dazu führen, dass inkorrekte Argumente schwierig als solche zu erkennen sind (vgl. Box „Äquivokation“, S. 306).

Kapitel 7 erläutert, wie ungenaue Formulierungen erkannt und analysiert werden können.

Box Äquivokation

„Äquivokation" ist die traditionelle Bezeichnung für den Argumentationsfehler, der entstehen kann, wenn in einer Argumentation derselbe sprachliche Ausdruck in verschiedenen Bedeutungen verwendet wird:

Eine **Äquivokation** liegt vor, wenn die angebliche Korrektheit eines Schlusses voraussetzt, dass ein sprachlicher Ausdruck, der innerhalb des Schlusses in verschiedenen Bedeutungen vorkommt, als gleichbedeutend behandelt wird.

Ein etwas zugespitztes Beispiel ist:

(1) Regelmäßiger Saunabesuch ist gesund.
Timo besucht regelmäßig die Sauna.
―――――
Timo ist gesund.

Hier kommt die Äquivokation dadurch zustande, dass „x ist gesund" zuerst in der Bedeutung von „x fördert die Gesundheit" und dann in der Bedeutung von „x ist bei guter Gesundheit" verwendet wird. Ein schwierigeres Beispiel ist das bereits erwähnte Dilemma von Singer (vgl. S. 261):

(2) Wenn das Tier ist, wie wir sind, gibt es gute Gründe gegen das Experiment.
Wenn das Tier nicht ist, wie wir sind, gibt es gute Gründe gegen das Experiment.
―――――
Es gibt gute Gründe gegen das Experiment.

Bei diesem Schluss hängt die Gültigkeit davon ab, ob „ist, wie wir sind" zweimal in derselben Bedeutung verwendet wird. Das muss man anhand des Textes sorgfältig abklären.

Es ist wichtig, zu beachten, dass zwar Äquivokationen mehrdeutige Ausdrücke voraussetzen, dass aber die Präsenz eines mehrdeutigen Ausdrucks nicht in jedem Fall zu einer Äquivokation führt. Es gibt viele Möglichkeiten, die Aussage „das Tier ist, wie wir sind“ zu verstehen, je nachdem, in welcher Hinsicht man Menschen und Tiere vergleicht. Für die formale Gültigkeit von (2) spielt das jedoch keine Rolle, solange gewährleistet ist, dass die Bedeutung dieses Ausdrucks in beiden Prämissen dieselbe ist. Zum Beispiel ist auch (3) ein formal gültiges Argument, unabhängig davon, was mit „gut“ und „billig“ genau gemeint ist, solange dies in Prämisse und Konklusion dasselbe ist:

(3) Gutes Essen ist nicht billig.
Billiges Essen ist nicht gut.

Mehrdeutige, vage und kontextabhängige Aussagen stören also die formale Gültigkeit nicht, solange sichergestellt ist, dass keine Äquivokationen auftreten. Aber das bedeutet nicht, dass sie gänzlich unproblematisch wären. Probleme entstehen insbesondere dann, wenn Prämissen oder Konklusion so formuliert sind, dass sich ihre Wahrheit nicht prüfen lässt.

Ergebnis der Argumentation akzeptieren. Die letzte Regel verlangt, dass Thesen, die ausreichend durch Argumente begründet worden sind, akzeptiert werden, und dass Thesen, die nicht ausreichend begründet worden sind, zurückgezogen werden. Damit wird ausgeschlossen, dass zwar argumentiert, das Ergebnis der Argumentation dann aber doch ignoriert wird. Darüber hinaus gibt es zwei wichtige Argumentationsfehler, die durch diese Regel abgedeckt werden: Der erste Fehler besteht darin, die erfolglose Verteidigung einer These kurzum als „Beweis“ für eine ihr entgegengesetzte These zu beanspruchen (*ad ignorantiam,* für den Unkundigen). Das ist deshalb ein Fehler, weil es noch viele andere Gründe gibt, weshalb die Verteidigung einer These scheitern kann.

Der zweite Fehler ist, eine These allein deshalb als wahr auszugeben, weil sie in einer Argumentation erfolgreich verteidigt worden ist. Dazu ist aber mehr erforderlich. Man muss erstens zeigen, dass die Prämissen wahr sind, weil Argumente eine Konklusion immer nur relativ auf Prämissen begründen können. Und wenn man zeigen will, dass die Konklusion wahr *ist* und nicht bloß, dass es Gründe gibt, sie als wahr zu akzeptieren, dann muss man Argumente vorlegen, die deduktiv gültig sind.

Fallbeispiel
Diskussionsbeitrag und Argumentationsfehler

Die Anwendung der Regeln zum Beurteilen des Diskussionsbeitrags illustrieren wir anhand von Ausschnitten aus einem Interview, in dem Annette Schavan, zu dieser Zeit deutsche Bundesforschungsministerin, über ein Forschungsprogramm zur Sicherheitstechnologie spricht.

[a] **ZEIT:** Glauben Sie denn, dass ein Mehr an Sicherheitstechnik vor Anschlägen schützen kann?

Schavan: Ja. Neue Sensoren können Giftstoffe im Trinkwasser oder in Postsendungen ebenso wie Sprengstoffe in Gepäck und an Personen aufspüren. Mithilfe von Computersimulationen und automatischen Leitsystemen kann man eine Vielzahl von Menschen aus großen Räumen wie etwa Stadien retten, ohne dass eine Panik ausbricht. Das sind nur wenige Beispiele von vielen.

[b] **ZEIT:** Die Gefahren, gegen die die neue Technologie schützen soll, sind recht abstrakt. Reicht diffuse Angst als Motiv aus, um 123 Millionen Euro in ein Forschungsprogramm zu investieren?

Schavan: Nicht Angst ist das Motiv, sondern Verantwortung. Politik muss zeigen, wie sie Sicherheit ermöglichen kann. Wir setzen bislang darauf, dass die vorhandene Technik reicht, um uns zu schützen, und dass wir durch sie unantastbar sind. Das könnte aber ja nur sein, wenn Szenarien mit Naturkatastrophen oder Anschlägen hierzulande nicht vorzustellen wären. Aber auch unsere Hochspannungsleitungen können durchgeschnitten werden oder durch Naturkatastrophen ausfallen, und auch unsere Flughäfen können Ziele von Terroristen werden. […]

[c] **ZEIT:** Einige Geisteswissenschaftler kritisieren, dass das Programm zu techniklastig sei. Sie bemängeln, dass es vorher keine umfassende Risikoanalyse gegeben habe, um zu klären, welche Techniken überhaupt nötig sind.

Schavan: Die Geisteswissenschaftler waren in jeder Phase des Programms an der Planung beteiligt. Im Durchschnitt sind zehn Prozent der Fördermittel für sie reserviert. Ich weiß nicht, wie viele Forschungsprogramme es international gibt, in denen für die Geisteswissenschaftler eine derart große Rolle vorgesehen ist.

[…]

[d] **ZEIT:** Neuland ist auch, dass zivile Forschungsinstitute durch das Sicherheitsprogramm in Bereichen gefördert werden, die früher zur militärischen Forschung gehörten.

Schavan: Diese beiden Bereiche waren und bleiben in Deutschland getrennt, stärker übrigens als in den meisten anderen Ländern.

ZEIT: Mit dem Programm scheint diese Trennung aber aufzuweichen. Es sind sowohl zivile als auch militärisch geprägte Partner beteiligt. Das Verteidigungsministerium hat an der Gestaltung entscheidend mitgewirkt. Verschwimmen die Grenzen?

Schavan: Über Grenzen muss man immer dann sprechen, wenn sie die öffentliche Hand in ihrer Verantwortung behindern, für Sicherheit zu sorgen. Es hat hier schon immer Vorbehalte gegeben, das hat historische Gründe. Gerade deshalb ist es auch wichtig, wenn man so ein Programm startet, dass man es transparent macht.

[...]

Beispiel 4: Ausschnitt aus einem Interview mit der Bundesforschungsministerin Annette Schavan (DIE ZEIT, 4.12.2008, S. 41)

Im Ausschnitt (a) verteidigt Schavan die These, dass „ein Mehr an Sicherheitstechnik vor Anschlägen schützen kann". Unter dem Gesichtspunkt, welchen Diskussionsbeitrag Schavan mit ihrer Antwort liefert, stellt sich vor allem die Frage, ob ihre Äußerungen relevant sind. Sind die erwähnten Beispiele tatsächlich geeignet, ihre These zu stützen? Kann man zum Beispiel davon sprechen, dass bessere Evakuierungsmethoden uns vor Anschlägen schützen? Das hängt davon ab, was man unter „Schutz vor Anschlägen" versteht: (i) verhindern, dass sie überhaupt ausgeführt werden? Oder (ii) sicherstellen, dass sie keine oder mindestens weniger schädliche Folgen haben? Beim Beispiel mit den Sprengstoffen geht es wohl um das Verhindern eines Anschlages, bei den anderen Beispielen (Giftstoffe und Evakuation) um Schadensbegrenzung. Daraus könnte man den Vorwurf ableiten, dass Schavans Antwort gegen die Regel der Relevanz verstößt, weil ein Teil ihrer Beispiele nicht geeignet ist, ihre These zu stützen, egal ob man sie im Sinne von (i) oder (ii) versteht. Dagegen spricht, dass die Formulierung der Interviewer beide Verständnismöglichkeiten zulässt und das Prinzip der wohlwollenden Interpretation verlangt, nicht unnötigerweise einen Argumentationsfehler zu diagnostizieren. Man kann die Passage also auch so lesen: Schavan gibt eine Antwort, die die verschiedenen Möglichkeiten abdeckt, wie die nicht eindeutig formulierte Frage verstanden werden kann.

Bei Schavans Argumentation in (b) gibt es klar ein Problem mit der Treffsicherheit. Hier argumentiert Schavan gegen eine Position, die sie zuvor als Strohmann aufbaut. Die Gegner des Forschungsprogramms sind sicher nicht auf die absurden Behauptungen festgelegt, die vorhandene Technik mache die Deutschen unantastbar, und man könne sich nicht vorstellen, dass Deutschland von Naturkatastrophen oder Anschlägen betroffen sein könnte.

In (c) gibt es ebenfalls ein Problem mit der Treffsicherheit, weil in der Antwort von Schavan gar nichts vorkommt, dass sich auf den Vorwurf der fehlenden Risikoanalyse bezieht – mindestens nicht explizit. Liest man Schavans Antwort als implizite Erklärung, weshalb es keine Risikoanalyse gegeben hat, so resultieren andere Argumentationsprobleme. Indem sie betont, dass die Geisteswissenschaftler an der Planung beteiligt waren und ohnehin in andern Projekten eine kleinere Rolle spielen, suggeriert Schavan dass die Geisteswissenschaftler das Fehlen der Risikoanalyse mitverschuldet haben und sich ohnehin besser dankbar zeigen sollten. Das ist aber keine argumentative Verteidigung gegen den Vorwurf der fehlenden Risikoanalyse, sondern ein *Ad-hominem*-Angriff auf die Redefreiheit der Geisteswissenschaftler, denen das Recht abgesprochen wird, Kritik vorzubringen. Dadurch, dass dieser Angriff indirekt geführt wird, wird er nicht weniger wirkungsvoll. Im Gegenteil, würde er explizit und direkt vorgebracht, wäre es einfacher, ihn zu erkennen und zurückzuweisen.

Abschnitt (d) schließlich illustriert die Regel der Klarheit und Eindeutigkeit, gegen die hier mit schwammigen Formulierungen verstoßen wird. Worauf soll sich „Es hat hier schon immer Vorbehalte gegeben“ beziehen? Und was heißt „man muss über Grenzen sprechen“? Es scheint sinnvoll, Schavan so zu verstehen: Wenn die Grenze zwischen ziviler und militärischer Forschung den Staat darin behindert, seine Sicherheitsaufgaben zu erfüllen, dann sollte diese Grenze neu ausgehandelt werden. Das könnte bedeuten, dass man die Grenze anders zieht als bisher und zivile Forschung fördert, die vor allem militärisch genutzt werden wird, oder dass man die Grenze weniger streng zieht und mehr Durchmischung zulässt. Das ist der Punkt, der in der Interviewfrage angesprochen ist („verschwimmen“). So verstanden droht Schavans Position jedoch inkonsistent zu werden, weil sie zuvor behauptet hat, dass eine relativ strikte Grenze zwischen ziviler und militärischer Forschung in Deutschland bestehen bleibt.

Literatur zu 8.4

Diskussionsbeitrag. Die diskutierten Anforderungen an argumentative Diskussionen stützen sich auf das pragma-dialektische Modell des Argumentierens und sind zum Beispiel in VAN EEMEREN/GROOTENDORST/SNOECK HENKEMANS 2002 ausführlich dargestellt. Eine adaptierte Version mit vielen Beispielen findet sich in KIENPOINTNER 1996:Kap. 1.

Argumentationsfehler. Die Literatur über Argumentationsfehler ist nicht nur umfangreich, sondern auch unübersichtlich, weil viele Argumentationsprobleme unter verschiedenen Namen und mit unterschiedlichen Erklärungen diskutiert werden. Eine Übersicht über die verschiedenen Theorien der Argumentationsfehler gibt VAN EEMEREN 2001b. Eine ausführliche Liste von Argumentationsfehlern und Beispielen findet man unter http://www.fallacyfiles.org. SCHOPENHAUER 1970 ist ein unterhaltsamer und treffsicherer Klassiker über rhetorische Tricks und Argumentationsfehler.

Ausblick: Weiterarbeit am Thema

Nach einer eingehenden Analyse eines Textes, so wie sie in diesem Buch beschrieben ist, sollten Sie über gute Antworten auf die Fragen „Wie lauten die Grundthesen? Was sind die entscheidenden Begründungen?" verfügen. Damit ist die Arbeit mit Texten meist nicht zu Ende. Wie in Kapitel 3.3 erläutert, können Sie nach der Analyse der Thesen und Argumente die Auseinandersetzung mit dem Text und seinem Thema auf weiteren Stufen fortsetzen. Wenn Sie selbst in einer wissenschaftlichen oder praktischen Debatte zu einem Thema engagiert sind und aus diesem Grund einen bestimmten Text methodisch analysieren, wollen Sie vielleicht die Ergebnisse Ihrer Textanalyse mit Kollegen diskutieren und sich ein Urteil bilden, wie wichtig die im Text vertretene Position für das Thema ist. Das ist beispielsweise der Fall, wenn Sie mit einer Masterarbeit über einen Autor den Schritt zu einer Forschungsarbeit machen, wenn Sie eine Buchbesprechung verfassen oder an einem Syntheseartikel arbeiten, der die neueren Publikationen zu einem Forschungsgebiet zusammenfasst und diskutiert. Vielleicht wollen Sie auch selbst einen Beitrag zum Thema schreiben, in welchem Sie die Ergebnisse Ihrer Textanalyse verwerten. Wenn Sie mit einer solchen Absicht arbeiten, geht Ihre Auseinandersetzung mit dem Text über eine Textanalyse im engeren Sinne hinaus.

Ein mögliches weiter gehendes Ziel Ihrer Auseinandersetzung mit Texten kann es sein, eine Position vor dem Hintergrund der thematischen Debatte einzuschätzen. Zu wissenschaftlichen wie zu praktischen Themen kann man in der Regel verschiedene Positionen einnehmen, nicht nur die, welche im Text, mit dem man sich befasst, vertreten wird. Um sich mit guten Gründen für oder gegen eine Position in einer Debatte entscheiden zu können, bedarf es einer Analyse und Beurteilung der Position im thematischen Zusammenhang. Dafür sind neben textanalytischen Methoden zur Rekonstruktion der Position auch inhaltliche sowie methodische Kenntnisse über relevante Themen erforderlich. Sie müssen sich in der Debatte, in der die Position steht, auskennen. Dann können Sie gezielt Abschnitte aus anderen passenden Texten vertieft analysieren. Dies erlaubt es Ihnen, Thesen und Argumente in den systematischen und historischen Diskussionszusammenhang zu stellen sowie Positionen in der wissenschaftlichen Auseinandersetzung oder praktischen Debatte zu verorten. Ein faires Urteil über die Stärken und Schwächen eines Textes berücksichtigt unter anderem, ob die im Text vertretene Position auf dem Stand des Wissens ist, ob sie mit adäquaten Methoden erarbeitet worden ist und was sie Neues bringt.

Die Auseinandersetzung mit einem Text oder einer breiteren Textbasis kann auch darauf abzielen, selbst einen Beitrag zu einer Diskussion über ein bestimmtes Thema beizusteuern. Dann gilt es, zunächst die Position, welche Sie auf der Basis der relevanten Texte rekonstruiert haben, mit alternativen Zugängen zu vergleichen. Grundlage für eine solche Beurteilung ist, dass Sie sich mit den Texten, in denen die verschiedenen Positionen vertreten werden, methodisch auseinandergesetzt haben. Auf dieser Basis können Sie entscheiden, ob es eine Position der Wahl gibt, die es auszuarbeiten gilt, um in der betreffenden Debatte weiterzukommen. Vielleicht kommen Sie auch zum Schluss, dass eine bereits eingenommene Position überdacht werden sollte. Die Überlegungen und Abwägungen, die in einem solchen Entscheidungsprozess erforderlich sind, lassen sich oftmals nicht eindeutig und nicht allein auf der Basis von Arbeit am Text treffen. Das ist deshalb so, weil die Weiterarbeit an einem Thema von Ihren Sachkenntnissen und von Ermessensentscheiden über das Potenzial verschiedener Positionen abhängt. Um zu entscheiden, wie Sie das Thema am besten weiterverfolgen, genügt es daher nicht, die Resultate Ihrer Analysen methodisch weiterzuverarbeiten. Sie brauchen auch eine gewisse Kreativität.

Kreativität ist wesentlich, um in einer wissenschaftlichen oder praktischen Debatte einen Fortschritt zu erzielen. Zu diesem Zweck gilt es einzuschätzen, welche der vorliegenden Positionen oder Neuentdeckungen am meisten Potenzial für die Beantwortung von offenen wissenschaftlichen Fragen oder anstehenden praktischen Problemen verspricht. Es gilt zu untersuchen, wie dieses Potenzial zu einer konkreten Problemlösung ausgearbeitet werden kann und welche Revisionen der Grundlagen dafür erforderlich sind. Dafür gibt es eindrückliche Beispiele aus der Wissenschaftsgeschichte, so Erwin Schrödingers Idee, biologische Fragen als raumzeitliche Prozesse innerhalb eines lebenden Organismus durch die Physik und die Chemie zu erklären. Niklas Luhmann macht auf der Grundlage der allgemeinen Systemtheorie aus der Soziologie eine Theorie sozialer Systeme und prägt damit die Theoriebildung weit über die Soziologie hinaus. Ein Beispiel aus der Philosophie ist Kants Transzendentalphilosophie, die metaphysische Probleme in erkenntnistheoretische Fragen transformiert.

Diese Beispiele lassen keinen Zweifel daran, dass Weiterarbeit am Thema nicht nur Kreativität verlangt, sondern auch eine anspruchsvolle Ausarbeitung der Vision auf der Basis methodisch gesicherten Wissens. Was für die erwähnten wissenschaftlichen Projekte gilt, trifft auch zu, wenn es um kleinere und alltäglichere wissenschaftliche Schritte geht. Es genügt nicht, bloß einen Einfall zu haben. Darüber hinaus sind je nach Fachgebiet und Problemstellung mehr oder weniger umfangreiche theoretische und empirische Forschungen erforderlich.

Weiterarbeit am Thema ist mit verschiedenen Formen des Arbeitens mit Texten verbunden. Einerseits gilt es, weiterführende und kritische Texte zur Position, für die man sich entschieden hat, zu lesen. Weitere Textanalysen sind also erforderlich. Ebenso wichtig ist es, eigene Texte zu den weiterführenden Ideen und ihrer Ausarbeitung zu schreiben. Das Ausarbeiten eines zündenden Einfalls zu einer tragenden Einsicht ist mit Schreibprozessen verbunden, besonders eng in den Geisteswissenschaften. Diese Prozesse werfen ihre eigenen methodischen Fragen auf, wobei die textanalytischen Methoden insofern eine Rolle spielen, als sie auch verwendet werden können, um selbst geschriebene Texte zu beurteilen.

Auch wenn die Debatte zu einem Thema mündlich ausgetragen wird, lohnt es sich für einen konstruktiven Diskussionsbeitrag, vorgängig die verschiedenen Positionen schriftlich zu formulieren und mittels textanalytischen Methoden argumentativ zu rekonstruieren. Ein solches Vorgehen ermöglicht es, diese Positionen auf ihre Stärke hin zu beurteilen, Ansatzpunkte für Kritik auszumachen, die zentralen Divergenzen zu bestimmen sowie abzuklären, ob es ein Potenzial für Konsens oder Kompromisse gibt.

Literatur

Wenn keine deutschen Texte angegeben sind, stammen die Übersetzungen fremdsprachiger Zitate von uns.

Stand der Internethinweise (sofern nichts anderes angegeben): 11.6.2014. Einige Internetangebote sind kostenpflichtig; prüfen Sie, ob Ihre Universitätsbibliothek den Zugang anbietet.

Literatur zur Textanalyse

[APA] American Psychological Association (Hrsg.). 2012. *Publication manual of the American Psychological Association. 6th ed.* Washington, DC: American Psychological Association.

Baggini, Julian; Peter S. Fosl. 2010. *The philosopher's toolkit. A compendium of philosophical concepts and methods. 2nd ed.* Oxford: Blackwell.

Baron, Jonathan. 2008. *Thinking and deciding. 4th ed.* Cambridge: Cambridge University Press.

Baumgartner, Michael; Gerd Graßhoff. 2004. *Kausalität und kausales Schliessen. Eine Einführung mit interaktiven Übungen.* Bern: Bern Studies in the History and Philosophy of Science.

Bayer, Klaus. ^{2}2007. *Argument und Argumentation. Logische Grundlagen der Argumentationsanalyse.* Göttingen: Vandenhoeck und Ruprecht.

Boeglin, Martha. ^{2}2012. *Wissenschaftlich arbeiten. Schritt für Schritt. Gelassen und effektiv studieren.* München: Fink.

Bowles, George. 1994. „The deductive/inductive distinction". In *Informal Logic* 16, 159–184.

Brinker, Klaus. ^{5}2001. *Linguistische Textanalyse. Eine Einführung in Grundbegriffe und Methoden.* Berlin: Erich Schmidt.

Brun, Georg. ^{2}2004. *Die richtige Formel. Philosophische Probleme der logischen Formalisierung.* Frankfurt a. M.: Ontos.

Bühler, Axel (Hrsg.). ^{2}2008. *Hermeneutik. Basistexte zur Einführung in die wissenschaftlichen Grundlagen von Verstehen und Interpretation.* Heidelberg: Synchron.

Bünting, Karl-Dieter; Alex Bitterlich; Ulrike Pospiech. [6]2006. *Schreiben im Studium. Mit Erfolg. Ein Leitfaden.* Berlin: Cornelsen Scriptor.

Buzan, Tony. [16]1999. *Kopftraining. Anleitung zum kreativen Denken. Tests und Übungen.* München: Goldmann.

Carnap, Rudolf. 1959. *Introduction to semantics*. In *Introduction to semantics and Formalization of logic.* Cambridge, Mass.: Harvard University Press.

Carnap, Rudolf. 1971. *Logical foundations of probability.* London: University of Chicago Press/Routledge & Kegan Paul. [Gekürzte und bearbeitete dt. Version in Carnap, Rudolf; Wolfgang Stegmüller. 1959. *Induktive Logik und Wahrscheinlichkeit.* Wien: Springer.]

Copi, Irving M. 1998. *Einführung in die Logik.* München: Fink. [Gekürzte dt. Version einer früheren Auflage von COPI/COHEN 2002.]

Copi, Irving M.; Carl Cohen. 2002. *Introduction to logic. 11th ed.* Upper Saddle River: Prentice Hall.

Craig, Edward. 1998. *Routledge encyclopedia of philosophy.* 10 Bde. London: Routledge. http://www.rep.routledge.com.

Dennett, Daniel C. 1980. „The milk of human intentionality". In *The Behavioral and Brain Sciences* 3, 428–430.

Dorn, Georg J.W. 2014. Kleine Einführung in die allgemeine Wissenschaftstheorie für Doktorandinnen und Doktoranden in den Kultur- und Gesellschaftswissenschaften. Salzburg: Paris-Lodron-Universität. Verfügbar unter http://sbg.academia.edu/GeorgJWDorn.

[Duden] (Hrsg.). [5]2014. *Herkunftswörterbuch. Etymologie der deutschen Sprache.* Berlin: Dudenverlag.

Eco, Umberto. [9]2002. *Einführung in die Semiotik.* München: Fink.

Eco, Umberto. 1977. *Zeichen. Einführung in einen Begriff und seine Geschichte.* Frankfurt a. M.: Suhrkamp.

Eco, Umberto. [13]2012. *Wie man eine wissenschaftliche Abschlussarbeit schreibt. Doktor-, Diplom- und Magisterarbeit in den Geistes- und Sozialwissenschaften.* Wien: Facultas.

van Eemeren, Frans H. (Hrsg.). 2001a. *Crucial concepts in argumentation theory.* Amsterdam: Amsterdam University Press.

van Eemeren, Frans H. 2001b. „Fallacies". In VAN EEMEREN 2001a:135–164.

van Eemeren, Frans H.; Rob Grootendorst. 1992. *Argumentation, communication, and fallacies. A pragma-dialectical perspective.* Hillsdale: Lawrence Erlbaum.

van Eemeren, Frans H.; Rob Grootendorst. 2004. *A systematic theory of argumentation. The pragma-dialectical approach.* Cambridge: Cambridge University Press.

van Eemeren, Frans H.; Rob Grootendorst; A. Francisca Snoeck Henkemans. 2002. *Argumentation. Analysis, evaluation, presentation.* Mahwah: Lawrence Erlbaum.

Eh, Doris; Simone Schütte. 2013. „Literatur finden“. In FRANCK/STARY 2013a:33–64.

Eisler, Rudolf. [3]1910. *Wörterbuch der philosophischen Begriffe.* Berlin: Ernst Siegfried Mittler.

Fanselow, Gisbert; Sascha W. Felix. 1987. *Sprachtheorie 1. Grundlagen und Zielsetzungen.* Tübingen: Francke.

Fisher, Alec. 2011. *Critical thinking. An introduction. 2nd ed.* Cambridge: Cambridge University Press.

Fisher, Alec. 2006. *The logic of real arguments. 2nd ed.* Cambridge: Cambridge University Press.

Franck, Norbert. [2]2007. *Handbuch wissenschaftliches Arbeiten.* Frankfurt a. M.: Fischer.

Franck, Norbert; Joachim Stary (Hrsg.). [17]2013. *Die Technik wissenschaftlichen Arbeitens. Eine praktische Anleitung.* Paderborn: Schöningh.

Franck, Norbert; Joachim Stary (Hrsg.). 2006. *Gekonnt visualisieren. Medien wirksam einsetzen.* Paderborn: Schöningh.

Frege, Gottlob. [5]1980. „Über Sinn und Bedeutung“. In *Funktion, Begriff, Bedeutung. Fünf logische Studien.* Göttingen: Vandenhoeck & Ruprecht. 40–65. [Original 1892.]

Gerritsen, Susanne. 2001. „Unexpressed premises“. In VAN EEMEREN 2001a: 51–79.

Gethmann, Carl Friedrich. 2005. „Argumentationstheorie“. In MITTELSTRASS 2005:Bd. 1, 203–206.

Gigerenzer, Gerd. 2002. *Calculated risks. How to know when numbers deceive you.* New York: Simon and Schuster. [Dt. Übers. [6]2009. *Das Einmaleins der Skepsis. Über den richtigen Umgang mit Zahlen und Risiken.* Berlin: Berlin.]

Gloning, Thomas. 2002. „Ausprägungen der Wortfeldtheorie“. In Cruse, D. Alan; Franz Hundsnurscher; Michael Job; Peter Rolf Lutzeier (Hrsg.). *Lexikologie. Ein internationales Handbuch zur Natur und Struktur von Wörtern und Wortschätzen. Lexicology. An international handbook on the nature and structure of words and vocabularies.* Berlin: de Gruyter. 728–737.

Greimann, Dirk. 2007. „Regeln für das korrekte Explizieren von Begriffen“. In *Zeitschrift für philosophische Forschung* 61, 261–282.

Grimm, Jacob; Wilhelm Grimm. 1984. *Deutsches Wörterbuch.* München: Deutscher Taschenbuch Verlag. [Original 1854 ff.]

Hacking, Ian. 2001. *An introduction to probability and inductive logic.* Cambridge: Cambridge University Press.

Hagberg, Garry L. 2005. „Metaphor". In Gaut, Berys; Dominic McIver Lopes (Hrsg.). *The Routledge companion to aesthetics. 2nd ed.* London: Routledge. 371–382.

Hansson, Sven Ove. 2006. „How to define. A tutorial". In *Princípios* 13, 5–30. http://www.principios.cchla.ufrn.br/arquivos/19-20P-05-30.pdf

Hilpinen, Risto (Hrsg.). 1970. *Deontic logic. Introductory and systematic readings.* Dordrecht: Reidel.

Holzbrecher, Alfred. 2006. *Sechs-Sätze-Referat. https://www.ph-freiburg.de/ew/homepages/holzbrecher/wissenschaftliches-schreiben/sechs-saetze-referat.html.*

Hoyningen-Huene, Paul. 1998. *Formale Logik. Eine philosophische Einführung.* Stuttgart: Reclam.

Kamitz, Reinhard. 2007. *Logik. Faszination der Klarheit. Eine Einführung für Philosophinnen und Philosophen mit zahlreichen Anwendungsbeispielen.* 2 Bde. Wien: LIT.

Kienpointner, Manfred. 1996. *Vernünftig argumentieren. Regeln und Techniken der Diskussion.* Reinbek: Rowohlt.

Kluge, Friedrich. [25]2011. *Etymologisches Wörterbuch der deutschen Sprache.* Berlin: de Gruyter. [Auch als App.]

Krajewski, Markus. 2013. „Elektronische Literaturverwaltungen. Kleiner Katalog von Merkmalen und Möglichkeiten". In FRANCK/STARY 2013: 91–109.

Kruse, Otto. [12]2007. *Keine Angst vor dem leeren Blatt. Ohne Schreibblockaden durchs Studium.* Frankfurt a. M.: Campus.

Künne, Wolfgang. 1990. „Prinzipien der wohlwollenden Interpretation". In Forum für Philosophie Bad Homburg (Hrsg.). *Intentionalität und Verstehen.* Frankfurt a. M.: Suhrkamp. 212–236.

LePore, Ernest; Sam Cumming. 2009. *Meaning and argument. An introduction to logic through language. 2nd ed.* Chichester: Wiley-Blackwell.

Littré, Paul-Emile (Hrsg.). 1999. *Dictionnaire de la langue française.* 7 Bde. Versailles: Encyclopedia Britannica France.

Löbner, Sebastian. 2003. *Semantik. Eine Einführung.* Berlin: de Gruyter.

Lyons, John. 1977. *Semantics.* 2 Bde. Cambridge: Cambridge University Press.

McKay, Thomas J. 2000. *Reasons, explanations and decisions. Guidelines for critical thinking.* Belmont: Wadsworth.

Mittelstraß, Jürgen (Hrsg.). 1984–1996. *Enzyklopädie Philosophie und Wissenschaftstheorie.* 4 Bde. Mannheim: Bibliographisches Institut.

Mittelstraß, Jürgen (Hrsg.). 2005 ff. *Enzyklopädie Philosophie und Wissenschaftstheorie.* 2. Auflage. Stuttgart: Metzler. [Bisher 5 Bde. erschienen (A–N).]

Morris, Charles William. 1955a. „Foundations of the theory of signs". In Neurath, Otto; Rudolf Carnap; Charles William Morris (Hrsg.). *International encyclopedia of unified science. Vol. 1, part 1.* Chicago: University of Chicago Press. 77–137. [Dt. Übers. 1988. *Grundlagen der Zeichentheorie. Ästhetik und Zeichentheorie.* Frankfurt a. M.: Fischer. 17–88.]

Morris, Charles William. 1955b. *Signs, language, and behavior.* New York: George Braziller. [Dt. Übers. 1973. *Zeichen, Sprache, Verhalten.* Düsseldorf: Schwann.]

Morscher, Edgar. 2011. „Deontische Logik". In Düwell, Marcus; Christoph Hübenthal; Micha H. Werner (Hrsg.). *Handbuch Ethik.* Stuttgart: Metzler. 325–331.

Morscher, Edgar. 2012. *Normenlogik. Grundlagen, Systeme, Anwendungen.* Paderborn: Mentis.

Mulligan, Kevin. 1998. „Predication". In CRAIG 1998:Bd. 7, 665–667.

Nückles, Matthias; Johannes Gurlitt; Tobias Pabst; Alexander Renkl. 2004. *Mind Maps und Concept Maps. Visualisieren – Organisieren – Kommunizieren.* München: Deutscher Taschenbuch Verlag.

[OED] 1989. *The Oxford English dictionary. 2nd ed.* Oxford: Clarendon Press. http://www.oed.com.

Ogden, Charles K.; Ivor Armstrong Richards. 1966. *The meaning of meaning. A study of the influence of language upon thought and of the science of symbolism. 8th ed.* New York: Harcourt, Brace & World. [Original 1923.]

Opp, Karl-Dieter. ^{2}1976. *Methodologie der Sozialwissenschaften. Einführung in Probleme ihrer Theorienbildung.* Reinbek: Rowohlt.

Opp, Karl-Dieter. ^{7}2014. *Methodologie der Sozialwissenschaften. Einführung in Probleme ihrer Theoriebildung und praktischen Anwendung.* Wiesbaden: Springer VS.

Pfister, Jonas. 2013. *Werkzeuge des Philosophierens.* Stuttgart: Reclam.

Posner, Roland; Klaus Robering; Thomas A. Sebeok (Hrsg.). 1998–2004. *Semiotik. Semiotics. Ein Handbuch zu den zeichentheoretischen Grundlagen von Natur und Kultur.* 4 Teilbde. Berlin: de Gruyter.

Quine, Willard Van Orman. 1982. *Methods of logic. 4th ed.* Cambridge, Mass.: Harvard University Press. [Dt. Übers. der überarb. Aufl. v. 1964: ³1981. *Grundzüge der Logik.* Frankfurt a. M.: Suhrkamp.]

Rey, Georges. 1998. „Concepts". In CRAIG 1998:Bd. 2, 505–517.

Ritter, Joachim (Hrsg.). 1974–2007. *Historisches Wörterbuch der Philosophie.* 13 Bde. und CD-ROM. Basel: Schwabe.

Rosenberg, Jay Frank. 1996. *The practice of philosophy. A handbook for beginners. 3rd ed.* Upper Saddle River: Prentice Hall. [Dt. Übers. der 2. Aufl. v. 1984: ⁶2009. *Philosophieren. Ein Handbuch für Anfänger.* Frankfurt a. M.: Klostermann.]

Rost, Friedrich; Joachim Stary. 2013. „Schriftliche Arbeiten in Form bringen. Zitieren, belegen, Literaturverzeichnis anlegen". In FRANCK/STARY 2013: 173–189.

Salmon, Wesley C. 1983. *Logik.* Stuttgart: Reclam.

von Savigny, Eike. ⁵1980. *Grundkurs im wissenschaftlichen Definieren. Übungen zum Selbststudium.* München: dtv.

Schopenhauer, Arthur. 1970. *Eristische Dialektik.* In 1966–1975. *Der handschriftliche Nachlass.* Frankfurt a. M.: Kramer. Bd. 3, 666–695. [Auch in vielen Einzelausgaben verfügbar.]

Schurz, Gerhard. ⁴2014. *Einführung in die Wissenschaftstheorie.* Darmstadt: Wissenschaftliche Buchgesellschaft.

Siegwart, Geo. 1997. „Explikation. Ein methodologischer Versuch". In Löffler, Winfried; Edmund Runggaldier (Hrsg.). *Dialog und System. Otto Muck zum 65. Geburtstag.* St. Augustin: Academia. 15–45.

Sinnott-Armstrong, Walter; Robert J. Fogelin. 2010. *Understanding Arguments. An Introduction to Informal Logic. 8th ed.* Belmont: Wadsworth.

Skyrms, Brian. 1989. *Einführung in die induktive Logik.* Frankfurt a. M.: Peter Lang (übers. u. bearbeitet v. Georg J.W. Dorn).

Standop, Ewald; Matthias L.G. Meyer. ¹⁸2008. *Die Form der wissenschaftlichen Arbeit. Ein unverzichtbarer Leitfaden für Studium und Beruf.* Wiebelsheim: Quelle & Meyer.

Stary, Joachim; Horst Kretschmer. ³2004. *Umgang mit wissenschaftlicher Literatur. Eine Arbeitshilfe für das sozial- und geisteswissenschaftliche Studium.* Frankfurt a. M.: Cornelsen Scriptor.

Thiel, Christian. 2005. „Argumentation". In MITTELSTRASS 2005:Bd. 1, 201–203.

Thomas, Stephen Naylor. 1997. *Practical reasoning in natural language. 4th ed.* Upper Saddle River: Prentice Hall.

[Trésor] Centre de recherche pour un trésor de la langue française (Hrsg.). 1982–1994. *Trésor de la langue française. Dictionnaire de la langue du XIXe et du XXe siècle (1789–1960).* 16 Bde. Paris: Centre national de la recherche scientifique/Gallimard.

Walther, Jürgen. 1990. *Philosophisches Argumentieren. Lehr- und Übungsbuch.* Freiburg: Alber.

Warburton, Nigel. 2004. *Philosophy. The essential study guide.* London: Routledge.

Weidemann, Hermann. 1989. „Prädikation. Neuzeit". In RITTER 1974–2007:Bd. 7, 1204–1208.

Weinberger, Christiane; Ota Weinberger. 1979. *Logik, Semantik, Hermeneutik.* München: Beck.

Wittgenstein, Ludwig. 1984. *Philosophische Untersuchungen.* Frankfurt a. M.: Suhrkamp (= *Werkausgabe.* Bd. 1, 225–580). [Original 1953.]

Nachweis der Beispiele

Ackermann, Kathrin. 2004. *Von der philosophisch-moralischen Erzählung zur modernen Novelle.* Contes *und* nouvelles *von 1760 bis 1830.* Frankfurt a. M.: Klostermann.

Apel, Max; Peter Ludz. 61976. *Philosophisches Wörterbuch.* Berlin: de Gruyter.

Bailer-Jones, Daniela M. 2002. „Models, metaphors and analogies". In Machamer, Peter; Michael Silberstein (Hrsg.). *The Blackwell guide to the philosophy of science.* Oxford: Blackwell. 108–127.

Baltisberger, Matthias. 22003. *Systematische Botanik. Einheimische Farn- und Samenpflanzen.* Zürich: vdf Hochschulverlag.

Basieux, Pierre. 2000. *Die Architektur der Mathematik. Denken in Strukturen.* Reinbek: Rowohlt.

Bates, Elizabeth; Jeffrey L. Elman; Mark H. Johnson; Annette Karmiloff-Smith; Domenico Parisi; Kim Plunkett. 1998. „Innateness and emergentism". In Bechtel, William; George Graham (Hrsg.). *A companion to cognitive science.* Oxford: Blackwell. 590–601.

Behe, Michael J. 2000. *A mousetrap defended. Response to critics.* http://www.arn.org/docs/behe/mb_mousetrapdefended.htm.

Bieri, Peter. 52002. *Das Handwerk der Freiheit. Über die Entdeckung des eigenen Willens.* München: Hanser.

Birnbacher, Dieter. 2001. „Läßt sich die Diskontierung der Zukunft rechtfertigen?“ In Birnbacher, Dieter; Gerd Brudermüller (Hrsg). *Zukunftsverantwortung und Generationensolidarität.* Würzburg: Königshausen und Neumann. 117–136.

Birnbacher, Dieter. 2006. *Natürlichkeit.* Berlin: de Gruyter.

Bocheński, Joseph Maria. 1987. „Gegen den Humanismus“. In *Über den Sinn des Lebens und über die Philosophie.* Freiburg: Herder. 147–165.

Brendel, Ulrike. 2007. *Hintergrund zum Anbau von Gen-Mais in Deutschland.* http://www.greenpeace.de/themen/gentechnik/anbau_genpflanzen/artikel/hintergrund_zum_anbau_von_gen_mais_in_deutschland/ (11.1.2009).

Bruner, Jerome Seymour. 1997. *Sinn, Kultur und Ich-Identität. Zur Kulturpsychologie des Sinns.* Heidelberg: Carl Auer Systeme.

BUND [Bund für Umwelt und Naturschutz e.V.] (Hrsg.). 2006. *Umwelt und Beschäftigung 2006. Arbeitsplatz-Potentiale durch ökologischen Strukturwandel in den Sektoren Energie, Energie-Effizienztechnologien, Umwelttechnik, Mobilität, Lebensmittelwirtschaft, Tourismus und Naturschutz. Ein Überblick.* Berlin: BUND. http://www.umweltbeschaeftigt.de/studie/studie/studie_komplett.pdf (3.10.2007).

Campbell, Neil A.; Jane B. Reece. ^{6}2003. *Biologie.* Heidelberg: Spektrum Akademischer Verlag.

Carroll, Sean M. 2008. „Der kosmische Ursprung des Zeitpfeils“. In *Spektrum der Wissenschaft* 8, 2008, 26–34.

Case, Susan M. 1994. „The use of imprecise terms in examination questions. How frequent is frequently?“ In *American Medicine* 69/10, supplement, S4–S6.

CSD [United Nations department of economic and social affairs. Commission on sustainable development]. 2007a. *Indicators of sustainable development. Guidelines and methodologies. 3rd ed.* New York: United Nations. http://www.un.org/esa/sustdev/natlinfo/indicators/guidelines.pdf.

CSD [United Nations department of economic and social affairs. Commission on sustainable development]. 2007b. *Indicators of sustainable development. Guidelines and methodologies. Methodology sheets. 3rd ed.* New York: United Nations. http://www.un.org/esa/sustdev/natlinfo/indicators/methodology_sheets.pdf.

Descartes, René. 1996. *Meditationes de Prima Philosophia.* In Adam, Charles; Paul Tannery (Hrsg.). *Œuvres de Descartes.* Paris: Vrin. Bd. VII. [Original 1641. Dt. Übers. 1996. *Meditationes de Prima Philosophia. Meditationen über die Erste Philosophie.* Stuttgart: Reclam.]

[Duden] (Hrsg.). [3]1974. *Fremdwörterbuch.* Mannheim: Bibliographisches Institut.

Dueck, Tom A.; Ries de Visser; Hendrik Poorter; Stefan Persijn; Antonie Gorissen; Willem de Visser; Ad Schapendonk; Jan Verhagen; Jan Snel; Frans J.M. Harren; Anthony K.Y. Ngai; Francel Verstappen; Harro Bouwmeester; Laurentius A.C.J. Voesenek; Adrie van der Werf. 2007. „No evidence for substantial aerobic methane emission by terrestrial plants. A ^{13}C-labelling approach". In *New Phytologist* 175, 29–35.

Fritz, Hermann M.; Willi H. Hager; Hans-Erwin Minor. 2003. „Landslide generated impulse waves". In *Experiments in Fluids* 35, 505–519.

Gardiner, John M.; Rosalind I. Java. 1993. „Recognising and remembering". In Collins, Alan F.; Susan E. Gathercole; Martin A. Conway; Peter E. Morris (Hrsg.). *Theories of memory.* Hove: Erlbaum. 163–188.

von Goethe, Johann Wolfgang. 1830. *Goethe's Werke. Vollständige Ausgabe letzter Hand.* Stuttgart und Tübingen: J.G. Cotta'sche Buchhandlung.

Goodman, Nelson. 1985. *Languages of art. An approach to a theory of symbols.* Indianapolis: Hackett.

Goodman, Nelson. 1998. *Sprachen der Kunst. Entwurf einer Symboltheorie.* Frankfurt a. M.: Suhrkamp.

Gudin de la Brenellerie, Paul Philippe. 1804. *Contes, précédés de recherches sur l'origine des contes; pour servir à l'histoire de la poésie et des ouvrages d'imagination.* Paris: Dabin.

von Hahn, Walther. 1983. *Fachkommunikation. Entwicklung, linguistische Konzepte, betriebliche Beispiele.* Berlin: de Gruyter.

Hanusch, Horst; Thomas Kuhn; Uwe Cantner. [6]2002. *Volkswirtschaftslehre 1. Grundlegende Mikro- und Makroökonomik.* Berlin: Springer.

Harris, Peter R. 1990. „Shyness and embarrassment in psychological theory and ordinary language". In Crozier, W. Ray (Hrsg.). *Shyness and embarrassment. Perspectives from social psychology.* Cambridge: Cambridge University Press. 59–86.

Hilbert, David. 1894/95. „Die Theorie der algebraischen Zahlkörper". In *Jahresbericht der Deutschen Mathematiker-Vereinigung* 4, 175–546.

Hsieh, Nien-hê. 2005. „Equality, clumpiness, and incomparability". In *Utilitas* 17, 180–204.

Hume, David. 1998. *Dialogues concerning natural religion.* Oxford: Oxford University Press (= *Principal writings on religion,* 29–130). [Original 1779.]

IAU [International Astronomical Union]. 2006. *Resolution B5. Definition of a planet in the solar system.* http://www.iau.org/static/resolutions/Resolution_GA26-5-6.pdf.

IKEA. 2008. *Hauptkatalog.* Schweizer Ausgabe. http://ikeaeu.ecweb.is/08/mchd/ (11.1.2009).

Imboden, Dieter M.; Sabine Koch. 2003. *Systemanalyse. Einführung in die mathematische Modellierung natürlicher Systeme.* Berlin: Springer.

IPCC [Intergovernmental Panel on Climate Change. Solomon, S.; D. Qin; M. Manning; Z. Chen; M. Marquis; K.B. Averyt; M. Tignor; H.L. Miller] (Hrsg.). 2007. *Climate change 2007. The physical science basis. Contribution of working group I to the fourth assessment report of the Intergovernmental Panel on Climate Change.* Cambridge: Cambridge University Press.

Jain, Rakesh K. 2008. „Gebändigte Blutgefäße". In *Spektrum der Wissenschaft* 8, 2008, 36–43.

Jakobsen, Marianne U.; Kim Overvad; Jørn Dyerberg; Berit L. Heitmann. 2008. „Intake of ruminant *trans* fatty acids and risk of coronary heart disease". In *International Journal of Epidemiology* 37, 173–182.

Jevons, William Stanley. 1875. *Elementary lessons in logic. Deductive and inductive. With copious questions and examples, and a vocabulary of logical terms. 5th ed.* London: Macmillan. [Dt. Übers. ²1913. *Leitfaden der Logik.* Leipzig: Johann Ambrosius Barth.]

Kant, Immanuel. 1976. *Kritik der reinen Vernunft.* Hamburg: Meiner. [Original 1781/87.]

Kehr, Kurt. 1993. „Nachhaltig denken. Zum sprachgeschichtlichen Hintergrund und zur Bedeutungsentwicklung des forstlichen Begriffes der ‚Nachhaltigkeit'". In *Schweizerische Zeitschrift für Forstwesen* 144, 595–605.

Kekulé, Alexander S. 2002. „Wider die Beraubung. Plädoyer für ein Menschenrecht auf natürliches Erbgut". In *NZZ,* 25.6.2002, 62.

Keppler, Frank; John T.G. Hamilton; Marc Braß; Thomas Röckmann. 2006. „Methane emissions from terrestrial plants under aerobic conditions". In *Nature* 439, 187–191.

Krebs, Angelika. 1997. „Naturethik im Überblick". In *Naturethik. Grundtexte der gegenwärtigen tier- und ökoethischen Diskussion.* Frankfurt a. M.: Suhrkamp. 337–379.

Kreuger, Frederik H. 2007. *A new Vermeer. Life and work of Han van Meegeren.* Rijswijk: Quantes.

Kuhn, Thomas S. 1977. „Neue Überlegungen zum Begriff des Paradigmas". In *Die Entstehung des Neuen. Studien zur Struktur der Wissenschaftsgeschichte.* Frankfurt a. M.: Suhrkamp. 389–420.

Kuhn, Thomas S. 1996. *The structure of scientific revolutions. 3rd ed.* Chicago: University of Chicago Press. [Original 1962. Dt. Übers. [10]1980. *Die Struktur wissenschaftlicher Revolutionen.* Frankfurt a. M.: Suhrkamp.]

Lenk, Hans; Matthias Maring. 2001. „Verantwortung". In RITTER 1974–2007:Bd. 11, 569–575.

Lips, Robert. [6]1965/66. *Geschwister Globi.* Zürich: Globi Verlag. [Original 1940.]

McDonald, John H. 2002. *A reducibly complex mousetrap.* http://udel.edu/~mcdonald/mousetrap.html.

Mott, Peter. 1989. „[Review of] *Fisher: The logic of real arguments*". In *Philosophical Quarterly* 39, 370–373.

[NISV]. 2012. *Verordnung über den Schutz vor nichtionisierender Strahlung (NISV) vom 23. Dezember 1999 (Stand am 1. Juli 2012).* Bern: Eidgenössische Drucksachen- und Materialzentrale. http://www.admin.ch/opc/de/classified-compilation/19996141/.

Offe, Claus. 2000. „Staat, Markt und Gemeinschaft. Gestaltungsoptionen im Spannungsfeld dreier politischer Ordnungsprinzipien". In Ulrich, Peter; Thomas Maak (Hrsg.). *Die Wissenschaft in der Gesellschaft. Perspektiven an der Schwelle zum 3. Jahrtausend.* Bern: Haupt. 105–129.

Pogge, Thomas. 2001. „Unsere Weltordnung spiegelt nur die Verhandlungsmacht wider". In *Die neue Gesellschaft/Frankfurter Hefte* 7/8, 2001, 443–448.

Press, Frank; Raymond Siever (Hrsg.). [3]2003. *Allgemeine Geologie. Einführung in das System Erde.* Heidelberg: Spektrum Akademischer Verlag.

Roediger III, Henry L.; Kathleen B. McDermott. 1995. „Creating false memories. Remembering words not presented in lists". In *Journal of Experimental Psychology: Learning, Memory, and Cognition* 21, 803–814.

Rorty, Richard M. 1987. *Der Spiegel der Natur. Eine Kritik der Philosophie.* Frankfurt a. M.: Suhrkamp.

Sachs, Jeffrey D. 2005. *The end of poverty. Economic possibilities for our time.* New York: Penguin.

Saedler, Heinz. 2007. „Gentechnologie macht die Erde zwar nicht größer, aber ertragreicher". Inserat des Forums „Chemie macht Zukunft". In *Süddeutsche Zeitung,* 1.6.2007, 5.

Saedler, Heinz; Wolfgang Schuchert. 2001. „Biotechnologie in der Pflanzenproduktion". In Heiden, Stefanie; Carlo Burschel; Rainer Erb (Hrsg.). *Bio-*

technologie als interdisziplinäre Herausforderung. Heidelberg: Spektrum Akademischer Verlag. 244–260.

Salmon, Phillida. 2003. „A psychology for teachers". In Fransella, Fay (Hrsg.). *International handbook of personal construct psychology.* Chichester: Wiley. 311–318.

Sandin, Per. 1999. „Dimensions of the precautionary principle". In *Human and Ecological Risk Assessment* 5, 889–907.

Schmidheiny, Stephan; BCSD [Business Council for Sustainable Development]. 1992. *Kurswechsel. Globale unternehmerische Perspektiven für Entwicklung und Umwelt.* Düsseldorf: Patmos Verlag GmbH & Co. KG/Artemis & Winkler.

Sick, Bastian. 2004. *Der Dativ ist dem Genitiv sein Tod. Ein Wegweiser durch den Irrgarten der deutschen Sprache.* Köln: Kiepenheuer und Witsch.

Singer, Peter. 2002. *Animal liberation. 3rd ed.* New York: Harper Collins. [Dt. Übers. der 2. Aufl. von 1990: 1996. *Animal liberation. Die Befreiung der Tiere.* Reinbek: Rowohlt.]

Stieler, Sabine. 2000. *Alleinerziehende Väter. Sozialisation und Lebensführung.* Weinheim: Juventa.

Thomson, Judith Jarvis. 1972. „A defense of abortion". In *Philosophy and Public Affairs* 1, 47–66.

Toates, Frederick. 2002. „Biological processes and psychological explanation". In Miell, Dorothy; Ann Phoenix; Kerry Thomas (Hrsg.). *Mapping psychology 1.* Milton Keynes: The Open University. 223–281.

Turing, Alan Mathison. 1950. „Computing machinery and intelligence". In *Mind* 59, 433–460.

UrhG. 2007. *Urheberrechtsgesetz vom 9. September 1965 (BGBl. I S. 1273), zuletzt geändert durch das Gesetz vom 7. Dezember 2008 (BGBl. I S. 2349).* http://www.gesetze-im-internet.de/bundesrecht/urhg/gesamt.pdf.

Wahrig, Gerhard. 1972. *Deutsches Wörterbuch. Mit einem „Lexikon der deutschen Sprachlehre".* Gütersloh: Bertelsmann.

WCED [World Commission on Environment and Development]. 1987. *Our common future.* Oxford: Oxford University Press.

[WHO] World Health Organization. 2007. *Die Herausforderung Adipositas und Strategien zu ihrer Bekämpfung in der Europäischen Region der WHO. Zusammenfassung.* Kopenhagen: WHO. http://www.euro.who.int/document/E89858G.pdf.

Wiedemann, Peter M.; Holger Schütz. 2005. „The precautionary principle and risk perception. Experimental studies in the EMF Area“. In *Environmental Health Perspectives* 113, 402–405.

Wittgenstein, Ludwig. 1984. *Philosophische Untersuchungen.* Frankfurt a. M.: Suhrkamp (= *Werkausgabe.* Bd. 1, 225–580). [Original 1953.]

Wolff, Christoph; Walter Emery; Eugene Helm; Richard Jones; Ernest Warburton; Ellwood S. Derr. 1993. *Die Bach-Familie.* Stuttgart: Metzler.

The World Bank. 2008. *Understanding poverty.* http://go.worldbank.org/RQBDCTUXW0 (15.8.2008).

von Wright, Georg Henrik. ^{2}1984. *Erklären und Verstehen.* Königstein: Athenäum.

[WÜV]. 2012. *Wiener Übereinkommen über das Recht der Verträge (Stand am 15. Juni 2012).* Bern: Eidgenössische Drucksachen- und Materialzentrale. http://www.admin.ch/opc/de/classified-compilation/19690099/.

Index

Die Indexeinträge geben in der Regel die Textpassage an, an der der Begriff oder die Vorgehensweise erläutert werden.

A

B

C

D

E

F

G

H

I

K

L

U

V

W

Z